Beurteilung der Bestandsfestigkeit von Unternehmen mit Neuro-Fuzzy

Betriebswirtschaftliche Studien
Rechnungs- und Finanzwesen, Organisation und Institution

Herausgegeben von
Prof. Dr. Dr. h.c. Wolfgang Ballwieser, München
Prof. Dr. Christoph Kuhner, Köln
Prof. Dr. Dr. h.c. Dieter Ordelheide †, Frankfurt

Band 61

Peter Lang
Frankfurt am Main · Berlin · Bern · Bruxelles · New York · Oxford · Wien

Christian Heitmann

Beurteilung der Bestandsfestigkeit von Unternehmen mit Neuro-Fuzzy

Peter Lang
Europäischer Verlag der Wissenschaften

Die Deutsche Bibliothek - CIP-Einheitsaufnahme

Heitmann, Christian:

Beurteilung der Bestandsfestigkeit von Unternehmen mit Neuro-Fuzzy / Christian Heitmann. - Frankfurt am Main ; Berlin ; Bern ; Bruxelles ; New York ; Oxford ; Wien : Lang, 2002
(Betriebswirtschaftliche Studien Rechnungs- und Finanzwesen, Organisation und Institution ; Bd. 61)
Zugl.: Münster (Westfalen), Univ., Diss., 2001
ISBN 3-631-39383-0

Gedruckt auf alterungsbeständigem, säurefreiem Papier.

D 6
ISSN 1176-716X
ISBN 3-631-39383-0

Printed in Germany 1 2 4 5 6 7

www.peterlang.de

Geleitwort

Die vorliegende Arbeit, eine von Jörg Baetge betreute Dissertation aus Münster, entwickelt einen Indikator, mit dessen Hilfe die Bestandsfestigkeit einer großen Zahl von Unternehmen zuverlässig und objektiv unter Verwendung von Rechnungslegungsdaten beurteilt werden können soll. Bestandsfeste Unternehmen bleiben solvent.

Methodisch verwendet Christian Heitmann ein Verfahren der Künstlichen Intelligenz, das ein wissensbasiertes Regelsystem mit unscharfen sprachlichen Aussagen mit einem Künstlichen Neuronalen Netz verbindet. Das Regelsystem bildet mit Hilfe von Wenn-Dann-Regeln die Urteilsfähigkeit von Experten nach. Das Neuronale Netz lernt anhand von Beispielsfällen Zusammenhänge zwischen Merkmalen eines Unternehmens und dessen Bestandsfähigkeit. Die sich ergänzenden Verfahren werden erstmals großzahlig – auf Basis von über 8.000 Jahresabschlüssen konzernfreier Unternehmen des verarbeitenden Gewerbes mit Sitz in den alten Bundesländern – für die Abschlußanalyse verbunden.

Christian Heitmann zeigt allgemein und anhand von Beispielen, wie Wenn-Dann-Regeln mit unscharfen Aussagen in einem Expertensystem formuliert und mit Neuronalen Netzen verbunden werden können. Sehr klar werden anschließend die zahlreichen Schritte der Entwicklung eines Neuro-Fuzzy-Lageindikators in Form eines hierarchischen Prozeßmodells dargestellt. Dieser Indikator verwendet auf zwei Urteilsebenen vier Urteile (je eines zur Vermögens-, Finanz- und Ertragslage und ein Gesamturteil) aufgrund der Auswertung von 12 Kennzahlen mit Hilfe von 75 Regeln. Für das Gesamturteil über die Bestandsfestigkeit weist er in der Validierungsstichprobe eine Fehlerfläche von knapp 12 % auf und erzielt ähnliche Leistungen wie der alleinige Einsatz von Künstlichen Neuronalen Netzen für denselben Datenbestand.

Die Arbeit zeigt, wie neueste Techniken auf dem Gebiet der Abschlußanalyse erfolgreich eingesetzt werden können, und gefällt durch ihre sehr klare Darstellung der Anwendung dieser komplizierten Verfahren. Ich kenne nichts vergleichbares und wünsche ihr deshalb viele Leser.

München, den 23. Dezember 2001 Wolfgang Ballwieser

Vorwort des Verfassers

Die vorliegende Untersuchung entstand während meiner Tätigkeit als wissenschaftlicher Mitarbeiter am Institut für Revisionswesen der Westfälischen Wilhelms-Universität Münster. Im Juli 2001 wurde diese Arbeit von der Wirtschaftswissenschaftlichen Fakultät der Westfälischen Wilhelms-Universität Münster als betriebswirtschaftliche Inaugural-Dissertation angenommen.

Ein besonderes Anliegen ist es mir, an dieser Stelle all denjenigen zu danken, die mich bei der Anfertigung dieser Arbeit auf ganz unterschiedliche Weisen unterstützt und begleitet haben. Allen voran danke ich in besonderem Maße meinem verehrten Doktorvater Herrn Prof. Dr. Dr. h.c. Jörg Baetge für seine jederzeitige Diskussionsbereitschaft, seine kritischen Anregungen und gezielten Hinweise sowie für die großzügigen wissenschaftlichen Freiräume während der Anfertigung der Arbeit. Herrn Prof. Dr. Jörg Becker danke ich für die freundliche Übernahme des Zweitgutachtens.

Bei meinen derzeitigen und ehemaligen Kolleginnen und Kollegen am Institut für Revisionswesen bedanke ich mich für die konstruktiven Anregungen und das Durchhaltevermögen in den Doktorandenseminaren. Besonders hervorheben möchte ich die Herren Dr. Andreas Jerschensky und Dr. Stefan Thiele, die mir nicht nur moralisch eine große Stütze waren, sondern auch durch Ihr großes Interesse und Ihre konstruktiv-kritischen Anregungen sehr zum Gelingen der Arbeit beigetragen haben. Für die stete Diskussionsbereitschaft und die gebotene Abwechslung in der traditionellen Teerunde unterm Dach danke ich meinem Mitstreiter Dr. Thomas Linßen und meinem lieben Kollegen Dipl.-Kfm. Michael Richter.

Zur Durchführung der zahlreichen Versuchsaufbauten war ein großer DV-technischer Aufwand notwendig, der ohne tatkräftige Unterstützung von studentischen Hilfskräften nicht zu bewerkstelligen gewesen wäre. Für die kompetente und sehr engagierte Übernahme dieser Aufgaben möchte ich mich ganz herzlich bei den Herren Dipl.-Wirt.Inform. Lukas Troszczynski und cand. rer. pol. Thomas Ströher bedanken.

Mein aufrichtiger Dank gilt der Deutschen Forschungsgemeinschaft (DFG), die die vorliegende Untersuchung zwei Jahre gefördert hat. Ferner danke ich der Siemens Business Services GmbH & Co. OHG, die mir die Software SENN (Softwareumgebung für Neuronale Netze) für die Dauer des Forschungsprojekts zur Verfügung gestellt hat. Erst durch den Einsatz von SENN war es möglich, die Fragestellungen der Arbeit in der vorliegenden Detaillierung zu untersuchen. Hierfür möchte ich mich ganz herzlich bei Frau Dr. Roswitha Harting und Herrn Dr. Hans-Georg Zimmermann bedanken, die nicht nur die Bereitstellung der Software ermöglicht haben, sondern auch mit großem Interesse die Untersuchung verfolgt und mich mit vielen hilfreichen Anregungen unterstützt haben. Herrn Dr. Stefan Sickmann bin ich für die Beantwortung vieler Fragen in Bezug auf SENN sehr dankbar.

Für die Aufnahme meiner Dissertation in die Schriftenreihe »Betriebswirtschaftliche Studien – Rechnungs- und Finanzwesen, Organisation und Institution« des Peter Lang Verlags bedanke ich mich sehr herzlich bei den Herausgebern Herrn Prof. Dr. Dr. h.c. Wolfgang Ballwieser und Herrn Prof. Dr. Christoph Kuhner. Für die gute Zusammenarbeit bei der Drucklegung der Arbeit danke ich Herrn Dr. Hermann Ühlein vom Peter Lang Verlag.

Ganz besonders danke ich meiner lieben Partnerin Nine, die mir in unzählbaren Diskussionen eine große Hilfe war und die Arbeit mit ihren wertvollen Anregungen sehr bereichert hat. Durch Ihre selbstlose Art und ihr unendliches Verständnis hat Sie mir in jeder Phase der Arbeit den nötigen Rückhalt gegeben und den notwendigen Mut zugesprochen, trotz eigener hoher beruflicher Belastungen.

Der größte Dank gebührt meinen lieben Eltern Else und Bernhard, die mich auf meinem bisherigen Lebensweg in jeglicher Hinsicht mit großem Engagement und viel Herzlichkeit unterstützt und gefördert haben. Ihnen ist diese Arbeit gewidmet.

Münster im April 2002 Christian Heitmann

Inhaltsverzeichnis

Verzeichnis der Übersichten

Abkürzungsverzeichnis

§	Paragraf
§§	Paragrafen
%	Prozent

A

Abs.	Absatz
AG	Aktiengesellschaft
AktG	Aktiengesetz
Aufl.	Auflage

B

B.Bl.	Betriebswirtschaftliche Blätter (Zeitschrift)
Bd.	Band
BF	Bestandsfestigkeit (linguistische Variable)
BFuP	Betriebswirtschaftliche Forschung und Praxis (Zeitschrift)
bspw.	beispielsweise
bzgl.	bezüglich
bzw.	beziehungsweise

C

ca.	circa
CF	Cash-Flow
CF-ROI	Cash-Flow-Return on Investment (Kennzahl)
CF-UR	Cash-Flow-Umsatzrentabilität (Kennzahl)
Co.	Companie
CoG	Center of Gravity (Defuzzyfizierungsmethode)
CoS	Center of Singleton (Defuzzyfizierungsmethode)

D

DB	Der Betrieb (Zeitschrift)
DBW	Die Betriebswirtschaft (Zeitschrift)
d.h.	das heißt
DM	Deutsche Mark
DOF	degree of fulfillment
DStR	Deutsches Steuerrecht (Zeitschrift)
DSWR	Datenverarbeitung in Steuer, Wirtschaft, Recht (Zeitschrift)

E

e.V.	eingetragener Verein
EKQ	Eigenkapitalquote (Kennzahl)
EPK	Ereignisgesteuerte Prozesskette
EKR	Eigenkapitalrentabilität (linguistische Variable)
et al.	et alii
etc.	et cetera

F

f.	folgende (Seite)
ff.	folgende (Seiten)
FKS	Fremdkapitalstruktur (Kennzahl)
Fn.	Fußnote
FuV-GKR	Gesamtkapitalrentabilität des Finanz- und Verbunderfolges (Kennzahl)

G

GmbH	Gesellschaft mit beschränkter Haftung
GKV	Gesamtkostenverfahren

H

HGB	Handelsgesetzbuch
HMD	Handbuch der Datenverarbeitung (Zeitschrift)
Hrsg.	Herausgeber
hrsg. v.	herausgegeben von

I

I	später insolventes Unternehmen
i.d.R.	in der Regel
i.e.	id est
i.S.	im Sinne
i.V.	in Verbindung
Insolvenz-WS	Insolvenzwahrscheinlichkeit
InvQ	Investitionsquote (Kennzahl)

J

JfB	Journal für Betriebswirtschaft (Zeitschrift)

K

KBD	Kapitalbindungsdauer (Kennzahl)
KG	Kommanditgesellschaft
KI	Künstliche Intelligenz (Zeitschrift)
KNN	Künstliches Neuronales Netz

L

LIQ	Liquidität (Kennzahl)
Lfd. Nr.	laufende Nummer
lt.	laut
LV	linguistische Variable

M

MDA	Multivariate Diskriminanzanalyse
Mio.	Million(en)
MoM	Mean of Maxima (Defuzzyfizierungsmethode)
MPAQ	Material-Personal-Aufwandsquote (Kennzahl)

N

N-Wert	Neuronaler Netz-Wert
NF-Wert	Neuro-Fuzzy-Wert (Ausgabe des Neuro-Fuzzy-Lageindikators)
NfD	Nachrichten für Dokumentation (Zeitschrift)
Nr.	Nummer
NWB	Neue Wirtschafts-Briefe (Zeitschrift)

O

OHG	Offene Handelsgesellschaft

R

RBF-Netz	Radiales Basisfunktionen Netz
RL	Rentabilität(s)-Liquidität(s)
ROI	Return on Investment
RSW	Rentabilität-Sicherheit-Wachstum

S

S	solventes Unternehmen
s.	siehe
S.	Seite
SENN	Software Entwicklungsumgebung für Neuronale Netze
sog.	sogenannt
Sp.	Spalte

T

TDM	tausend Deutsche Mark
TK	Tilgungskraft (Kennzahl)

U

u.	und
u. a.	und andere
UKV	Umsatzkostenverfahren

V

vbo	Verein für Bankorganisation e. V.
vgl.	vergleiche
VK	Verschuldungskoeffizient (Kennzahl)
VG	Verschuldungsgrad (linguistische Variable)
Vol.	Volume

W

WCQ	Working-Capital-Quote (Kennzahl)
WiSt	Wirtschaftswissenschaftliches Studium (Zeitschrift)
WPg	Die Wirtschaftsprüfung (Zeitschrift)

Z

z. B.	zum Beispiel
ZfB	Zeitschrift für Betriebswirtschaft (Zeitschrift)
ZfhF	Zeitschrift für handelswissenschaftliche Forschung (Zeitschrift)
ZfbF	Zeitschrift für betriebswirtschaftliche Forschung (Zeitschrift)
z. T.	zum Teil
ZVEI	Zentralverband der Elektrotechnik- und Elektronikindustrie e. V.

Symbolverzeichnis

Mengentheorie

$\{a, \dots\}$	Menge mit den Elementen a, ...
$\{a \mid \dots\}$	Menge der Elemente a, für die gilt ...
$\emptyset$	leere Menge
$\in$	»ist Element von«
$\notin$	»ist nicht Element von«
$\subset$	»ist echte Teilmenge von«
$\subseteq$	»ist echte oder unechte Teilmenge von«
$\cup$	»vereinigt mit«
$\cap$	»geschnitten mit«
A	scharfe ›crispe‹ Menge A
$\mathbb{N}$	Menge der natürlichen Zahlen
$\mathbb{R}$	Menge der reellen Zahlen
X	Grundmenge
x	Element der Grundmenge X
χ_A	Indikator- oder charakteristische Funktion

Relationen

$<$	»ist kleiner als«
$\leq$	»ist kleiner als oder gleich klein wie«
$>$	»ist größer als«
$\geq$	»ist größer als oder gleich groß wie«
$=$	»ist gleich«
$\equiv$	»ist identisch mit«
$\times$	»gekreuzt mit«
min	Minimum
max	Maximum
sup	Supremum
$\sum_i$	Summe über alle i
$\int_a^b$	Integration der Fläche zwischen a und b

Variablen

$\bar{x}_p$	Merkmalsvektor des Datensatzes p
λ	Skalierungsfaktor
h, i, j, k, l, p, q	Laufindizes
x	Kennzahlenwert

Fuzzy-Set-Theorie

α, β, m, m_1, m_2	Parameter linearer Standard-Zugehörigkeitsfunktionen
alg_p	algebraischer Produkt-Operator
alg_s	algebraischer Summen-Operator
A_α	α-Niveau-Menge
$\tilde{A}$	Fuzzy-Menge
$\tilde{A}^c$	Komplement der Fuzzy-Menge $\tilde{A}$
$A_n^{j_n}$	j-ter Term der linguistischen Eingabevariablen X_n
B^j	j-ter Term der linguistischen Ausgabevariablen Y
c	Lageparameter einer nicht-linearen Zugehörigkeitsfunktion
G	Syntaktische Regel einer linguistischen Variablen
$hgt(\mu_{\tilde{A}})$	Höhe einer Fuzzy-Menge $\tilde{A}$
$L(x)$	Funktion der LR-Repräsentation
LV_n	linguistische Variable n
$\tilde{M}$	Semantische Regel einer linguistischen Variablen
$\mu_{\tilde{A}}(x)$	Zugehörigkeitsfunktion der Fuzzy-Menge $\tilde{A}$
$\mu_{EKR_{hoch}}$	Zugehörigkeitsfunktion der linguistischen Variablen ›Eigenkapitalrentabilität‹ für den linguistischen Term ›*hoch*‹
$\mu_{VG_{niedrig}}$	Zugehörigkeitsfunktion der linguistischen Variablen ›Verschuldungsgrad‹ für den linguistischen Term ›*niedrig*‹

$\mu_{BF_{gut}}$	Zugehörigkeitsfunktion der linguistischen Variablen ›Bestandsfestigkeit‹ für den linguistischen Term ›*gut*‹
R(x)	Funktion der LR-Repräsentation
S($\tilde{A}$)	Stützmenge einer Fuzzy-Menge $\tilde{A}$
s	Steigung einer logistischen Zugehörigkeitsfunktion
σ	Weite einer gaußförmigen Zugehörigkeitsfunktion
t(x)	T-Norm-Funktion
$T(x)$	Termset einer linguistischen Variablen
s(x)	t-CoNorm-Funktion
u	Basisvariable einer linguistischen Variablen
U	Definitionsbereich der Basisvariablen u einer linguistischen Variablen

Künstliche Neuronale Netze / Neuro-Fuzzy

$a_u^{(k)}$	Aktivitätspotenzial des Neurons u in der Schicht k
A_u	Aktivierungsfunktion des Neurons u
ex	externe Eingabefunktion
E_p	Netzfehler auf dem Datensatz p
$in_u^{(k)}$	Netzeingabe des Neurons u in der Schicht k
$\varkappa_l$	Gewicht der Regel l
NET_u	Netzeingabefunktion des Neurons u
η	Lernrate
δ_j	Anpassungsfaktor zur Bestimmung der Gewichtsänderung
O_u	Ausgabefunktion des Neurons u
o_p	Netzoutput des Datensatzes p
$o_u^{(k)}$	Ausgabe des Neurons u in der Schicht k
p	Datensatz p
P	Anzahl der Datensätze p
rs_l	Mittlere Response-Rate der Regel l
ra_{lp}	Regelaktivierung der Regel l für den Datensatz p
t_p	Zielwert des Datensatzes p
u	künstliches Neuron
U	Menge künstlicher Neuronen u
W	Netzwerkstruktur
$W(u', u)$	Gewicht zwischen Neuron u' und Neuron u
w_i	Konklusionsgewicht w für den Term i einer linguistischen Ausgabevariablen
wra_{lp}	Gewichtete Regelaktivierung der Regel l für den Datensatz p
Δw_{ij}	Gewichtsänderung zwischen Neuron i und Neuron j

Sonstige Symbole/Ausdrücke

[a; b]	beidseitig geschlossenes Intervall
(a, b, …)	Tupel
e^x	Exponentialfunktion
$f: X \rightarrow \mathbb{R}$	Abbildung f von X in $\mathbb{R}$ mit X als Definitionsbereich und $\mathbb{R}$ als Wertebereich
m	Median
O, R	Grenzen des mittleren 80 %-Quantils
P, Q	Grenzen des mittleren 10 %-Quantils
s	Standartabweichung
$\bar{x}$	Mittelwert
z_{krit}	Trennwert

1 Einleitung

11 Problemstellung

Die Bestandsfestigkeit eines Unternehmens ist für viele betriebswirtschaftliche Entscheidungsprobleme eine wichtige und zugleich notwendige Information. Daher sind Instrumente bzw. Verfahren, die auf Basis von Jahresabschlüssen eine objektive und zuverlässige Beurteilung der Bestandsfestigkeit zulassen, für die betriebswirtschaftliche Praxis von großem Interesse. Die folgenden Beispiele sollen die vielfältigen Anwendungsmöglichkeiten solcher Instrumente kurz darlegen und die Notwendigkeit ihrer Entwicklung begründen:

- Ein klassisches Anwendungsgebiet solcher Instrumente ist die **Kreditwürdigkeitsprüfung.** Hierbei steht die Bank als Kreditgeber vor der Entscheidung, ein Kreditgesuch eines Unternehmens zu gewähren oder abzulehnen. Da der Prozess der Kreditwürdigkeitsprüfung mitunter sehr aufwendig sein kann und zudem verschiedene Kreditsachbearbeiter die Kreditwürdigkeit eines Unternehmens i. d. R. unterschiedlich beurteilen, ist der Einsatz eines objektiven und zuverlässigen Verfahrens zur Entscheidungsunterstützung angezeigt, um eine gleichbleibend hohe Qualität der Kreditwürdigkeitsprüfung sicherzustellen und so die durch Unternehmensinsolvenzen drohenden Kreditausfälle zu minimieren.[1]
- Im Gegensatz zu Kreditinstituten liegt der Geschäftszweck von **Beteiligungsgesellschaften** nicht in der Vergabe von Fremdkapital, sondern in der zeitlich befristeten Beteiligung mit Eigenkapital an anderen Unternehmen. Damit ein effizientes Beteiligungsmanagement sichergestellt werden kann, benötigen auch Beteiligungsgesellschaften ein Instrument, mit dem die Bestandsfestigkeit objektiv, zuverlässig und schnell beurteilt werden kann.[2]
- Der **Abschlussprüfer** hat gemäß § 317 Abs. 2 HGB den Lagebericht darauf zu prüfen, ob dieser insgesamt eine zutreffende Vorstellung von der Lage des Unternehmens vermittelt. Dabei muss er auch prüfen, ob die Risiken der künftigen Entwicklung richtig dargestellt sind. Ein Instrument zur objektiven und zuverlässigen Beurteilung der Bestandsfestigkeit auf Basis von Jahresabschlüssen könnte den Abschlussprüfer in idealer Weise unterstützen, seine gesetzlichen Pflichten zu erfüllen.[3]

---

1 Vgl. BÜSCHGEN, H. E., Bankbetriebslehre, S. 539 f.; SÜCHTING, J./PAUL, S., Bankmanagement, S. 523 f.

2 Vgl. JERSCHENSKY, A., Messung des Bonitätsrisikos von Unternehmen, S. 4.

3 Vgl. BAETGE, J./LINSSEN, T., Beurteilung der wirtschaftlichen Lage durch den Abschlußprüfer.

- Der Vorstand einer Aktiengesellschaft hat gemäß § 91 Abs. 2 AktG ein **Überwachungssystem** einzurichten, mit dem Entwicklungen, die den Fortbestand der Gesellschaft gefährden, frühzeitig erkannt werden. Die Ausgestaltung eines solchen Überwachungssystems könnte mit einem Instrument zur Beurteilung der Bestandsfestigkeit auf Basis von Jahresabschlüssen sinnvoll unterstützt werden.[4]

Während Kreditgeber und Beteiligungsgesellschaften der Gruppe der **externen Analysten** zuzuordnen sind, gehören der Abschlussprüfer und der Vorstand eines Unternehmens zur Gruppe der **internen Analysten.**[5] Diese Unterscheidung ist insofern wichtig, da interne Analysten auf ein wesentlich umfangreicheres und detaillierteres Datenmaterial Zugriff haben als externe Analysten. So stehen dem externen Analysten häufig nur der veröffentlichte Jahresabschluss, Informationen der Wirtschaftspresse sowie Informationen von Auskunfteien zur Verfügung. Da das hier zu entwickelnde Instrument zur Beurteilung der Bestandsfestigkeit nicht für einen konkreten Anwendungsbereich ausgelegt wird, sondern vielmehr sowohl die Arbeit eines externen als auch eines internen Analysten unterstützen soll, wird unter Berücksichtigung der zur Verfügung stehenden Informationen der »kleinste gemeinsame Nenner« gewählt und **für die vorliegende Untersuchung die Perspektive des externen Analysten** eingenommen.

Die **Bestandsfestigkeit** charakterisiert die Fähigkeit eines Unternehmens, seine Ertragskraft zu stärken und gleichzeitig die Vermögens- und Finanzlage zu stabilisieren.[6] Dementsprechend ist für die Beurteilung der Bestandsfestigkeit durch einen externen Analysten der Jahresabschluss eines Unternehmens heranzuziehen, und das darin ausgewiesene Bild der Vermögens-, Finanz- und Ertragslage zu beurteilen. Hierbei ist anzumerken, dass der Jahresabschluss anhand der Vermögens-, Finanz- und Ertragslage nur ein partielles Bild der wirtschaftlichen Lage eines Unternehmens ausweisen kann.[7] Für eine umfassende Beurteilung der totalen wirtschaftlichen Lage wären weitere Informationen wie Wirtschaftsauskünfte, Brancheninformationen und interne Informationen, z.B. Finanzpläne, heranzuziehen.[8] Der Jahresabschluss ist aber häufig die einzige Informationsquelle, die einem externen Analysten zur Verfügung steht. Im Vergleich zu den anderen Informationen ist der Jahresabschluss aber auch die einzige Informationsquelle, die auf einem genormten Regelwerk beruht und nach den Grundsätzen ordnungsmäßiger Buchführung aufgestellt wird.[9] Damit bilden die **Jah-**

4 Vgl. REHBORN, J., Berücksichtigung eines externen Ratings innerhalb eines Risikomanagementsystems.

5 Vgl. BAETGE, J., Bilanzanalyse, S. 8-15.

6 Vgl. BAETGE, J., Rating von Unternehmen, S. 1.

7 Vgl. BAETGE, J., Früherkennung negativer Entwicklungen, S. 652.

8 Vgl. HIELSCHER, U., Instrumente der Kreditwürdigkeitsprüfung, S. 309.

9 Vgl. BAETGE, J., Stabilität eines Bilanzbonitätsindikators und seine Einsatzmöglichkeiten (Teil 1), S. 605.

resabschlüsse einer großen Zahl von Unternehmen eine einheitliche und objektive Datenbasis, die es erlaubt, objektive Instrumente zur Beurteilung der Bestandsfestigkeit von Unternehmen zu entwickeln. Die vorliegende Untersuchung beschränkt sich daher auf den Jahresabschluss als Informationsquelle und benutzt zur Entwicklung eines Instruments zur Beurteilung der Bestandsfestigkeit von Unternehmen moderne Verfahren der Jahresabschlussanalyse.

Ziel der vorliegenden Untersuchung ist es, einen **Lageindikator zu entwickeln**, der es erlaubt,

(1) die Bestandsfestigkeit

(2) einer großen Zahl von Unternehmen

(3) zuverlässig und objektiv,

(4) nachvollziehbar und

(5) unter der Verwendung von externem Wissen

zu beurteilen.

Ausgehend von der formulierten Zielsetzung werden im Folgenden die Anforderungen an den zu entwickelnden Lageindikator weiter konkretisiert:

Ad (1) Beurteilung der Bestandsfestigkeit

Untersuchungsobjekt ist die Bestandsfestigkeit eines Unternehmens. Es soll eine Aussage über den Gesundheitszustand bzw. – aus der entgegengesetzten Perspektive betrachtet – über die Bestandsgefährdung eines Unternehmens getroffen werden. Diese Aussage wird in Form eines zusammenfassenden Gesamturteils getroffen. Dabei wird die **Bestandsfestigkeit eines Unternehmens als Güte des im Jahresabschluss gezeigten Bildes der Vermögens-, Finanz- und Ertragslage gemessen.**[10] Hierbei dient der Lageindikator als Messinstrument, mit dem die Höhe der Bestandsfestigkeit eines Unternehmens auf einer Skala gemessen wird. Diese Skala quantifiziert die Ausprägungen der Bestandsfestigkeit, welche vom Lageindikator durch eine Abbildung der quantitativen Merkmale in Form von Jahresabschlusskennzahlen auf eine reelle Zahl zur Verfügung gestellt wird. Jedes Unternehmen kann dann anhand der gemessenen Bestandsfestigkeit den zwei Klassen *›solvent‹* und *›später insolvent‹* zugeordnet werden. Da für den in dieser Untersuchung verwendeten empirischen Datenbestand bekannt ist, ob ein Unternehmen *solvent* ist bzw. zu einem späteren Zeitpunkt *insolvent* geworden ist, lässt sich für den entwickelten Lageindikator die Güte der Klassifikation bestimmen und als wesentliches Qualitätskriterium heranziehen.

10 Vgl. BAETGE, J., Rating von Unternehmen, S. 2.

Ad (2) Verarbeitung einer großen Zahl von Unternehmen

Die Bestandsfestigkeit solventer und später insolventer Unternehmen kann nicht an zwei typischen Jahresabschlüssen festgemacht werden. Vielmehr gibt es eine Vielzahl von Jahresabschlussmustern, die eine hohe bzw. niedrige Bestandsfestigkeit signalisieren. Daher sollte der Lageindikator möglichst von unternehmensspezifischen Jahresabschlussmustern abstrahieren können. Diese Eigenschaft wird als **Generalisierungsfähigkeit** bezeichnet und ist die notwendige Voraussetzung für eine zuverlässige und objektive Beurteilung der Bestandsfestigkeit einer großen Zahl von Unternehmen. Zudem werden moderne Verfahren der Jahresabschlussanalyse häufig aus **Rationalisierungsgründen** eingesetzt. Gerade Banken haben jährlich mehrere tausend Jahresabschlüsse ihrer potenziellen und aktuellen Kunden zu analysieren. Daher sollte der Lageindikator für eine effiziente Unterstützung der Beurteilung der Bestandsfestigkeit von Unternehmen technisch in der Lage sein, eine große Zahl von Jahresabschlüssen verarbeiten zu können.

Ad (3) Zuverlässige und objektive Urteilsbildung

Ein **zuverlässiger** Lageindikator zeichnet sich dadurch aus, dass er eine gute Klassifikationsleistung besitzt und bestandsgefährdete Unternehmen frühzeitig, also mehrere Jahre vor Eintritt einer möglichen Insolvenz, erkennt. Die Klassifikationsleistung wird mit dem sog. Fehlerflächenkalkül[11] gemessen und gibt die durchschnittliche Fehlklassifikation in Bezug auf die Klassen ›solvent‹ bzw. ›später insolvent‹ an. Darüber hinaus sollte das vom Lageindikator gefällte Gesamturteil **objektiv** sein. Ein solches Gesamturteil wird dann als objektiv bezeichnet, wenn es einerseits von einem Dritten intersubjektiv nachvollzogen werden kann und andererseits das verwendete Verfahren selbst objektiv ist und die Auswahl, Gewichtung und Zusammenfassung der Urteilskriterien nicht von den subjektiven Empfindungen und Erfahrungen einer Person abhängig gemacht werden, sondern auf einer breiten empirischen Datenbasis ermittelt werden.[12]

Ad (4) Nachvollziehbarkeit der Urteilsbildung

Das mit dem Lageindikator gefällte Urteil über die Bestandsfestigkeit eines Unternehmens soll für den Anwender nachvollziehbar und interpretierbar sein. Dies kann mit Hilfe einer differenzierenden Urteilsbildung und der Verwendung von Wenn-Dann-Regeln gewährleistet werden. Die **differenzierende Urteilsbildung** verläuft in zwei Schritten. Im ersten Schritt werden die Ausprägungen der Jahresabschlusskennzahlen zu Teilurteilen über die Be-

11 Vgl. UTHOFF, C., Erfolgsoptimale Kreditwürdigkeitsprüfung, S. 94-96.

12 Vgl. BAETGE, J., Bilanzanalyse, S. 36 u. S. 514.

standteile der Vermögens-, Finanz- und Ertragslage verdichtet. Im zweiten Schritt wird anhand der Teilurteile ein Gesamturteil über die Bestandsfestigkeit des jeweiligen Unternehmens gefällt. Ein solches hierarchisches System entspricht dem menschlichen Vorgehen, komplexe Entscheidungs- bzw. Beurteilungsprobleme in mehrere kleinere Teilbereiche aufzugliedern, diese zu lösen bzw. zu beurteilen, um sie dann wieder zu einem zusammenfassenden Gesamturteil zu vereinen.[13] Dieses Vorgehen hat daher den entscheidenden Vorteil, dass die Bildung des Gesamturteils mit Hilfe der Teilurteile erklärt und vom Anwender nachvollzogen und interpretiert werden kann. Darüber hinaus kann der Anwender mit Hilfe der Wenn-Dann-Regeln das gefällte Gesamturteil i. S. einer **fragengeleiteten Bilanzanalyse**[14] über die Teilurteile bis hin zu den Jahresabschlusskennzahlen und den darin enthaltenen Bilanzposten zurückverfolgen. Dabei ist jeder Wenn-Dann-Regel ein Gewicht zugeordnet, anhand dessen die Bedeutung der Regel für die Urteilsbildung offengelegt wird.

Ad (5) Verwendung von externem Wissen

Für die Entwicklung des Lageindikators soll neben der Verwendung eines empirischen Datenbestands auch externes Wissen über die Beurteilung der Bestandsfestigkeit von Unternehmen explizit verarbeitet werden können. Dies hat verschiedene Vorteile: So können Erfahrungen aus vorangegangenen Untersuchungen sowie betriebswirtschaftlich gesicherte Sachverhalte explizit bei der Entwicklung des Lageindikators berücksichtigt werden. Hierdurch wird der zu entwickelnde Lageindikator hinsichtlich seiner Struktur und seiner Bestandteile bereits vorinitialisiert, sodass das empirische Verfahren zur Entwicklung des Lageindikators nicht alle Informationen aus den Beispielfällen erlernen muss. Damit kann der Lernvorgang wesentlich effizienter gestaltet werden. Ferner besteht die Möglichkeit, bei der Entwicklung von Lageindikatoren für spezielle Problemstellungen das Wissen von Experten zu berücksichtigen. Hierdurch kann nicht nur der Entwicklungsprozess beschleunigt werden, sondern aus psychologischer Sicht ist es auch für die Akzeptanz eines solchen Lageindikators von Vorteil, wenn die späteren Anwender bereits während der Entwicklungsphase mit einbezogen werden, indem ihr langjährig gesammeltes Erfahrungswissen zur Vorstrukturierung des Systems genutzt wird und somit zum Erfolg des Systems beiträgt.

Für die Entwicklung eines Lageindikators zur Beurteilung der Bestandsfestigkeit von Unternehmen, der die aufgestellten Anforderungen erfüllt, wird ein hybrides Verfah-

---

13 Vgl. SCHEFFELS, R., Fuzzy-Logik in der Jahresabschlußprüfung, S. 61.

14 Vgl. BAETGE, J./DOSSMANN, C./KRUSE, A., Krisendiagnose mit Künstlichen Neuronalen Netzen, S. 202 f.; HAUSCHILDT, J., Unternehmenskrisen - Herausforderungen an die Bilanzanalyse, S. 17.

ren der Künstlichen Intelligenz verwendet, welches ein wissensbasiertes Fuzzy-Regelsystem mit einem Künstlichen Neuronalen Netz verbindet. Ein solches sog. **Neuro-Fuzzy-System** ermöglicht es, die positiven Eigenschaften beider Verfahren in *einem* System zur Verfügung zu stellen und gleichzeitig die nicht gewünschten Eigenschaften zu kompensieren.

Wissensbasierte Fuzzy-Regelsysteme sind symbolische Verfahren der Künstlichen Intelligenz und gehören zur **Klasse der Expertensysteme**. Sie zeichnen sich wie Expertensysteme im Wesentlichen dadurch aus, dass sie bereits vorliegendes Wissen von Experten mit Hilfe von Wenn-Dann-Regeln explizit abbilden können und durch ein spezielles Inferenzverfahren die Urteilsfähigkeit eines Experten nachbilden. Darüber hinaus sind sie in der Lage, das sprachlich unscharfe Wissen eines Experten adäquat mit Hilfe der Fuzzy-Set-Theorie mathematisch abzubilden und zu quantifizieren. Dadurch wird es möglich, die Ausprägungen sowohl quantitativer als auch qualitativer Merkmale über die Bestandsfestigkeit eines Unternehmens mit sog. linguistischen Variablen auf Basis des Expertenwissens zu bewerten. So ist ein wissensbasiertes Fuzzy-Regelsystem in der Lage, Kennzahlen hinsichtlich der Höhe ihrer Ausprägungen graduell als *hoch*, *mittel* oder *niedrig* zu beurteilen. Diese Urteile über die eingehenden Merkmale werden über Teilurteile oder direkt zu einem Gesamturteil aggregiert. Anschließend kann mit Hilfe der Wenn-Dann-Regeln und der linguistischen Variablen das gebildete Gesamturteil nachvollzogen und interpretiert werden. Wissensbasierte Fuzzy-Regelsysteme sind allerdings nicht lernfähig, d.h. sie sind nicht in der Lage, Zusammenhänge zwischen den Merkmalen eines Unternehmens und dessen Bestandsfestigkeit anhand von Beispielfällen zu erlernen. Ein wissensbasiertes Fuzzy-Regelsystem ist also in seiner Urteilsbildung nur so gut, wie das zugrundeliegende Expertenwissen bzw. die Abbildung dieses Wissens im System.

Künstliche Neuronale Netze sind sub-symbolische Verfahren der Künstlichen Intelligenz und zeichnen sich im Gegensatz zu wissensbasierten Fuzzy-Regelsystemen durch ihre Lernfähigkeit aus. Sie sind in der Lage, anhand von vielen Beispielfällen Zusammenhänge zwischen den eingehenden Merkmalen eines Unternehmens und dessen Bestandsfestigkeit zu erlernen und abzubilden. Zudem besitzen Künstliche Neuronale Netze sog. **Pruning-Algorithmen**, mit denen sich die relevanten Merkmale aus einem großen Merkmalskatalog objektiv auf Basis der Beispieldaten auswählen lassen. Aufgrund ihrer Lernfähigkeit und der Fähigkeit, vom Einzelfall abstrahieren zu können (Generalisierungsfähigkeit), erlauben Künstliche Neuronale Netze die Entwicklung von objektiven und zuverlässigen Lageindikatoren zur Beurteilung der Bestandsfestigkeit von Unternehmen. Daher weisen sie im Vergleich zu wissensbasierten Fuzzy-Regelsystemen auch wesentlich bessere Klassifikationsleistungen auf.[15]

---

15 Vgl. BAETGE, J./HEITMANN, C., Fuzzy Rule-Based Indicator for the Review of Credit Standing, S. 340 f. und die dort angeführte Literatur.

Die Darstellung der wesentlichen Eigenschaften von wissensbasierten Fuzzy-Regelsystemen und Künstlichen Neuronalen Netzen zeigt, dass sich die beiden Verfahren in idealer Weise ergänzen. Während mit wissensbasierten Fuzzy-Regelsystemen externes Wissen explizit abgebildet und die Urteilsbildung vom Anwender anhand der Regeln und der linguistischen Variablen nachvollzogen und interpretiert werden kann, lassen sich Künstliche Neuronale Netze auf Basis eines empirischen Datenbestands für die Auswahl der Merkmale sowie für die Objektivierung und die Optimierung des zu entwickelnden Lageindikators zur Beurteilung der Bestandsfestigkeit einsetzen.

In der betriebswirtschaftlichen Literatur wurden bereits mehrfach Neuro-Fuzzy-Systeme für die empirische Bilanzanalyse gefordert.[16] Auch wurden schon vereinzelt Untersuchungen mit Neuro-Fuzzy-Systemen zur Bilanzanalyse durchgeführt.[17] Allerdings basieren diese Untersuchungen nur auf sehr kleinen und nicht repräsentativen Datenbeständen. Daher ist es ein **weiteres Ziel dieser Untersuchung**, an einem großen empirischen Datenbestand von Jahresabschlüssen zu prüfen, ob Neuro-Fuzzy-Systeme für die Entwicklung von Lageindikatoren zur Beurteilung der Bestandsfestigkeit geeignet sind. Um die formulierten Ziele zu verwirklichen, werden der vorliegenden Untersuchung drei Fragestellungen zugrundegelegt:

(1) ***Sind Neuro-Fuzzy-Systeme prinzipiell zur Beurteilung der Bestandsfestigkeit von Unternehmen geeignet?***

(2) ***Wie kann mit einem ausgewählten Neuro-Fuzzy-System ein Lageindikator zur Beurteilung der Bestandsfestigkeit von Unternehmen auf Basis eines großen empirischen Datenbestands entwickelt werden, der die formulierten Anforderungen erfüllt?***

(3) ***Wie lässt sich ein Neuro-Fuzzy-Lageindikator für die Beurteilung der Bestandsfestigkeit einzelner Unternehmen praktisch anwenden?***

Ad (1) Zur Beantwortung der ersten Frage werden Neuro-Fuzzy-Systeme zunächst in die Landschaft der neueren Verfahren zur empirischen Bilanzanalyse eingeordnet. Ferner werden die zwei integrierten Verfahren – das wissensbasierte Fuzzy-Regelsystem und das Künstliche Neuronale Netz – separat betrachtet und ihre prinzipielle Eignung für die Beurteilung der Bestandsfestigkeit einzeln untersucht. Hierzu werden beide Verfahren umfassend erläutert und mathematisch definiert. Anschließend werden die Möglichkeiten zur Kombina-

16 Vgl. COENENBERG, A. G., Jahresabschluß und Jahresabschlußanalyse, S. 902; BAETGE, J./HEITMANN, C., Fuzzy Rule-Based Indicator for the Review of Credit Standing, S. 342; FÜSER, K., Zukunftstechnologien mit Zukunftstechnologie bewerten, S. 284-293.

17 Vgl. PACHECO, R. ET AL., Financial Diagnosis Through a Hybrid Intelligent System; PIRAMUTHU, S., Financial credit-risk evaluation with neural and neurofuzzy systems.

tion der beiden Verfahren vorgestellt sowie zwei Integrationsansätze erläutert und hinsichtlich ihrer Eignung für die vorliegende Untersuchung beurteilt. Einer der beiden Integrationsansätze wird für die empirische Untersuchung ausgewählt und ausführlich erläutert.

Ad (2) Für die Untersuchung der zweiten Fragestellung wird mit dem ausgewählten Neuro-Fuzzy-System an einem umfassenden empirischen Datenbestand von über 8.000 Jahresabschlüssen ein konkreter Neuro-Fuzzy-Lageindikator zur Beurteilung der Bestandsfestigkeit von Unternehmen entwickelt. Dieser Neuro-Fuzzy-Lageindikator wird als generischer Prototyp entwickelt, an dem die Eignung von Neuro-Fuzzy-Verfahren für die empirischen Bilanzanalyse genauer untersucht wird. Dabei wird von spezifischen Anwendungsgebieten, wie der Kreditwürdigkeitsprüfung oder dem Beteiligungsmanagement, abstrahiert. Hierzu ist in einem ersten Schritt ein wissensbasiertes Fuzzy-Regelsystem aufzustellen. Für das benötigte externe Wissen wird einerseits auf die langjährig gesammelten Erfahrungen aus vorangegangenen Untersuchungen am Institut für Revisionswesen[18] zurückgegriffen und andererseits ein betriebswirtschaftlich abgesichertes oder zumindest plausibles Vorgehen verwendet. Soll ein Neuro-Fuzzy-Lageindikator für eine konkrete Problemstellung, z.B. für die Kreditwürdigkeitsprüfung einer bestimmten Bank, entwickelt werden, so kann das hier verwendete Wissen zusätzlich mit dem spezifischen Expertenwissen der jeweiligen Bank angereichert werden, damit der Neuro-Fuzzy-Lageindikator die besonderen Gegebenheiten entsprechend berücksichtigen kann. In einem zweiten Schritt wird das entwickelte wissensbasierte Fuzzy-Regelsystem mit einem Künstlichen Neuronalen Netz verbunden und optimiert. Hierdurch wird das verwendete, in Teilen subjektive Wissen durch die Lerneigenschaft des Künstlichen Neuronalen Netzes anhand der vorliegenden Jahresabschlüsse validiert und objektiviert. Anhand von fünf Qualitätskriterien ist zu untersuchen, ob der entwickelte Neuro-Fuzzy-Lageindikator die formulierten Anforderungen erfüllt und somit als Verfahren für die

---

18 Vgl. BEERMANN, K., Prognosemöglichkeiten von Kapitalverlusten; NIEHAUS, H.-J., Früherkennung von Unternehmenskrisen; FEIDICKER, M., Kreditwürdigkeitsprüfung; STIBI, B., Statistische Jahresabschlußanalyse als Instrument der steuerlichen Betriebsprüfung; KRAUSE, C., Kreditwürdigkeitsprüfung mit Neuronalen Netzen; HÜLS, D., Früherkennung insolvenzgefährdeter Unternehmen; UTHOFF, C., Erfolgsoptimale Kreditwürdigkeitsprüfung; BAETGE, J./KRUSE, A./UTHOFF, C., Bonitätsklassifikationen von Unternehmen; JERSCHENSKY, A., Messung des Bonitätsrisikos von Unternehmen; KRUSE, A., Antragsprüfung und Kartenüberwachung von privaten Kreditkartenkunden; THUN, C., Entwicklung von Bilanzbonitätsklassifikatoren; GLORMANN, F., Bilanzrating von US-GAAP Abschlüssen.

Entwicklung eines Lageindikators zur Beurteilung der Bestandsfestigkeit geeignet ist.

Ad (3) Zur Untersuchung der dritten Fragestellung wird eine Publikumsgesellschaft ausgewählt, die mit dem entwickelten Neuro-Fuzzy-Lageindikator beurteilt wird. Hierbei soll einerseits untersucht werden, welche Möglichkeiten der entwickelte Neuro-Fuzzy-Lageindikator dem Anwender an die Hand gibt, das gebildete Urteil über die Bestandsfestigkeit eines einzelnen Unternehmens im Zeitvergleich nachzuvollziehen und zu interpretieren. Andererseits soll geprüft werden, ob die Ergebnisse des Neuro-Fuzzy-Lageindikators für das ausgewählte Unternehmen plausibel sind.

12 Gang der Untersuchung

Der Einsatz von Neuro-Fuzzy-Verfahren als moderne Verfahren der Bilanzanalyse ist recht neu und wurde in Bezug auf die vorliegende Problemstellung in der Literatur wenig behandelt. Daher widmet sich der theoretische **zweite Abschnitt** dieser Untersuchung dem Verfahren selbst und seinen prinzipiellen Einsatzmöglichkeiten für die Beurteilung der Bestandsfestigkeit von Unternehmen. Mit einer einleitenden Systematisierung werden Neuro-Fuzzy-Systeme in die Landschaft der neueren Verfahren zur Bilanzanalyse eingeordnet (Abschnitt 21).

Da ein wissensbasiertes Fuzzy-Regelsystem die Basis eines Neuro-Fuzzy-Systems darstellt, wird dieses Verfahren zunächst separat hinsichtlich seiner Einsatzmöglichkeiten zur wissensbasierten Beurteilung der Bestandsfestigkeit von Unternehmen untersucht (Abschnitt 22). Hierzu wird in einem ersten Unterabschnitt der Frage nachgegangen, warum gerade die Fuzzy-Set-Theorie zur Abbildung von sprachlicher Unschärfe in betriebswirtschaftlichen Modellen als besonders geeignet erscheint. Anschließend werden die theoretischen Grundlagen der Fuzzy-Set-Theorie erläutert und mathematisch definiert. In einem weiteren Unterabschnitt wird die Arbeits- und Funktionsweise wissensbasierter Fuzzy-Regelsysteme zur Beurteilung der Bestandsfestigkeit von Unternehmen ausführlich erläutert und anhand eines einfachen Beispiels anschaulich dargestellt.

Zur Optimierung der Klassifikationsleistung wissensbasierter Fuzzy-Regelsysteme werden in Neuro-Fuzzy-Systemen Künstliche Neuronale Netze verwendet. Die Funktionsweise Künstlicher Neuronaler Netze wird zunächst unabhängig von einem Neuro-Fuzzy-System in einem grundlegenden Abschnitt erläutert und mathematisch definiert (Abschnitt 231.). Anschließend werden verschiedene Möglichkeiten zur Verbindung von wissensbasierten Fuzzy-Regelsystemen mit Künstlichen Neuronalen Netzen zu Neuro-Fuzzy-Systemen beschrieben (Abschnitt 232.). Aufgrund der Anforderungen an den zu entwickelnden Neuro-Fuzzy-Lageindikator wird eine hybride Neuro-Fuzzy-Architektur gewählt, die zunächst theoretisch definiert und dann anhand des Beispiels, welches bereits zuvor für die Darstellung wissensbasierter Fuzzy-Regelsysteme verwendet wurde, ausführlich erklärt wird.

Im Gegensatz zum funktionsorientierten zweiten Abschnitt ist der **dritte Abschnitt** dieser Arbeit prozessorientiert. In diesem Abschnitt wird die empirische Entwicklung des Neuro-Fuzzy-Lageindikators vorgenommen. Dazu wird zunächst ein Vorgehensmodell entwickelt, das den Prozess zur Entwicklung eines Neuro-Fuzzy-Lageindikators in Form eines hierarchischen Prozessmodells beschreibt (Abschnitt 31). Die Teilprozesse des Vorgehensmodells bilden dabei die jeweiligen Unterabschnitte des dritten Abschnitts.

Im **ersten Schritt** des Vorgehensmodells sind die Unternehmen bzw. die Jahresabschlüsse auszuwählen, mit deren Hilfe der Neuro-Fuzzy-Lageindikator entwickelt, getestet und validiert wird (Abschnitt 32). Die für die Untersuchung ausgewählte empirische Datenbasis enthält 8.658 Jahresabschlüsse von 3.110 *solventen* und *später insolventen* Unternehmen des verarbeitenden Gewerbes.[19] Im **zweiten Schritt** werden die Untersuchungsmerkmale definiert und aufbereitet. Dazu wird ein Katalog bestehend aus mehr als 340 Jahresabschlusskennzahlen herangezogen (Abschnitt 33).[20] Die eigentliche Entwicklung des Neuro-Fuzzy-Lageindikators zur Beurteilung der Bestandsfestigkeit von Unternehmen erfolgt im dritten und vierten Schritt des Vorgehensmodells. Im **dritten Schritt** wird zunächst ein wissensbasiertes Fuzzy-Regelsystem aufgestellt, das die selektierten Kennzahlen zu Teilurteilen über die Bestandteile der Vermögens-, Finanz- und Ertragslage verdichtet und diese Teilurteile wiederum zu einem Gesamturteil zusammenführt (Abschnitt 35). Für jede selektierte Kennzahl wird jeweils eine linguistische Variable bestimmt. Darüber hinaus sind unter Berücksichtigung der linguistischen Variablen die Regeln der Wissensbasis zu formulieren. Im **vierten Schritt** wird das modellierte wissensbasierte Fuzzy-Regelsystem in ein Neuro-Fuzzy-System transformiert und in Bezug auf seine Klassifikationsleistung optimiert (Abschnitt 36). Abschließend wird im **fünften Schritt** des Vorgehensmodells die Qualität des entwickelten Neuro-Fuzzy-Lageindikators in Bezug auf seine Klassifikationsleistung, sein Früherkennungspotenzial, seine Trennschärfe, seine Robustheit und seine Plausibilität beurteilt (Abschnitt 38).

---

19 Die verwendeten Daten gehören der BAETGE & PARTNER GMBH und wurden dem Institut für Revisionswesen der Westfälischen Wilhelms-Universität Münster zur Verfügung gestellt. Die Daten stammen aus Projekten mit der BADEN-WÜRTTEMBERGISCHEN BANK AG (BW-BANK AG) und der BFG BANK AG.

20 Vgl. JERSCHENSKY, A., Messung des Bonitätsrisikos von Unternehmen, S. 125-134; UTHOFF, C., Erfolgsoptimale Kreditwürdigkeitsprüfung, S. 139-145.

Im **vierten Abschnitt** wird der entwickelte Neuro-Fuzzy-Lageindikator auf seine Tauglichkeit für die Praxis untersucht. Am Beispiel des PORSCHE KONZERNS werden die unterschiedlichen Möglichkeiten des Neuro-Fuzzy-Lageindikators vorgestellt, die dem Anwender bei der Beurteilung, Analyse und Interpretation der Bestandsfestigkeit des ausgewählten Unternehmens unterstützen. Abschließend werden verschiedene Anwendungsvoraussetzungen für die Praxis diskutiert.

Schließlich werden im **fünften Abschnitt** dieser Arbeit die zentralen Ergebnisse der vorliegenden Untersuchung zusammengefasst. Ein Ausblick auf potenzielle Forschungvorhaben beschließt die Arbeit.

2 Verfahren der Künstlichen Intelligenz zur Beurteilung der Bestandsfestigkeit

21 Darstellung und Systematisierung der neueren Verfahren zur Bilanzanalyse

211. Überblick

In diesem Abschnitt werden Neuro-Fuzzy-Systeme als Verfahren zur Beurteilung der Bestandsfestigkeit von Unternehmen in die Landschaft der neueren Verfahren zur Bilanzanalyse eingeordnet. Hierzu werden die neueren Verfahren zur Bilanzanalyse systematisiert und kritisch erläutert. Als Basisverfahren von Neuro-Fuzzy-Systemen werden die symbolischen und sub-symbolischen Verfahren der Künstlichen Intelligenz in Form von Expertensystemen und Künstlichen Neuronalen Netzen herausgegriffen und in separaten Abschnitten vorgestellt. Ein abschließender Abschnitt begründet den Einsatz von Neuro-Fuzzy-Systemen zur Beurteilung der Bestandsfestigkeit von Unternehmen.

Nach DIETER SCHNEIDER[1] gibt es bislang keine »Theorie der Bilanzanalyse«, mit der allgemein bewährte Aussagen darüber getroffen werden können, wie bilanzanalytische Kennzahlen zu interpretieren sind. Daher beschäftigt sich die **Bilanzanalyse**[2] als wissenschaftliche Disziplin der Betriebswirtschaftslehre mit der Entwicklung von Kennzahlensystemen zur Beurteilung der Bestandsfestigkeit von Unternehmen. Sie verfolgt das Ziel, auf Basis eines oder mehrerer Jahresabschlüsse eines Unternehmens ein objektives (Gesamt-)Urteil über dessen wirtschaftliche Lage und dessen künftige Entwicklung zu fällen.[3] Dabei sollen gerade solche Informationen gewonnen werden, die dem Jahresabschluss nicht direkt zu entnehmen sind.[4] Für die Entwicklung eines Kennzahlensystems zur objektiven Gesamturteilsbildung gelten folgende Prinzipien:[5]

---

1 Vgl. SCHNEIDER, D., Erste Schritte zu einer Theorie der Bilanzanalyse, S. 633.

2 Wörtlich genommen bezieht sich die Bilanzanalyse nur auf die Analyse der Bilanz und nicht auf die der Gewinn- und Verlustrechnung bzw. bei Kapitalgesellschaften zusätzlich auf den Anhang und den Lagebericht. Da der Begriff der Bilanzanalyse indes wesentlich gebräuchlicher ist als der der Jahresabschlussanalyse, werden diese Begriffe im Folgenden synonym benutzt. Vgl. hierzu auch BAETGE, J./THIELE, S., Bilanzanalyse, Sp. 251; COENENBERG, A. G., Jahresabschluß und Jahresabschlußanalyse, S. 873.

3 Vgl. BAETGE, J./THIELE, S., Bilanzanalyse, Sp. 251; GRÄFER, H., Bilanzanalyse, S. 14.; SCHULT, E., Bilanzanalyse, S. 5.

4 Vgl. LEFFSON, U., Bilanzanalyse, S. VIII.

5 Vgl. BAETGE, J., Bilanzanalyse, S. 36 f.

- Das Objektivierungsprinzip,
- das Neurtralisierungsprinzip und
- das Ganzheitlichkeitsprinzip.

Das **Objektivierungsprinzip** stellt sicher, dass das Gesamturteil objektiv ist. Ein Gesamturteil wird dann als objektiv[6] bezeichnet, wenn einerseits der Weg, auf dem der Bilanzanalytiker zum Gesamturteil gelangt, von einem Dritten intersubjektiv nachvollzogen werden kann und andererseits das verwendete Verfahren objektiv ist.[7] Ein objektives Verfahren zeichnet sich dadurch aus, dass die Auswahl, Gewichtung und Zusammenfassung der Urteilskriterien (z.B. der Jahresabschlusskennzahlen) nicht von den subjektiven Empfindungen und Erfahrungen des Bilanzanalytikers abhängig sind, sondern bspw. mit mathematisch-statistischen Verfahren auf einer breiten empirischen Basis bestimmt werden.

Unter Einhaltung des **Neutralisierungsprinzips** sind Kennzahlen so zu definieren, dass die von Unternehmen betriebene Bilanzpolitik oder die vorgenommenen bilanzpolitisch motivierten Sachverhaltsgestaltungen neutralisiert (konterkariert) werden. Hierdurch wird der Vergleich zwischen zwei Unternehmen möglich, bei dem eines der Unternehmen Bilanzpolitik betreibt bzw. bilanzpolitisch motivierte Sachverhaltsgestaltungen vornimmt und das andere Unternehmen nicht zu diesen Maßnahmen greift.[8]

Das **Ganzheitlichkeitsprinzip** fordert eine ganzheitliche Beurteilung der wirtschaftlichen Lage eines Unternehmens. Dies kann dadurch erfüllt werden, dass für alle Informationsbereiche des Jahresabschlusses verschiedene Kennzahlen berücksichtigt werden.[9]

Da sich mit der Kennzahlenrechnung als traditionellem Verfahren der Bilanzanalyse die dargelegten Prinzipien nur schwierig erfüllen lassen, wurden neuere Ansätze zur Bilanzanalyse entwickelt. Alle Ansätze verfolgen dabei das primäre Ziel, die Bildung des Gesamturteils in Bezug auf die Vorgehensweise und die Urteilsqualität zu verbessern.[10] Zudem haben die folgenden Gründe die Entwicklung der neueren Ansätze forciert:

(1) Die im Laufe der Zeit stark gewachsenen Kennzahlenkataloge mit z.T. mehr als 300 Kennzahlen machen eine manuelle Auswahl, Gewichtung und Zusammenfassung dieser Kennzahlen zu einem objektiven Gesamturteil unmöglich. Zudem

6 Zur Bedeutung des Begriffs ›objektiv‹ bzw. ›Objektivierung‹ in diesem Kontext vgl. BAETGE, J., Möglichkeiten der Objektivierung des Jahreserfolges, S. 16 f.

7 Vgl. BAETGE, J., Bilanzanalyse, S. 36 u. S. 514.

8 Zum Neutralisierungsprinzip vgl. BAETGE, J., Bilanzanalyse, S. 30-32, 142-158 u. 514 f.

9 Zum Ganzheitlichkeitsprinzip vgl. BAETGE, J., Bilanzanalyse, S. 36, 64, 158 u. 514 f.

10 Vgl. JACOBS, O. H., Bilanzanalyse, S. 161; REHKUGLER, H./PODDIG, T., Bilanzanalyse, S. 235.

lässt sich ohne statistische Verfahren nicht feststellen, mit welcher der jeweiligen Kennzahlen die Bestandsfestigkeit eines Unternehmens besonders gut beurteilt werden kann. Darüber hinaus weisen die Kennzahlen untereinander die verschiedensten Wechselwirkungen auf.[11] Allgemein wird also das Objektivierungsprinzip und das Ganzheitlichkeitsprinzip verletzt.

(2) Verschiedene Kennzahlen können zu widersprüchlichen Urteilen über die Vermögens-, Finanz- und Ertragslage führen. Während bspw. eine hohe Ausprägung einer Renditekennzahl auf eine gute Ertragslage schließen lässt, könnte gleichzeitig eine niedrige Ausprägung einer Kennzahl zur Kapitalstruktur auf eine schlechte Finanzlage hindeuten. Auf Basis dieser Widersprüche ein objektives Gesamturteil zu fällen, stellt den Bilanzanalytiker vor ein großes Problem.[12]

(3) Mit der Entwicklung von statistischen Verfahren ist es möglich geworden, systematisch Unterschiede zwischen zwei Stichproben zu suchen, und somit Aussagen über die Qualität der empirischen Untersuchungen vergleichbar und bewertbar zu machen.[13]

(4) Zu Beginn der 80er Jahre ist die Zahl der Insolvenzen stark gestiegen, sodass nunmehr eine ausreichende Zahl an Jahresabschlüssen insolvent gewordener Unternehmen für empirische Untersuchungen vorliegt. Gleiches gilt für die Beschaffung von qualitativen Informationen, die von den klassischen Verfahren der Bilanzanalyse nicht verarbeitet werden können.[14]

(5) Letztendlich hat der große Fortschritt in der IT-Technologie den Einsatz von komplexen mathematisch-statistischen Verfahren für die Bilanzanalyse möglich gemacht.[15]

In der Vergangenheit sind eine große Zahl neuerer Ansätze zur Bilanzanalyse entstanden, die auf z.T. ganz unterschiedliche Art und Weise versuchen, die Gesamturteilsbildung zu verbessern. Betrachtet man die **Vorgehensweise** zur Entwicklung dieser Verfahren als **Systematisierungskriterium**, so können wissenschaftstheoretisch logisch-deduktive und empirisch-induktive Vorgehensweisen unterschieden werden.[16] Beim logisch-deduktiven Vorgehen werden bestimmte Sachverhalte dadurch erklärt, dass diese auf Basis von Gesetzen und Randbedingungen durch logische Folgerungen

---

11 Vgl. COENENBERG, A. G., Jahresabschluß und Jahresabschlußanalyse, S. 895; HAUSCHILDT, J., Vorgehensweise der statistischen Insolvenzdiagnose, S. 119.

12 BAETGE, J., Bilanzanalyse, S. 515.

13 Vgl. HAUSCHILDT, J., Vorgehensweise der statistischen Insolvenzdiagnose, S. 119.

14 Vgl. HAUSCHILDT, J., Vorgehensweise der statistischen Insolvenzdiagnose, S. 119; KÜTING, K./WEBER, C.-P., Bilanzanalyse, S. 17 f.

15 Vgl. HAUSCHILDT, J., Vorgehensweise der statistischen Insolvenzdiagnose, S. 119; KÜTING, K./WEBER, C.-P., Bilanzanalyse, S. 17 f.

16 Zur wissenschaftstheoretischen Erläuterung der Begriffe logisch-deduktiv und empirisch-induktiv vgl. SCHANZ, G., Methodologie für Betriebswirte, S. 57 f.

abgeleitet werden.[17] Dies setzt indes voraus, dass für den zu erklärenden Sachverhalt Gesetzmäßigkeiten bzw. Theorien existieren. Da es für den Sachverhalt ›Bilanzanalyse‹ bislang noch keine Theorie gibt,[18] können auf logisch-deduktivem Wege keine Erklärungsmodelle abgeleitet werden. Vielmehr beruhen die nicht-empirischen Verfahren zur Gesamturteilsbildung auf Heuristiken[19]. Mit Hilfe von mehr oder weniger komplexen Kennzahlensystemen, Scoring-Modellen oder Expertensystemen wird bei einer **heuristischen Vorgehensweise** versucht, vermutete betriebswirtschaftliche Zusammenhänge, subjektive praktische Erfahrungen bzw. Beobachtungen sowie Theorien, die nur für sehr spezielle Teilbereiche der Bilanzanalyse existieren (z. B. der Leverage-Effekt[20]), in einem Modell zur Gesamturteilsbildung zu vereinen.[21] Die Systematisierung in **heuristische** und **empirisch-induktive Verfahren** erscheint somit sinnvoller als die Systematisierung in logisch-deduktive und empirisch-induktive Verfahren und wird im Folgenden weiter verwendet.[22]

Im Gegensatz zu den heuristischen Verfahren versuchen **empirisch-induktive Verfahren** anhand von Beobachtungen oder Experimenten, Hypothesen über den zu erklärenden Sachverhalt zu generieren bzw. bereits aufgestellte Hypothesen zu testen. Auf den Sachverhalt der Bilanzanalyse lässt sich dies wie folgt übertragen: Anhand von Jahresabschlüssen bzw. den darauf gebildeten Kennzahlen wird die Bestandsfestigkeit von Unternehmen beschrieben. Jeder Kennzahl wird eine Hypothese zugeordnet, die angibt, ob bestandsfeste Unternehmen im Durchschnitt einen höheren Kennzahlenwert aufweisen als bestandsgefährdete Unternehmen und umgekehrt. Zudem ist für jedes Unternehmen die Information vorhanden, ob es *solvent* ist oder ob es zu einem späteren Zeitpunkt *insolvent* geworden ist. Mit Hilfe statistischer Verfahren oder Verfahren der Künstlichen Intelligenz, wie Künstliche Neuronale Netze, werden dann auf Basis eines empirischen Datenbestands sowie eines großen Kennzahlenkatalogs *solche* Kennzahlen objektiv ausgewählt, gewichtet und zusammengefasst, die den verwendeten Datenbestand anhand der Kriterien *›solvent‹* bzw. *›insolvent‹* am besten klassifizieren. Hierdurch werden die Hypothesen zu den Kennzahlen getestet und gegebenenfalls falsifiziert. Außerdem werden weitere Hypothesen bzgl. der Kombination

17 Vgl. POPPER, K. R., Logik der Forschung, S. 7 u. S. 31 f.

18 Vgl. SCHNEIDER, D., Erste Schritte zu einer Theorie der Bilanzanalyse, S. 633.

19 Zum Begriff der Heuristik vgl. BERENS, W., Beurteilung von Heuristiken, S. 4 f.

20 Zur allgemeinen Herleitung und Erläuterung des Leverage-Effekts vgl. PERRIDON, L./STEINER, M., Finanzwirtschaft der Unternehmung, S. 473-479. Für die Berücksichtigung des Leverage-Effekts bei der ganzheitlichen Bilanzanalyse vgl. BAETGE, J., Bilanzanalyse, S. 438-447.

21 FISCHER, J. H., Computergestützte Analyse der Kreditwürdigkeit, S. 39 f.; SCHNURR, C., Kreditwürdigkeitsprüfung mit Künstlichen Neuronalen Netzen, S. 32 f.

22 Für eine ähnliche Systematisierung vgl. FEULNER, W., Moderne Verfahren bei der Kreditwürdigkeitsprüfung, S. 3-5; HAUSCHILDT, J./LEKER, J., Kreditwürdigkeitsprüfung, Sp. 1331 f.; JACOBS, O. H., Bilanzanalyse, S. 161; REHKUGLER, H./PODDIG, T., Bilanzanalyse, S. 235; SCHNURR, C., Kreditwürdigkeitsprüfung mit Künstlichen Neuronalen Netzen, S. 32-35.

und der Gewichtung der Kennzahlen gebildet, die in weiteren Untersuchungen zu testen sind.

Übersicht 2-1 stellt die anhand der Vorgehensweise zur Bildung des Gesamturteils vorgenommene Systematisierung in heuristische und empirisch-induktive Verfahren grafisch dar. Dabei beschränkt sich die Darstellung auf die bekanntesten Verfahrenklassen zur Gesamturteilsbildung, sodass die Systematisierung keinen Anspruch auf Vollständigkeit erhebt.

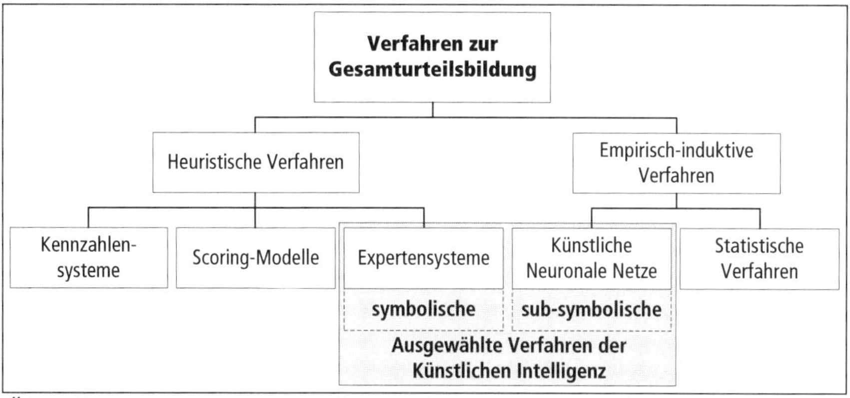

Übersicht 2-1: *Systematisierung der Verfahren zur Gesamturteilsbildung*

Neben der allgemeinen Unterscheidung zwischen ›heuristischen‹ und ›empirisch-induktiven‹ Verfahren zur Gesamturteilsbildung kann ferner für die Verfahren der Künstlichen Intelligenz zwischen ›symbolischen‹ und ›sub-symbolischen‹ Verfahren unterschieden werden.[23] Als Abgrenzungskriterium wird hier die **Form der Wissensrepräsentation** herangezogen.[24] So repräsentieren **symbolische Verfahren** das Wissen explizit mit Hilfe von sogenannten Symbolen. Unter einem Symbol wird ein eindeutig identifizierbares und lokalisierbares Element verstanden, welches aufgrund der Intention eines Individuums einen Begriff oder ein Konzept repräsentiert.[25] Typische symbolische Verfahren der Künstlichen Intelligenz sind Expertensysteme, die das Wissen mit linguistischen Begriffen (Symbolen) repräsentieren und anhand von Inferenzverfahren auswerten.[26] Die **sub-symbolischen** oder auch **konnektionistischen Verfahren** versuchen, anhand von mehreren miteinander verschalteten und parallel

---

23 Vgl. MECHLER, B., Intelligente Informationssysteme, S. 81-83; NIEDEREICHHOLZ, J./KRUSE, H./MECHLER, B., Kombination symbolischer und sub-symbolischer Systeme, S. 118-120; PODDIG, T., Künstliche Intelligenz und Entscheidungstheorie, S. 23 f.

24 Vgl. DORFFNER, G., Konnektionismus, S. 166-168.

25 Vgl. NAUCK, D./KLAWONN, F./KRUSE, R., Neuronale Netze und Fuzzy-Systeme, S. 189.

26 Vgl. MECHLER, B., Intelligente Informationssysteme, S. 82.

arbeitenden einfachen Verarbeitungseinheiten das Wissen anhand von Beispielen zu lernen.[27] Je nach Komplexität der Lernaufgabe sind entsprechend viele Verarbeitungseinheiten zu verschalten. Sub-symbolische Verfahren repräsentieren das Wissen nicht explizit in Form von Symbolen, sondern speichern es verteilt über die Topologie und deren Verarbeitungseinheiten. Typische sub-symbolische Verfahren der Künstlichen Intelligenz sind Künstliche Neuronale Netze.

Kennzahlensysteme sind die einfachsten und ältesten Verfahren zur Gesamturteilsbildung.[28] Sie setzen sich aus mindestens zwei Kennzahlen zusammen, die direkt oder über Zwischenschritte zu einer Spitzenkennzahl verdichtet werden.[29] Da mit den entwickelten Kennzahlensystemen i. d. R. nur bestimmte Teilbereiche des Jahresabschlusses beurteilt werden können, verstoßen sie gegen das Ganzheitlichkeitsprinzip. Außerdem wird die Gewichtung der einzelnen Kennzahlen subjektiv festgelegt, sodass gegen das Objektivierungsprinzip verstoßen wird.[30] Bekannte Kennzahlensysteme sind das Du-Pont-System[31] (auch als ROI-System bezeichnet), das ZVEI-System[32] und das RL-System[33]. Wenn auch mit diesen Systemen keine objektiven Urteile über die Bestandsfestigkeit von Unternehmen gefällt werden können, so helfen sie dem Bilanzanalytiker zumindest bei der Sammlung und Systematisierung von Jahresabschlussinformationen.[34]

Scoring-Modelle[35] sind Verfahren zur Entscheidungsunterstützung, die dazu dienen, eine Menge von (Handlungs-)Alternativen zu bewerten und in eine Rangfolge zu bringen.[36] Dazu werden für ein zu beurteilendes Objekt Beurteilungsmerkmale ausgewählt, und für jedes dieser Merkmale wird eine partielle Nutzenskala bei gegebener Präferenz entwickelt.[37] Jede partielle Nutzenskala ordnet einer Merkmalsausprägung eine bestimmte Punktzahl zu. Der Nutzen (die Punktzahl) aller Beurteilungsmerk-

---

27 Vgl. MECHLER, B., Intelligente Informationssysteme, S. 82; PODDIG, T., Künstliche Intelligenz und Entscheidungstheorie, S. 23.

28 Zum Begriff ›Kennzahlensystem‹ vgl. LACHNIT, L., Systemorientierte Jahresabschlußanalyse, S. 23 f.; MÄRZ, T., Interdependenzen in einem Kennzahlensystem, S. 65; REICHMANN, T., Controlling mit Kennzahlen und Managementberichten, S. 23; STAEHLE, W. H., Kennzahlen und Kennzahlensysteme, S. 96 f.

29 Zum Aufbau von Kennzahlensystemen vgl. KÜTING, K./WEBER, C.-P., Bilanzanalyse, S. 27-31.

30 Vgl. BAETGE, J., Bilanzanalyse, S. 517.

31 Vgl. BAETGE, J., Bilanzanalyse, S. 517; SCHOTT, G., Kennzahlen, S. 254 f.

32 Vgl. BETRIEBSWIRTSCHAFTLICHER AUSSCHUß DES ZVEI (HRSG.), ZVEI Kennzahlensystem; KÜTING, K./WEBER, C.-P., Bilanzanalyse, S. 34-37; REICHMANN, T., Controlling mit Kennzahlen und Managementberichten, S. 30-32.

33 Vgl. REICHMANN, T., Controlling mit Kennzahlen und Managementberichten, S. 32-38.

34 Vgl. BAETGE, J., Bilanzanalyse, S. 517.

35 Scoring-Modelle werden auch als Punktbewertungsmodelle oder auch als Nutzwertanalysen bezeichnet; vgl. ADAM, D., Planung und Entscheidung, S. 412; JACOBS, O. H., Bilanzanalyse, S. 178.

36 Vgl. WEBER, M./KRAHNEN, J./WEBER, A., Scoring-Verfahren, S. 1621.

37 Vgl. JACOBS, O. H., Bilanzanalyse, S. 178.

male wird i. d. R. gewichtet und zu einem Gesamtnutzen summiert.[38] Bezogen auf die Gesamturteilsbildung bei der Bilanzanalyse ist das zu beurteilende Objekt das Unternehmen. Als Beurteilungsmerkmale werden üblicherweise Jahresabschlusskennzahlen oder auch qualitative Merkmale herangezogen.[39] Prominente Scoring-Modelle zur Bilanzanalyse sind das ›RSW-Verfahren‹[40] von SCHMIDT und das ›Saarbrückener Modell‹[41] von KÜTING/WEBER. Allen Scoring-Modellen ist gemein, dass der Weg zur Bildung des Gesamturteils zwar intersubjektiv nachvollziehbar ist, die Auswahl und Gewichtung der Kennzahlen indes subjektiv durch Experten festgelegt wird. Daher ist die Beurteilung von Unternehmen mit Scoring-Modellen nur *quasi-objektiviert.*[42]

Eine Möglichkeit zur ›objektiven‹ Gesamturteilsbildung auf Basis von Jahresabschlüssen besteht in der Anwendung **statistischer Verfahren**. Am häufigsten wird dabei die **multivariate Diskriminanzanalyse** (MDA)[43] als statistisches Instrument angewendet.[44] Aber auch verschiedene Formen der Regressionsanalyse[45] werden benutzt.[46] Die ersten empirischen Untersuchungen mit statistischen Verfahren wurden von FITZPATRICK[47] im Jahr 1932, von BEAVER[48] im Jahre 1966 und von ALTMAN[49] im Jahre 1968 vorgelegt. Während FITZPATRICK und BEAVER noch mit univariaten Verfahren arbeiteten, hat ALTMAN erstmalig die MDA angewandt. Im Laufe der Zeit wurden bis heute zahlreiche weitere Untersuchungen auf Basis der MDA vorgelegt.[50] Die Untersuchungen unterscheiden sich hauptsächlich in der Art und Anzahl der verwendeten Kennzahlen sowie in der Art und Anzahl der verwendeten originären Jah-

---

38 Zur allgemeinen Bildung von Scoring-Modellen vgl. BERENS, W., Beurteilung von Heuristiken, S. 44-56; WEBER, M./KRAHNEN, J./WEBER, A., Scoring-Verfahren, S. 1622 f.

39 Zur Bildung von Scoring-Modellen für die Bilanzanalyse vgl. BAETGE, J., Bilanzanalyse, S. 539-543.

40 Zur ausführlichen Darstellung des ›RSW-Verfahrens‹ vgl. BAETGE, J., Bilanzanalyse, S. 550-559; JACOBS, O. H., Bilanzanalyse, S. 178-181; KÜTING, K./WEBER, C.-P., Bilanzanalyse, S. 392-400.

41 Zur ausführlichen Darstellung des ›Saarbrückener Modells‹ vgl. KÜTING, K./WEBER, C.-P., Bilanzanalyse, S. 419-428.

42 Vgl. BAETGE, J., Bilanzanalyse, S. 539.

43 Zur allgemeinen Anwendung der multivariaten Diskriminanzanalyse vgl. BACKHAUS, K. ET AL., Multivariate Analysemethoden, S. 146-224; FAHRMEIR, L./HAMERLE, A./TUTZ, G., Multivariate statistische Verfahren, S. 357-409. Zur Anwendung der multivariaten Diskriminanzanalyse bei der Gesamturteilsbildung auf Basis von Jahresabschlüssen vgl. BAETGE, J., Bilanzanalyse, S. 560-572; REHKUGLER, H./PODDIG, T., Bilanzanalyse, S. 302-310.

44 Vgl. REHKUGLER, H./PODDIG, T., Bilanzanalyse, S. 293.

45 Zur allgemeinen Anwendung verschiedener Formen der Regressionsanalyse vgl. BACKHAUS, K. ET AL., Multivariate Analysemethoden, S. 2-69; FAHRMEIR, L./HAMERLE, A./TUTZ, G., Multivariate statistische Verfahren, S. 93-168.

46 Vgl. JACOBS, O. H./OESTREICHER, A./PIOTROWSKI-ALLERT, S., Die Einstufung des Fehlerrisikos im handelsrechtlichen Jahresabschluß.

47 FITZPATRICK, P. J., A Comparison of the Ratios of Successful Industrial Enterprises with those of Failed Companies.

48 Vgl. BEAVER, W. H., Financial Ratios.

49 Vgl. ALTMAN, E., Prediction of Corporate Bankruptcy.

resabschlüsse.[51] Da die MDA anhand eines zuvor festgelegten Fehlerkalküls versucht, die Kennzahlen so auszuwählen, zu gewichten und zusammenzufassen, dass die zu beurteilenden Unternehmen möglichst fehlerfrei in ›*solvente*‹ und ›*später insolvente*‹ Unternehmen klassifiziert werden, kann hier von einer ›objektiven‹ Gesamturteilsbildung gesprochen werden. Zudem ist das Ergebnis der MDA – die Diskriminanzfunktion – intersubjektiv nachvollziehbar und kann anhand der Kennzahlenkoeffizienten betriebswirtschaftlich interpretiert werden. Die Klassifikationsleistungen, die mit der MDA erreicht werden, sind im Vergleich zu den heuristischen Verfahren wesentlich besser, allerdings reichen sie nicht an die Klassifikationsleistungen heran, die mit Hilfe Künstlicher Neuronaler Netze erzielt wurden.[52]

212. Symbolische Verfahren der Künstlichen Intelligenz zur Gesamturteilsbildung

Expertensysteme – auch als ›Wissensbasierte Systeme‹[53] bezeichnet – bilden eines der bekanntesten Forschungsgebiete der Künstlichen Intelligenz. Ein **Expertensystem** ist ein Computerprogramm, welches zur Nachbildung menschlicher Problemlösungsfähigkeiten in einem eng abgegrenzten Anwendungsbereich entwickelt wird.[54] Während die klassischen Systeme der Datenverarbeitung darauf ausgerichtet sind, große Datenmengen gut strukturierter Probleme zu verarbeiten, zeichnen sich Expertensysteme dadurch aus, dass sie komplexe, schlecht strukturierte Probleme durch ›intelligentes Verhalten‹ mit Hilfe von Schlussfolgerungen lösen.[55] Hierzu bestehen Expertensysteme aus zwei konstitutiven Komponenten: der Wissensbasis und der Inferenzmaschine.[56] Die **Wissensbasis** repräsentiert das problembezogene Wissen über den spezifischen Anwendungsbereich, welches zuvor bspw. durch Expertenbefragung ak-

---

50 Vgl. z.B. BEERMANN, K., Prognosemöglichkeiten von Kapitalverlusten; WEINRICH, G., Kreditwürdigkeitsprognosen; GEBHARDT, G., Insolvenzprognosen; NIEHAUS, H.-J., Früherkennung von Unternehmenskrisen; FEIDICKER, M., Kreditwürdigkeitsprüfung; STIBI, B., Statistische Jahresabschlußanalyse als Instrument der steuerlichen Betriebsprüfung; HÜLS, D., Früherkennung insolvenzgefährdeter Unternehmen; ALBRECHT, J. ET AL., Risikomanagement.

51 Für einen umfassenden Vergleich der verschiedenen Untersuchungen mit der multivariaten Diskriminanzanalyse vgl. LEKER, J., Fraktionierende Frühdiagnose von Unternehmenskrisen, S. 98-129; REHKUGLER, H./PODDIG, T., Bilanzanalyse, S. 323-331.

52 Vgl. BAETGE, J./BAETGE, K./KRUSE, A., Verfahren der Jahresabschlußanalyse, S. 1374.

53 Die Begriffe ›Expertensystem‹ und ›Wissensbasiertes System‹ werden im Folgenden synomym benutzt: vgl. hierzu GABRIEL, R./FRICK, D., Expertensysteme zur Lösung betriebswirtschaftlicher Problemstellungen, S. 545; HARMON, P./KING, D., Expertensysteme, S. 4.

54 Vgl. HARMON, P./KING, D., Expertensysteme, S. 3 f.; KURBEL, K., Expertensysteme, S. 22.

55 Vgl. HARMON, P./MAUS, R./MORISSEY, W., Expertensysteme, S. 18; KURBEL, K., Expertensysteme, S. 20.

56 Vgl. KURBEL, K., Expertensysteme, S. 18; MERTENS, P./ALLGEYER, K., Künstliche Intelligenz in der Betriebswirtschaft, S. 689-694.

quiriert wurde. Zur Repräsentation des Expertenwissens können unterschiedliche Methoden verwendet werden.[57] Eine häufig benutzte Methode zur Wissensrepräsentation ist die Verwendung von sog. Produktionsregeln (Wenn-Dann-Regeln).[58] In diesem Fall wird von ›regelbasierten Expertensystemen‹ gesprochen. Die **Inferenzmaschine** verknüpft die Produktionsregeln der Wissensbasis und wertet diese anhand von Schlussfolgerungen aus, um so Problemlösungen anzubieten.[59] Über diese konstitutiven Komponenten hinaus, weisen Expertensysteme i.d.R. weitere Komponenten, wie eine Wissensakquisitionskomponente, eine Dialogkomponente und eine Erklärungskomponente, auf.[60]

Die ersten Expertensysteme wurden nicht für betriebswirtschaftliche Problemstellungen, sondern vornehmlich für den naturwissenschaftlichen, medizinischen und technischen Bereich entwickelt.[61] Mitte der 80er Jahre nahm der Einsatz von Expertensystemen in fast allen Anwendungsbereichen der Betriebswirtschaft zu und stieß auf großes Interesse. Innerhalb kürzester Zeit hat sich die Zahl der entwickelten betriebswirtschaftlichen Expertensysteme vervielfacht.[62] Diese Entwicklung zeigte sich auch im Finanzdienstleistungssektor und in dem zugehörigen Bereich der Bilanzanalyse.[63] Ende der 80er Jahre sind zunehmend Expertensysteme für die unterschiedlichsten Anwendungsgebiete der Bilanzanalyse entwickelt worden. Dabei haben sich die Untersuchungen vor allem auf die Kreditwürdigkeitsprüfung[64], die Analyse der Bilanzpolitik[65] und die eigentliche Jahresabschlussanalyse[66] konzentriert.[67]

Die Expertensysteme sollen mit Hilfe des akquirierten und als Produktionsregeln formulierten Expertenwissens Kennzahlenausprägungen oder deren Veränderungen be-

57 Für eine umfassende Darstellung von Wissensrepräsentationsformen vgl. GABRIEL, R., Wissensbasierte Systeme in der betrieblichen Praxis, S. 38-43; HARMON, P./KING, D., Expertensysteme, S. 40-55; KURBEL, K., Expertensysteme, S. 36-52; PUPPE, F., Einführung in Expertensysteme, S. 15-36.

58 Vgl. HAUSKNECHT, J./ZÜNDORF, H., Expertensysteme, S. 23; MERTENS, P., Künstliche Intelligenz und Expertensysteme, S. 628.

59 Vgl. GABRIEL, R., Wissensbasierte Systeme in der betrieblichen Praxis, S. 46-68; KURBEL, K., Expertensysteme, S. 53-61; HARMON, P./KING, D., Expertensysteme, S. 56-67.

60 Zur Architektur von Expertensystemen vgl. MACIEJEWSKI, P. G., Expertensysteme, S. 419 f.; MILLING, P., Expertensysteme zur Unterstützung betrieblicher Entscheidungsprozesse, S. 385 f.; PUPPE, F., Einführung in Expertensysteme, S. 12-14.

61 Vgl. KURBEL, K., Expertensysteme, S. 144.

62 Vgl. MERTENS, P./BORKOWSKI, V./GEIS, W., Betriebliche Expertensystem-Anwendungen, S. 22-24.

63 Vgl. SCHULTZ, J./MERTENS, P., Expertensysteme im Finanzdienstleistungssektor, S. 45.

64 Für ausgewählte Expertensysteme zur Kreditwürdigkeitsprüfung vgl. BAGUS, T., Wissensbasierte Bonitätsanalyse; KRAKL, J./NOLTE-HELLWIG, K. U., Expertensystem "CODEX"; MARZEN, V., Expertensysteme für die Bonitätsprüfung; SCHWARZE, J./ROSENHAGEN, K., Expertensysteme in der Kreditwürdigkeitsprüfung (Teil I); SCHWARZE, J./ROSENHAGEN, K., Expertensysteme in der Kreditwürdigkeitsprüfung (Teil II).

65 Vgl. DYCK, K. H., Expertensystem zur Unterstützung der Bilanzpolitik; FREIDANK, C.-C., Bilanzpolitische Expertensysteme; JACOBS, O. H., Konzeption und Implementierung von Expertensystemen.

urteilen und über Teilurteile zu einem Gesamturteil verdichten. Die Teilurteile und das Gesamturteil werden entweder in Form verbaler Formulierungen oder in Form von Punktbewertungen ausgegeben.[68] Der Nachteil klassischer Expertensysteme ist, dass sie unscharfes bzw. unsicheres Wissen nur unzureichend verarbeiten können, weil sie zur Wissensrepräsentation mit Produktionsregeln ausschließlich linguistische (sprachliche) Symbole verwenden, die mathematisch nicht weiter quantifiziert werden.[69] Aus diesem Grunde werden seit Mitte der 90er Jahre die klassischen Expertensysteme mit Konzepten aus der Wahrscheinlichkeitstheorie oder der Fuzzy-Set-Theorie erweitert.[70] Vor allem die Fuzzy-Set-Theorie wird zunehmend zur Modellierung von Vagheit und Unschärfe der menschlichen Sprache in Expertensystemen verwendet.[71] Verschiedene Studien haben solche **Fuzzy-Expertensysteme** – auch als **wissensbasierte Fuzzy-Regelsysteme** bezeichnet – auf ihre Eignung für die Kreditwürdigkeitsprüfung und Jahresabschlussanalyse hin untersucht.[72] Die Ergebnisse dieser Untersuchungen zeigen, dass wissensbasierte Fuzzy-Regelsysteme grundsätzlich als Verfahren zur Gesamturteilsbildung in der Bilanzanalyse geeignet sind.

Die Vorteile von Expertensystemen liegen einerseits in der Möglichkeit, **externes Wissen von Experten explizit abbilden** zu können. Andererseits kann das auf Basis des Expertenwissens gebildete Gesamturteil über die Bestandsfestigkeit eines Unternehmen mit Hilfe einer **differenzierenden Urteilsbildung** und **Produktionsregeln** nachvollzogen und interpretiert werden. Darüber hinaus eignen sich wissensbasierte Fuzzy-Regelsysteme sowohl zur Abbildung **quantitative**r als auch **qualitativer Merk-**

---

66 Für ausgewählte Expertensysteme zur Jahresabschlussanalyse vgl. DRÄGER, U. ET. AL., Expertensysteme und Jahresabschlußanalyse; BÜTTNER, UWE, ET. AL., Expertensysteme zur Jahresabschlußanalyse; KOCH, H., Expertise-System zur Abschlußanalyse; NEIBECKER, B., Jahresabschlußanalyse mit Expertensystemen; KREBS, M., Expertensystem für Unternehmensanalysen; NÄGER, L., Jahresabschlußanalyse mit Expertensystemen; ZÜNDORF, H., Bilanzanalyse mit Expertensystemen (Teil I); ZÜNDORF, H., Bilanzanalyse mit Expertensystemen (Teil II); HAASE, M. ET AL., Wissensbasierte Unternehmensanalyse.

67 Für eine umfassende Auflistung entwickelter Expertensysteme zur Bilanzanalyse vgl. MERTENS, P./ BORKOWSKI, V./GEIS, W., Betriebliche Expertensystem-Anwendungen, S. 256-259 und S. 295 f.

68 Vgl. JACOBS, O. H., Bilanzanalyse, S. 187 f; REHKUGLER, H./PODDIG, T., Bilanzanalyse, S. 242.

69 Vgl. ROMMELFANGER, H., Fuzzy Decision Support-Systeme, S. 155; WILBERT, R., Kreditwürdigkeitsanalyse im Konsumentenkreditgeschäft, S. 1383.

70 Vgl. FRANK, U., Expertensysteme: Neue Automatisierungspotentiale, S. 56-77; ZELEWSKI, S., Kritische Faktoren beim Einsatz von Expertensystemen, S. 242; ZIMMERMANN, H.-J., Fuzzy Set Theory, S. 180f.; ZIMMERMANN, H.-J./ALTROCK, C. V., Prinzipien und Anwendungspotential der Fuzzy Mengentheorie, S. 7.

71 Für den Aufbau und die Arbeitsweise von Fuzzy-Expertensystemen vgl. Abschnitt 223.

72 Vgl. ZIMMERMANN, H.-J./ZYSNO, P., Hierarchisches Bewertungssystem für die Kreditwürdigkeitsprüfung im Konsumentenkreditgeschäft; SCHEFFELS, R., Fuzzy-Logik in der Jahresabschlußprüfung; BARCZEWSKI, T. ET AL., A Fuzzy System for Credit Analysis; MÜLLER, C., Entwicklung eines wissensbasierten Systems; WOLZ, M., Krisenwarnfunktion des Abschlußprüfers; GÜLLICH, H.-P., Fuzzy-Expertensysteme; POPP, H., Fuzzy-Technik; BLOCHWITZ, S./EIGERMANN, J., Unternehmensbeurteilung; BAETGE, J./HEITMANN, C., Fuzzy Rule-Based Indicator for the Review of Credit Standing.

male. Vor allem qualitative Merkmale, wie sprachlich unscharfe Expertenurteile, lassen sich mit wissensbasierten Fuzzy-Regelsystemen adäquat erfassen und verarbeiten. Allerdings sind Expertensysteme **nicht lernfähig**, sodass die Auswahl, Gewichtung und Zusammenfassung der Kennzahlen auf den subjektiven Entscheidungen des Experten bzw. des Systementwicklers beruhen. Daher erlauben sie nur eine *quasi-objektive* Gesamturteilsbildung. Darüber hinaus weisen Expertensysteme aufgrund der fehlenden Lernfähigkeit i.d.R. eine wesentlich **schlechtere Klassifikationsleistung als empirisch-induktive Verfahren** auf, da die Auswahl und Gewichtung der Kennzahlen nicht mit dem Fokus auf ein Klassifikationsproblem erfolgt, sondern durch einen oder mehrere Experten subjektiv vorgenommen wird.

213. Sub-symbolische Verfahren der Künstlichen Intelligenz zur Gesamturteilsbildung

Im Gegensatz zu den symbolischen Verfahren der Künstlichen Intelligenz versuchen die **sub-symbolischen Verfahren** Wissen nicht explizit, z.B. mit Hilfe linguistischer Begriffe (Symbole) und Produktionsregeln, zu verarbeiten, sondern durch Nachahmung der biologischen Informationsverarbeitung des menschlichen Gehirns reale Sachverhalte anhand von Beobachtungen selbstständig zu lernen.[73] Hierzu werden sog. Künstliche Neuronale Netze[74] verwendet, die aus einfachen Verarbeitungseinheiten, den Neuronen, bestehen. Die Neuronen sind miteinander verschaltet und verarbeiten die Informationen parallel.[75] Die Anzahl der Neuronen ist abhängig von der jeweiligen Problemstellung. Je komplexer ein Problem ist, desto mehr Neuronen sind i.d.R. notwendig. 1958 hat ROSENBLATT das erste neuronale Modell vorgestellt.[76] Dieses wurde im Laufe der Zeit durch neuere und mächtigere Lernverfahren wesentlich fortentwickelt. Heute existieren die unterschiedlichsten neuronalen Modelle und Lernverfahren,[77] die vor allem zur ›Funktionsapproximation‹, für ›Prognoseaufgaben‹, zur ›Klassifikation‹ und zur ›Mustererkennung‹ eingesetzt werden.[78]

---

73 Vgl. MECHLER, B., Intelligente Informationssysteme, S. 82; NAUCK, D./KLAWONN, F./KRUSE, R., Neuronale Netze und Fuzzy-Systeme, S. 1.

74 Zur Vereinfachung werden im Folgenden die Begriffe ›Künstliches Neuronales Netz‹ und ›Neuronales Netz‹ synonym benutzt.

75 Zum Aufbau und zur Arbeitsweise Künstlicher Neuronaler Netze vgl. Abschnitt 231.

76 Vgl. ROSENBLATT, F., The Perceptron.

77 Für eine umfassende Darstellung unterschiedlicher Neuronaler-Netzwerk-Architekturen vgl. NAUCK, D./KLAWONN, F./KRUSE, R., Neuronale Netze und Fuzzy-Systeme; ROJAS, R., Theorie der neuronalen Netze; ZELL, A., Simulation Neuronaler Netze.

78 Vgl. BECKER, J./PRISCHMANN, M., Anwendungen konnektionistischer Systeme, S. 17-20; CORSTEN, H./MAY, C., Anwendungsfelder Neuronaler Netze, S. 2-4; KRAUSE, C., Kreditwürdigkeitsprüfung mit Neuronalen Netzen, S. 60-63.

In der zweiten Hälfte der 80er Jahre fanden Neuronale Netze als Entscheidungsunterstützungssysteme zunehmend mit großen Erwartungen Eingang in die betriebswirtschaftlichen Funktionsbereiche.[79] Seitdem werden sie einerseits im technischen und andererseits im dispositiven bzw. administrativen Umfeld, unter anderem für die Anwendungsgebiete der Bilanzanalyse, eingesetzt.[80] Aufgrund der durchweg besseren Klassifikationsleistung gegenüber den statistischen Verfahren,[81] werden Neuronale Netze mit großem Erfolg für die Kreditwürdigkeitsprüfung verwendet.[82] Die zahlreichen Studien unterscheiden sich hauptsächlich in der Art der verwendeten Netzwerktopologie, im Umfang des verwendeten Datenbestands und im Umfang sowie der Art (quantitativ/qualitativ) der verwendeten Untersuchungsmerkmale.[83] Dabei verfolgen alle Studien das primäre Ziel, mit Hilfe des Neuronalen Netzes *die* Merkmalskombination und -gewichtung zu ermitteln, mit der sich die Unternehmen bzw. die Jahresabschlüsse des Datenbestands möglichst fehlerfrei in die Klassen *›solvent‹* und *›insolvent‹* einteilen lassen.

Neuronale Netze ermöglichen eine *objektive, intersubjektiv nachvollziehbare* Urteilsbildung. Dies ist vor allem darauf zurückzuführen, dass die Untersuchungsmerkmale, i.d.R. die Jahresabschlusskennzahlen, mit Hilfe der **Lernfähigkeit** des Neuronalen Netzes und nicht durch einen Experten ausgewählt, gewichtet und zusammengefasst werden. Hierdurch ist das **Gesamturteil frei von subjektiven Einflüssen** und zudem durch die Verwendung von originären Jahresabschlüssen empirisch valide. Darüber

---

79 Vgl. CORSTEN, H./MAY, C., Anwendungsfelder Neuronaler Netze, S. 1; REHKUGLER, H./PODDIG, T., Künstliche Neuronale Netzwerke, S. 50-52.

80 Vgl. BECKER, J./PRISCHMANN, M., Anwendungen konnektionistischer Systeme, S. 26-29.

81 Vgl. BAETGE, J./KRAUSE, C., Kreditmanagement mit Neuronalen Netzen, S. 403; BAETGE, J./KRUSE, A./UTHOFF, C., Bonitätsklassifikationen von Unternehmen, S. 274; BISCHOFF, R./BLEILE, C./GRAALFS, J., Neuronale Netze, S. 382 f.; KRUSE, A., Antragsprüfung und Kartenüberwachung von privaten Kreditkartenkunden, S. 6; PYTLIK, M., Diskriminanzanalyse und Künstliche Neuronale Netze zur Klassifizierung von Jahresabschlüssen, S. 291. Anderer Auffassung sind GOEDE, K./WEINRICH, G., Bessere Kreditentscheidung durch neuronale Netze?, S. 423; LEKER, J./SCHEWE, G., Beurteilung des Kreditausfallrisikos, S. 886 f.

82 Für ausgewählte Neuronale Netze zur Bilanzanalyse vgl. ODOM, M./SHARDA, R., Bankruptcy Prediction; ERXLEBEN, K./BAETGE, J. ET AL., Klassifikation von Unternehmen; COATS, P./FANT, K., A Neural Network Approach to Forecasting Financial Distress; REHKUGLER, H./PODDIG, T., Klassifikation von Jahresabschlüssen; ALMEIDA, F./DUMONTIER, P., Neural Networks, accounting numbers and bankruptcy prediction; KRAUSE, C., Kreditwürdigkeitsprüfung mit Neuronalen Netzen; BAETGE, J./SCHMEDT, U. ET AL., Bonitätsbeurteilung von Jahresabschlüssen mit Künstlichen Neuronalen Netzen; KERLING, M./PODDIG, T., Klassifikation von Unternehmen mittels KNN; PYTLIK, M., Diskriminanzanalyse und Künstliche Neuronale Netze zur Klassifizierung von Jahresabschlüssen; BAETGE, J./HÜLS, D./UTHOFF, C., Früherkennung der Unternehmenskrise; UTHOFF, C., Erfolgsoptimale Kreditwürdigkeitsprüfung; JERSCHENSKY, A., Messung des Bonitätsrisikos von Unternehmen; NASIR, M. L./JOHN, R. I./BENNETT, S. C., Predicting Corporate Bankruptcy; THUN, C., Entwicklung von Bilanzbonitätsklassifikatoren; GLORMANN,F., Bilanzrating von US-GAAP Abschlüssen.

83 Für eine umfangreiche Auflistung sowie einen detaillierten Vergleich der Studien zur Bilanzanalyse mit Neuronalen Netzen vgl. REHKUGLER, H./PODDIG, T., Bilanzanalyse, S. 381-400; UTHOFF, C., Erfolgsoptimale Kreditwürdigkeitsprüfung, S. 159-169.

hinaus sind Neuronale Netze in der Lage, vom Einzelfall zu abstrahieren, indem sie nur die wesentlichen Merkmale von *›solventen‹* und *›später insolventen‹* Unternehmen anhand der präsentierten Datenfälle lernen. Diese **Generalisierungsfähigkeit** ist eine wesentliche Voraussetzung, um beim praktischen Einsatz eines solchen Systems auch Unternehmen richtig beurteilen zu können, deren Jahresabschlüsse nicht Teil der präsentierten Datenfälle beim Lernvorgang waren. Zur Erklärung und Interpretation des mit Hilfe von Neuronalen Netzen gebildeten Gesamturteils können globale und individuelle Sensitivitätsanalysen herangezogen werden.[84] Mit Hilfe der **globalen Sensitivitätsanalyse** wird über alle präsentierten Datenfälle der Einfluss und die Wirkung (positiv/negativ) eines Merkmals auf das Gesamturteil bestimmt. Mit Hilfe der **individuellen Sensitivitätsanalyse** wird für einen konkreten Datenfall der Einfluss jedes Merkmals auf die Gesamturteilsänderung über mehrere Jahre ermittelt. Hierdurch wird die Bildung des Gesamturteils für den Anwender nachvollziehbar und erklärbar.

214. Kombination der symbolischen und sub-symbolischen Verfahren der Künstlichen Intelligenz

Die kurze Darstellung von wissensbasierten Fuzzy-Regelsystemen und Künstlichen Neuronalen Netzen als symbolische und sub-symbolische Verfahren der Künstlichen Intelligenz hat gezeigt, dass sich die Eigenschaften der beiden Verfahren für die Entwicklung eines Lageindikators zur Beurteilung der Bestandsfestigkeit von Unternehmen, der die formulierten Anforderungen[85] erfüllt, in idealer Weise ergänzen würden. Während mit wissensbasierten Fuzzy-Regelsystemen externes Wissen explizit abgebildet und das berechnete Gesamturteil vom Anwender anhand einer differenzierenden Urteilsbildung und mit Hilfe von Produktionsregeln nachvollzogen und interpretiert werden kann, lassen sich Künstliche Neuronale Netze auf Basis eines empirischen Datenbestands für die Auswahl der Merkmale sowie für die Objektivierung und die Optimierung des zu entwickelnden Lageindikators einsetzen. Mit Hilfe sog. **Neuro-Fuzzy-Systeme**, die wissensbasierte Fuzzy-Regelsysteme und Künstliche Neuronale Netze miteinander verbinden, könnten so die Vorteile beider Verfahren genutzt und die jeweiligen Nachteile weitgehend kompensiert werden.

Für die Integration von wissensbasierten Fuzzy-Regelsystemen und Künstlichen Neuronalen Netzen zu Neuro-Fuzzy-Systemen stehen z.T. ganz unterschiedliche Ansätze zur Verfügung. Generell können kooperative und hybride Neuro-Fuzzy-Systeme un-

84 Für die Anwendung der globalen und individuellen Sensitivitätsanalyse bei der Bilanzanalyse vgl. BAETGE, J./DOSSMANN, C./KRUSE, A., Krisendiagnose mit Künstlichen Neuronalen Netzen, S. 199-201.

85 Vgl. Abschnitt 11.

terschieden werden.[86] Während bei den **kooperativen Neuro-Fuzzy-Systemen** das wissensbasierte Fuzzy-Regelsystem und das Künstliche Neuronale Netz eigenständige Systeme bleiben und unabhängig voneinander aber füreinander arbeiten, verschmelzen bei **hybriden Neuro-Fuzzy-Systemen** das wissensbasierte Fuzzy-Regelsystem und das Künstliche Neuronale Netz zu einer einheitlichen Architektur. Beide Integrationsmöglichkeiten verfolgen dabei das Ziel, die Erklärungskomponente eines wissensbasierten Fuzzy-Regelsystems zu erhalten, um dem Anwender eine nachvollziehbare und interpretierbare Urteilsbildung zu ermöglichen und gleichzeitig mit der Lern- und Generalisierungsfähigkeit Künstlicher Neuronaler Netze die Urteilsbildung auf Basis von empirischen Daten zu objektivieren und in Bezug auf die Klassifikationsleistung zu verbessern.

In dieser Untersuchung wird daher ein Neuro-Fuzzy-System für die Entwicklung eines Lageindikators zur Beurteilung der Bestandsfestigkeit von Unternehmen auf Basis von Jahresabschlüssen verwendet. Dabei wird der Neuro-Fuzzy-Lageindikator in zwei Schritten entwickelt: In einem ersten Schritt wird ein wissensbasiertes Fuzzy-Regelsystem aufgestellt, welches in einem zweiten Schritt in ein Neuro-Fuzzy-System überführt und dann objektiviert und optimiert wird.

In den folgenden Abschnitten werden die symbolischen und sub-symbolischen Ansätze der Künstlichen Intelligenz in Form eines wissensbasierten Fuzzy-Regelsystems (Abschnitt 22) und eines Künstlichen Neuronalen Netzes (Abschnitt 231.) zunächst separat mathematisch definiert und im Hinblick auf ihren Einsatz zur Beurteilung der Bestandsfestigkeit von Unternehmen umfassend beschrieben. Darauf aufbauend wird die allgemeine Funktionsweise von kooperativen und hybriden Neuro-Fuzzy-Systemen vorgestellt sowie deren Vor- und Nachteile im Hinblick auf die Integrationsmöglichkeit von wissensbasierten Fuzzy-Regelsystemen und Künstlichen Neuronalen Netzen diskutiert (Abschnitt 232.2). Anschließend wird eine Integrationsmöglichkeit ausgewählt, für die eine konkrete Implementierung vorgestellt wird (Abschnitt 232.3), mit der im Abschnitt 3 die empirische Untersuchung durchgeführt wird.

86 Vgl. BOTHE, H.-H., Neuro-Fuzzy-Methoden, S. 196; NAUCK, D./KLAWONN, F./KRUSE, R., Neuronale Netze und Fuzzy-Systeme, S. 281-283.

22 Wissensbasierte Beurteilung der Bestandsfestigkeit mit Hilfe der Fuzzy-Set-Theorie

221. Fuzzy-Logik als Instrument zur Abbildung von Unschärfe in betriebswirtschaftlichen Modellen

Zur Erklärung und Gestaltung realer Sachverhalte bzw. realer Systeme werden in der Betriebswirtschaftslehre traditionell **Modelle**[87] verwendet.[88] Eine der ersten betriebswirtschaftlichen Ausführungen zum Modellbegriff stammt von KOSIOL,[89] wonach ein Modell als »... adäquates Abbild der betrachteten Wirklichkeit«[90] definiert ist. Im betriebswirtschaftlichen Schrifttum folgten weitere in Teilen unterschiedliche Definitionen zum Modellbegriff.[91] Allerdings war man sich über die Forderung zweier Merkmale, die ein Modell erfüllen sollte, einig: Ein Modell sollte eine **vereinfachende Abbildung** (1) realer Sachverhalte sein und es sollte zwischen dem realen Sachverhalt und dem Modell eine **Strukturgleichheit** bzw. **-ähnlichkeit** (2) vorliegen.[92]

(1) Durch die vereinfachende Abbildung (Abstraktion) werden die komplexen Zusammenhänge der Realität auf die wichtigsten Elemente und deren Beziehungen untereinander reduziert. Diese Abstraktion von der Realität ist der Ausgangspunkt jeder Modellbildung.

(2) Mit der Forderung nach Strukturgleichheit bzw. -ähnlichkeit zwischen Modell und Realität wird sichergestellt, dass trotz der Abstraktion von der Realwelt weiterhin Rückschlüsse vom Modell auf den realen Sachverhalt möglich sind.

Übersicht 2-2 stellt die allgemeinen Bestandteile eines Modells dar.[93] Ausgehend von einem realen Sachverhalt – dem Realsystem – werden die wichtigsten Elemente und deren Beziehungen zueinander identifiziert und in ein Objektsystem 0 überführt. Das Objektsystem 0, auch als Diskurswelt bezeichnet, stellt somit die Abstraktion des Realsystems dar. Über eine Abbildungsvorschrift wird das Objektsystem in das eigentliche Modellsystem 0' überführt. Da Modelle immer mit einer zuvor definierten Intention erstellt werden, findet das Subjekt, also der Ersteller bzw. Benutzer des Modells, über eine Zweckrelation den Zugang zum Modellsystem. Die Handlungsrela-

87 Zum Modellbegriff vgl. BAETGE, J., Betriebswirtschaftliche Systemtheorie, S. 47-52.

88 Vgl. ADAM, D., Planung und Entscheidung, S. 60.

89 Vgl. KOSIOL, E., Modellanalyse als Grundlage unternehmerischer Entscheidungen.

90 KOSIOL, E., Modellanalyse als Grundlage unternehmerischer Entscheidungen, S. 321.

91 Vgl. bspw. BAMBERG, G./COENENBERG, A. G., Betriebswirtschaftliche Entscheidungslehre, S. 13 und die dort angeführte Literatur.

92 Vgl. KOSIOL, E., Modellanalyse als Grundlage unternehmerischer Entscheidungen, S. 319-321.

93 In Anlehnung an BECKER, J./SCHÜTTE, R., Handelsinformationssysteme, S. 20; HARS, A., Referenzdatenmodelle, S. 8; STEINMÜLLER, W., Sozialwissenschaftliche Konzeption der Informationswissenschaft, S. 73 f.

tion stellt sicher, dass anhand des Modellsystems gezogene Rückschlüsse auf das Realsystem übertragen werden können. Im Folgenden wird demnach unter einem Modell ein »abstraktes Abbild eines realen Systems für Zwecke eines Subjekts«[94] verstanden.

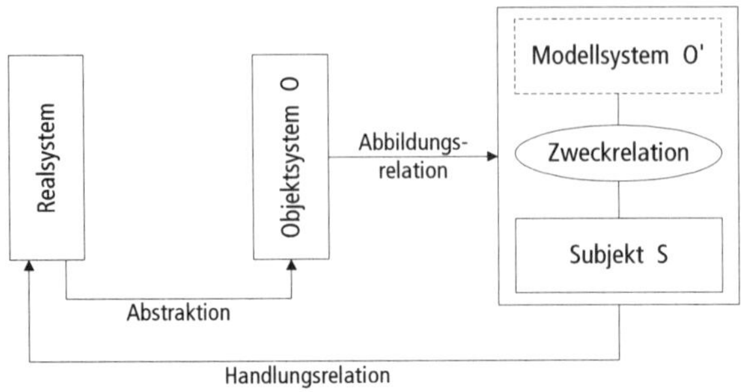

Quelle: BECKER, J./SCHÜTTE, R., Handelsinformationssysteme, S. 20; HARS, A., Referenzdatenmodelle, S. 8; STEINMÜLLER, W., Sozialwissenschaftliche Konzeption der Informationswissenschaft, S. 73 f.

Übersicht 2-2: *Allgemeine Bestandteile eines Modells*

Je nachdem, welche Informationsart von einem Modell zu verarbeiten ist, kann zwischen ›quantitativen‹ und ›qualitativen‹ Modellen unterschieden werden.[95] **Quantitative Modelle** basieren auf metrischen Informationen[96], welche in Form von Daten und Variablen eines zu lösenden Problems vorliegen. Solche Modelle lassen sich in Form von Gleichungs- und Ungleichungssystemen formulieren und mit Hilfe mathematischer Methoden lösen. **Qualitative Modelle** basieren im Gegensatz hierzu auf nicht-metrischen Größen, die in Form von generellen Einflussgrößen und deren Auswirkungen auf ein Zielsystem vorliegen. Dabei kann das konkrete Ausmaß der Einflussgrößen auf das Zielsystem nicht quantifiziert werden. Bei der strategischen Planung werden qualitative Modelle häufig mit Portfoliomethoden oder anhand von strategischen Erfolgsfaktoren aufgestellt. Zur Abbildung von Meinungen und Einschätzungen, bspw. in Form von Expertenwissen, lassen sich qualitative Modelle adäquat mit Hilfe von Punktbewertungsmethoden oder auch mit Expertensystemen formulieren.

Problematisch bei der Abbildung von Meinungen und Einschätzungen in qualitativen Modellen ist, dass nicht-metrische Daten häufig in Form von verbalen Aussagen vorliegen und somit unscharf bzw. vage formuliert sind. Da sich diesen Aussagen

94 BECKER, J./SCHÜTTE, R., Handelsinformationssysteme, S. 19.

95 Für die folgenden Ausführungen und für eine umfassende Typisierung von Modellen vgl. ADAM, D., Planung und Entscheidung, S. 81-95.

96 Zur Skalierung von Informationen vgl. BLEYMÜLLER, J./GEHLERT, G./GÜLICHER, H., Statistik, S. 3 f.; FAHRMEIR, L./HAMERLE, A./TUTZ, G., Multivariate statistische Verfahren, S. 8 f.

nicht eindeutig die Wahrheitswerte *wahr* oder *falsch* zuordnen lassen, wird unter dieser Art von Unschärfe im Folgenden das Fehlen von dichotomen Strukturen verstanden.[97] Beispiele für solche mit Unschärfe behafteten Aussagen sind ›hoher Gewinn‹, ›gute Eigenkapitalrentabilität‹ oder ›mäßige Umsatzsteigerung‹. Die Adjektive *›hoch‹*, *›gut‹* und *›mäßig‹* sind nicht nur schwierig zu quantifizieren, sondern werden auch von jedem Menschen in gewissen Grenzen subjektiv anders ausgelegt. Trotzdem ist der Mensch in der Lage, auf Basis solcher unscharfen Aussagen betriebswirtschaftliche Schlüsse zu ziehen und Entscheidungen zu treffen.[98] Was für den Menschen alltäglich ist, stellt sich für die betriebswirtschaftliche Modellbildung als großes Problem heraus. Einerseits will man auf diese qualitativen Informationen nicht verzichten, weil sie für die Entscheidungsfindung durchaus wichtig sein können; andererseits stellt sich die Frage, wie man die Unschärfe solcher nicht-metrischen Informationen in einem betriebswirtschaftlichen Modell adäquat handhaben kann.[99] Bevor die Fuzzy-Logik als eine Möglichkeit zur Handhabung unscharfer qualitativer Informationen dargestellt wird, seien zunächst die verschiedenen Typen des hier verwendeten Verständnisses von Unschärfe genauer beschrieben.

Generell lassen sich **drei Typen der Unschärfe** qualitativer Daten differenzieren:[100]

(1) Linguistische Unschärfe

(2) Informationale Unschärfe

(3) Unscharfe Relationen

Die **linguistische Unschärfe** entsteht durch die unscharfe sprachliche Formulierung menschlicher Empfindungen. Sie lässt sich auf die Unbestimmtheit und Undefiniertheit der menschlichen Sprache zurückführen. Typische Beispiele hierfür sind die bereits oben erwähnten Begriffe ›hoher Gewinn‹, ›gute Eigenkapitalrentabilität‹ oder ›mäßige Umsatzsteigerung‹. Da nicht allgemein festgelegt ist, ab welchem Betrag ein Gewinn hoch ist oder bei welcher Prozentzahl von einer guten Eigenkapitalrentabilität gesprochen wird, lassen sich die Adjektive nicht eindeutig beschreiben. Zudem hat jeder Mensch ein eigenes, subjektives Verständnis, in welchen Grenzen er von einer guten Eigenkapitalrentabilität spricht. Diese Grenzen sind zudem nicht exakt, sondern fließend definiert. Liegt z. B. die untere Grenze des Bereichs zur Beurteilung der Eigenkaptalrentabilität als *›gut‹* bei 14 %, so würde ein Mensch eine Eigenkapitalren-

---

97 Vgl. KRUSE, R./GEBHARDT, J./KLAWONN, F., Modellierung von Vagheit und Unsicherheit, S. 13; ZIMMERMANN, H.-J./ALTROCK, C. V., Prinzipien und Anwendungspotential der Fuzzy Mengentheorie, S. 6; ZIMMERMANN, H.-J., Planung, Entscheidung und Linguistische Approximation, S. 799.

98 Vgl. MILLING, P., Entscheidungen bei unscharfen Prämissen, S. 716; ZIMMERMANN, H.-J., Prinzipien der Fuzzy Logic, S. 90.

99 Vgl. MILLING, P., Entscheidungen bei unscharfen Prämissen, S. 717.

100 Vgl. für die folgenden Ausführungen GEYER-SCHULZ, A., Fuzzy Rule-Based Expert Systems, S. 3 f.; ROMMELFANGER, H., Fuzzy Decision Support-Systeme, S. 3 f.; ZIMMERMANN, H.-J., Fuzzy Set Theory, S. 4.

tabilität von 13,9 % niemals als mittel oder sogar als schlecht beurteilen, sondern auch als gut, obwohl die untere Grenze unterschritten wurde.[101]

Die **informationale Unschärfe** ist dadurch gekennzeichnet, das der betrachtete Begriff zwar eindeutig und exakt definiert werden kann, zu seiner Beschreibung aber eine Vielzahl an Informationen heranzuziehen sind, die nur sehr schwierig zu einem klaren Gesamturteil aggregiert werden können. Dies kann an dem Begriff ›kreditwürdig‹ veranschaulicht werden. In der Betriebswirtschaft gilt eine natürliche oder juristische Person dann als kreditwürdig, wenn sie einen geliehenen Kredit und die Zinsen selbst zurückzahlen kann. Will man vor der Kreditvergabe feststellen, ob die Person kreditwürdig ist, werden unterschiedliche Informationen herangezogen, von denen angenommen wird, dass sie die Eigenschaft ›kreditwürdig‹ adäquat beschreiben. Diese Informationen werden zu einem Gesamturteil verdichtet. Auf Basis des Gesamturteils und der herangezogenen Informationen wird dann ex ante entschieden, ob die Person kreditwürdig ist oder nicht. Endgültig kann aber erst ex post festgestellt werden, ob die Person tatsächlich kreditwürdig war. Darüber hinaus kann von einer informationalen Unschärfe gesprochen werden, wenn das Ergebnis einer Handlung nicht genau prognostizierbar ist. Die Ursache kann bspw. darin liegen, dass eine exakte Messung zu teuer ist oder aber die Messung erst in der Zukunft durchgeführt werden kann.

Als **unscharfe Relationen** werden linguistische Aussagen bezeichnet, die nicht eindeutig ausgewertet bzw. quantifiziert werden können. Diese Aussagen können als Vergleiche, wie ›ungefähr so groß wie‹ oder ›wesentlich kleiner als‹, oder auch als Regeln formuliert sein. Eine typische Regel in Verbindung mit informationaler Unschärfe ist ›Wenn die Eigenkapitalrentabilität hoch ist und der Verschuldungsgrad niedrig ist, dann ist die Kreditwürdigkeit gut‹.

Zur Handhabung der vorgestellten Typen von Unschärfe in Modellen können unterschiedliche Methoden angewendet werden.[102] Eine Möglichkeit, diese Unschärfe in betriebswirtschaftlichen Modellen abzubilden, bietet die **Fuzzy-Set-Theorie**,[103] die 1965 von ZADEH begründet wurde.[104] Mit diesem Konzept ist es möglich, linguistische Aussagen mit Hilfe von sog. Zugehörigkeitsfunktionen mathematisch zu quantifizieren. Dadurch wird es einerseits möglich, die Unschärfe linguistischer Aussagen bei der Modellbildung adäquat zu handhaben und andererseits die entwickelten Modelle computergestützt zu automatisieren. Mit Hilfe der Fuzzy-Set-Theorie ist es da-

101 Vgl. hierzu auch TAKAGI, H./HAYASHI, I., NN-Driven Fuzzy Reasoning, S. 192.

102 Einen Überblick der Methoden zur Handhabung unsicherer Informationen geben KEMKE, C., Die Darstellung von ungenauem Wissen; KRUSE, R./GEBHARDT, J./KLAWONN, F., Modellierung von Vagheit und Unsicherheit; ZELEWSKI, S., Kritische Faktoren beim Einsatz von Expertensystemen.

103 Vgl. BELLMAN, R./ZADEH, L. A., Decision-Making in a Fuzzy Environment, S. B-141 f.; ZIMMERMANN, H.-J., Prinzipien der Fuzzy Logic, S. 90.

104 Vgl. ZADEH, L. A., Fuzzy Sets.

her möglich, unscharfe Aussagen auch unscharf im Modell abzubilden. Darüber hinaus kann in Analogie zum menschlichen Problemlösungsverhalten durch die bewusste Verwendung der Unschärfe eine Komplexitätsreduktion des betrachteten Realsystems herbeigeführt werden.[105] Die oben dargestellten Modellanforderungen ›Abstraktion vom Realsystem‹ und ›Strukturgleichheit bzw. -ähnlichkeit‹ werden also durch den Einsatz der Fuzzy-Set-Theorie bei der betriebswirtschaftlichen Modellbildung adäquat berücksichtigt.

An einem kleinen Beispiel sei erläutert, wie die Fuzzy-Set-Theorie auf die zu behandelnde Problemstellung dieser Arbeit, nämlich die Beurteilung der Bestandsfestigkeit von Unternehmen, angewendet werden kann. Wie bereits in der Problemstellung[106] dargestellt, wird in einem ersten Schritt ein wissensbasiertes Fuzzy-Regelsystem entwickelt, welches auf sprachlich unscharfem Wissen basiert. Um einen unscharfen sprachlichen Ausdruck wie *niedrige* oder *hohe* Eigenkapitalrentabilität im Modell abbilden zu können, wird die Fuzzy-Set-Theorie herangezogen, die mit Hilfe einer Zugehörigkeitsfunktion und der Ausprägung der Kennzahl Eigenkapitalrentabilität ermittelt, zu welchem Grad es sich um eine *niedrige* und zu welchem Grad es sich um eine *hohe* Eigenkapitalrentabilität handelt. Die Zugehörigkeitsfunktion ist eine mathematische Abbildungsvorschrift, die entweder durch Experten oder mit Hilfe von im Verlauf der Arbeit noch zu erläuternden Methoden festzulegen ist. Im Gegensatz zu einem quantitativen mathematischen Modell steht bei dieser Form der Modellierung also nicht die Ausprägung der Kennzahl, sondern ihre operationalisierte betriebswirtschaftliche Beurteilung im Fokus der Betrachtung. Dies ist ein wesentlicher Unterschied, durch den einerseits die gewünschte Abstraktion vom Realsystem ermöglicht wird und andererseits neben den quantitativen Daten, wie den Kennzahlenausprägungen, auch qualitative Informationen, wie die Beurteilung der Kennzahlenausprägungen, berücksichtigt werden können.

Nach Begründung der Fuzzy-Set-Theorie im Jahre 1965 war sie zunächst auf den universitären Forschungsbereich beschränkt.[107] Die ersten Anwendungen wurden erst Anfang der 70er Jahre für ingenieurtechnische Regelungs- und Steuerungsaufgaben entwickelt. In der zweiten Hälfte der 70er Jahre entdeckte man in Japan mit großer Euphorie diese Theorie und feierte kurze Zeit später die ersten großen kommerziellen Erfolge. Die Fuzzy Logik wurde dort für die verschiedensten Produkte eingesetzt, unter anderem in Staubsaugern, Waschmaschinen, Autos, etc. Erst Anfang der 90er Jahre wurde man in Deutschland auf diese Technologie aufmerksam. Trotz des ver-

105 Vgl. ALTROCK, C. V., Fuzzy Logic - Technologie, S. 3 f.; BOSCH, H., Entscheidung und Unschärfe, S. 105 f.; ZADEH, L. A., Analysis of Complex Systems and Decision Process, S. 29-31; ZIMMERMANN, H.-J., Optimale Entscheidungen bei unscharfen Problembeschreibungen, S. 795.

106 Vgl. Abschnitt 11.

107 Für eine umfassende historische Einordnung der Fuzzy-Set-Theorie vgl. ALTROCK, C. V., Fuzzy Logic - Technologie, S. 6-16.

späteten Einstiegs stieß die Fuzzy-Set-Theorie auch in Deutschland auf großes Interesse. Heutzutage hat sie in fast jeden betriebswirtschaftlichen Bereich mit großem Erfolg Einzug gehalten.[108]

In den folgenden Abschnitten werden im Hinblick auf die weitere Untersuchung die formalen mathematischen Grundlagen der Fuzzy-Set-Theorie ausführlich erläutert. Darauf aufbauend wird die Arbeitsweise wissensbasierter Fuzzy-Regelsysteme als Basismethode für Neuro-Fuzzy-Systeme dargestellt und hinsichtlich ihrer Verwendung für die Beurteilung der Bestandsfestigkeit von Unternehmen diskutiert.

222. Grundlagen der Fuzzy-Set-Theorie

222.1 Fuzzy-Mengen

Das zentrale Element der Fuzzy-Set-Theorie[109] ist die **Fuzzy-Menge** (Fuzzy-Set). Obwohl seit Begründung der Fuzzy-Set-Theorie bis heute sehr unterschiedliche Anwendungsformen entwickelt wurden,[110] basieren sie letztendlich alle auf der Fuzzy-Menge, wie sie von ZADEH 1965 definiert wurde.[111] Formal betrachtet ist die Fuzzy-Set-Theorie eine Verallgemeinerung der klassischen Mengenlehre bzw. eine Verallgemeinerung der dualen Logik.[112] Daher wird im Folgenden ausgehend von der klassischen Mengenlehre in die Theorie der unscharfen Mengen eingeführt.[113] Zur Veranschaulichung wird – in Anlehnung an die zu behandelnde Problemstellung – die unscharfe linguistische Aussage ›hohe Eigenkapitalrentabilität‹ herangezogen.

In der klassischen Algebra ist eine scharfe (›crispe‹) Menge A als eine Zusammenfassung von Elementen x einer Grundmenge X definiert, die alle mindestens eine gemeinsame Eigenschaft besitzen. Besitzt ein Element x diese gemeinsame Eigenschaft

108 Einen Überblick über den Einsatz der Fuzzy-Set-Theorie für verschiedene betriebswirtschaftliche Problemstellungen geben BRÜNING, A.-G./HÖNERLOH, A., Fuzzy-Ansätze für betriebswirtschaftliche Probleme; POPP, H., Anwendungen der Fuzzy-Set-Theorie.

109 Im Deutschen auch als ›Theorie der unscharfen Mengen‹ bezeichnet. Da die einschlägige Literatur zu einem großen Teil in englischer Sprache vorliegt, ist es nicht sinnvoll, jeden Fachbegriff ins Deutsche zu übersetzen. Trotzdem haben sich einige Begriffe in einer deutsch-englischen Mischform etabliert, welche im Folgenden teilweise in dieser benutzt werden. Bei der ersten Nennung dieser Begriffe wird der englische Originalbegriff jeweils in Klammern angeführt.

110 Die Anwendungsformen der Fuzzy-Set-Theorie lassen sich in algorithmische und wissensbasierte Ansätze unterscheiden; vgl. hierzu ZIMMERMANN, H.-J., Fuzzy Technologien, S. 37.

111 Vgl. ZADEH, L. A., Fuzzy Sets, S. 339.

112 Vgl. ZIMMERMANN, H.-J., Fuzzy Technologien, S. 8.

113 Für die folgenden Ausführungen zur Fuzzy-Set-Theorie vgl. BOTHE, H.-H., Fuzzy Logic; BANDEMER, H./NÄTHER, W., Fuzzy Data Analysis; DUBOIS, D./PRADE, H., Fuzzy Sets and Systems; PEDRYCZ, W., Fuzzy Control and Fuzzy Systems; ZADEH, L. A., Fuzzy Sets; ZIMMERMANN, H.-J., Fuzzy Set Theory.

nicht, so gehört es auch nicht zu der Menge A und vice versa. Somit kann für jedes Element x der Grundmenge X eindeutig bestimmt werden, ob es zur Menge A gehört ($x \in A$) oder nicht ($x \notin A$). Algebraisch kann die Definition einer crispen Menge wie folgt dargestellt werden:

(2-1) Gegeben seien die Grundmenge X und deren Teilmenge A. Die Funktion $\chi_A: X \rightarrow \{1, 0\}$ definiert durch

$$\chi_A = \begin{cases} 1, & \text{für } x \in A \\ 0, & \text{für } x \notin A \end{cases}$$

heißt **Indikator-** oder **charakteristische Funktion.**

Sei bspw. angenommen, dass eine Eigenkapitalrentabilität mit einer Ausprägung von größer oder gleich 20 % als *›hoch‹* beurteilt wird, so lässt sich dieser Zusammenhang grafisch wie folgt darstellen:

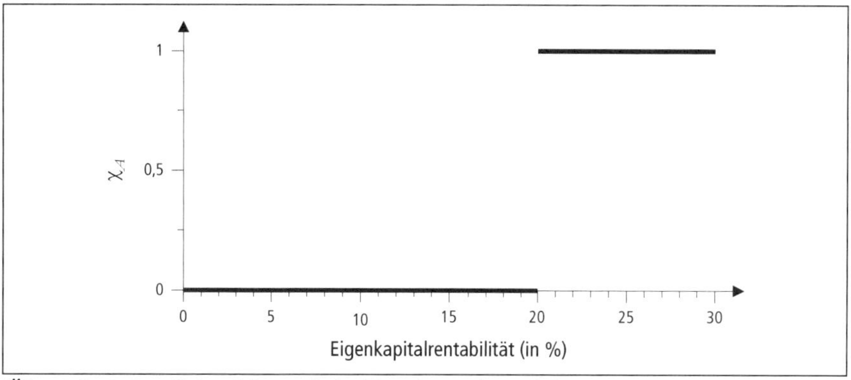

Übersicht 2-3: *Crispe Menge ›hohe Eigenkapitalrentabilität‹*

Die in Übersicht 2-3 verwendete Indikatorfunktion

$$\chi_A(x) = \begin{cases} 1, & \text{für } x \geq 20 \\ 0, & \text{für } x < 20 \end{cases}$$

ordnet jeder Ausprägung x der Kennzahl Eigenkapitalrentabilität die dualen Werte 0 oder 1 zu. Der Wert 1 bedeutet, dass die Kennzahlenausprägung zur Menge ›hohe Eigenkapitalrentabilität‹ gehört; der Wert 0 bedeutet, dass die jeweilige Kennzahlenausprägung nicht dieser Menge angehört. Es ist offensichtlich, dass eine solche duale Zuordnung nicht dem menschlichen Beurteilungsverhalten entspricht. Niemand würde eine Eigenkapitalrentabilität von 20 % als *›hoch‹* und gleichzeitig eine Eigenkapitalrentabilität von 19,9 % als *›nicht hoch‹* beurteilen.

Während der Mensch mit dieser Art von Unschärfe[114] problemlos umgehen kann, ist die Verarbeitung solcher Sachverhalte in mathematischen Modellen problematisch, da keine duale (dichotome) Entscheidung vorliegt. Hier kann die Fuzzy-Set-Theorie helfen, indem sie die dichotome Zuordnung der klassischen Algebra auflöst und den Definitionsbereich der Indikatorfunktion auf das Intervall $[0;1]$ erweitert. Hierdurch lassen sich nunmehr für jedes Element x einer Grundmenge X graduelle Zugehörigkeiten zu einer Menge A angeben. Es steht somit nicht mehr die **Frage** im Vordergrund, ***ob*** **ein Element x zur Menge A gehört, sondern *zu welchem Grad* dieses Element x zur Menge A gehört**. Die verallgemeinerte Indikatorfunktion wird in der Fuzzy-Set-Theorie als **Zugehörigkeitsfunktion** (membership function) bezeichnet. Algebraisch lässt sich die Fuzzy-Menge wie folgt definieren:

(2-2) Sei X eine Grundmenge und $\mu_{\tilde{A}}(x)$ eine Funktion, für die gilt $\mu_{\tilde{A}}(x){:}X \to \mathbb{R}$, so wird die Menge der geordneten Paare

$$\tilde{A} = \{(x, \mu_{\tilde{A}}(x)) | (x \in X)\}$$

als **Fuzzy-Menge** bezeichnet.

Zur besseren Unterscheidung von klassischen Mengen werden Fuzzy-Mengen durch eine Tilde (~) über den kursiv gestellten Großbuchstaben gekennzeichnet. Die bereits oben verwendete Aussage ›hohe Eigenkapitalrentabilität‹ lässt sich mit Hilfe einer Fuzzy-Menge wie folgt darstellen:

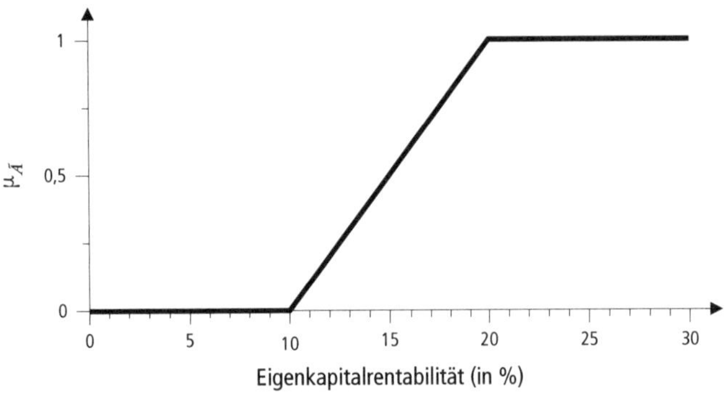

Übersicht 2-4: *Fuzzy-Menge ›hohe Eigenkapitalrentabilität‹*

114 Für die verschiedenen Typen von Unschärfe vgl. Abschnitt 221.

Die in Übersicht 2-4 verwendete Zugehörigkeitsfunktion

$$\mu_{\tilde{A}}(x) = \begin{cases} 0, & \text{für } x \leq 10 \\ \dfrac{-10 - x}{10}, & \text{für } 10 < x < 20 \\ 1, & \text{für } x \geq 20 \end{cases}$$

ordnet jeder Ausprägung x der Kennzahl Eigenkapitalrentabilität einen Zugehörigkeitsgrad $\mu \in [0;1]$ zu. Danach gehören alle Ausprägungen, die größer oder gleich 20 % sind, mit einem Grad von $\mu = 1$ vollständig zur Menge ›hohe Eigenkapitalrentabilität‹. Für Ausprägungen zwischen 10 % und 20 % wird ein Zugehörigkeitsgrad zwischen $\mu > 0$ und $\mu < 1$ berechnet. Je näher die Ausprägung an 20 % liegt, desto höher ist der Zugehörigkeitsgrad μ. Für Ausprägungen unter 10 % wird ein Zugehörigkeitsgrad von $\mu = 0$ vergeben. Diese Ausprägungen gehören nicht mehr zur Menge ›hohe Eigenkapitalrentabilität‹ und können folglich auch nicht mehr als *›hoch‹* bezeichnet werden.

Bevor einige Voraussetzungen für die praktische Anwendung von Fuzzy-Mengen diskutiert werden, seien zunächst wichtige Eigenschaften von Fuzzy-Mengen definiert, die für die weitere Untersuchung benötigt werden.

(2-3) Die **Höhe** $hgt(\mu_{\tilde{A}})$ einer Fuzzy-Menge $\tilde{A}$ ist bestimmt durch das Supremum der Zugehörigkeitsfunktion $\mu_{\tilde{A}}$. Es gilt

$$hgt(\tilde{A}) = \sup_{x \in X}[\mu_{\tilde{A}}(x)] .$$

(2-4) Eine Fuzzy-Menge $\tilde{A}$ wird als **normalisierte Fuzzy-Menge** bezeichnet, wenn die Höhe $hgt(\mu_{\tilde{A}}) = 1$ ist.

Die Ausgaben einer Zugehörigkeitsfunktion sind per definitionem nicht auf ein Intervall $[0;1]$ beschränkt, sondern können beliebige Werte in $\mathbb{R}$ annehmen. Jede nicht normalisierte Fuzzy-Menge lässt sich indes durch eine lineare Transformation normalisieren, indem die Zugehörigkeitsgrade $\mu_{\tilde{A}}$ durch die Höhe $hgt(\mu_{\tilde{A}})$ der entsprechenden Fuzzy-Menge $\tilde{A}$ dividiert werden.

(2-5) Die **Stützmenge** (Support) $S(\tilde{A})$ umfasst alle Elemente x einer Fuzzy-Menge $\tilde{A}$, die einen Zugehörigkeitsgrad von $\mu_{\tilde{A}}(x) > 0$ besitzen. Diese Stützmenge ist eine crispe Menge, welche wie folgt definiert ist:

$$S(\tilde{A}) = \{x \in X \mid \mu_{\tilde{A}}(x) > 0\},\ S(\tilde{A}) \subseteq X$$

Wird anstelle der Null ein Schwellenwert α eingeführt, so lässt sich die Stützmenge zu einer α-Niveau-Menge (α-level-set) verallgemeinern.

(2-6) Sei $\tilde{A}$ eine Fuzzy-Menge mit den Elementen $x \in X$, dann ist

$$A_\alpha = \{x \in X \mid (\mu_{\tilde{A}}(x) \geq \alpha)\}$$

der α-Schnitt von $\tilde{A}$. Die scharfe Menge A_α wird als **α-Niveau-Menge** bezeichnet und umfasst alle Elemente x, deren Zugehörigkeitsfunktion $\mu_{\tilde{A}}(x) \geq \alpha$ ist. Der Schwellenwert α kann jeden positiven reellen Wert annehmen. Bei normalisierten Fuzzy-Mengen liegt α im Intervall $[0;1]$. Von einem strengen α-Schnitt wird gesprochen, falls gilt $A_\alpha = \{x \in X \mid (\mu_{\tilde{A}}(x) > \alpha)\}$.

(2-7) Eine Fuzzy-Menge ist **konvex**, wenn gilt

$$\mu_{\tilde{A}}(\lambda x_1 + (1-\lambda)x_2) \geq \min\{\mu_{\tilde{A}}(x_1), \mu_{\tilde{A}}(x_2)\}, \quad x_1, x_2 \in X, \lambda \in [0;1].$$

Außerdem ist eine Fuzzy-Menge konvex, wenn alle α-Niveau-Mengen konvex sind.

In Übersicht 2-5 wird der Unterschied zwischen einer konvexen (a) und einer nicht-konvexen (b) Fuzzy-Menge grafisch dargestellt.

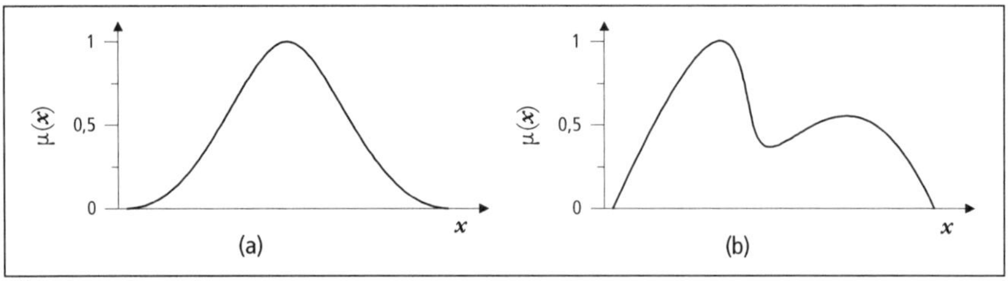

Übersicht 2-5: *Beispiel einer konvexen (a) und einer nicht-konvexen (b) Fuzzy-Menge*

Die beschriebenen Eigenschaften helfen, einerseits die unterschiedlichen Fuzzy-Mengen zu charakterisieren und andererseits deren Funktionsverläufe genau zu beschreiben.

Wie bereits aus Übersicht 2-4 und Übersicht 2-5 ersichtlich ist, lassen sich für die Zugehörigkeitsfunktion einer Fuzzy-Menge ganz unterschiedliche Funktionstypen verwenden. Eine Zugehörigkeitsfunktion ist per definitionem nicht auf einen bestimmten Funktionstyp festgelegt, allerdings kann generell zwischen **stückweise linearen** und **nicht-linearen Funktionen** unterschieden werden. Die in dieser Untersuchung für die Bestimmung der Zugehörigkeitsfunktionen verwendeten stückweise linearen Funktionen und logistischen bzw. gaußförmigen nicht-linearen Funktionen werden im Folgenden in ihren Grundtypen vorgestellt und algebraisch definiert.

Übersicht 2-6 zeigt die vier Grundtypen (Pi-, Lambda-, S- und Z-Typ) linearer Zugehörigkeitsfunktionen, die auch als Standard-Zugehörigkeitsfunktionen bezeichnet werden.[115] Diese Funktionstypen sind konvex, jeweils stückweise definiert und werden durch maximal vier Punkte beschrieben. Zerlegt man eine solche Standard-Zugehörigkeitsfunktion in einen linken (monoton steigenden) und einen rechten (monoton fallenden) Funktionsteil, so lassen sich diese durch die von DUBOIS/PRADE vorgeschlagene **LR-Repräsentation** beschreiben.[116] Die LR-Repräsentation definiert den **linken** bzw. den **rechten** Funktionsteil einer Zugehörigkeitsfuktion mit jeweils einer separaten Funktion **L**(x) bzw. **R**(x).

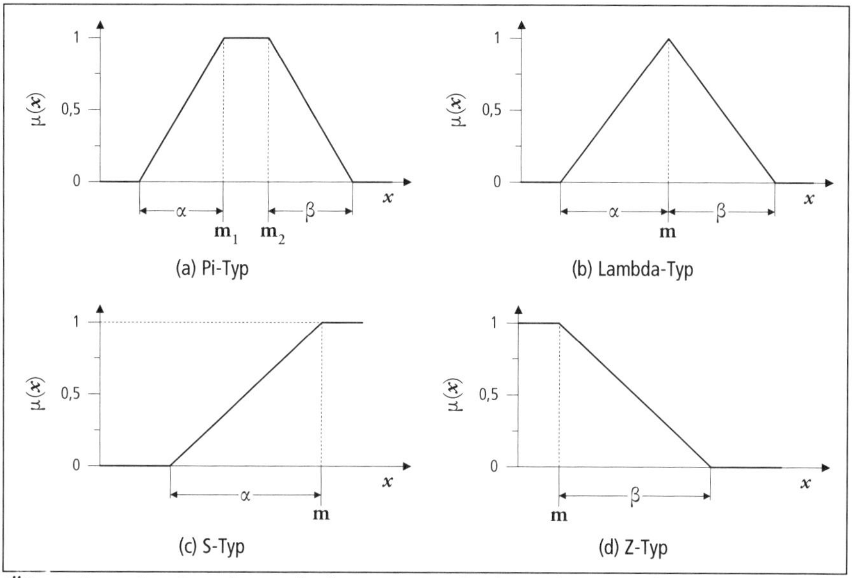

Übersicht 2-6: *Grundtypen der linearen Standard-Zugehörigkeitsfunktionen*

Für die Standard-Zugehörigkeitsfunktion ›Pi-Typ‹ (Grafik (a) in Übersicht 2-6) wird die LR-Repräsentation exemplarisch in Definition 2-8 dargestellt. Da die LR-Repräsentationen für die verbleibenden drei Funktionstypen (Grafiken (b)-(d) in Übersicht 2-6) direkt aus der angegebenen LR-Repräsentation abgeleitet werden können, werden diese nicht explizit aufgeführt.

115 Vgl. ALTROCK, C. V., Fuzzy Logic - Technologie, S. 154.

116 Vgl. DUBOIS, D./PRADE, H., Fuzzy Sets and Systems, S. 53-57.

$$\text{(2-8)} \qquad \mu_{\text{Pi-Typ}}(x, \alpha, \beta) = \begin{cases} L\left(\frac{m_1 - x}{\alpha}\right), & \text{für } x \leq m_1 \\ 1, & \text{für } m_1 < x < m_2 \\ R\left(\frac{x - m_2}{\beta}\right), & \text{für } x \geq m_2 \end{cases}$$

mit $L(x) = R(x) = \max(0, 1-x)$.

Übersicht 2-7 stellt die drei Grundtypen nicht-linearer Funktionen (Log-S-Typ, Log-Z-Typ und Gauß-Typ) grafisch dar. Dabei werden der S-Typ und Z-Typ mit Hilfe einer logistischen Funktion und der Gauß-Typ mit der Gauß-Glocke modelliert.

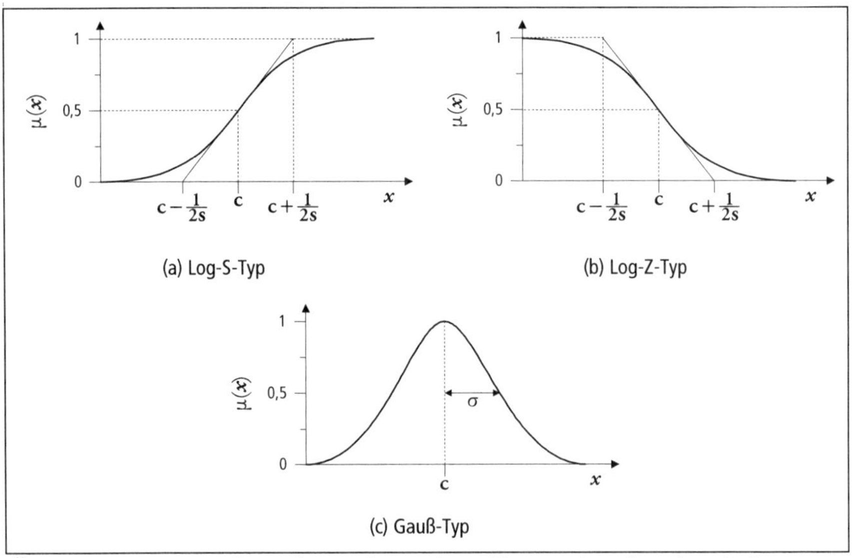

Übersicht 2-7: *Grundtypen logistischer und gaußförmiger Zugehörigkeitsfunktionen*

Für die Definition der Funktionsvorschrift des Gauß-Typs (Grafik (c) in Übersicht 2-7) wird hier im Vergleich zu den linearen Standard-Zugehörigkeitsfunktionen keine LR-Repräsentation benutzt, obwohl dies grundsätzlich möglich ist, da im Folgenden ausschließlich symmetrische Gaußfunktionen verwendet werden.[117] Daher kann der Gauß-Typ mit *einer* Funktion beschrieben und muss somit nicht in einen linken und einen rechten Funktionsteil zerlegt werden. Die Funktionen der drei nicht-linearen

117 Die Beschränkung der Untersuchung auf symmetrische Gaußfunktionen ist auf das in dieser Untersuchung verwendete Neuro-Fuzzy-System zurückzuführen und wird in Abschnitt 232.32 erläutert.

Grundtypen werden durch die Parameter c und σ bzw. s eindeutig beschrieben. Die logistische Funktion für den **Log-S-Typ** bzw. für den **Log-Z-Typ** ist wie folgt definiert:

(2-9) $$\mu_{\text{Log-S-/Log-Z-Typ}}(x, c, s) = \frac{1}{1 + e^{-4(x-c)s}}$$

Der Parameter c beschreibt die Position des Wendepunktes und der Parameter s gibt die Steigung der Wendetangenten der Zugehörigkeitsfunktion an. Je nachdem, welcher logistische Grundtyp modelliert werden soll, geht s positiv bzw. negativ in die Funktionsvorschrift ein. Für den Log-S-Typ gilt $s > 0$ und für den Log-Z-Typ $s < 0$.

Der **Gauß-Typ** wird mit der Funktionsvorschrift der Gauß-Glocke definiert:

(2-10) $$\mu_{\text{Gauß-Typ}}(x, c, \sigma) = e^{-\frac{(x-c)^2}{2\sigma^2}}$$

Beim Gauß-Typ beschreibt der Parameter c das Zentrum, also die Lage des höchsten Punkts der Gauß-Glocke. Der Parameter σ gibt die Weite der rechten und linken Flanke der Gauß-Glocke vom Parameter c an.

Durch die Fixierung des Lageparameters c auf einen konstanten Wert lassen sich die nicht-linearen Funktionstypen auf *einen* freien Parameter reduzieren, sodass die jeweilige Zugehörigkeitsfunktion nur noch durch den Parameter σ bzw. s beschrieben wird.[118] Dies ist bspw. dann sinnvoll, wenn die Basisvariable einen Nullpunkt aufweist, der für die Zugehörigkeitsfunktion den Bezugspunkt darstellt. Für die logistische Funktion wird der Parameter mit $c = \frac{1}{2s}$ so gesetzt, dass die Wendetangente die Abszisse für alle s im Nullpunkt schneidet. Der neue logistische Funktionstyp

(2-11) $$\mu_{\text{Normlog-S-/Normlog-Z-Typ}}(x, s) = \frac{1}{1 + e^{-4(xs-0{,}5)}}$$

wird für $s > 0$ als **Normlog-S-Typ** und für $s < 0$ als **Normlog-Z-Typ** bezeichnet. Der Parameter s bestimmt, wie weit der Wendepunkt vom Nullpunkt entfernt ist.

Für die Gauß-Funktion wird der Parameter $c = 0$ gesetzt. Der neue Funktionstyp

(2-12) $$\mu_{\text{Zero}}(x, \sigma) = e^{-\frac{x^2}{2\sigma^2}}$$

118 Vgl. hierzu SIEKMANN, S., Fusion von Expertenwissen und Daten mit Neuro-Fuzzy-Methoden, S. 48.

wird als **Zero** bezeichnet. Das Zentrum dieser Funktion liegt immer im Nullpunkt. Der Parameter σ bestimmt nach wie vor die Weite der rechten und linken Flanke.

Für den Fortgang der Arbeit stellt sich die Frage, **welche der vorgestellten Funktionstypen** für die Zugehörigkeitsfunktionen verwendet werden sollen. Grundsätzlich lässt sich jedes mit der Fuzzy-Set-Theorie zu lösende Entscheidungsproblem mit linearen und nicht-linearen Funktionstypen modellieren. Eine Aussage, ob lineare oder nicht-lineare Funktionstypen als Zugehörigkeitsfunktionen generell besser geeignet sind, kann allerdings nicht getroffen werden, da dies nicht nur von der jeweiligen Problemstellung selbst, sondern auch von den technischen Anwendungsvoraussetzungen abhängt. Insbesondere beim Einsatz eines Neuro-Fuzzy-Systems zur Integration von wissensbasierten Fuzzy-Regelsystemen und Künstlichen Neuronalen Netzen **hängt die Entscheidung für lineare bzw. nicht-lineare Funktionstypen von der Architektur des gewählten Neuro-Fuzzy-Systems ab.** Die Wahl der Neuro-Fuzzy-Architektur für die Entwicklung eines Lageindikators zur Beurteilung der Bestandsfestigkeit wird später in Abschnitt 232.2 diskutiert, nachdem die Grundlagen zu den wissensbasierten Fuzzy-Regelsystemen und zu den Künstlichen Neuronalen Netzen dargestellt wurden.

Neben der Auswahl der Funktionstypen besteht eine weitere gewichtige Aufgabe des Entwicklers von Fuzzy-Systemen in der **konkreten Ausgestaltung der Funktionstypen**, also in der Spezifizierung der Funktionsparameter. Die Fuzzy-Set-Theorie gibt dem Entwickler zwar Instrumente in Form von Fuzzy-Mengen zur Modellierung von sprachlicher Unschärfe an die Hand, sie hilft indes nicht bei der problemadäquaten Bestimmung der Funktionsparameter der Zugehörigkeitsfunktionen.[119] Dies bleibt eindeutig die Aufgabe des Modellentwicklers.

Bei den in der Literatur beschriebenen Anwendungen wird das Problem der Auswahl und Parametrisierung der Zugehörigkeitsfunktionen, obwohl es sehr wichtig ist, häufig nicht behandelt.[120] Vielfach bleibt die Wahl der Zugehörigkeitsfunktionen offen oder aber es wird direkt mit einer vorgegebenen Zugehörigkeitsfunktion begonnen. Dabei ist der Erfolg und die Akzeptanz eines Fuzzy-Systems ganz entscheidend von der Wahl der Funktionstypen und deren Parametrisierung abhängig. Für die Parametrisierung von Zugehörigkeitsfunktionen existieren verschiedene Vorgehensweisen.[121] Neben der Befragung von Experten lassen sich auch statistische Verfahren auf Basis von Wahrscheinlichkeitsdichten und Histogrammen verwenden. Für die Diskussion

119 Vgl. hierzu auch TAKAGI, H./HAYASHI, I., NN-Driven Fuzzy Reasoning, S. 193.

120 Vgl. SCHWAB, K.-D., Entscheidungsmodell, S. 22.

121 Vgl. ALTROCK, C. V., Fuzzy Logic - Technologie, S. 152-161; DUBOIS, D./PRADE, H., Fuzzy Sets and Systems, S. 255-261; PEDRYCZ, W., Fuzzy Control and Fuzzy Systems, S. 68-77; SCHEFFELS, R., Fuzzy-Logik in der Jahresabschlußprüfung, S. 68-82.

und Darstellung der für die empirische Untersuchung relevanten und verwendeten Verfahren sei auf Abschnitt 354.2 verwiesen.

Damit in der vorliegenden Untersuchung für die verschiedenen Zugehörigkeitsfunktionen keine unterschiedlichen Skalenniveaus der Ordinaten bei der empirischen Entwicklung des Neuro-Fuzzy-Lageindikators zu berücksichtigen sind und alle Fuzzy-Mengen in der gleichen Art und Weise interpretiert werden können, werden im Folgenden nur **konvexe, normalisierte Zugehörigkeitsfunktionen** der vorgestellten Grundtypen aus Übersicht 2-6 und Übersicht 2-7 verwendet.

222.2 Fuzzy-Operatoren

Zur Modellierung unscharfer Entscheidungsprobleme reicht die Definition von Fuzzy-Mengen alleine nicht aus. Vielmehr sind Operatoren notwendig, mit deren Hilfe Fuzzy-Mengen miteinander verknüpft werden können.[122] In Analogie zur klassischen Mengenlehre hat ZADEH bereits in seinem ersten Beitrag zur Fuzzy-Set-Theorie[123] die grundlegenden Mengenoperationen, wie den **Durchschnitt** als ›logisches UND‹ (Konjunktion), die **Vereinigung** als ›logisches ODER‹ (Disjunktion) und das **Komplement** als ›logisches NICHT‹ (Negation), für die Fuzzy-Set-Theorie erweitert.

Die Fuzzy-Operatoren werden zur Formulierung der Wenn-Dann-Regeln eines wissensbasierten Fuzzy-Regelsystems benötigt.[124] Daher werden im Folgenden zunächst die grundlegenden Fuzzy-Operatoren mathematisch definiert und deren Eigenschaften beschrieben. Zudem werden die verschiedenen Fuzzy-Operatoren aufgrund ihrer Eigenschaften zwei Operatorenklassen zugeordnet und hinsichtlich der Problemstellung, nämlich der Beurteilung der Bestandsfestigkeit von Unternehmen mit Hilfe eines wissensbasierten Fuzzy-Regelsystems, diskutiert. Welche Fuzzy-Operatoren später für die Entwicklung des Neuro-Fuzzy-Lageindikators benutzt werden, hängt von der auszuwählenden Neuro-Fuzzy-Architektur ab.[125]

(2-13) Sei $\tilde{A}$ eine normalisierte Fuzzy-Menge mit der Zugehörigkeitsfunktion $\mu_{\tilde{A}}(x)$, dann ist das Komplement $\tilde{A}^c$ von $\tilde{A}$ definiert durch

$$\tilde{A}^c = \{(x, \mu_{\tilde{A}^c}(x)) | (x \in X, \mu_{\tilde{A}^c}(x) = 1 - \mu_{\tilde{A}}(x))\}$$

und wird als **Fuzzy-Mengen-Komplement** bezeichnet.

122 Vgl. HAUKE, W., Fuzzy-Modelle in der Unternehmensplanung, S. 49.

123 Vgl. ZADEH, L. A., Fuzzy Sets.

124 Vgl. hierzu Abschnitt 223.13.

125 Vgl. hierzu Abschnitt 232.32.

Die folgende Übersicht 2-8 stellt ein Fuzzy-Mengen-Komplement an einer beliebig gewählten Fuzzy-Menge $\tilde{A}$ grafisch dar:

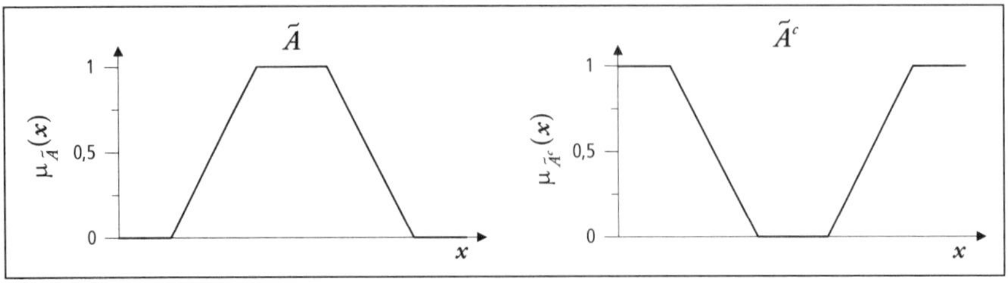

Übersicht 2-8: *Komplement einer Fuzzy-Menge*

(2-14) Seien $\tilde{A}$ und $\tilde{B}$ Fuzzy-Mengen mit den Zugehörigkeitsfunktionen $\mu_{\tilde{A}}(x)$ und $\mu_{\tilde{B}}(x)$, dann ist die Vereinigung beider Mengen definiert durch

$$\tilde{A} \cup \tilde{B} = \{(x, \mu_{\tilde{A} \cup \tilde{B}}(x)) | (x \in X, \mu_{\tilde{A} \cup \tilde{B}}(x) = \max(\mu_{\tilde{A}}(x), \mu_{\tilde{B}}(x)))\}$$

und wird als ›**Fuzzy-Mengen-Vereinigung**‹ bezeichnet.

(2-15) Seien $\tilde{A}$ und $\tilde{B}$ Fuzzy-Mengen mit den Zugehörigkeitsfunktionen $\mu_{\tilde{A}}(x)$ und $\mu_{\tilde{B}}(x)$, dann ist der Durchschnitt beider Mengen definiert durch

$$\tilde{A} \cap \tilde{B} = \{(x, \mu_{\tilde{A} \cap \tilde{B}}(x)) | (x \in X, \mu_{\tilde{A} \cap \tilde{B}}(x) = \min(\mu_{\tilde{A}}(x), \mu_{\tilde{B}}(x)))\}$$

und wird als ›**Fuzzy-Mengen-Durchschnitt**‹ bezeichnet.

In der folgenden Übersicht wird die Vereinigung und der Durchschnitt der Fuzzy-Mengen $\tilde{A}$ und $\tilde{B}$ an einem Beispiel grafisch dargestellt:

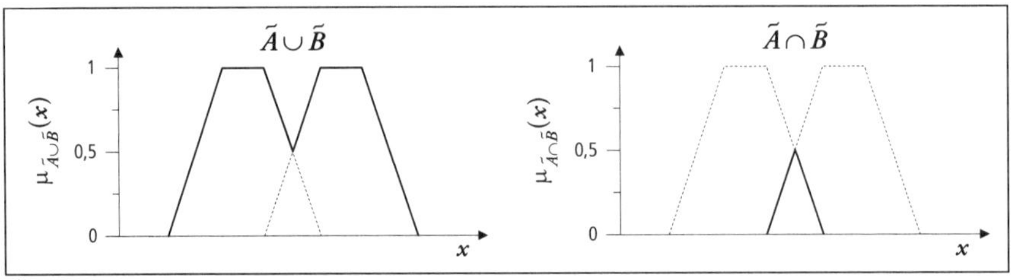

Übersicht 2-9: *Vereinigung und Durchschnitt zweier Fuzzy-Mengen*

Da die Fuzzy-Operatoren später zur Regelbildung eingesetzt werden, muss festgelegt werden, welche logische Verknüpfung (UND, ODER) mit einem Operator mathematisch abgebildet werden kann. Die von ZADEH vorgeschlagenen Operatoren für die Vereinigung und für den Durchschnitt erfüllen die erforderlichen Anforderungen hinsichtlich der Abbildung einer logischen Verknüpfung. So haben BELLMAN/

GIERTZ[126] mit einem axiomatischen System nachgewiesen, dass der Min-Operator das ›logische UND‹ und der Max-Operator das ›logische ODER‹ verkörpern. Reduziert man bspw. den Wertebereich der Zugehörigkeitsfunktionen auf die Menge $\{0, 1\}$, so entspricht der Min-Operator dem Durchschnitt und der Max-Operator der Vereinigung der klassischen Mengentheorie.[127]

Nur mit Operatoren, die das ›logische UND‹ bzw. das ›logische ODER‹ verkörpern, lassen sich später Regelbasen in konjunktiver Normalform bilden. Die konjunktive Normalform ist für bestimmte Neuro-Fuzzy-Systeme eine notwendige Voraussetzung, um eine Regelbasis mathematisch abbilden zu können. Daher werden im Folgenden die Eigenschaften, die ein Fuzzy-Operator erfüllen muss, damit er das ›logischen UND‹ bzw. das ›logischen ODER‹ mathematisch korrekt abbildet, zu den Operatorklassen **t-Norm** und **t-Conorm** zusammengefasst.

(2-16) Zweiwertige Funktionen vom Typ $\mathrm{t}: [0, 1] \times [0, 1] \rightarrow [0, 1]$ mit den folgenden Eigenschaften

(i) $\mathrm{t}(0, 0) = 0;\ \mathrm{t}(x, 1) = \mathrm{t}(1, x) = x,\ x \in X$

(ii) $\mathrm{t}(u, v) \leq \mathrm{t}(w, z)$, falls $u \leq w$ und $v \leq z$ (Monotonie)

(iii) $\mathrm{t}(x, y) \leq \mathrm{t}(y, x)$ (Kommutativität)

(iv) $\mathrm{t}(x, \mathrm{t}(y, z)) = \mathrm{t}(\mathrm{t}(x, y), z)$ (Assoziativität)

werden als **t-Norm** bezeichnet.[128]

Die Funktion t stellt eine allgemeine Klasse von Durchschnitts-Operatoren für Fuzzy-Mengen dar, die das ›logische UND‹ verkörpern. Da diese Operatoren assoziativ sind, kann auch für mehr als zwei Fuzzy-Mengen der Durchschnitt rekursiv gebildet werden.[129] Im Laufe der Zeit wurden von verschiedenen Autoren eine große Zahl von t-Norm-Operatoren für die unterschiedlichsten Anwendungszwecke entwickelt.[130] Neben dem bereits in Definition 2-15 dargestellten ›Minimum‹ ist das ›algebraische Produkt‹ ein weiterer typischer und in der Praxis häufig eingesetzter t-Norm-Operator.

126 Vgl. BELLMAN, R./GIERTZ, M., On the Analytic Formalism of the Theory of Fuzzy Sets.

127 Vgl. HAUKE, W., Fuzzy-Modelle in der Unternehmensplanung, S. 50.

128 Vgl. DUBOIS, D./PRADE, H., Fuzzy Sets and Systems, S. 17.

129 Vgl. ZIMMERMANN, H.-J., Fuzzy Set Theory, S. 30.

130 Für eine umfassende Zusammenstellung von t-Norm-Operatoren vgl. HAUKE, W., Fuzzy-Modelle in der Unternehmensplanung, S. 52; ZIMMERMANN, H.-J., Fuzzy Set Theory, S. 31-35.

(2-17) Das **algebraische Produkt** (kurz: alg_p) zur Bildung des Durchschnitts zweier Fuzzy-Mengen $\tilde{A}$ und $\tilde{B}$ mit den Zugehörigkeitsfunktionen $\mu_{\tilde{A}}(x)$ und $\mu_{\tilde{B}}(x)$ ist wie folgt definiert:

$$alg_p(\mu_{\tilde{A}}(x); \mu_{\tilde{B}}(y)) = \mu_{\tilde{A}}(x) \cdot \mu_{\tilde{B}}(y)$$

(2-18) Zweiwertige Funktionen vom Typ $s: [0, 1] \times [0, 1] \rightarrow [0, 1]$ mit den folgenden Eigenschaften

(i) $s(1, 1) = 1; s(x, 0) = s(0, x) = x, x \in X$

(ii) $s(u, v) \leq s(w, z)$, falls $u \leq w$ und $v \leq z$ (Monotonie)

(iii) $s(x, y) \leq s(y, x)$ (Kommutativität)

(iv) $s(x, s(y, z)) = s(s(x, y), z)$ (Assoziativität)

werden als **t-Conorm** oder auch als **s-Norm** bezeichnet.[131]

Die Funktion s stellt eine allgemeine Klasse von Vereinigungsoperatoren für Fuzzy-Mengen dar, die das ›logische ODER‹ verkörpern. Die t-Conorm und die t-Norm sind eng miteinander verbunden. So unterscheiden sich diese beiden Normen lediglich in der Definition des neutralen Elements (vgl. Eigenschaft *(i)*). Für beide Normen gilt das Assoziativgesetz, sodass über mehr als zwei Fuzzy-Mengen rekursiv die Vereinigung gebildet werden kann. Die t-Conorm lässt sich aus der t-Norm wie folgt ableiten:

(2-19) $$s(x,y) = 1 - t(1-x, 1-y)$$

Auch für die Operatorenklasse der t-Conorm wurden eine Reihe von Operatoren in der wissenschaftlichen Literatur vorgeschlagen.[132] So ist neben dem in Definition 2-14 dargestellten ›Maximum‹ die ›algebraische Summe‹ ein typischer, vielverwendeter t-Conorm-Operator.

(2-20) Die **algebraische Summe** (kurz: alg_s) zur Bildung der Vereinigung zweier Fuzzy-Mengen $\tilde{A}$ und $\tilde{B}$ mit den Zugehörigkeitsfunktionen $\mu_{\tilde{A}}(x)$ und $\mu_{\tilde{B}}(x)$ ist wie folgt definiert:

$$alg_s(\mu_{\tilde{A}}(x); \mu_{\tilde{B}}(y)) = \mu_{\tilde{A}}(x) + \mu_{\tilde{B}}(y) - \mu_{\tilde{A}}(x) \cdot \mu_{\tilde{B}}(y)$$

Neben den t-Norm- und t-Conorm-Operatoren existiert auch die Klasse der **mittelnden Operatoren**. Diese Operatoren schließen die Lücke der aggregierten Zugehörig-

131 Vgl. DUBOIS, D./PRADE, H., Fuzzy Set Aggregation Connectives, S. 90 f.

132 Für eine umfassende Zusammenstellung von t-Conorm-Operatoren vgl. HAUKE, W., Fuzzy-Modelle in der Unternehmensplanung, S. 54; ZIMMERMANN, H.-J., Fuzzy Set Theory, S. 31-35.

keitsgrade zwischen den t-Norm- und den t-Conorm-Operatoren. Übersicht 2-10 verdeutlicht diese Anordnung grafisch auf einem Zahlenstrahl. Auch für diese Operatoren-Klasse wurden zahlreiche Operatoren entwickelt.[133] Für die vorliegende Untersuchung wird indes auf diese Operatoren verzichtet, da diese gegen das Axiomensystem der t-Norm und der t-Conorm verstoßen und somit nicht mehr eindeutig das ›logische UND‹ bzw. das ›logische ODER‹ verkörpern. Für die Bestimmung und Auswertung von Regeln in einem wissensbasierten Fuzzy-Regelsystem ist dies aber, wie bereits erläutert, eine notwendige Voraussetzung. Darüber hinaus hat sich in Voruntersuchungen herausgestellt, dass mittelnde Operatoren für die Problemstellung keine besseren Ergebnisse erwarten lassen.[134]

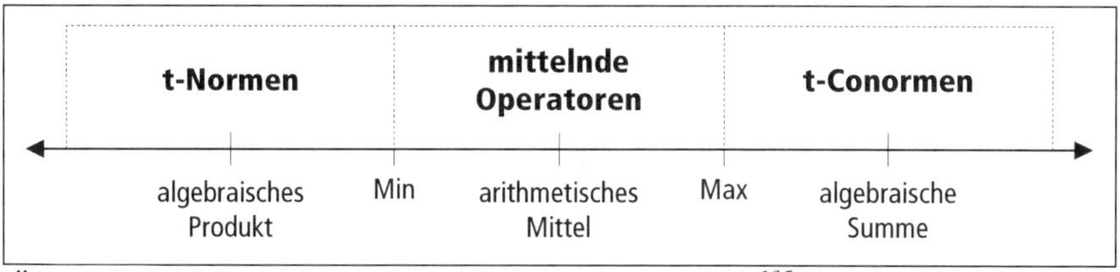

Übersicht 2-10: *Anordnung unscharfer Mengenoperationen*[135]

Analog zum Auswahlproblem der Fuzzy-Mengen stellt sich auch bei den Fuzzy-Operatoren die Frage, welche der vielen t-Norm- bzw. t-Conorm-Operatoren für die Modellierung des Anwendungsproblems geeignet sind.[136] Chen/Hwang[137] formulieren dieses Problem treffend mit der Aussage »no operators are general enough for all contexts«.

Allgemein lässt sich jedoch festhalten, dass das Minimum und das Maximum als extreme Operatoren ihrer Klasse (vgl. Übersicht 2-10) jeweils nur einen Teil, nämlich den wertmäßig kleineren bzw. größeren, der zu aggregierenden Informationen weiterverarbeiten. Das kann aus informationsökonomischer Sicht nicht immer sinnvoll sein, da jeweils der andere Teil der Information komplett für die weitere Entscheidungsfindung entfällt. Zudem ist zu berücksichtigen, dass durch eine Aggregation immer ein Informationsverlust entsteht; die Frage ist daher, wie hoch der Informati-

133 Für eine umfassende Zusammenstellung von mittelnden Operatoren vgl. Hauke, W., Fuzzy-Modelle in der Unternehmensplanung, S. 56; Zimmermann, H.-J., Fuzzy Set Theory, S. 35-38.

134 Vgl. Baetge, J./Heitmann, C., Fuzzy Rule-Based Indicator for the Review of Credit Standing, S. 340. Zu anderen Ergebnissen bei einer ähnlichen Problemstellung aber mit einem anderen Untersuchungsaufbau kommen Zimmermann, H.-J./Zysno, P., Decisions and Evaluations by Hierarchical Aggregation of Information.

135 In Anlehnung an Hauke, W., Fuzzy-Modelle in der Unternehmensplanung, S. 59. Vgl. hierzu auch Zimmermann, H.-J., Fuzzy Set Theory, S. 38.

136 Vgl. zum Auswahlproblem der Fuzzy-Mengen Abschnitt 222.1.

137 Chen, S.-J./Hwang, C.-L., Fuzzy Multiple Attribute Decision Making, S. 62.

onsverlust ausfällt. Bei der Verwendung von extremen Operatoren wie dem Minimum bzw. dem Maximum kann der Informationsverlust, der aus der Aggregation resultiert, nicht größer sein. Daher sollten Operatoren herangezogen werden, die einerseits das Axiomensystem der t-Norm bzw. das der t-Conorm erfüllen und somit das ›logische UND‹ bzw. das ›logische ODER‹ verkörpern, und andererseits aber alle angebotenen Informationen für die Entscheidungsfindung in der Aggregation berücksichtigen, wenn dies sinnvoll erscheint. Genau diese Forderungen erfüllen das ›algebraische Produkt‹ bzw. die ›algebraische Summe‹. Darüber hinaus haben Voruntersuchungen ergeben, dass diese Operatoren für die zugrundegelegte Problemstellung sehr gut geeignet sind.[138]

222.3 Konzept der linguistischen Variablen

In Abschnitt 222.1 wurde am Beispiel der Eigenkapitalrentabilität erläutert, wie mit einer Fuzzy-Menge Kennzahlenausprägungen beschrieben werden können. Allerdings wurde die Beschreibung der Kennzahl auf den sprachlichen (linguistischen) Term ›*hoch*‹ beschränkt. Für eine umfassende Beschreibung einer Kennzahlenausprägung sind indes in Anlehnung an den menschlichen Sprachgebrauch weitere linguistische Terme wie ›*niedrig*‹ und ›*mittel*‹ notwendig.[139] Hierzu hat ZADEH in Fortführung seiner Fuzzy-Set-Theorie das Konzept der linguistischen Variablen entwickelt.[140]

Mit Hilfe einer **linguistischen Variablen** kann für eine beliebige Basisvariable, in diesem Fall für die Kennzahl Eigenkapitalrentabilität, über die gesamte Spannweite einer Kennzahlenausprägung ein zusammenhängendes Geflecht von linguistischen Termen in Form von Fuzzy-Mengen gelegt (partitioniert) werden, die somit für jeden Bereich der Kennzahlenausprägung eine graduelle Beschreibung in Bezug auf die linguistischen Terme zulassen. Im Gegensatz zu einer konventionellen, numerischen Variablen sind die Ausprägungen einer linguistischen Variablen nicht Zahlen, sondern Worte und Ausdrücke natürlicher oder künstlicher Sprachen.[141] Bevor dies an einem Beispiel dargestellt wird, sei zunächst das Konzept der linguistischen Variablen algebraisch definiert:[142]

---

138 Vgl. BAETGE, J./HEITMANN, C., Fuzzy Rule-Based Indicator for the Review of Credit Standing, S. 340.

139 Vgl. hierzu auch KOOTHS, S., Erfahrungsregeln und Konjunkturdynamik, S. 15.

140 Vgl. ZADEH, L. A., The Concept of a Linguistic Variable I; ZADEH, L. A., The Concept of a Linguistic Variable II; ZADEH, L. A., The Concept of a Linguistic Variable III.

141 Vgl. MAYER, A. ET. AL., Fuzzy Logic, S. 62; ZADEH, L. A., The Concept of a Linguistic Variable I, S. 201.

(2-21) Eine **linguistische Variable** wird charakterisiert durch ein Quintupel (x, $T(x)$, U, G, $\tilde{M}$), wobei die Bestandteile x, $T(x)$, U, G, $\tilde{M}$ die folgenden Bedeutungen haben:

(i) x ist der **Name** der linguistischen Variablen.

(ii) $T(x)$ enthält die Menge der linguistischen Ausdrücke (Terme) X der linguistischen Variablen x zur Beschreibung der Basisvariablen u. Diese Menge wird auch als **Termset** bezeichnet. Jeder linguistische Ausdruck X ist eine Fuzzy-Menge über dem Definitionsbereich U.

(iii) U stellt den **Definitionsbereich** der Basisvariablen u mit den Elementen $u \in U$ dar.

(iv) G ist eine **syntaktische Regel** zur Generierung der linguistischen Terme X.

(v) $\tilde{M}$ ist eine **semantische Regel**, die jedem linguistischen Term X eine bestimmte Bedeutung $\tilde{M}(X)$ zuordnet. Dabei stellt $\tilde{M}(X)$ eine unscharfe Teilmenge über dem Definitionsbereich U dar.

Zur Erläuterung der algebraischen Definition wird in der Übersicht 2-11 die bereits bekannte Kennzahl Eigenkapitalrentabilität als linguistische Variable mit dem Namen x = *Eigenkapitalrentabilität* abgebildet.

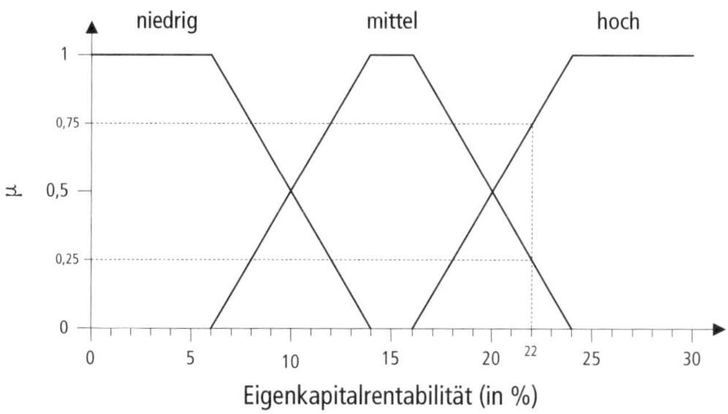

***Übersicht 2-11:** Linguistische Variable ›Eigenkapitalrentabilität‹*

Die Basisvariable u ist durch die Eigenkapitalrentabilität in Prozent gegeben und der zugehörige Definitionsbereich U wird durch das Intervall [0, 30] bestimmt. Zur Be-

142 Vgl. zur Definition der linguistischen Variablen neben den Ausführungen von ZADEH (s. Fn. 140) auch MAYER, A. ET. AL., Fuzzy Logic, S. 64; GEYER-SCHULZ, A., Fuzzy Rule-Based Expert Systems, S. 47-50; ZIMMERMANN, H.-J., Fuzzy Set Theory, S. 129-137.

schreibung der Ausprägungen der Basisvariablen *u* werden die drei linguistischen Terme ›*niedrig*‹, ›*mittel*‹ und ›*hoch*‹ explizit vorgegeben, sodass eine syntaktische Regel *G* nicht notwendig ist. Somit gilt: *T*(*Eigenkapitalrentabilität*) = *niedrig* + *mittel* + *hoch*.[143] Für jeden linguistischen Term wird eine Fuzzy-Menge $\tilde{M}(niedrig)$, $\tilde{M}(mittel)$ und $\tilde{M}(hoch)$ gebildet.[144] Die entsprechenden Zugehörigkeitsfunktionen sind in Übersicht 2-12 dargestellt. Aus Gründen der Übersichtlichkeit werden die Bereiche, für die $\mu = 0$ gilt, in den Definitionen der Zugehörigkeitsfunktionen nicht explizit angegeben.

$$\mu_{\tilde{M}(niedrig)} = \begin{cases} 1, & \text{für } x \leq 6 \\ 1-\frac{x-6}{8}, & \text{für } 6 < x < 14 \end{cases}$$

$$\mu_{\tilde{M}(mittel)} = \begin{cases} 1-\frac{14-x}{8}, & \text{für } x \leq 14 \\ 1, & \text{für } 14 < x < 16 \\ 1-\frac{x-16}{8}, & \text{für } x \geq 16 \end{cases}$$

$$\mu_{\tilde{M}(hoch)} = \begin{cases} 1-\frac{24-x}{8}, & \text{für } 16 < x < 24 \\ 1, & \text{für } x \geq 24 \end{cases}$$

Übersicht 2-12: *Zugehörigkeitsfunktionen der Fuzzy-Mengen für die linguistischen Terme ›niedrig‹, ›mittel‹ und ›hoch‹ der linguistischen Variablen ›Eigenkapitalrentabilität‹*

Mit Hilfe der Zugehörigkeitsfunktionen $\mu_{\tilde{M}(niedrig)}$, $\mu_{\tilde{M}(mittel)}$ und $\mu_{\tilde{M}(hoch)}$ kann nun für jede Ausprägung der Basisvariablen ›Eigenkapitalrentabilität‹ bestimmt werden, zu welchem Grad die jeweilige Ausprägung als *niedrig*, *mittel* und *hoch* beurteilt werden kann, respektive zu welchem Grad sie zur Menge der *niedrigen*, *mittleren* und *hohen* Ausprägungen der Eigenkapitalrentabilität gehört. Dieser Vorgang wird als **Fuzzyfizierung** bezeichnet. Als Beispiel ist in Übersicht 2-11 eine Eigenkapitalrentabilität von 22 % eingezeichnet. Diese Ausprägung gehört mit einem Grad von $\mu = 0$

143 Die Verknüpfung der linguistischen Terme durch das Plus-Zeichen (+) symbolisiert die Vereinigung der drei Terme ›*niedrig*‹, ›*mittel*‹ und ›*hoch*‹ und nicht deren Addition.

144 Wie bereits bei der Darstellung der Fuzzy-Mengen erwähnt, werden für die folgenden Beispiele aus Vereinfachungsgründen die linearen Standard-Zugehörigkeitsfunktionen verwendet. Für die Definition der Fuzzy-Mengen vgl. Abschnitt 222.1.

zur Menge der *niedrigen*, mit einem Grad von $\mu = 0{,}25$ zur Menge der *mittleren* und mit einem Grad von $\mu = 0{,}75$ zur Menge der *hohen* Ausprägungen der Eigenkapitalrentabilität.

Die Zugehörigkeitsfunktionen der linguistischen Terme sind in diesem Beispiel so definiert, dass die Summe der Zugehörigkeitsgrade über die linguistischen Terme für eine bestimmte Kennzahlenausprägung immer Eins ergibt. Dies ist ein Spezialfall, der nicht notwendig erfüllt sein muss. Vor allem beim Einsatz von Neuro-Fuzzy-Systemen ist es ein Ziel, die Partitionierung der Fuzzy-Mengen einer linguistischen Variablen auf Basis von empirischen Daten zu optimieren. Hierbei würde eine Normierung der Zugehörigkeitsgrade auf den Wert Eins die Adaption der Fuzzy-Mengen so einschränken, dass die Optimierung faktisch zu keiner Verbesserung führen würde.

Wie das Beispiel zeigt, wird eine linguistische Variable im Wesentlichen durch

(1) die **Anzahl der linguistischen Terme**,

(2) die **Wahl des Funktionstyps** zur Darstellung des jeweiligen linguistischen Terms als Fuzzy-Menge und

(3) die **Parametrisierung** der jeweiligen Funktionen, d.h. durch die Festlegung des Zentrums und der Weite und damit der Überlappung der Zugehörigkeitsfunktionen,

bestimmt.

Die **Anzahl der linguistischen Terme** ist davon abhängig, wie differenziert die Basisvariable sprachlich beschrieben werden soll. Im allgemeinen Sprachgebrauch reichen drei bis sieben linguistische Terme zur Beschreibung einer Wertgröße aus.[145] Dies ist unter anderem damit zu begründen, dass einerseits mehr als sieben verschiedene linguistische Ausdrücke zur Beschreibung einer Wertgröße kaum gefunden werden können und andererseits die Interpretation von Wertgrößen im Kurzzeitgedächtnis des Menschen stattfindet, welches i.d.R. eine Kapazität von maximal 7 Symbolen aufweist.[146] Neben diesen semantischen Begründungen ist der Anzahl der linguistischen Terme auch eine technische Grenze gesetzt. Wie noch im folgenden Abschnitt 223. ausführlich erläutert wird, werden linguistische Variablen in wissensbasierten Fuzzy-Regelsystemen mit Hilfe von Wenn-Dann-Regeln verknüpft (Beispiel für eine Regel: »**Wenn** die Eigenkapitalrentabilität *hoch* ist und der Verschuldungsgrad *niedrig* ist, **Dann** ist die Bestandsfestigkeit *gut*«). Je mehr linguistische Terme die zu verknüpfenden linguistischen Variablen besitzen, desto mehr Regeln lassen sich durch eine vollständige Kombination der linguistischen Terme der verschiedenen linguistischen Va-

---

145 Vgl. hierzu auch ALTROCK, C. V., Fuzzy Logic - Technologie, S. 153; KOOTHS, S., Erfahrungsregeln und Konjunkturdynamik, S 16.

146 Vgl. ALTROCK, C. V., Fuzzy Logic - Technologie, S. 153; SCHÖNEBURG, E./HANSEN, N./GAWELCZYK, A., Neuronale Netzwerke, S. 44 f.

riablen im Wenn-Teil der Regel bilden. Daher ist bereits bei der Definition der linguistischen Variablen darauf zu achten, dass nicht zu viele linguistische Terme zur sprachlichen Beschreibung einer Kennzahlenausprägung verwendet werden, da sonst eine überdimensionierte Regelbasis entstehen kann. Die Anzahl der linguistischen Terme ist vom Modellentwickler bzw. von einem Experten festzulegen.

Nach Festlegung der Anzahl der linguistischen Terme ist für die Zugehörigkeitsfunktion eines jeden Terms ein **Funktionstyp zu wählen** und entsprechend zu **parametrisieren.** In Abschnitt 222.1 wurden die möglichen Funktionstypen zur Modellierung von Zugehörigkeitsfunktionen bereits vorgestellt und definiert. Bei der Auswahl der Funktionstypen ist folgendes zu berücksichtigen:

- Um sicherzustellen, dass extreme Ausprägungen (z. B. Ausreißer) keinen negativen Einfluss bei der Bestimmung der Zugehörigkeitsgrade haben, sind die äußeren linken und rechten Fuzzy-Mengen so zu modellieren, dass extremen Ausprägungen ein Zugehörigkeitsgrad von maximal $\mu = 1$ zugeordnet wird. Hierzu werden die Fuzzy-Mengen für die linguistischen Terme *›niedrig‹* und *›hoch‹* mit sog. randgesättigten Zugehörigkeitsfunktionen modelliert (vgl. Übersicht 2-11).[147] Entsprechend wird für den linguistischen Term *›niedrig‹* (linker Rand) der Z-Typ und für den linguistischen Term *›hoch‹* (rechter Rand) der S-Typ aus den vorgestellten vier Grundtypen der Standard-Zugehörigkeitsfunktionen gewählt. Bei der Verwendung nicht-linearer Zugehörigkeitsfunktionen wird der lineare S-Typ bzw. Z-Typ durch das jeweilige nicht-lineare Pendant (Norm-)Log-S-Typ bzw. (Norm-)Log-Z-Typ ersetzt.
- Für die Modellierung der mittleren Fuzzy-Mengen stehen zwei Grundtypen linearer Zugehörigkeitsfunktionen, der Pi-Typ und der Lambda-Typ, zur Auswahl. In Übersicht 2-11 wurde beispielhaft der Pi-Typ verwendet. Sollen mehr als drei linguistische Terme für eine linguistische Variable verwendet werden, so wird der Bereich zwischen den beiden äußeren, randgesättigten Zugehörigkeitsfunktionen durch mehrere mittlere Zugehörigkeitsfunktionen vom Pi- bzw. Lambda-Typ beurteilt. Bei Verwendung nicht-linearer Zugehörigkeitsfunktionen werden der Pi- und der Lambda-Typ durch den Gauß-Typ ersetzt.

Nachdem die Funktionstypen für die jeweiligen linguistischen Terme ausgewählt sind, sind die **Zentren und Weiten der Zugehörigkeitsfunktionen zu parametrisieren.** Es gibt keine generellen Regeln, die besagen, wann die Zentren und Weiten der Zugehörigkeitsfunktionen optimal gewählt sind. Dies ist beim Einsatz von Neuro-Fuzzy-Systemen allerdings auch nicht notwendig, da hierbei die Zentren und Weiten anhand von Beispieldaten durch ein Neuronales Netz gelernt werden.[148] Es ist ledig-

---

147 Vgl. KOOTHS, S., Erfahrungsregeln und Konjunkturdynamik, S. 20.

148 Vgl. hierzu Abschnitt 232.2.

lich für den Start der Lernphase des Neuronalen Netzes eine plausible und betriebswirtschaftlich sinnvolle Anfangsinitialisierung der Funktionsparameter der Zugehörigkeitsfunktionen zu bestimmen. Daher sollte darauf geachtet werden, dass die Zentren und Weiten so gewählt werden, dass durch eine ausreichende Überlappung der Fuzzy-Mengen zwischen deren Stützmengen keine Lücken entstehen. Übersicht 2-11 stellt dies idealtypisch dar. Darüber hinaus ist zu prüfen, ob die Fuzzy-Mengen den zu modellierenden betriebswirtschaftlichen Sachverhalt weiterhin richtig beschreiben. Bezogen auf das Beispiel wäre zu prüfen, ob die Fuzzy-Menge des linguistischen Terms *›niedrig‹* die niedrigen Ausprägungen der Eigenkapitalrentabilität betriebswirtschaftlich plausibel beurteilt. Wie bereits in Abschnitt 222.1 besprochen, lassen sich die Funktionsparameter zur Bestimmung der Zentren und Weiten einerseits auf Basis von Expertenwissen und andererseits mit Hilfe statistischer Verfahren ermitteln. Wie die linguistischen Variablen zur Entwicklung eines Neuro-Fuzzy-Lageindikators konkret zu bestimmen sind, wird ausführlich bei der empirischen Untersuchung dieser Arbeit in Abschnitt 354.2 beschrieben.

Am Beispiel der Eigenkapitalrentabilität wurde gezeigt, wie eine linguistische Variable modelliert werden kann, die auf einer Basisvariablen mit einem natürlichen Definitionsbereich beruht. Neben dieser Möglichkeit lassen sich auch linguistische Variablen für Merkmale bilden, die von sich aus keinen Definitionsbereich besitzen, wie das Merkmal ›Bestandsfestigkeit‹. Im menschlichen Sprachgebrauch wird die Bestandsfestigkeit eines Unternehmens genauso mit linguistischen Termen beurteilt wie die Ausprägung einer Kennzahl. Es ist häufig von *guter* oder *schlechter* Bestandsfestigkeit die Rede. Allerdings besitzt die Bestandsfestigkeit keine normierte Skala, anhand derer sie sich messen ließe. Vielmehr ist die Beurteilung der Bestandsfestigkeit eine Aggregation von Teilurteilen verschiedener Merkmale, die wiederum wie eine Kennzahl einen natürlichen Definitionsbereich besitzen. Damit auch für Merkmale wie die Bestandsfestigkeit eine linguistische Variable gebildet werden kann, ist ein **künstlicher Definitionsbereich** zu konstruieren.[149] Dieser künstliche Definitionsbereich repräsentiert die Skala, auf der die Höhe der Bestandsfestigkeit von Unternehmen gemessen werden soll. Für das Merkmal ›Bestandsfestigkeit‹ würde bspw. festgelegt, dass es Werte im Intervall [0,10] oder auch [-1,1] annehmen kann. Im Gegensatz zu linguistischen Variablen mit natürlichem Definitionsbereich, die in wissensbasierten Fuzzy-Regelsystemen für die Fuzzyfizierung der Eingabedaten verwendet werden, werden linguistische Variablen mit künstlichem Definitionsbereich überwiegend für die Defuzzyfizierung verwendet.[150] Die Zentren und Weiten der Fuzzy-Mengen einer solchen linguistischen Variablen mit künstlichem Definitionsbereich werden mit

149 Vgl. HAUKE, W., Fuzzy-Modelle in der Unternehmensplanung, S. 25; WERNERS, B., Unterstützung der strategischen Technologieplanung durch wissensbasierte Systeme, S. 144 f.

150 Für die Defuzzyfizierung vgl. Abschnitt 223.

Künstlichen Neuronalen Netzen bestimmt. An dieser Stelle sei lediglich auf ihre Existenz hingewiesen. Für eine ausführliche Erläuterung zum Einsatz und zur Verwendung solcher linguistischen Variablen wird auf den folgenden Abschnitt 223. und auf die empirische Untersuchung im 3. Abschnitt dieser Arbeit verwiesen.

223. Wissensbasierte Fuzzy-Regelsysteme für die Beurteilung der Bestandsfestigkeit

223.1 Aufbau und Arbeitsweise wissensbasierter Fuzzy-Regelsysteme

223.11 Überblick

Im vorhergehenden Abschnitt 222. wurden weitgehend losgelöst von der Problemstellung die grundlegenden Konzepte der Fuzzy-Set-Theorie dargestellt. Hierauf aufbauend wird nun ausführlich der Aufbau und die Arbeitsweise eines wissensbasierten Fuzzy-Regelsystems zur Beurteilung der Bestandsfestigkeit eines Unternehmens erläutert. Mit Hilfe eines sehr einfachen aber durchgängigen Beispiels werden die verschiedenen Elemente wissensbasierter Fuzzy-Regelsysteme veranschaulicht. Ausgangspunkt des Beispiels sind die zwei Kennzahlen **Eigenkapitalrentabilität** und **Verschuldungsgrad**, anhand derer ein **wissensbasierter Fuzzy-Lageindikator** entwickelt wird. Natürlich kann mit einem so einfachen System nur die prinzipielle Funktionsweise wissensbasierter Fuzzy-Regelsysteme gezeigt werden. Die Realität besser abbildende Lageindikatoren werden im 3. Abschnitt, dem empirischen Teil dieser Arbeit, entwickelt.

Wissensbasierte Fuzzy-Regelsysteme[151] haben ihren Ursprung in einem der Hauptanwendungsgebiete der Fuzzy-Logik, der ›Fuzzy-Regelung‹ (Fuzzy-Control). Diese Systeme wurden entwickelt, um Regelungsaufgaben in technischen Prozessen zu übernehmen. Hierbei reicht ihr Einsatz von der Steuerung von komplexen Produktionsprozessen über die mechanische Steuerung von Kränen oder Automatikgetrieben bis hin zum Einsatz in Konsumgütern wie Staubsaugern und Waschmaschinen.[152] MAMDANI[153] hat Anfang der 70er Jahre als einer der ersten Wissenschaftler die Fuzzy-Set-Theorie zur Lösung regelungstechnischer Fragestellungen aufgegriffen und erste Fuzzy-Regler für reale Anwendungsprobleme entwickelt.[154] Obwohl die Kon-

151 Die Begriffe ›wissensbasierte Fuzzy-Regelsysteme‹ und ›Fuzzy-Expertensysteme‹ werden im Folgenden synonym benutzt.

152 Einen umfassenden Überblick zum praktischen Einsatz von ›Fuzzy-Control‹ geben ZIMMERMANN, H.-J./ALTROCK, C. V., Fuzzy Logic - Anwendungen und ALTROCK, C. V., Fuzzy Logic - Werkzeuge.

153 Vgl. MAMDANI, E.H., Fuzzy Algorithms for Control.

154 Vgl. MAMDANI, E.H./ASSILIAN, S., An experiment in linguistic synthesis with a fuzzy logic controller.

zepte der Fuzzy-Regelung für technische Problemstellungen vorgesehen waren, lassen sich mit diesen Konzepten auch Fuzzy-Expertensysteme für betriebswirtschaftliche Fragestellungen entwickeln.[155] Der wesentliche Unterschied hierbei ist, dass keine technischen Prozesse abgebildet werden, sondern dass sprachlich unscharfes Wissen von Experten mit Hilfe von linguistischen Variablen und Wenn-Dann-Regeln mit dem Fuzzy-Expertensystem abgebildet wird und so von weniger erfahrenen Personen zur Entscheidungsunterstützung genutzt werden kann.[156] Im Gegensatz zu den technischen Fuzzy-Systemen liegt daher bei Fuzzy-Expertensystemen auch kein geschlossener Regelkreis vor, sondern vielmehr eine **Transformation und Verdichtung von Eingabewerten** (z.B. Ausprägungen unterschiedlicher Kennzahlen) **auf einen Ausgabewert** (z.B. Urteil über die Bestandsfestigkeit). Verschiedene Studien haben bereits die Anwendbarkeit von Fuzzy-Expertensystemen für betriebswirtschaftliche Problemstellungen, insbesondere für die Jahresabschlussanalyse, wissenschaftlich untersucht und gute Ergebnisse erzielt.[157] Dementsprechend wird in der vorliegenden Untersuchung auch nicht mehr die Anwendbarkeit solcher Systeme generell in Frage gestellt, sondern vielmehr die prinzipielle Eignung wissensbasierter Fuzzy-Regelsysteme für die Entwicklung von Lageindikatoren zur Beurteilung der Bestandsfestigkeit von Unternehmen untersucht.

Die folgende Übersicht 2-13 stellt die Architektur des in der vorliegenden Untersuchung verwendeten wissensbasierten Fuzzy-Regelsystems basierend auf dem von MAMDANI entwickelten Fuzzy-Regler dar.[158]

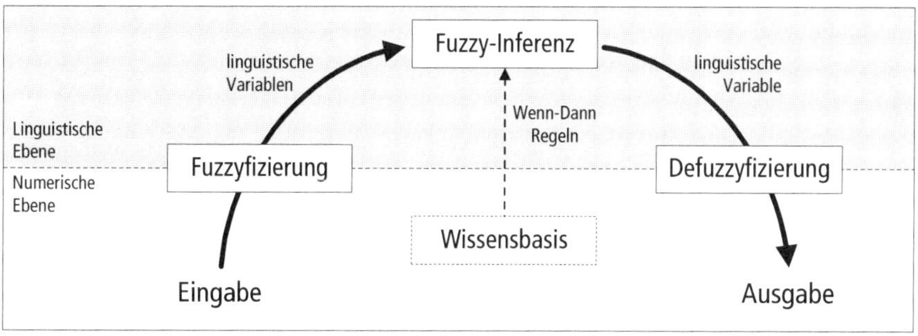

***Übersicht 2-13:** Architektur eines wissensbasierten Fuzzy-Regelsystems*[159]

155 Vgl. NAUCK, D./KRUSE, R., Fuzzy-Systeme und Soft Computing, S. 13.

156 Vgl. ZIMMERMANN, H.-J., Fuzzy Set Theory, S. 203 f.

157 Zu den Studien vgl. Fn. 72 sowie die Ausführungen in Abschnitt 212.

158 Zum Aufbau von Fuzzy-Reglern im Allgemeinen und zur Arbeitsweise des MAMDANI-Reglers im Speziellen vgl. NAUCK, D./KLAWONN, F./KRUSE, R., Neuronale Netze und Fuzzy-Systeme, S. 267-273; PEDRYCZ, W., Fuzzy Control and Fuzzy Systems, S. 94-118; ZIMMERMANN, H.-J., Fuzzy Set Theory, S. 203-215.

159 In Anlehnung an ALTROCK, C. V., Fuzzy Logic and NeuroFuzzy Applications in Business and Finance, S. 37 und ZIMMERMANN, H.-J., Datenanalyse, S. 33 f.

Die folgenden vier Komponenten eines wissensbasierten Fuzzy-Regelsystems,

(1) die Fuzzyfizierungs-Komponente,

(2) die Wissensbasis,

(3) die Fuzzy-Inferenz-Komponente und

(4) die Defuzzyfizierungs-Komponente

werden zunächst in einem kurzen Überblick allgemein erläutert, bevor sie dann in weiteren, separaten Abschnitten ausführlich in Bezug auf ihre Ausgestaltung und Arbeitsweise für die Entwicklung eines wissensbasierten Fuzzy-Lageindikators zur Beurteilung der Bestandsfestigkeit von Unternehmen untersucht werden.

Ad (1) ***Fuzzyfizierungs-Komponente***

Die Fuzzyfizierungs-Komponente berechnet für die ›scharfen‹ (numerischen) Eingabewerte mit Hilfe von linguistischen Variablen[160] Zugehörigkeitsgrade zu den linguistischen Termen (bspw. *›niedrig‹*, *›mittel‹*, *›hoch‹*), welche die Eingabewerte sprachlich beschreiben. Dieser Vorgang wird als Fuzzyfizierung bezeichnet. Nachdem die Eingabewerte fuzzyfiziert sind, arbeitet das wissensbasierte Fuzzy-Regelsystem nur noch mit den linguistischen Termen und deren graduellen Quantifizierungen. Dieser Übergang von der numerischen auf die linguistische Ebene ist in Übersicht 2-13 durch die horizontal gestrichelte Linie und das grau hinterlegte Rechteck für die linguistische Ebene verdeutlicht. Durch die Fuzzyfizierung erhält das wissensbasierte Fuzzy-Regelsystem die Information, wie die Ausprägungen der verschiedenen Eingabewerte für die spätere Regelauswertung zu interpretieren sind.

Ad (2) ***Wissensbasis***

Das Expertenwissen über die Zusammenhänge der Eingabewerte und den zu bildenden Ausgabewert wird mit einer Menge von Wenn-Dann-Regeln modelliert, die das eigentliche Expertenwissen im wissensbasierten Fuzzy-Regelsystem repräsentieren. Alle Wenn-Dann-Regeln zusammen werden als **Wissensbasis** bezeichnet.

Ad (3) ***Fuzzy-Inferenz-Komponente***

Die rechnergestützte Verarbeitung der fuzzyfizierten Eingabewerte unter Zuhilfenahme der Wenn-Denn-Regeln wird von der **Fuzzy-Inferenz** übernommen. Die Fuzzy-Inferenz bedient sich sogenannter Inferenzmechanismen, mit denen die Wenn-Dann-Regeln auf Basis der fuzzyfizierten Eingabewerte automatisiert, d.h. rechnergestützt, ausgewertet werden.

160 Zum Aufbau und zur Arbeitsweise linguistischer Variablen vgl. Abschnitt 222.3.

Ad (4) ***Defuzzyfizierungs-Komponente***

Nachdem die fuzzyfizierten Eingabewerte anhand der Regeln auf eine zusammenfassende, gesamturteilsbildende linguistische Variable verdichtet wurden, wird das noch immer auf Zugehörigkeitsgraden beruhende Ergebnis der Inferenz mit der **Defuzzyfizierung** in einen scharfen (crispen) Ausgabewert rückübersetzt.

Für das bereits oben beschriebene Beispiel mit den zwei in das System eingehenden Kennzahlen Eigenkapitalrentabilität und Verschuldungsgrad werden nun exemplarisch die vorgestellten Komponenten spezifiziert, um so ein zusammenfassendes und wissensbasiertes Urteil zu erlangen. Dabei soll mit dem Beispiel vor allem die technische Funktionsweise eines wissensbasierten Fuzzy-Regelsystems verdeutlicht werden. Daher werden im Folgenden – aus didaktischen Gründen – eine Reihe von Annahmen bzgl. der Kennzahlenauswahl, der Parametrisierung der linguistischen Variablen, der aufgestellten Regeln etc. getroffen. Für die empirische Entwicklung eines Neuro-Fuzzy-Lageindikators in Abschnitt 3 dieser Untersuchung werden die Annahmen wieder aufgehoben und die sich daraus ergebenden Probleme ausführlich behandelt und gelöst. Zudem wird jeweils am Ende eines jeden Abschnitts aufgelistet, welche Entscheidungen für die Spezifizierung der vier Komponenten eines wissensbasierten Fuzzy-Regelsystems vom Modellentwickler zu treffen sind. Anhand dieser Auflistungen wird im Abschnitt 31 ein Vorgehensmodell entworfen, welches die einzelnen Prozessschritte zur Entwicklung eines Neuro-Fuzzy-Lageindikators zur Beurteilung der Bestandsfestigkeit von Unternehmen festlegt.

223.12 Fuzzyfizierung

Die **Fuzzyfizierung** der scharfen Eingabewerte eines wissensbasierten Fuzzy-Regelsystems erfolgt mit Hilfe linguistischer Variablen.[161] Im Folgenden wird anhand von zwei klassischen Kennzahlen der Bilanzanalyse, der Eigenkapitalrentabilität und dem Verschuldungsgrad, an einem exemplarisch zu entwickelnden Fuzzy-Lageindikator die konkrete Funktionsweise der Fuzzyfizierung gezeigt. Hierbei wird für jede der beiden Kennzahlen eine linguistische Variable bestimmt, welche dann die jeweiligen Ausprägungen der entsprechenden Kennzahl fuzzyfiziert.[162] Die linguistischen Variablen werden mit den drei linguistischen Termen *›niedrig‹*, *›mittel‹* und *›hoch‹* partiti-

161 Vgl. Abschnitt 222.3.

162 Die Spezifizierung der beiden linguistischen Variablen wird hier als gesetzt angenommen. Wie linguistische Variablen adäquat für die vorliegende Problemstellung modelliert werden können, wird in Abschnitt 354.2 beschrieben.

oniert. Übersicht 2-14 stellt die exemplarisch angenommenen linguistischen Variablen für die beiden Kennzahlen grafisch dar.[163]

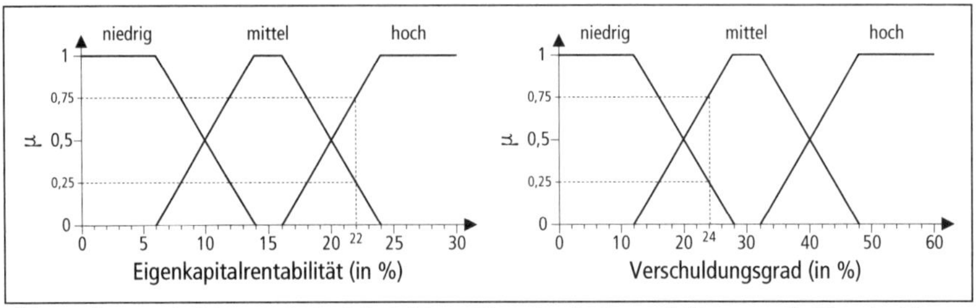

***Übersicht 2-14:** Linguistische Variablen ›Eigenkapitalrentabilität‹ und ›Verschuldungsgrad‹*

Zur Veranschaulichung der Funktionsweise der Fuzzyfizierung ist in Übersicht 2-14 für jede der beiden linguistischen Variablen jeweils eine konkrete, scharfe Kennzahlenausprägung mit einer gestrichelten Linie exemplarisch eingezeichnet. So wird eine Eigenkapitalrentabilität von 22 % und ein Verschuldungsgrad von 24 % angenommen. Durch die Fuzzyfizierung dieser scharfen Kennzahlenausprägungen wird nun für jeden linguistischen Term der jeweiligen linguistischen Variablen ein Zugehörigkeitsgrad μ ermittelt. Das Ergebnis der Fuzzyfizierung für diese Beispieldaten ist in der folgenden Übersicht 2-15 dargestellt und wird später für die Erläuterung der Funktionsweise der Fuzzy-Inferenz-Komponente wieder herangezogen.

Linguistische Variable ›Eigenkapitalrentabilität‹ (EKR)	**Linguistische Variable ›Verschuldungsgrad‹ (VG)**
$\mu_{EKR_{niedrig}}(22) = 0$	$\mu_{VG_{niedrig}}(24) = 0{,}25$
$\mu_{EKR_{mittel}}(22) = 0{,}25$	$\mu_{VG_{mittel}}(24) = 0{,}75$
$\mu_{EKR_{hoch}}(22) = 0{,}75$	$\mu_{VG_{hoch}}(24) = 0$

***Übersicht 2-15:** Fuzzyfizierung der Beispieldaten mit den linguistischen Variablen ›Eigenkapitalrentabilität‹ und ›Verschuldungsgrad‹*

Neben den linguistischen Variablen für die eingehenden Kennzahlen ist auch *eine* linguistische Variable zu bestimmen, die das aggregierte Gesamturteil über die Bestandsfestigkeit eines Unternehmen repräsentiert und somit die Ausgabe des wissensbasierten Fuzzy-Regelsystems darstellt. In Abschnitt 222.3 wurde bereits die Charakteristik

163 Die linguistische Variable für die Kennzahl Eigenkapitalrentabilität wurde bereits zur Erläuterung des Konzepts der linguistischen Variablen in Abschnitt 222.3 verwendet.

von linguistischen Variablen erläutert, deren Basisvariablen keinen natürlichen Definitionsbereich besitzen. Die linguistische Variable ›Bestandsfestigkeit‹ gehört zu dieser Klasse von Variablen. Daher ist ein künstlicher Definitionsbereich festzulegen. Für das vorliegende Beispiel wird die in Übersicht 2-16 dargestellte linguistische Variable ›Bestandsfestigkeit‹ mit einem künstlichen Definitionsbereich reeller Zahlen im Intervall [-1, 1] angenommen. Zur Beschreibung der Bestandsfestigkeit werden die drei linguistischen Terme *›schlecht‹*, *›durchschnittlich‹* und *›gut‹* verwendet, welche gleichmäßig über den künstlichen Definitionsbereich partitioniert sind. Die linguistische Variable ›Bestandsfestigkeit‹ wird später benutzt, um das Ergebnis der Inferenz zu defuzzyfizieren (vgl. Abschnitt 223.15), also das Urteil über die Höhe der Bestandsfestigkeit eines Unternehmens in einen scharfen Wert zu retransformieren.

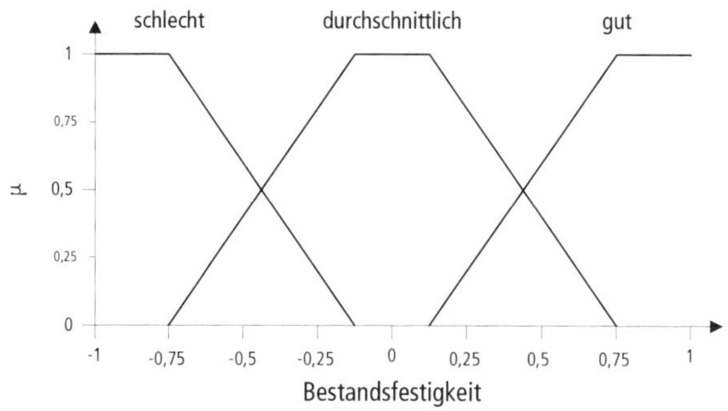

Übersicht 2-16: *Linguistische Variable ›Bestandsfestigkeit‹*

Zusammenfassend sind für die Spezifizierung der Fuzzyfizierungs-Komponente eines wissensbasierten Fuzzy-Regelsystems folgende Entscheidungen zu treffen:

- Auswahl der eingehenden, relevanten Merkmale (Jahresabschlusskennzahlen),
- Definition einer linguistischen Variablen für jedes eingehende Merkmal und
- Definition einer linguistischen Variablen für die Berechnung der Ausgabe des wissensbasierten Fuzzy-Regelsystems.

223.13 Wissensbasis

Die **Wissensbasis** enthält das eigentliche Expertenwissen über den zu modellierenden Sachverhalt respektive über die Beziehungen zwischen den Eingabemerkmalen und dem Ausgabemerkmal in Form einer Menge von **Wenn-Dann-Regeln.**[164] Jede Wenn-Dann-Regel repräsentiert einen kleinen Teil des gespeicherten Wissens der Wissens-

164 Vgl. ZIMMERMANN, H.-J., Fuzzy Technologien, S. 95.

basis. Je mehr Wenn-Dann-Regeln die Wissensbasis enthält, desto mehr Wissen ist in ihr abgelegt. Die Verwendung von Wenn-Dann-Regeln ist eine von vielen Möglichkeiten, Wissen in Expertensystemen zu repräsentieren.[165] In dieser Untersuchung wurde sich bewusst für die prozedurale Wissensrepräsentationsform[166] mit Wenn-Dann-Regeln entschieden, da sie gegenüber den anderen Repräsentationsformen, wie semantische Netze[167], Wissensrepräsentation durch Logik[168] und objektorientierte Wissensrepräsentation durch Frames[169], folgende Vorteile aufweist:[170]

- Jede Regel ist in sich abgeschlossen und definiert so einen Teil des in der Wissensbasis gespeicherten Wissens (**Modularität**).
- Durch ihre modulare Eigenschaft kann jede Regel unabhängig von anderen Regeln modifiziert werden (**Modifizierbarkeit**) bzw. der Wissensbasis problemlos zugefügt oder aus der Wissensbasis wieder entfernt werden (**Erweiterbarkeit**).
- Durch die Regeln ist ein wissensbasiertes Fuzzy-Regelsystem in seiner Wirkungsweise auch für Nicht-Experten einfach zu verstehen (**Verständlichkeit**). Darüber hinaus helfen die Regeln zusammen mit den linguistischen Variablen das durch das wissensbasierte Fuzzy-Regelsystem gefällte Urteil nachzuvollziehen und zu erklären (**Transparenz**).

(2-22) Seien die Terme n linguistischer Eingabevariablen $X_1, \ldots, X_n$ und einer linguistischen Ausgabevariablen Y durch ihre Zugehörigkeitsfunktionen $\mu_i^j(x)$ bzw. $\mu^j(y)$ beschrieben, wobei i = 1,...,n die linguistischen Eingabevariablen und j = 1,...,m(i) den j-ten Term von insgesamt m(i) Termen der linguistischen Eingabevariablen i bzw. der linguistischen Ausgabevariablen Y kenn-

165 Für die Darstellung unterschiedlicher Wissensrepräsentationsformen vgl. GABRIEL, R., Wissensbasierte Systeme in der betrieblichen Praxis, S. 38-43; HARMON, P./KING, D., Expertensysteme, S. 40-55; KURBEL, K., Expertensysteme, S. 36-52; PUPPE, F., Einführung in Expertensysteme, S. 15-36.

166 Von der prozeduralen ist die deklarative Wissensrepräsentation zu unterscheiden. Während die deklarative Wissensrepräsentation auf die reine Beschreibung von Sachverhalten beschränkt ist, steht bei der prozeduralen Wissensrepräsentation der aktive Gebrauch des Wissens im Vordergrund. Vgl. HAUSKNECHT, J./ZÜNDORF, H., Expertensysteme, S. 20 f.; KURBEL, K., Expertensysteme, S. 36 f.

167 Semantische Netze sind eine deklarative Wissensrepräsentationsform, die das Wissen auf Basis gerichteter Grafen, die aus einer Menge von Knoten und Kanten bestehen, netzwerkartig darstellen. Vgl. HAUSKNECHT, J./ZÜNDORF, H., Expertensysteme, S. 21-23; KURBEL, K., Expertensysteme, S. 38-40.

168 Die Wissensrepräsentation durch Logik ist eine deklarative Wissensrepräsentationsform, die sich der Aussagenlogik bzw. der Prädikatenlogik der Mathematik zur Darstellung des Wissens bedient. Vgl. KURBEL, K., Expertensysteme, S. 45-47; PUPPE, F., Einführung in Expertensysteme, S. 16 f.

169 Frames nutzen objektorientierte Paradigmen zur Darstellung des Wissens und sind eine Mischform aus deklarativer und prozeduraler Wissensrepräsentationsform. Ein Frame erlaubt die strukturierte Darstellung von Objekten mit Hilfe von sog. Slots. Vgl. KURBEL, K., Expertensysteme, S. 41-45; PUPPE, F., Einführung in Expertensysteme, S. 29-31.

170 Vgl. BOTHE, H.-H., Fuzzy Logic, S. 115; MAYER, A. ET. AL., Fuzzy Logic, S. 72 f.

zeichnen, dann ist eine Wenn-Dann-Regel des MAMDANI-Reglers formal wie folgt definiert:[171]

$$\textbf{Wenn } x_1 \text{ ist } A_1^{j_1} \text{ UND } x_2 \text{ ist } A_2^{j_2} \text{ UND} \ldots \text{UND } x_n \text{ ist } A_n^{j_n} \textbf{ Dann } y \text{ ist } B^j$$

Die **Prämisse** (**Wenn**-Teil der Regel) besteht aus mehreren Klauseln vom Typ »x_n ist $A_n^{j_n}$«, die mit dem logischen UND-Operator verknüpft werden. $A_n^{j_n}$ steht für den j-ten Term der linguistischen Eingabevariablen n und der korrespondierenden Zugehörigkeitsfunktion $\mu_n^j(x)$. Die **Konklusion** (**Dann**-Teil der Regel) besteht generell aus nur *einer* Klausel vom Typ »$y = B^j$«. Hierbei bezeichnet B^j den j-ten Term der linguistischen Ausgabevariablen mit der korrespondierenden Zugehörigkeitsfunktion $\mu^j(y)$.

Anhand der bereits definierten linguistischen Eingabevariablen ›Eigenkapitalrentabilität‹ und ›Verschuldungsgrad‹ (vgl. Übersicht 2-14) sowie der linguistischen Ausgabevariablen ›Bestandsfestigkeit‹ (vgl. Übersicht 2-16) ist eine mögliche Regel zur Veranschaulichung der formalen Regeldefinition in Übersicht 2-17 dargestellt. Bei der Bildung dieser einfachen Beispielregel wurde nicht das Leverage-Theorem berücksichtigt.[172]

Wenn	Eigenkapitalrentabilität ist *hoch* (0,75) UND Verschuldungsgrad ist *niedrig* (0,25),
Dann	Bestandsfestigkeit ist *gut.*

***Übersicht 2-17:** Beispiel einer Wenn-Dann-Regel*

Die in Übersicht 2-17 dargestellte Regel kombiniert in der Prämisse den Term ›*hoch*‹ der linguistischen Variablen ›Eigenkapitalrentabilität‹ mit dem Term ›*niedrig*‹ der linguistischen Variablen ›Verschuldungsgrad‹. Trifft die Prämisse zu, so wird die Bestandsfestigkeit durch die Regelkonklusion als *gut* beurteilt. Diese Schlussfolgerung repräsentiert das eigentliche Expertenwissen und wird in der Wenn-Dann-Regel durch den Übergang von der Prämisse zur Konklusion formuliert. Hierzu werden die Klauseln der Prämisse mit dem logischen UND-Operator entsprechend einer restriktiven Beurteilung der Bestandsfestigkeit verknüpft (vgl. Definition 2-22). Denn die Bestandsfestigkeit eines Unternehmens darf nur dann als gut beurteilt werden, wenn

171 Vgl. ZADEH, LOFTI A., Calculus of Fuzzy If/Then Rules, S. 87-90; ZIMMERMANN, H.-J., Fuzzy Set Theory, S. 208-210. Für die algebraische Definition einer linguistischen Variablen vgl. Definition 2-21.

172 Zur allgemeinen Herleitung und Erläuterung des Leverage-Theorems vgl. PERRIDON, L./STEINER, M., Finanzwirtschaft der Unternehmung, S. 473-479.

beide Klauseln der Prämisse zutreffen, also i. S. der Fuzzy-Logik einen hohen Zugehörigkeitsgrad aufweisen. Würde anstelle des logischen UND-Operators ein logischer ODER-Operator verwendet, würde die Bestandsfestigkeit bereits dann als *gut* beurteilt, wenn *eine* der beiden Klauseln der Prämisse zutreffen, also einen hohen Zugehörigkeitsgrad aufweisen. Dies würde das Expertenwissen über den Zusammenhang der beiden Jahresabschlusskennzahlen Eigenkapitalrentabilität und Verschuldungsgrad zur Beurteilung der Bestandsfestigkeit aber nicht korrekt abbilden.

Darüber hinaus sind in Übersicht 2-17 zu den linguistischen Termen der Prämisse die jeweiligen Zugehörigkeitsgrade in Klammern eingetragen, die bereits bei der Fuzzyfizierung exemplarisch berechnet wurden. Diese Zugehörigkeitsgrade geben an, zu welchem Grad es sich um eine *hohe* Eigenkapitalrentabilität bzw. um einen *niedrigen* Verschuldungsgrad handelt. Bezogen auf die formale Regeldefinition quantifizieren die Zugehörigkeitsgrade die graduelle Erfüllung *einer* Klausel der Regelprämisse.

Die Regel in Übersicht 2-17 stellt allerdings nur einen Teil der Wissensbasis dar, denn die verwendeten linguistischen Variablen ›Eigenkapitalrentabilität‹ und ›Verschuldungsgrad‹ besitzen weitere linguistische Terme, die noch miteinander kombiniert werden können. Eine vollständige Kombination der linguistischen Terme der einen linguistischen Variablen mit der anderen würde zu $3^2 = 9$ Regeln führen (ohne Berücksichtigung des Leverage-Theorems). Alle Regeln der vollständigen Kombination sind mit den Zugehörigkeitsgraden der jeweiligen Klauseln der Regelprämissen in der folgenden Übersicht 2-18 tabellarisch aufgeführt:

Regel-Nr.	Prämisse		Konklusion
	Eigenkapitalrentabilität (EKR)	**Verschuldungsgrad (VG)**	**Bestandsfestigkeit (BF)**
1	hoch (0,75)	niedrig (0,25)	gut
2	hoch (0,75)	mittel (0,75)	gut
3	hoch (0,75)	hoch (0)	durchschnittlich
4	mittel (0,25)	niedrig (0,25)	gut
5	mittel (0,25)	mittel (0,75)	durchschnittlich
6	mittel (0,25)	hoch (0)	schlecht
7	niedrig (0)	niedrig (0,25)	durchschnittlich
8	niedrig (0)	mittel (0,75)	schlecht
9	niedrig (0)	hoch (0)	schlecht

Übersicht 2-18: *Wissensbasis des Beispiels*[173]

173 Ein Beispiel, wie Übersicht 2-18 zu lesen ist, gibt Übersicht 2-17. Die dort dargestellte Regel findet sich in Übersicht 2-18 als Regel-Nr. 1 wieder.

Anhand der neun Regeln aus Übersicht 2-18 hat der Modellentwickler festgelegt, wann die Bestandsfestigkeit eines Unternehmens als *gut*, *durchschnittlich* und *schlecht* beurteilt wird. Die Ausgestaltung der Konklusion bestimmt somit das gesamte Urteilsvermögen eines wissensbasierten Fuzzy-Regelsystems. Die Regeln sind daher sehr sorgfältig auf Basis von Expertenwissen oder betriebswirtschaftlich abgesichertem oder zumindest plausiblem Vorgehen vom Modellentwickler zu bestimmen. Da die Regelbildung ein subjektiver Vorgang bei der Spezifizierung eines wissensbasierten Fuzzy-Regelsystems ist, muss das fertige wissensbasierte Fuzzy-Regelsystem anhand von empirischen Daten hinsichtlich seiner Klassifikationsleistung geprüft werden. Wie die Regeln im Einzelnen für die Entwicklung eines Neuro-Fuzzy-Lageindikators bei der empirischen Untersuchung zu bestimmen sind, wird ausführlich in Abschnitt 354.4 behandelt.

Bei der Bestimmung der neun Regeln aus Übersicht 2-18 wurde angenommen, dass sie alle die gleiche Gültigkeit besitzen, also alle zueinander gleichgewichtet sind. Diese Annahme ist in der Realität nicht immer erfüllt. So ist es durchaus denkbar, dass bestimmte Regeln für die Beurteilung der Bestandsfestigkeit wichtiger sind als andere. Zur Modellierung unterschiedlicher Gewichtungen kann jeder Regel ein sog. **Sicherheitsfaktor** zugeordnet werden, der als reelle Zahl im Intervall [0, 1] liegt.[174] Durch diesen Sicherheitsfaktor lässt sich das Vertrauen in eine Regel ausdrücken und als Zugehörigkeitsgrad einer Regel zur Menge der absolut gültigen Regeln interpretieren. Es existieren verschiedene Möglichkeiten, diese Sicherheitsfaktoren zu ermitteln. Neben der Befragung von Experten können auch statistische Verfahren eingesetzt werden. Wie im weiteren Verlauf dieser Arbeit noch zu zeigen ist, können die Sicherheitsfaktoren auch mit Hilfe Künstlicher Neuronaler Netze bestimmt werden. Aus Vereinfachungsgründen wird für das vorliegende Beispiel auf die Verwendung von Sicherheitsfaktoren verzichtet, sodass alle Regeln dieses Beispiels gleich gewichtet sind.

Zusammenfassend werden die für die Bestimmung der Wissensbasis zu treffenden Entscheidungen noch einmal aufgeführt:

- Bestimmung der einzelnen Regeln auf Basis der linguistischen Eingabe- und Ausgabevariablen,
- Festlegung der Sicherheitsfaktoren.

174 Vgl. MAYER, A. ET. AL., Fuzzy Logic, S. 74 f.; ZADEH, L. A., The Role of Fuzzy Logic in the Management of Uncertainty in Expert Systems.

223.14 Fuzzy-Inferenz

Im vorhergehenden Abschnitt wurde dargestellt, wie das (Fakten-)Wissen eines Experten allgemein, d.h. unabhängig von einem konkreten Fall, mit Hilfe von Wenn-Dann-Regeln formuliert werden kann. Die Aufgabe der **Fuzzy-Inferenz-Komponente** eines wissensbasierten Fuzzy-Regelsystems ist es nun, die Regeln der Wissensbasis für einen konkreten Datenfall mit Hilfe eines Inferenzverfahrens auszuwerten.[175] Hierzu prüft die Inferenzkomponente anhand der Zugehörigkeitsgrade der linguistischen Eingabevariablen, zu welchem Grad die Prämisse der Regel erfüllt ist, und schlussfolgert daraus den Erfüllungsgrad der Konklusion, also den Zugehörigkeitsgrad der linguistischen Ausgabevariablen. Die Fuzzy-Inferenz simuliert quasi das unscharfe Schlussfolgerungsverhalten des Experten. Dieser Vorgang wird auch als **unscharfes Schließen** (approximate reasoning) bezeichnet.

Mathematisch beruht die Fuzzy-Inferenz auf dem aus der traditionellen, zweiwertigen Logik stammenden **Modus Ponens.**[176] Der Modus Ponens stellt als Tautologie eine zweiwertige Beziehung dar, die immer wahr ist:[177]

Regel:	Wenn A Dann B
Prämisse (Beobachtung):	A ist wahr
Konklusion:	B ist wahr

Der Modus Ponens setzt bestimmte Annahmen voraus, die nicht in allen praktischen Anwendungsfällen sinnvoll sind.[178] So muss die Implikation A$\Rightarrow$B mit Sicherheit gültig sein, das Vorliegen von A sicher entscheidbar sein und es muss ein Vergleich bei vollständiger Übereinstimmung des Faktums A mit der Voraussetzung A in der Implikation möglich sein. Daher wird für die Fuzzy-Inferenz ein erweiterter Modus Ponens verwendet, der in der Prämisse und der Konklusion einer Fuzzy-Regel linguistische Variablen zulässt und so unscharfes Schließen, das sog. **Approximate Reasoning**, ermöglicht.[179] Mit Approximate Reasoning wird ausgedrückt, dass keine binären Aussagen, wie *wahr* oder *falsch*, sondern nunmehr graduelle Aussagen über die Erfüllung einer Konklusion getroffen werden.

175 Vgl. SIBBEL, R., Fuzzy-Logik in der Fertigungssteuerung, S. 139.

176 Vgl. ZIMMERMANN, H.-J., Fuzzy Set Theory, S. 144.

177 Vgl. BOTHE, H.-H., Fuzzy Logic, S. 116 f.

178 Vgl. WERNERS, B., Approximative Inferenz mit linguistischen Variablen, S. 251 f. Zur Diskussion der Annahmen des Modus Ponens in Bezug auf die Fuzzy-Inferenz vgl. ZIMMERMANN, H.-J., Fuzzy Technologien, S. 30 f.

179 Vgl. BOTHE, H.-H., Fuzzy Logic, S. 118 f.; WERNERS, B., Approximative Inferenz mit linguistischen Variablen, S. 252.

Die Funktionsweise der Fuzzy-Inferenz, also die automatische Auswertung aller Regeln einer Wissensbasis für konkrete Werte, erfolgt mit den drei zeitlich aufeinanderfolgenden Schritten

(1) Aggregation,

(2) Implikation und

(3) Akkumulation.[180]

Jeder der drei Schritte wird im Folgenden zunächst allgemein und dann mit dem vorliegenden Beispiel zur Beurteilung der Bestandsfestigkeit eines Unternehmens erklärt.

Ad (1) ***Aggregation***

Aufgabe der Aggregation ist es, die **Zugehörigkeitsgrade der Klauseln einer Regelprämisse zu einem Zugehörigkeitsgrad zu aggregieren**, also den Grad der Erfüllung der Prämisse zu ermitteln. Dieser sog. **Erfüllungsgrad** (degree of fulfillment (DOF))[181] wird mit Hilfe von **Aggregations-Operatoren** berechnet. Der im verwendeten MAMDANI-Regler benutzte logische UND-Operator zur Verknüpfung der Klauseln einer Prämisse kann mathematisch durch alle t-Norm-Operatoren abgebildet werden.[182] Der konkrete Ablauf der Aggregation wird an dem vorliegenden Beispiel für die zwei t-Norm-Operatoren, das algebraische Produkt und den Min-Operator, in der folgenden Übersicht 2-19 dargestellt. In einem wissensbasierten Fuzzy-Regelsystem wird für die Aggregation nur *ein* Aggregations-Operator verwendet. In dem Beispiel sind aus Gründen der Veranschaulichung die zwei Operatoren als Alternativen gegenübergestellt.

180 Vgl. für die folgenden Ausführungen BOTHE, H.-H., Fuzzy Logic, S. 148-156; ROMMELFANGER, H., Fuzzy Decision Support-Systeme, S. 162-166; TILLI, T., Fuzzy-Logik, S. 141-146; ZIMMERMANN, H.-J., Datenanalyse, S. 27-30.

181 Vgl. ROMMELFANGER, H., Fuzzy Decision Support-Systeme, S. 160.

182 Für die Definition und Darstellung der t-Norm und bekannter t-Norm-Operatoren sowie für die Diskussion über die Abbildung des logischen UND durch t-Norm-Operatoren vgl. Abschnitt 222.2.

Regel-Nr.	Prämisse		Ergebnis der Aggregation		Konklusion
	Eigenkapital-rentabilität (EKR)	**Verschuldungs-grad (VG)**	**Min-Operator**	**Algebraisches Produkt**	**Bestandsfestig-keit (BF)**
1	hoch (0,75)	niedrig (0,25)	0,25	0,1875	gut
2	hoch (0,75)	mittel (0,75)	0,75	0,5625	gut
3	hoch (0,75)	hoch (0)	0	0	durchschnittlich
4	mittel (0,25)	niedrig (0,25)	0,25	0,0625	gut
5	mittel (0,25)	mittel (0,75)	0,25	0,1875	durchschnittlich
6	mittel (0,25)	hoch (0)	0	0	schlecht
7	niedrig (0)	niedrig (0,25)	0	0	durchschnittlich
8	niedrig (0)	mittel (0,75)	0	0	schlecht
9	niedrig (0)	hoch (0)	0	0	schlecht

Übersicht 2-19: Ergebnis der Aggregation für die Wissensbasis des Beispiels

Die in Klammern gesetzten Werte sind die bei der Fuzzyfizierung[183] berechneten Zugehörigkeitsgrade der jeweiligen Terme der zwei linguistischen Variablen ›Eigenkapitalrentabilität‹ und ›Verschuldungsgrad‹. Diese Zugehörigkeitsgrade bilden die Grundlage für die Aggregation der Klauseln einer Regelprämisse. Das Ergebnis der Aggregation zeigt die berechneten Erfüllungsgrade für die jeweiligen Regelprämissen. Dabei ist zu erkennen, dass die Aggregation mit dem algebraischen Produkt eine differenziertere Urteilsbildung zulässt als die mit dem Min-Operator. Die mathematische Berechnung des Erfüllungsgrades der Prämisse in Regel-Nr. 1 wird in der folgenden Übersicht 2-20 stellvertretend für alle Regeln aus Übersicht 2-19 dargestellt. Danach ergibt sich bei Verwendung des Min-Operators ein Erfüllungsgrad von $\mu = 0{,}25$ und bei Verwendung des algebraischen Produkts ein Erfüllungsgrad von $\mu = 0{,}1875$. Die berechneten Erfüllungsgrade für die jeweiligen Regelprämissen sind Zwischenergebnisse, die die Ausgangssituation für den zweiten Schritt der Inferenz darstellen.

183 Vgl. Abschnitt 223.12.

<u>Aggregation der Regel 1 mit dem **Min-Operator:**</u>

$$\begin{aligned} DOF_{\text{Regel 1}}(\mu_{EKR_{hoch}}; \mu_{VG_{niedrig}}) &= \min(\mu_{EKR_{hoch}}(22\,\%); \mu_{VG_{niedrig}}(24\,\%)) \\ &= \min(0{,}75; 0{,}25) \\ &= \mathbf{0{,}25} \end{aligned}$$

<u>Aggregation der Regel 1 mit dem **algebraischen Produkt:**</u>

$$\begin{aligned} DOF_{\text{Regel 1}}(\mu_{EKR_{hoch}}; \mu_{VG_{niedrig}}) &= alg_p(\mu_{EKR_{hoch}}(22\,\%); \mu_{VG_{niedrig}}(24\,\%)) \\ &= \mu_{EKR_{hoch}}(22\,\%) \cdot \mu_{VG_{niedrig}}(24\,\%) \\ &= 0{,}75 \cdot 0{,}25 \\ &= \mathbf{0{,}1875} \end{aligned}$$

Übersicht 2-20: *Mathematische Berechnung des Erfüllungsgrades der Prämissen für Regel-Nr. 1*

*Ad (2) **Implikation***

Im zweiten Schritt der Inferenz, der Implikation, wird, ausgehend von dem durch die Aggregation ermittelten Erfüllungsgrad der Prämisse, der Erfüllungsgrad der zugehörigen Konklusion ermittelt. Dieser Schritt simuliert das unscharfe Schließen eines Experten und somit den **Übergang von der Prämisse zur Konklusion**. Durch den Implikationsschritt wird das unscharfe Ergebnis einer Regelprämisse auf den zugehörigen Konklusionsteil übertragen, wobei der Erfüllungsgrad der Konklusion weiter unscharf bleibt. Hierbei ist zu berücksichtigen, dass – anders als beim klassischen Modus Ponens – beim Approximate Reasoning die Prämisse i.d.R. nicht zu einem vollen Grad erfüllt ist und somit die zugehörige Konklusion auch nicht voll erfüllt sein kann und entsprechend dem Erfüllungsgrad der Prämisse zu begrenzen ist. Hierzu wurden verschiedene **Implikations-Operatoren** entwickelt,[184] die die Implikation mathematisch abbilden. Als Implikations-Operatoren können alle Fuzzy-Operatoren verwendet werden, die zur Klasse der t-Norm gehören, wie der Min-Operator und der Produkt-Operator.[185]

Diese Implikations-Operatoren berechnen den Erfüllungsgrad der Konklusion anhand des Erfüllungsgrades der Regelprämisse und der Fuzzy-Menge des in der Konklusion verwendeten linguistischen Terms der linguistischen Ausgabevariablen. Über-

184 Eine Auflistung unterschiedlicher Implikationsoperatoren ist zu finden bei WERNERS, B., Approximative Inferenz mit linguistischen Variablen, S. 257; ZIMMERMANN, H.-J., Fuzzy Set Theory, S. 145.

185 Vgl. Abschnitt 222.2.

sicht 2-21 stellt die Implikation für Regel-Nr. 1 auf Basis des mit dem Min-Operator berechneten Erfüllungsgrades der Prämisse dar.

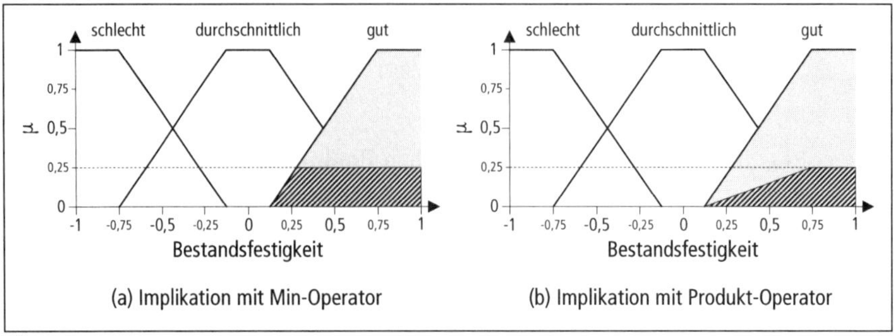

Übersicht 2-21: *Ergebnis der Implikation für Regel-Nr. 1*

In Übersicht 2-21 Fall (a) wird der mit dem Min-Operator berechnete Erfüllungsgrad der Konklusion für den linguistischen Term *›gut‹* der Regel-Nr. 1 grafisch dargestellt. Der Erfüllungsgrad berechnet sich aus dem Minimum zwischen der Höhe der Fuzzy-Menge für den linguistischen Term *›gut‹* $\mathrm{hgt}(\mu_{WL_{gut}}) = 1$ und dem Erfüllungsgrad der zugehörigen Regelprämisse (0,25). Durch Anwendung des Min-Operators ist die Konklusion einer Regel also immer zum gleichen Grad erfüllt wie die zugehörige Prämisse. Man kann auch sagen, der Min-Operator begrenzt den Erfüllungsgrad der Konklusion auf den Erfüllungsgrad der Prämisse. Im Fall (b) aus Übersicht 2-21 werden bei Anwendung des Produkt-Operators die α-Schnitte für jeden Stützpunkt der Fuzzy-Menge $\mu_{WL_{gut}}$ mit dem Erfüllungsgrad der Prämisse multipliziert.

Die unterschiedlichen Ergebnisse der Implikation aufgrund der verschiedenen Implikations-Operatoren sind nur relevant, wenn bei der Defuzzyfizierung (der Rückübersetzung der unscharfen Zugehörigkeitsgrade zu einem scharfen Ausgabewert) ein Flächenverfahren benutzt wird.[186] Ist dies nicht der Fall, ist bei der Implikation die **Konklusion einer Regel immer zum gleichen Grad erfüllt wie ihre zugehörige Prämisse.** Aus Vereinfachungsgründen wird für das vorliegende Beispiel angenommen, dass bei der Defuzzyfizierung kein Flächenverfahren angewendet werden soll. Daher ist das Ergebnis der Aggregation in Übersicht 2-19 auch gleichzeitig das Ergebnis der Implikation und kann damit für die Erfüllungsgrade der Konklusion übernommen werden.

186 Zu den verschiedenen Defuzzyfizierungsmethoden vgl. Abschnitt 223.15.

Ad (3) Akkumulation

Da die Wissensbasis eines wissensbasierten Fuzzy-Regelsystems aus einer Menge von Regeln besteht, ist es möglich, dass Regeln mit unterschiedlichen Prämissen gleiche linguistische Terme in der Konklusion besitzen. Aufgrund der unterschiedlichen Prämissen kann dies zur Folge haben, dass die Regeln in den gleichen Konklusionen unterschiedliche Erfüllungsgrade aufweisen. Aufgabe der Akkumulation ist es, diese **unterschiedlichen Erfüllungsgrade der Regeln mit gleichen Konklusionen zu *einem* Erfüllungsgrad zusammenzufassen.** Formal erfolgt die Verknüpfung dieser Regeln im MAMDANI-Regler mit dem logischen ODER-Operator, der mathematisch durch alle t-Conorm-Operatoren abgebildet werden kann.[187] Mögliche **Akkumulations-Operatoren** sind damit der Max-Operator und die algebraische Summe.

Regel-Nr.	**Ergebnis nach Aggregation und Implikation**			**Ergebnis der Akkumulation**			
		Erfüllungsgrade der Regelkonklusionen		Aggregations-Operator: **Minimum**		Aggregations-Operstor: **Algebraisches Produkt**	
	Linguistische Terme der Konklusion	(1)	(2)	(3)	(4)	(5)	(6)
		Aggregations-Operator: **Minimum**	Aggregations-Operator: **Algebr. Produkt**	Akkumulations-Operator: **Maximum**	Akkumulations-Operator: **Algebr. Summe**	Akkumulations-Operator: **Maximum**	Akkumulations-Operator: **Algebr. Summe**
1	gut	0,25	0,1875				
2		0,75	0,5625	0,75	0,8594	0,5625	0,6667
4		0,25	0,0625				
3	durchschnittlich	0,00	0,00				
5		0,25	0,1875	0,25	0,25	0,1875	0,1875
7		0,00	0,00				
6	schlecht	0,00	0,00				
8		0,00	0,00	0,00	0,00	0,00	0,00
9		0,00	0,00				

***Übersicht 2-22:** Ergebnis der Akkumulation für die Wissensbasis des Beispiels*

Bezogen auf die Regeln aus Übersicht 2-19 muss die Akkumulation jeweils auf die Konklusionen der Regeln 1, 2, 4 für den linguistischen Term *›gut‹*, auf die Regeln 3, 5, 7 für den linguistischen Term *›durchschnittlich‹* und auf die Regeln 6, 8, 9 für den

187 Für die Definition und Darstellung der t-Conorm und bekannter t-Conorm-Operatoren sowie für die Diskussion über die Abbildung des logischen ODER durch t-Conorm-Operatoren vgl. Abschnitt 222.2.

linguistischen Term ›*schlecht*‹ der linguistischen Ausgabevariablen ›Bestandsfestigkeit‹ angewendet werden. Das jeweilige Ergebnis der Akkumulation ist einerseits von dem Akkumulations-Operator selbst und andererseits von den zuvor verwendeten Operatoren für die Aggregation und Implikation abhängig. Das Ergebnis der Akkumulation für das vorliegende Beispiel ist in Übersicht 2-22 in Abhängigkeit der Aggregations-Operatoren Minimum ((3) + (4)) und algebraisches Produkt ((5) + (6)) dargestellt. Dabei sind die Regeln nach ihren linguistischen Termen in der Konklusion gruppiert, damit deutlich wird, welche Erfüllungsgrade durch die Akkumulations-Operatoren verdichtet werden. Für das Beispiel wird wieder angenommen, dass das Ergebnis der Akkumulation nicht mit einem Flächenverfahren defuzzyfiziert wird, sodass zwischen der Aggregation und der Implikation nicht unterschieden werden muss und somit nur die Aggregations-Operatoren zur Unterscheidung der ermittelten Erfüllungsgrade der Konklusionen herangezogen werden.

Für die zwei Akkumulations-Operatoren Maximum und algebraische Summe werden die unterschiedlichen Erfüllungsgrade des Konklusionsterms ›*gut*‹ exemplarisch in der folgenden Übersicht 2-23 mathematisch berechnet. Dabei werden die Erfüllungsgrade der Regelkonklusion benutzt, welche auf Basis des algebraischen Produkts für die Aggregation ermittelt wurden (vgl. Spalten (5) + (6) der Übersicht 2-22).

Akkumulation des Konklusionsterms ›*gut*‹ mit **Max-Operator** (Sp. (5)):

$$\mu_{BF_{gut}} = \max(DOF_{Regel\,1}; DOF_{Regel\,2}; DOF_{Regel\,4})$$
$$= \max(0{,}1875; 0{,}5625; 0{,}0625)$$
$$= \mathbf{0{,}5625}$$

Akkumulation des Konklusionsterms ›*gut*‹ mit **algebraischer Summe** (Sp. (6)):[188]

$$\mu_{BF_{gut}} = alg_s(alg_s(DOF_{Regel\,1}; DOF_{Regel\,2}); DOF_{Regel\,4})$$
$$= alg_s(DOF_{Regel\,1} + DOF_{Regel\,2} - (DOF_{Regel\,1} \cdot DOF_{Regel\,2}); DOF_{Regel\,4})$$
$$= alg_s((0{,}1875 + 0{,}5625 - 0{,}1875 \cdot 0{,}5625); 0{,}0625)$$
$$= alg_s(0{,}6445; 0{,}0625)$$
$$= (0{,}6445 + 0{,}0625 - 0{,}6445 \cdot 0{,}0625)$$
$$= \mathbf{0{,}6667}$$

Übersicht 2-23: *Mathematische Berechnung der Akkumulation für den Konklusionsterm ›gut‹ der Wissensbasis des Beispiels*

188 Da die algebraische Summe in Definition 2-20 als zweiwertige Funktion definiert ist, wird für die mathematische Berechnung aufgrund der drei zu verdichtenden Erfüllungsgrade vom Assoziativgesetz gebrauch gemacht, welches für alle Operatoren der t-Conorm nach Definition 2-18 gilt.

Nachdem alle drei Schritte der Inferenz vollzogen sind, wurde für jeden Term der linguistischen Ausgabevariablen ein Erfüllungsgrad berechnet. Bezogen auf das vorliegende Beispiel wurde je nach Aggregations-, Implikations- und Akkumulations-Operator für jeden der drei linguistischen Terme *›gut‹*, *›durchschnittlich‹* und *›schlecht‹* der linguistischen Variablen ›Bestandsfestigkeit‹ ein Erfüllungsgrad ermittelt.

Übersicht 2-24 visualisiert das Fuzzy-Inferenzergebnis des Beispiels für die Operatorkombination algebraisches Produkt (Aggregation) und algebraische Summe (Akkumulation) zusätzlich als Ergebnisfläche für die linguistische Ausgabevariable ›Bestandsfestigkeit‹. Aufgrund der Flächendarstellung ist das Fuzzy-Inferenzergebnis in Abhängigkeit der Implikations-Operatoren darzustellen.

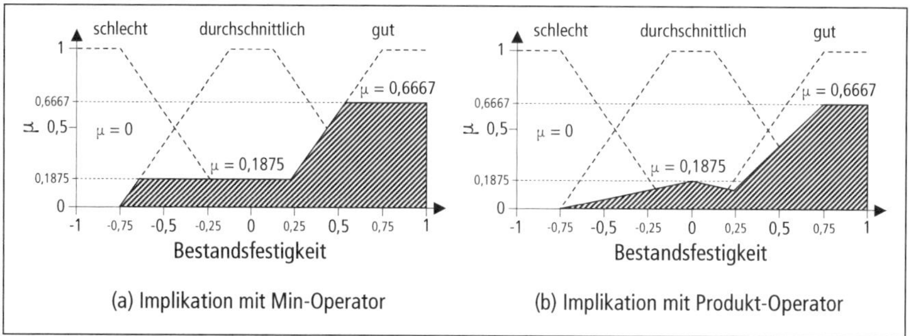

Übersicht 2-24: *Ergebnis der Fuzzy-Inferenz für das Beispiel*

Nachdem die Schritte der Fuzzy-Inferenz ausführlich erläutert und mögliche Operatoren für die mathematische Berechnung der Erfüllungsgrade vorgestellt wurden, stellt sich die Frage, welche der verschiedenen Operatoren in welcher Kombination das Schlussfolgerungsverhalten eines Experten am besten abbilden. In der wissenschaftlichen Literatur wird das Problem der Operatorwahl zwar diskutiert und verschiedene Studien haben dieses Problem auch empirisch untersucht,[189] allerdings gibt es keine allgemeine Regel, die besagt, wann welche Operatorkombination die beste ist. Daher unterliegt die Wahl der Inferenz-Operatoren entweder dem Modellentwickler oder aber sie wird aufgrund von technischen Anwendungsvoraussetzungen bestimmt, wie dies in dieser Arbeit beim Einsatz von Neuro-Fuzzy-Systemen der Fall ist. In Voruntersuchungen zu dieser Arbeit konnte allerdings festgestellt werden, dass

189 Vgl. ROMMELFANGER, H., Fuzzy-Logik basierte Verarbeitung von Expertenregeln, S. 41; ZIMMERMANN, H.-J., Fuzzy Sets, Decision Making, Expert Systems, S. 226-233; ZIMMERMANN, H.-J., Prinzipien der Fuzzy Logic, S. 92; ZIMMERMANN, H.-J./ALTROCK, C. V., Prinzipien und Anwendungspotential der Fuzzy Mengentheorie, S. 7 f.; ZIMMERMANN, H.-J./ZYSNO, P., Latent Connectives in Human Decision Making.

das algebraische Produkt für die Aggregation und die algebraische Summe für die Akkumulation gute Klassifikationsergebnisse zeitigten.[190]

Zusammenfassend wird am Ende dieses Abschnitts festgehalten, welche Entscheidungen zur Festlegung der Inferenzstrategie zu treffen sind:

- Wahl des Aggregations-Operators,
- Wahl des Implikations-Operators,
- Wahl des Akkumulations-Operators.

223.15 Defuzzyfizierung

Das Ergebnis der Fuzzy-Inferenz sind die Erfüllungsgrade für jeden linguistischen Term der linguistischen Ausgabevariablen. Technische Regelungssysteme können diese noch immer unscharfen Werte indes nicht verarbeiten. Daher besitzen Fuzzy-Expertensysteme eine **Defuzzyfizierungs-Komponente**, deren Aufgabe es ist, die unscharfen Zugehörigkeitsgrade zurück in scharfe Werte zu überführen.[191] Diese **Defuzzyfizierung** ist aber nicht nur für technische Regelungssysteme eine notwendige Voraussetzung, sondern kann auch für betriebswirtschaftliche wissensbasierte Fuzzy-Regelsysteme sinnvoll und notwendig sein. So reicht es dem Anwender eines solchen Systems meist nicht aus, nur die Erfüllungsgrade für die jeweiligen linguistischen Terme der linguistischen Ausgabevariablen zu erhalten, wie es für das Beispiel zur Beurteilung der Bestandsfestigkeit eines Unternehmens in Übersicht 2-24 dargestellt ist. Der Anwender solcher Systeme möchte auch ein zusammenfassendes Urteil über die Höhe der Bestandsfestigkeit erhalten. Daher müssen die Erfüllungsgrade zu einem scharfen Wert defuzzyfiziert werden.

Algebraisch betrachtet ist die Defuzzyfizierung der letzte Schritt zur Abbildung der eingehenden Kennzahlenausprägungen auf einen reellen Wert, der die Höhe der Bestandsfestigkeit eines Unternehmens angibt. Dabei bestimmt die Defuzzyfizierung im Zusammenhang mit der linguistischen Ausgabevariablen, auf welcher Skala die Höhe der Bestandsfestigkeit gemessen wird. Da das Merkmal Bestandsfestigkeit keine eigene Dimension besitzt, muss für die linguistische Ausgabevariable ›Bestandsfestigkeit‹ ein künstlicher Definitionsbereich festgelegt werden.[192] Dieser Definitionsbereich ist für das vorliegende Beispiel mit dem reellwertigen Intervall [-1,1] vorgegeben (vgl. Übersicht 2-16). Die Defuzzyfizierung führt die Zugehörigkeitsgrade der Terme

190 Vgl. BAETGE, J./HEITMANN, C., Fuzzy Rule-Based Indicator for the Review of Credit Standing, S. 340.

191 Dieser Vorgang wird in der Übersicht 2-13 (Architektur eines wissensbasierten Fuzzy-Regelsystems) durch den Übergang von der linguistischen Ebene auf die numerische Ebene dargestellt.

192 Vgl. hierzu auch Abschnitt 222.3.

der linguistischen Ausgabevariablen auf eine reellwertige Ordinalskala mit dem Definitionsbereich [-1,1] zurück. Der defuzzyfizierte Wert gibt die Höhe der Bestandsfestigkeit eines Unternehmens an. Je höher dieser Wert ist, desto besser ist die Bestandsfestigkeit eines Unternehmens zu beurteilen. Darüber hinaus kann mit der Ordinalskala eine Aussage darüber getroffen werden, ob die Bestandsfestigkeit eines Unternehmens besser ist als die eines anderen Unternehmens.

Für die Defuzzyfizierung wurden eine Reihe unterschiedlicher Methoden entwickelt, von denen die folgenden näher beschrieben werden:[193]

- Center of Gravity (CoG)
- Mean of Maxima (MoM)
- Center of Singleton (CoS)

Die **Center of Gravity-Methode**, auch als Flächenschwerpunkt-Methode bezeichnet, berechnet den Flächenschwerpunkt auf der Ergebnisfläche der durch die Fuzzy-Inferenz reduzierten Fuzzy-Mengen und fällt anschließend ein Lot auf die Abszisse, den Definitionsbereich der zugrunde gelegten linguistischen Ausgabevariablen. Formal errechnet sich der Flächenschwerpunkt x_{CoG} für eine Zugehörigkeitsfunktion $\mu(x)$ im Intervall [a, b] als

(2-23)
$$x_{\mathrm{CoG}} = \frac{\int_a^b x \cdot \mu(x)\,dx}{\int_a^b \mu(x)\,dx}$$

Für das Ergebnis der Fuzzy-Inferenz des vorliegenden Beispiels (Übersicht 2-24) wird die CoG-Methode grafisch in der folgenden Übersicht 2-25 dargestellt. Obwohl der Schwerpunkt nur näherungsweise eingetragen ist, wird deutlich, dass der Implikationsoperator das Ergebnis der CoG-Methode beeinflusst. Der scharfe Ausgabewert der Defuzzyfizierung ist im Fall (a) 0,4 und im Fall (b) 0,55. Diese Ausgabewerte stellen jeweils das zusammengefasste Urteil das Lageindikators über die Höhe der Bestandsfestigkeit eines Unternehmens abhängig vom Implikationsoperator dar.

193 Vgl. BOTHE, H.-H., Fuzzy Logic, S. 146 f.; MAYER, A. ET. AL., Fuzzy Logic, S. 80-83; NEUNEIER, R./TRESP, V., Radiale Basisfunktionen, Dichteschätzungen und Neuro-Fuzzy, S. 125 f.; SIBBEL, R., Fuzzy-Logik in der Fertigungssteuerung, S. 143-147; Zimmermann, H.-J., Fuzzy Set Theory, S. 212-215.

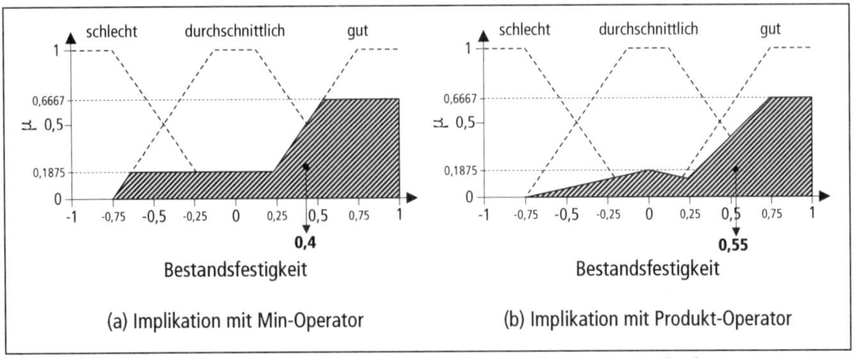

***Übersicht 2-25:** Beispiel für die Defuzzyfizierung mit der CoG-Methode*

Die **Mean of Maxima-Methode** berechnet den Mittelwert aus allen Werten des Definitionsbereichs der linguistischen Ausgabevariablen, bei denen die Zugehörigkeitsfunktion einen maximalen Zugehörigkeitsgrad liefert. Diese Defuzzyfizierungs-Methode kann allerdings zu sprunghaften Ergebnissen führen und bildet somit das Schlussfolgerungsverhalten des Experten nicht gut ab.[194] Daher wird diese Methode an dieser Stelle nicht weiter verfolgt.

Die **Center of Singleton-Methode** ersetzt die Zugehörigkeitsfunktionen der jeweiligen Terme der linguistischen Ausgabevariablen durch **Singletons**. Hierbei wird der Singleton als *der* Stützpunkt einer Fuzzy-Menge definiert, an dem sie den maximalen Zugehörigkeitsgrad liefert. Bei den verwendeten Standard-Zugehörigkeitsfunktionen ist diese Stützstelle nicht immer eindeutig zu bestimmen, da die Fuzzy-Mengen an mehreren Stützstellen einen maximalen Zugehörigkeitsgrad von $\mu = 1$ liefern können. Daher muss für jede Zugehörigkeitsfunktion die Stützstelle des Singletons vorbestimmt werden. Bei nicht-linearen Zugehörigkeitsfunktionen tritt dieses Problem nicht auf, da diese per definitionem an nur einer Stelle einen maximalen Zugehörigkeitsgrad annehmen können.

Seien w_i die Stützstellen der Singletons für die linguistischen Terme i und $\mu_i(x)$ die Erfüllungsgrade der linguistischen Terme i nach der Fuzzy-Inferenz, dann errechnet sich der Ausgabewert x_{CoS} wie folgt:

(2-24) $$x_{\mathrm{CoS}} = \frac{\sum_i w_i \, \mu_i(x)}{\sum_i \mu_i(x)}$$

194 Vgl. HÖNERLOH, A., Unscharfe Simulation in der Betriebswirtschaft, S. 84; NAUCK, D./KLAWONN, F./KRUSE, R., Neuronale Netze und Fuzzy-Systeme, S. 273.

Für das Beispiel aus Übersicht 2-24 Fall (a) werden die Singletons aufgrund des künstlichen Definitionsbereichs [-1, 1] gleichmäßig über das Intervall partitioniert. So wird der linguistische Term *›gut‹* mit 1, der Term *›durchschnittlich‹* mit 0 und der Term *›schlecht‹* mit –1 auf der Abszisse festgelegt. Die Erfüllungsgrade der linguistischen Terme werden aus dem Beispiel übernommen. Die folgende Übersicht 2-26 stellt die vorbestimmten Singletons als Pfeile dar. Die entsprechenden durch die Fuzzy-Inferenz ermittelten Erfüllungsgrade der linguistischen Terme stehen jeweils neben den Singletons.

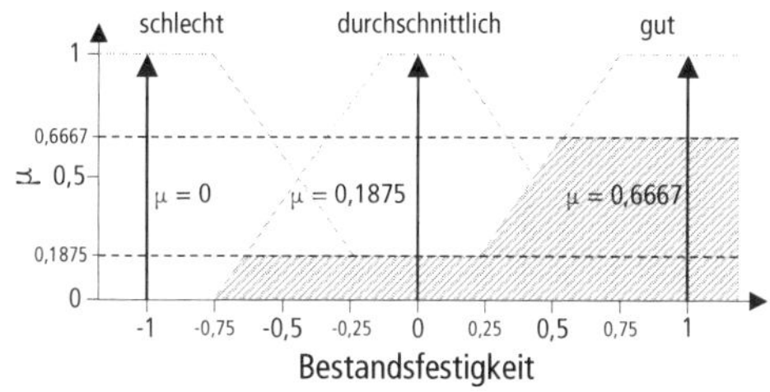

***Übersicht 2-26:** Beispiel für die Defuzzyfizierung mit der CoS-Methode*

Der Ausgabewert x_{CoS} errechnet sich nach der CoS-Methode aufgrund der vorgegebenen Datenkonstellation wie folgt:

$$
\begin{aligned}
x_{\text{CoS}} &= \frac{\sum_i w_i \, \mu_i(x)}{\sum_i \mu_i(x)} \\
&= \frac{(-1 \cdot 0) + (0 \cdot 0{,}1875) + (1 \cdot 0{,}6667)}{0 + 0{,}1875 + 0{,}6667} \\
&= \frac{0{,}6667}{0{,}8542} \\
&= \mathbf{0{,}78}
\end{aligned}
$$

***Übersicht 2-27:** Berechnung des scharfen Ausgabewerts für das Beispiel nach der CoS-Methode*

Für das Beispiel ist der gesamturteilsbildende Lageindikator zur Beurteilung der Bestandsfestigkeit nach der CoS-Methode mit einem Wert von 0,78 ausgeprägt. Für ein Unternehmen, welches die Datenkonstellation des vorliegenden Beispiels aufweisen würde, könnte unter Berücksichtigung des künstlichen Definitionsbereichs des Lageindikators, der im Intervall [–1; 1] definiert ist, die Bestandsfestigkeit des Unternehmens mit einem Wert von 0,78 als *gut* beurteilt werden.

Zusammenfassend ist für die empirische Untersuchung festzuhalten, dass bei der Defuzzyfizierung lediglich eine Entscheidung zu treffen ist, nämlich die Wahl der Defuzzyfizierungsmethode.

223.2 Kritische Würdigung wissensbasierter Fuzzy-Regelsysteme für die Beurteilung der Bestandsfestigkeit

Im vorhergehenden Abschnitt 223.1 wurde an einem einfachen Beispiel demonstriert, wie ein Fuzzy-Lageindikator zur Beurteilung der Bestandsfestigkeit von Unternehmen mit Hilfe eines wissensbasierten Fuzzy-Regelsystems entwickelt werden kann. Außerdem wurde gezeigt, wie unscharfes Wissen mathematisch abgebildet und somit in ein rechnergestütztes Beurteilungssystem integriert werden kann. Inwieweit wissensbasierte Fuzzy-Regelsysteme für die Beurteilung der Bestandsfestigkeit geeignet sind, wird im Folgenden an den in der Problemstellung formulierten Anforderungen[195] untersucht. Dazu wird jede der fünf Anforderungen einzeln betrachtet.

Damit wissensbasierte Fuzzy-Regelsysteme überhaupt für die **Beurteilung der Bestandsfestigkeit** von Unternehmen verwendet werden dürfen, muss die Universalität dieses Verfahrens untersucht werden.[196] Hierzu wurden bereits verschiedene mathematische Studien veröffentlicht,[197] die beweisen, dass wissensbasierte Fuzzy-Regelsysteme auf Basis des hier verwendeten MAMDANI-Reglers universelle Approximatoren sind, d.h., dass sie in der Lage sind, jede stetige Ein-Ausgabe-Funktion beliebig genau zu approximieren.[198] Die universelle Approximationsfähigkeit ist eine grundlegende Anforderung an Systeme, die Teile der Realwelt im Rahmen eines Modells nachbilden. Denn nur wenn gewährleistet ist, dass das System die Realwelt hinreichend genau abbildet, kann es rückwirkend auf die Realwelt angewendet werden. Bezogen auf die Beurteilung der Bestandsfestigkeit bedeutet dies, dass ein System nur dann in der Praxis eingesetzt werden darf, wenn es in der Lage ist, den Zusammenhang zwischen den Jahresabschlusskennzahlen und der Bestandsfestigkeit von Unternehmen hinreichend genau abzubilden. Einschränkend ist allerdings anzumerken, dass eine beliebig genaue Approximation mit wissensbasierten Fuzzy-Regelsystemen nur unter bestimmten verfahrenstechnischen Voraussetzungen möglich ist, die in praxi nur selten vollständig erfüllt werden.[199] Vor allem bei der Verwendung verrauschter und/oder

195 Für die formulierten Anforderungen vgl. Abschnitt 11.

196 Vgl. SURMANN, H., Automatisierter Entwurf von Fuzzy Systemen, S. 17 f.

197 Vgl. KOSKO, BART, Fuzzy Systems are Universal Approximators; WANG, LI-XIN, Fuzzy Systems are Universal Approximators. Es wurde nicht nur für MAMDANI-Controller die universelle Approximationsfähigkeit bewiesen, sondern auch für SUGENO-Controller. Vgl. hierzu BUCKLEY, JAMES J., Sugeno type controllers are universal controllers.

198 Vgl. NAUCK, D./KRUSE, R., Fuzzy-Systeme und Soft Computing, S. 14.

fehlerbehafteter Daten ist eine sehr genaue Approximation schwierig und auch nicht wünschenswert. Hier ist vielmehr eine hinreichende Approximation mit gleichzeitiger guter Generalisierungsfähigkeit gefragt.[200]

Die Anforderung an eine **nachvollziehbare Urteilsbildung** wird durch wissensbasierte Fuzzy-Regelsysteme voll erfüllt. Der Anwender eines solchen Systems kann mit Hilfe der linguistischen Variablen erkennen, wie die jeweilige Merkmalsausprägung vom System beurteilt wird. Darüber hinaus ist die Verdichtung der Merkmalsausprägungen anhand der Wenn-Dann-Regeln transparent, sodass der Anwender das gefällte Urteil anhand der Wenn-Dann-Regeln bis auf die Merkmalsebene zurückverfolgen kann.

Eine weitere formulierte Anforderung im Rahmen der Nachvollziehbarkeit ist die Möglichkeit zu einer **differenzierenden Urteilsbildung**, d. h., dass das Gesamturteil des Systems aufgrund von Teilurteilen gebildet werden soll, wobei diese Teilurteile selbst wieder Ergebnisse der Zusammenfassung von untergeordneten Teilurteilen sein können. Voraussetzung hierfür ist, dass das verwendete System ein hierarchisches Konzept unterstützt. In dem Beispiel aus den vorangegangenen Abschnitten wurde aus Vereinfachungsgründen keine differenzierende Urteilsbildung gezeigt, dennoch eignen sich wissensbasierte Fuzzy-Regelsysteme in idealer Weise für die Abbildung hierarchischer Zusammenhänge. Durch die Verwendung linguistischer Zwischenvariablen, die mit Hilfe der Wenn-Dann-Regeln mit den linguistischen Eingabe- und Ausgabevariablen verknüpft werden, lassen sich beliebig viele Teilurteile bilden und über mehrere Hierarchieebenen miteinander verknüpfen.[201] So kann die Beurteilung der Bestandsfestigkeit eines Unternehmens in die drei Teilurteile über die Bestandteile der Vermögens-, Finanz- und Ertragslage zerlegt werden, welche wiederum mit Hilfe von Teilurteilen auf Basis von teillagenspezifischen Kennzahlen gebildet werden.

Eine weitere gestellte Anforderung fordert die Möglichkeit, **externes Wissen explizit verarbeiten** zu können. Da wissensbasierte Fuzzy-Regelsysteme als Expertensysteme genau für diesen Zweck konzipiert wurden, ist auch diese Anforderung erfüllt. Allerdings ist die Verarbeitung von externem Wissen mit verschiedenen Vor- und Nachteilen verbunden, auf die an dieser Stelle kurz eingegangen wird.[202]

199 Zu den Voraussetzungen vgl. SURMANN, H., Automatisierter Entwurf von Fuzzy Systemen, S. 18 f.

200 Vgl. SURMANN, H., Automatisierter Entwurf von Fuzzy Systemen, S. 19.

201 Vgl. HÖNERLOH, A., Unscharfe Simulation in der Betriebswirtschaft, S. 85 f.; KUHL, J., Angepaßte Fuzzy-Regelungssysteme, S. 37 f.

202 Zu den Vor- und Nachteilen wissensbasierter Fuzzy-Regelsysteme vgl. auch KOOTHS, S., Erfahrungsregeln und Konjunkturdynamik, S. 73; MAYER, A. ET. AL., Fuzzy Logic, S. 83 f.; MECHLER, B., Entscheidungsunterstützungssysteme, S. 134-139; NAUCK, D./KLAWONN, F./KRUSE, R., Neuronale Netze und Fuzzy-Systeme, S. 279; SERAPHIN, M., Neuronale Netze und Fuzzy-Logik, S. 174-186; SURMANN, H., Automatisierter Entwurf von Fuzzy Systemen, S. 19.

Vorteilhaft ist, dass das durch langjährige Erfahrung gesammelte Wissen in einem wissensbasierten Fuzzy-Regelsystem ›konserviert‹ und somit bspw. auch nicht erfahrenen Mitarbeitern eines Unternehmens für wiederkehrende Entscheidungsprozesse zur Verfügung gestellt werden kann. Das Wissen geht also nicht verloren, wenn der Experte das Unternehmen verlässt. Andererseits birgt die Verarbeitung von Wissen aber auch verschiedene Nachteile. Ein Problem liegt in der **Wissensakquisition.**[203] Bevor Wissen verarbeitet werden kann, muss es zuerst akquiriert werden. Dies kann ein sehr aufwendiger und kostspieliger Vorgang sein. Zudem ist es bisweilen nicht einfach, Experten das relevante Wissen zu ›entlocken‹. Dies mag einerseits daran liegen, dass Experten ihren Wissensvorsprung nicht preisgeben möchten, andererseits liegt es aber wohl vielmehr daran, dass Experten i. d. R. intuitiv handeln und ihr Wissen daher nur sehr schwer formulieren können.

Ist das relevante Wissen akquiriert, muss es in Wenn-Dann-Regeln umgesetzt werden. Dies kann zu Verzerrungen führen, da hier die Gefahr besteht, dass das Wissen nicht richtig oder sogar unvollständig mit den Wenn-Dann-Regeln abgebildet wird. Ein weiteres Problem besteht in der **Objektivität des akquirierten Wissens.** Werden bspw. zwei Experten mit der Erstellung einer Wissensbasis für ein Expertensystem beauftragt, so kann es trotz der kompensatorischen Fähigkeiten wissensbasierter Fuzzy-Regelsysteme zu erheblich unterschiedlichen Ergebnissen kommen. Gleiches gilt auch für die Auswahl der Merkmale, für die Definition der linguistischen Variablen sowie für die Wahl der Inferenz-Operatoren.[204] Hierdurch erhält ein wissensbasiertes Fuzzy-Regelsystem je nach Problembereich einen sehr subjektiven Charakter und erfüllt nicht mehr das Ziel der intersubjektiven Nachvollziehbarkeit. Was auf der einen Seite also ein Vorteil ist – externes Wissen verarbeiten zu können – ist auf der anderen Seite ein Nachteil, da wissensbasierte Fuzzy-Regelsysteme nicht lernfähig sind, also selbständig kein Wissen akquirieren oder aber bereits abgebildetes, veraltetes Wissen aktualisieren können. Daher ist die gestellte Anforderung an eine **objektive Urteilsbildung** stark eingeschränkt.

Zur Beurteilung der Bestandsfestigkeit einer **großen Zahl von Unternehmen** ist es notwendig, dass das zu entwickelnde System von Spezialfällen abstrahieren kann. Da diese **Generalisierungsfähigkeit** sehr stark von dem verwendeten externen Wissen abhängt, ist sie bei wissensbasierten Fuzzy-Regelsystemen i. d. R. nicht hinreichend gegeben.[205]

Neben einer objektiven Urteilsbildung wird zudem die Anforderung an eine **zuverlässige Urteilsbildung** gestellt. In einer Voruntersuchung zu dieser Arbeit konnte gezeigt

203 Für eine umfassende Analyse der auftretenden Probleme bei der Wissensakquisition vgl. HAUSCHILDT, J., Ermittlung der Wissensbasis von Expertensystemen.

204 Vgl. MECHLER, B., Intelligente Informationssysteme, S. 106.

205 Vgl. MECHLER, B., Intelligente Informationssysteme, S. 107.

werden, dass mit wissensbasierten Fuzzy-Regelsystemen durchaus zuverlässige Urteile gefällt werden können.[206] Die erzielte Klassifikationsleistung reichte allerdings noch nicht an die mit Multivariaten Diskriminanzanalysen oder Künstlichen Neuronalen Netzen erzielten Ergebnisse heran. Auch diese Tatsache ist darauf zurückzuführen, dass wissensbasierte Fuzzy-Regelsysteme nicht lernfähig sind. Das akquirierte Wissen kann nicht so genau umgesetzt werden bzw. das Wissen ist nicht so exakt wie das Wissen, das aus tausenden beobachteten Fällen erlernt werden kann – vorausgesetzt, es existieren Methoden und Algorithmen, die ein effizientes und effektives Lernen aus Daten ermöglichen.

Zusammenfassend sind aufgrund der fehlenden Lernfähigkeit wissensbasierter Fuzzy-Regelsysteme vor allem die folgenden Probleme mit Hilfe externen Wissens in Bezug auf eine objektive und zuverlässige Urteilsbildung nur unzureichend zu lösen:

- Auswahl der eingehenden Merkmale (Jahresabschlusskennzahlen),
- Definition der linguistischen Variablen für die eingehenden Merkmale, insbesondere die Parametrisierung der Zugehörigkeitsfunktionen für die linguistischen Terme der linguistischen Eingabevariablen,
- Definition der linguistischen Ausgabevariablen für die Berechnung des zusammenfassenden Gesamturteils, insbesondere die Parametrisierung der Zugehörigkeitsfunktionen für die linguistischen Terme der linguistischen Ausgabevariablen,
- Bestimmung der Regelgewichte (Sicherheitsfaktoren).

223.3 Erweiterung wissensbasierter Fuzzy-Regelsysteme um eine lernfähige Komponente

Die Erweiterung wissensbasierter Fuzzy-Regelsysteme um eine lernfähige Komponente erscheint notwendig, um einen zuverlässigen und objektiven Lageindikator auf Basis wissensbasierter Fuzzy-Regelsysteme für die Beurteilung der Bestandsfestigkeit von Unternehmen entwickeln zu können. Dabei soll die lernfähige Komponente das extern verwendete Wissen nicht ersetzen. Vielmehr wird eine Lösung verfolgt, die einerseits vorhandenes externes Wissen nutzt und andererseits auf Basis eines empirischen Datenbestands das bestehende externe Wissen validiert und/oder erweitert. So könnte ein Lageindikator als wissensbasiertes Fuzzy-Regelsystem in einem ersten Schritt **auf Basis des externen Wissens initialisiert** und in einem zweiten Schritt **mit Hilfe der lernfähigen Komponente optimiert** und das externe Wissen somit validiert werden.

206 Vgl. BAETGE, J./HEITMANN, C., Fuzzy Rule-Based Indicator for the Review of Credit Standing, S. 340 f.

Die lernfähige Komponente kann mit Hilfe Künstlicher Neuronaler Netze realisiert werden. In den letzten zehn Jahren wurden verschiedene Ansätze entwickelt, die die Verbindung von Neuronalen Netzen mit wissensbasierten Fuzzy-Regelsystemen zu Neuro-Fuzzy-Systemen auf unterschiedliche Art und Weisen ermöglichen. Welche dieser Ansätze für die vorliegende Problemstellung geeignet sind, wird in den folgenden Unterabschnitten des Abschnitts 23 diskutiert. Hierzu führt Abschnitt 231. zunächst allgemeinen in die Grundlagen und die Arbeitsweise Künstlicher Neuronaler Netze ein und würdigt diese kritisch in Bezug auf den Einsatz mit wissensbasierten Fuzzy-Regelsystemen. Im Anschluss werden in Abschnitt 232. verschiedene Ansätze zur Verbindung Künstlicher Neuronaler Netze mit wissensbasierten Fuzzy-Regelsystemen vorgestellt. Dabei wird ein Ansatz gewählt, der daraufhin genauer beschrieben wird und die technische Ausgangssituation für die empirische Untersuchung im 3. Abschnitt dieser Arbeit darstellt.

23 Optimierung wissensbasierter Fuzzy-Regelsysteme mit Künstlichen Neuronalen Netzen

231. Grundlagen Künstlicher Neuronaler Netze

231.1 Vorbemerkung

Künstliche Neuronale Netze – auch als konnektionistische Modelle bezeichnet – gehören zur Klasse der sub-symbolischen Verfahren der Künstlichen Intelligenz.[207] Mit ihnen wird versucht, die kognitiven Fähigkeiten des menschlichen Gehirns, reale Sachverhalte anhand von Beobachtungen zu erlernen, nachzuahmen.[208] Hierzu wird die Struktur des biologischen Nervensystems, vor allem das zentrale Element, die **Nervenzelle (Neuron)**, als Vorbild herangezogen und mathematisch so nachgebildet, dass ein rechnergestütztes System entsteht, das die wesentlichen Eigenschaften biologischer Neuronaler Netze, wie **Lernfähigkeit**, **parallele Informationsverarbeitung** und **verteilte Informationsspeicherung**, in sehr vereinfachter Form aufweist.[209]

Übersicht 2-28 stellt zwei vernetze Neuronen eines biologischen Nervensystems schematisch dar. Die Neuronen sind die zentralen Elemente des Nervensystems und bestehen aus einem **Zellkern**, aus stark verzweigten **Auswüchsen (Dendriten)** und aus einer langen **Nervenfaser (Axon)**.[210] Die Dendriten nehmen die elektrische Erregung

---

207 Vgl. hierzu auch Abschnitt 21. Für die Einordnung Neuronaler Netze in das Gebiet des Konnektionismus vgl. BECKER, J./PRISCHMANN, M., Konnektionistische Modelle.

208 Vgl. MECHLER, B., Intelligente Informationssysteme, S. 82; NAUCK, D./KLAWONN, F./KRUSE, R., Neuronale Netze und Fuzzy-Systeme, S. 1; ROJAS, R., Theorie der neuronalen Netze, S. 1.

209 Vgl. HECHT-NIELSEN, R., Neurocomputing, S. 2.

anderer umliegender Neuronen auf und leiten diese an den Zellkörper weiter. Überschreitet die aufgenommene Erregung im Zellkörper einen gewissen Schwellenwert, so erzeugt dieser einen kurzzeitigen elektrischen Impuls, das Aktivitätspotenzial, welches sich über das Axon entlädt. Als eine sehr lange, stark verzweigte Nervenfaser, leitet das Axon das Aktivitätspotenzial in die entferntesten Verzweigungen weiter und schüttet es in Form von Botenstoffen an den Kontaktstellen zu den anderen Neuronen, den **Synapsen**, aus. Die Synapsen steuern dabei die Kommunikation zwischen dem Axon und den Dendriten und damit die Kommunikation zwischen den Neuronen. Durch die Ausschüttung der Botenstoffe werden die Dendriten der anderen Neuronen erregt und der beschriebene Prozess beginnt wieder von vorne. Dieser Vorgang ist hier sehr vereinfacht und schematisch dargestellt. In der Realität spielen sich sehr komplexe biochemische Prozesse ab, deren Beschreibung an dieser Stelle zu weit führen würde.[211]

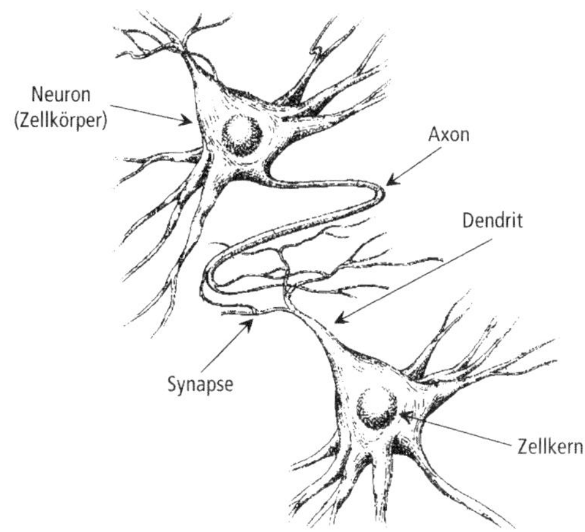

Quelle: NAUCK, D./KLAWONN, F./KRUSE, R., Neuronale Netze und Fuzzy-Systeme, S. 13.

***Übersicht 2-28:** Darstellung von zwei vernetzten biologischen Neuronen*

Die Verknüpfung der Axonen und Dendriten eines biologischen Neuronalen Netzes ist nicht statisch, sondern ständig in Bewegung. Axone und Dendriten jeweils anderer Neuronen können aufeinander zuwachsen und Synapsen bilden. Durch diese Verknüpfung von Neuronen erhält das biologische Neuronale Netz seine Lerneigen-

210 Für die Arbeitsweise eines biologischen Neurons vgl. im Folgenden BRAUSE, R., Neuronale Netze, S. 31-35; MECHLER, B., Intelligente Informationssysteme, S. 58-60; NAUCK, D./KLAWONN, F./ KRUSE, R., Neuronale Netze und Fuzzy-Systeme, S. 12-14.

211 Für eine Beschreibung des biochemischen Prozesses im biologischen Nervensystem vgl. ROJAS, R., Theorie der neuronalen Netze, S. 10-21; ZELL, A., Simulation Neuronaler Netze, S. 35-51.

schaft. Die gebildeten Synapsen steuern dabei die Bedeutung der jeweiligen Verknüpfung.[212]

Biologische Neuronen sind im Vergleich zu elektronischen Schaltelementen sehr langsam. Während elektronische Impulse Schaltzeiten im Bereich von Nanosekunden zeigen, schalten biologische Neuronen naturbedingt nicht häufiger als 200 Mal pro Sekunde. Trotzdem reichen elektronische Schaltsysteme bei weitem nicht an die enorme Leistung und Lernfähigkeit eines menschlichen Gehirns heran. Dies kann damit begründet werden, dass das menschliche Gehirn aus ca. einer Billion Neuronen besteht, die jeweils bis zu 1.000 synaptische Eingänge besitzen und somit massiv parallel verschaltet sind.[213]

Das erste künstliche Neuron wurde bereits 1943 von McCulloch/Pitts[214] vorgestellt. Mit diesem künstlichen Neuron ließen sich boolsche Verknüpfungen realisieren, allerdings war es noch nicht lernfähig und entsprach demnach nur sehr eingeschränkt dem biologischen Vorbild.[215] Zwar hat Hebb[216] kurze Zeit später (1949) ein Vorgehen für den Lernvorgang zwischen zwei Neuronen formuliert, doch gelang es erst Rosenblatt[217] 1958, aufbauend auf der Hebbschen Lernregel, ein erstes lernfähiges Künstliches Neuronales Netz, das sog. **Perceptron**, vorzustellen. Es wurden weitere Modelle entwickelt, bis Minsky/Papert[218] 1969 zeigten, dass die bis dahin entwickelten Künstlichen Neuronalen Netze nicht in der Lage sind, einfache binäre Funktionen zu realisieren. Dies war ein großer Rückschlag für die Entwicklung und wissenschaftliche Forschung im Bereich der Künstlichen Neuronalen Netze. Erst 1986 erlebten dieselben eine Renaissance mit der Veröffentlichung des Backpropagation-Algorithmus von Rumelhart/Hinton/Williams[219]. Heute sind Künstliche Neuronale Netze in Wissenschaft und Praxis anerkannte Instrumente, die sich aufgrund ihrer universellen Approximationseigenschaft[220] für die unterschiedlichsten Aufgaben in den verschiedensten Disziplinen eignen.

---

212 Vgl. Brause, R., Neuronale Netze, S. 33.

213 Vgl. Nauck, D./Klawonn, F./Kruse, R., Neuronale Netze und Fuzzy-Systeme, S. 14; Rojas, R., Theorie der neuronalen Netze, S. 3 f.

214 Vgl. McCulloch, W. S./Pitts, W., A Logical Calculus of the Ideas Immanent in Nervous Activity.

215 Für einen historischen Abriss vgl. Nauck, D./Klawonn, F./Kruse, R., Neuronale Netze und Fuzzy-Systeme, S. 14-18; Patterson, Dan W., Artificial Neural Networks, S. 9-13.

216 Vgl. Hebb, D. O., The Organization of Behavior.

217 Vgl. Rosenblatt, F., The Perceptron.

218 Vgl. Minsky, L./Papert, S., Perceptrons.

219 Vgl. Rumelhart, G. E./Hinton, G. E./Williams, R. J., Learning Representations by Back-Propagating Errors.

220 Vgl. Hornik, K., Approximation Capabilities of Multilayer Feedforward Networks; Hornik, K./Stinchcombe, M./White, H., Multilayer Feedforward Networks are Universal Approximators.

Im folgenden Abschnitt wird gezeigt, wie Künstliche Neuronale Netze ihrem biologischen Vorbild nachempfunden werden können. Dabei wird – allgemein und unabhängig von einem Problem – der Aufbau und die Arbeitsweise eines klassischen Multilayer Perceptrons mit seinem zentralen Element, dem künstlichen Neuron, dargestellt. Anschließend werden die wesentlichen Eigenschaften Neuronaler Netze zur Entwicklung von Indikatoren zur Beurteilung der Bestandsfestigkeit von Unternehmen herausgestellt.

231.2 Elemente und Aufbau Künstlicher Neuronaler Netze

Zentrales Element Künstlicher Neuronaler Netze[221] sind entsprechend ihrem biologischen Vorbild die **Neuronen**. Neuronen können miteinander über **mehrere Schichten** verknüpft werden und bilden so die **Struktur (Topologie) eines Neuronalen Netzes.** Jedes künstliche Neuron – auch als **Perceptron** bezeichnet – stellt eine unabhängige und vollkommen **eigenständige Verarbeitungseinheit** dar und ist in Übersicht 2-29 schematisch abgebildet.

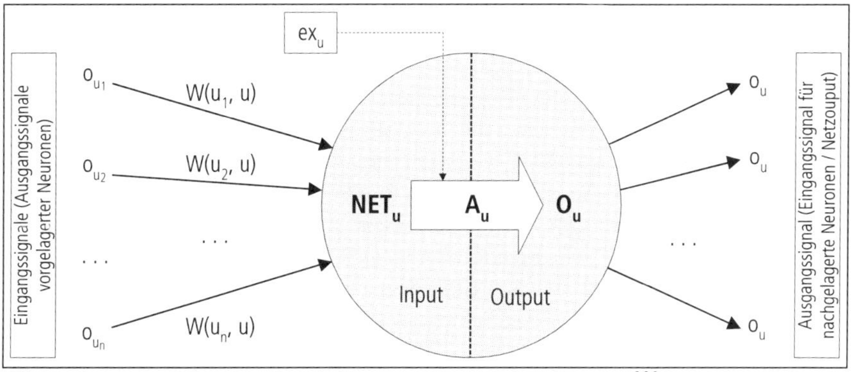

***Übersicht 2-29:** Schematischer Aufbau eines künstlichen Neurons*[222]

Bevor der Aufbau des schematisch dargestellten Neurons und seine Funktionsweise innerhalb eines ganzen Neuronalen Netzes erläutert wird, sei zunächst ein Neuronales Netz in Form eines **klassischen Multilayer-Perceptron-Netzes** algebraisch definiert:[223]

221 Im Folgenden werden die Begriffe Künstliches Neuronales Netz und Neuronales Netz synonym benutzt. Ist die Rede von biologischen Neuronalen Netzen, wird dies entsprechend kenntlich gemacht.

222 In Anlehnung an NAUCK, D./KLAWONN, F./KRUSE, R., Foundations of Neuro-Fuzzy Systems, S. 21 und KOOTHS, S., Erfahrungsregeln und Konjunkturdynamik, S. 52.

223 Die algebraische Definition eines Neuronalen Netzes und die folgenden Ausführungen sind angelehnt an NAUCK, D./KLAWONN, F./KRUSE, R., Foundations of Neuro-Fuzzy Systems, S. 17-21.

(2-25) Ein Neuronales Netz wird charakterisiert durch das Tupel (U, W, A, O, NET, ex), wobei die einzelnen Bestandteile U, W, A, O, NET, ex die folgende Bedeutung haben:

(i) U ist eine endliche **Menge von künstlichen Neuronen *u***,

(ii) W repräsentiert die **Netzwerkstruktur** und ist ein kartesisches Produkt $U \times U$ in $\mathbb{R}$,

(iii) die Abbildung A ordnet jedem Neuron $u \in U$ eine **Aktivierungsfunktion** A_u: $\mathbb{R} \rightarrow \mathbb{R}$ zu,

(iv) die Abbildung O ordnet jedem Neuron $u \in U$ eine **Ausgabefunktion** O_u: $\mathbb{R} \rightarrow \mathbb{R}$ zu,

(v) die Abbildung NET ordnet jedem Neuron $u \in U$ eine **Netzeingabefunktion** NET_u: $(\mathbb{R} \times \mathbb{R})^U \rightarrow \mathbb{R}$ zu, und

(vi) die Abbildung ex ordnet jedem Neuron $u \in U$ eine externe Eingabe in Form einer reellen Zahl ex: $U \rightarrow \mathbb{R}$ zu und wird als **externe Eingabefunktion** bezeichnet.

Über die **Netzwerkstruktur** W sind die Neuronen $u \in U$ eines Neuronalen Netzes miteinander verknüpft. Dabei besteht i.d.R. keine vollständige Vernetzung, sondern die Neuronen werden in hierarchisch angeordneten Schichten verknüpft. So werden Eingabeschicht, innere Schichten und Ausgabeschicht unterschieden. Die **Eingabeschicht (input layer)** dient dazu, Daten der Außenwelt in das Neuronale Netz aufzunehmen. Analog gibt die **Ausgabeschicht (output layer)** den berechneten Netzoutput an die Außenwelt wieder ab. Zwischen der Eingabe- und der Ausgabeschicht können eine oder mehrere innere Schichten verwendet werden. Da der Zustand und die Ausgabe der Neuronen der inneren Schichten von außen nicht zu erkennen ist, werden diese Schichten auch als **versteckte Schichten (hidden layer)** bezeichnet.

Je nach Signalfluss werden Neuronale Netze mit und ohne Rückkopplung unterschieden.[224] Fließt das Signal immer nur in eine Richtung, also von Neuronen der Eingabeschicht über die Neuronen der versteckten Schichten zu Neuronen der Ausgabeschicht, ohne eine Rückkopplung zu dem signalsendenden Neuron selbst oder zu Neuronen der jeweils vorgelagerten Schichten, handelt es sich um sog. **vorwärtsgerichtete (feedforward) Netze**. Andernfalls liegen **Netze mit Rückkopplungen (feedback)** vor. In dieser Arbeit werden ausschließlich vorwärtsgerichtete Netze behandelt. Die folgende Übersicht 2-30 stellt die Netzwerkstruktur eines klassischen, vorwärtsgerichteten Neuronalen Netzes schematisch dar.

224 Vgl. ZELL, A., Simulation Neuronaler Netze, S. 78 f.

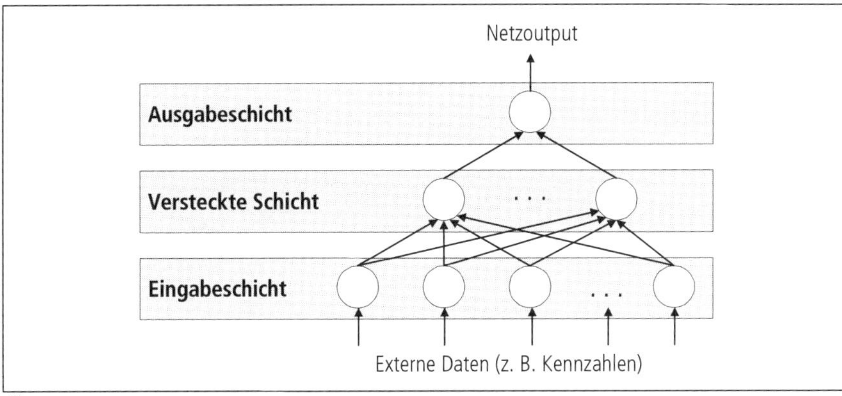

***Übersicht 2-30:** Schematischer Aufbau eines Neuronalen Netzes*

Jedes Neuron einer Schicht ist mit jedem Neuron der nachgelagerten Schicht durch eine gerichtete Kante verknüpft. In Analogie zum biologischen Neuron stellt die Kante die Synapse dar. Im Künstlichen Neuronalen Netz wird diese Verknüpfung durch ein Gewicht $W(u', u)$ realisiert, welches durch seine Ausprägung die Bedeutung jeder Verknüpfung repräsentiert und somit die Kommunikation zwischen den Neuronen steuert. $W(u', u)$ ist dabei das Gewicht zwischen dem Neuron u und einem Neuron u' der vorgelagerten Schicht.

Der Input eines Neurons $u \in U$ wird mit der **Netzeingabefunktion NET** auf Basis des Outputs der Neuronen $u' \in U$ der vorgelagerten Schicht sowie der jeweiligen Gewichte $W(u', u)$ der Verknüpfungen zu vorgelagerten Neuronen berechnet. Die am häufigsten verwendete Netzeingabefunktion ist die **Summenfunktion**:[225]

(2-26) $$\text{net}_u = \sum_{u' \in U} W(u', u) \cdot o_{u'}$$

Neben der Summenfunktion können auch andere Funktionen verwendet werden, wie das Produkt, die kumulierte Summe, das Maximum, das Minimum oder die Majorität. Außerdem sind für verschiedene Schichten eines Neuronalen Netzes unterschiedliche Netzeingabefunktionen denkbar. Die Netzeingabefunktion beschreibt also die Einflüsse, die ein Neuron aus dem Netz erfährt und ist von den externen Eingaben der Außenwelt zu unterscheiden. Diese werden durch die **externe Eingabefunktion** dem Neuronalen Netz zugeführt. Dieser Sonderfall spielt i. d. R. nur für die Eingabeschicht eine Rolle. Damit die externen Daten (z. B. Jahresabschlusskennzahlen) im optimalen Arbeitsbereich der Aktivierungsfunktion liegen, ist darauf zu ach-

225 Vgl. NAUCK, D./KLAWONN, F./KRUSE, R., Foundations of Neuro-Fuzzy Systems, S. 20.

ten, dass sie gleiche Skalenniveaus aufweisen.[226] Da dies häufig nicht gegeben ist, sind die externen Daten vor Eingabe in das Neuronale Netz durch Standardisierungen und Skalierungen vorzuverarbeiten.

Die **Aktivierungsfunktion** A bestimmt anhand des Ergebnisses der Netzeingabefunktion bzw. anhand der externen Netzeingaben das Aktivitätspotenzial a_u des Neurons $u \in U$. Die Wahl der Aktivierungsfunktion ist stark modellabhängig und lässt sich daher nicht generell festlegen.[227] Eine häufig verwendete Funktion, besonders in mehrschichtigen Perceptronenmodellen, ist die **sigmoide Funktion**:

(2-27) $$a_u = \frac{1}{1 + e^{-\mathrm{net}_u}}$$

Neben der sigmoiden Funktion können aber auch lineare, semilineare, logistische oder auch Gauß-Funktionen als Aktivierungsfunktion verwendet werden. Vor allem der Einsatz von logistischen und Gauß-Funktionen bietet die Möglichkeit, nicht-lineare Zugehörigkeitsfunktionen eines wissensbasierten Fuzzy-Regelsystems in ein Neuronales Netz zu überführen und als Aktivierungsfunktion abzubilden. Im Verlauf des Abschnitts 232. wird explizit und ausführlich auf diese Möglichkeit eingegangen.

Das berechnete Aktivitätspotenzial wird an die **Ausgabefunktion** O übergeben, die die Aufgabe hat, das Signal an die nachgelagerten Neuronen oder aber als Netzoutput an die Außenwelt weiterzuleiten. Die Ausgabefunktion wird i.d.R. als Identität definiert:

(2-28) $$o_u = a_u$$

231.3 Lernverfahren Künstlicher Neuronaler Netze

Durch die vorangegangenen Ausführungen wurden die Elemente und der Aufbau eines Neuronalen Netzes nach Definition 2-25 erläutert, welche für die Lernfähigkeit Neuronaler Netze die notwendigen Voraussetzungen darstellen. Wie mit einem Neuronalen Netz anhand von Beispielfällen vorher nicht bekannte Aufgabenstellungen bzw. Sachverhalte erlernt werden können, wird im Folgenden beschrieben. Grundsätzlich lassen sich zwei Arten des Lernens unterscheiden, das überwachte Lernen und das unüberwachte Lernen.[228] Beim **überwachten Lernen** (supervised learning) soll das Neuronale Netz die externen Eingabedaten auf bekannte Zielwerte abbilden.

226 Vgl. JERSCHENSKY, A., Messung des Bonitätsrisikos von Unternehmen, S. 168.

227 Vgl. NAUCK, D./KLAWONN, F./KRUSE, R., Foundations of Neuro-Fuzzy Systems, S. 18 f.

228 Vgl. ROJAS, R., Theorie der neuronalen Netze, S. 74 f.; ZELL, A., Simulation Neuronaler Netze, S. 93-96.

Beim **unüberwachten Lernen** (unsupervised learning) liegen zu den Eingabewerten keine Zielwerte vor, sodass das Neuronale Netz nicht feststellen kann, ob es richtig gelernt hat. Mit solchen Netzen wird daher versucht, selbständig aus den Eingabedaten zu lernen, indem Gruppen ähnlicher Eingabevektoren identifiziert werden.

Die **Lerneigenschaft Neuronaler Netze** kann auf **unterschiedliche Arten** realisiert werden.[229] Eine Möglichkeit ist es, die **Netzeingabe-, die Aktivierungs- oder die Ausgabefunktion zu modifizieren**. Eine andere Möglichkeit besteht im **Einfügen neuer Neuronen** in das Netzwerk bzw. im **Löschen von Neuronen** aus dem Netzwerk. Die wohl am häufigsten verwendete Methode, ein Neuronales Netz lernen zu lassen, ist die **Änderung der Verbindungsgewichte** $W(u', u)$ zwischen den Neuronen, um so eine Übereinstimmung zwischen gewünschtem Zielwert und dem berechneten Netzoutput herbeizuführen. Ist eine Verbindung zwischen zwei Neuronen *wichtig*, wird das Gewicht *erhöht*; ist die Verbindung *nicht wichtig*, wird das Gewicht *verringert*. Das Löschen einer Verbindung zwischen zwei Neuronen erfolgt, indem das Gewicht auf 0 gesetzt wird. Für die Anpassung der Gewichte bedarf es eines Lernalgorithmus, der anhand der Beispieldaten die Gewichte justiert. Ein klassischer und sehr häufig verwendeter überwachter Lernalgorithmus für mehrschichtige, vorwärtsgerichtete Neuronale Netze ist der Backpropagation Algorithmus.

Der **Backpropagation Algorithmus**[230] ist ein sog. Gradientenabstiegsverfahren, das auf Basis des Fehlers, den das Neuronale Netz begeht, die Gewichtsänderungen bestimmt.[231] Der Backpropagation Algorithmus besteht aus vier Schritten, die solange wiederholt werden, bis der Netzfehler nicht mehr sinkt. Vor dem Start des Algorithmus werden die Verbindungsgewichte zufällig initialisiert.

(1) *Vorwärtsgerichtete Berechnung des Netzoutputs*
Der für die zu lösende Problemstellung vorliegende Eingabedatensatz X wird in das Neuronale Netz eingespeist. Dazu werden die Merkmalsausprägungen $\bar{x}_p$ für jeden Datensatz (Muster) p an die Eingabeneuronen u angelegt. Jedes Eingabeneuron ist für ein Merkmal des Datenvektors $\bar{x}_p$ zuständig. Die Informationen werden datensatzweise durch die Schichten des Neuronalen Netzes propagiert, bis für jedes Muster p ein Netzoutput o_p vorliegt.

---

229 Vgl. ZELL, A., Simulation Neuronaler Netze, S. 84.

230 Der Backpropagation Algorithmus wurde entwickelt von RUMELHART/HINTON/WILLIAMS. Vgl. RUMELHART, G. E./HINTON, G. E./WILLIAMS, R. J., Learning Representations by Back-Propagating Errors.

231 Vgl. für die folgenden Ausführungen zur Funktionsweise des Backpropagation Algorithmus BISHOP, C. M., Neural Networks for Pattern Recognition, S. 140-146; HECHT-NIELSEN, R., Neurocomputing, S. 133-137; ROJAS, R., Theorie der neuronalen Netze, S. 161-165; RUMELHART, G. E./HINTON, G. E./WILLIAMS, R. J., Learning Representations by Back-Propagating Errors; ZELL, A., Simulation Neuronaler Netze, S. 108-111.

(2) *Bestimmung des Netzfehlers*

Der Netzoutput o_p wird mit dem gewünschten Zielwert t_p verglichen. Die Differenz $E_p = t_p - o_p$ quantifiziert den Fehler, den das Neuronale Netz begangen hat. Für die Berechnung des Fehlers E über den gesamten Datensatz X wird eine Fehlerfunktion benötigt. Sehr häufig wird hierfür die **sum-of-squares-Fehlerfunktion** verwendet, die die Summe der quadrierten Abweichungen berechnet:

$$E = \frac{1}{2} \sum_p (t_p - o_p)^2 \tag{2-29}$$

(3) *Rückwärtsgerichtete Bestimmung der Gewichtsanpassung*

Der berechnete Fehler E kann nun, angefangen bei der Ausgabeschicht durch das Neuronale Netz bis zur Eingabeschicht, zurückpropagiert werden und für die Anpassung der Gewichte benutzt werden. Die Gewichtsänderung Δw_{ij} wird mit Hilfe der Delta-Regel bestimmt:

$$\Delta w_{ij} = \eta o_i \delta_j \tag{2-30}$$

Dabei bezeichnet Δw_{ij} die Gewichtsänderung zwischen dem Neuron j und dem Neuron i der vorgelagerten Schicht. Der Parameter η symbolisiert die Lernrate, die dafür sorgt, dass bereits erlernte Zustände in einem neuen Lernschritt nicht so schnell vergessen werden. Die Einstellung der Lernrate ist in Abhängigkeit von der Problemstellung und dem Netzwerkmodell zu wählen und wird i. d. R. mit Werten kleiner 1 eingestellt. Die Einstellung des Parameters η ist vom Entwickler des Neuronalen Netzes vorzunehmen. Die Auswirkung der Einstellung auf den Lernerfolg und auf das Lernverhalten ist zu kontrollieren; gegebenenfalls ist der Parameter η zu adaptieren. Der Parameter o_i repräsentiert die Ausgabe des Neurons i der vorgelagerten Schicht. Der Anpassungsfaktor δ_j errechnet sich aus dem Fehler, den das Neuronale Netz im Neuron j begangen hat, wie folgt:

$$\delta_j = \begin{cases} a_j' (\mathrm{net}_j)(t_j - o_j) & \text{falls j Neuron der Ausgabeschicht} \\ a_j' (\mathrm{net}_j) \sum_k \delta_k - w_{jk} & \text{falls j Neuron einer versteckten Schicht und k alle Nachfolgeneuronen} \end{cases} \tag{2-31}$$

(4) *Korrektur der Gewichte*

Nach der Berechnung der Gewichtsänderung Δw_{ij} werden alle Gewichte im Neuronalen Netz korrigiert. Hierbei kann das Online- und das Offline-Verfahren unterschieden werden. Während beim **Online-Verfahren** die Korrektur der Gewichte nach der Propagierung eines jeden Musters erfolgt, werden beim **Offline-Verfahren** die Gewichte erst nach einer Epoche korrigiert. Eine Epoche bezeichnet dabei die Propagierung einer gewissen Menge von Mustern nacheinander durch das Neuronale Netz. In der Regel umfasst eine Epoche die Anzahl der Muster, die in der Lernstichprobe enthalten sind. Bezogen auf die vorliegende Problemstellung, also die Beurteilung der Bestandsfestigkeit von Unternehmen auf Basis von Jahresabschlüssen, ist ein Muster eine Menge von Kennzahlenausprägungen, die für die ausgewählten Kennzahlen auf dem Jahresabschluss eines Unternehmens berechnet wurden.

231.4 Wichtige Eigenschaften Künstlicher Neuronaler Netze für die Entwicklung von Systemen zur Beurteilung der Bestandsfestigkeit

Der große Erfolg Neuronaler Netze ist auf die Lerneigenschaft dieser Systeme zurückzuführen, die es erlaubt, auf Basis großer Datenmengen zuvor nicht bekannte Zusammenhänge zu erkennen und zu erlernen. Der effektive Einsatz Neuronaler Netze führt daher im Vergleich zu statistischen Verfahren oder zu symbolischen Verfahren der Künstlichen Intelligenz fast immer zu besseren Ergebnissen.[232] Dies liegt unter anderem daran, dass Neuronale Netze

- **universelle Approximatoren** sind, also jede beliebige Ein-Ausgabe-Funktion approximieren können,[233]
- den präsentierten Datenbestand nicht auswendig lernen, sondern von konkreten Fällen abstrahieren und den erlernten Sachverhalt auch auf unbekannte Fälle erfolgreich anwenden können (**Generalisierungsfähigkeit**),
- sehr **robuste Systeme** sind, die sich gegenüber verrauschten oder fehlenden Daten sehr tolerant verhalten, und
- die erlernten Sachverhalte **verteilt** im Netzwerk speichern und so die Eingabedaten **massiv parallel** verarbeiten.[234]

Aufgrund der universellen Approximationsfähigkeit sind Neuronale Netze in der Lage, den Zusammenhang zwischen den Ausprägungen der Jahresabschlusskennzahlen und der Bestandsfestigkeit eines Unternehmens hinreichend genau abzubilden.

---

232 Im Bereich der modernen Jahresabschlussanalyse wurden mit Neuronalen Netzen durchweg bessere Klassifikationsergebnisse erzielt als mit anderen Verfahren der Statistik oder der Künstlichen Intelligenz. Vgl. JERSCHENSKY, A., Messung des Bonitätsrisikos von Unternehmen, S. 157 und die dort angegebenen Literatur. Ausnahme bei ERXLEBEN, K./BAETGE, J. ET AL., Klassifikation von Unternehmen, S. 1255 f.

233 Vgl. HORNIK, K., Approximation Capabilities of Multilayer Feedforward Networks; HORNIK, K./STINCHCOMBE, M./WHITE, H., Multilayer Feedforward Networks are Universal Approximators.

234 Zu den Vor- und Nachteilen Neuronaler Netze vgl. PATTERSON, DAN W., Artificial Neural Networks, S. 24-28; SERAPHIN, M., Neuronale Netze und Fuzzy-Logik, S. 150-174; ZELL, A., Simulation Neuronaler Netze, S. 26-28.

Dadurch erfüllen Neuronale Netze die grundsätzlichen Anforderungen an ein **Instrument zur Messung der Bestandsfestigkeit von Unternehmen auf einer definierten Skala.** Darüber hinaus erfüllen Neuronale Netze die in der Problemstellung formulierten Anforderungen an eine **objektive und zuverlässige Urteilsbildung**, da sie nicht auf Basis von subjektivem, menschlichen Erfahrungswissen, sondern anhand objektiv beobachteter empirischer Beispielfälle lernen und mit Hilfe sog. **Pruning-Algorithmen**[235] die Zahl der Merkmale im Eingabevektor auf die für die Lösung der Problemstellung relevanten Merkmale objektiv reduzieren. Darüber hinaus können mit Neuronalen Netzen nicht nur Unternehmen zuverlässig beurteilt werden, die Teil der Lernstichprobe waren, sondern auch Unternehmen, die dem Netz beim Lernvorgang nicht präsentiert wurden, da sie in der Lage sind, aufgrund ihrer Generalisierungsfähigkeit vom Einzelfall zu abstrahieren.

232. Verbindung wissensbasierter Fuzzy-Regelsysteme mit Künstlichen Neuronalen Netzen zu Neuro-Fuzzy-Systemen

232.1 Ziel der Verbindung

Vergleicht man die dargestellen Eigenschaften Neuronaler Netze (Abschnitt 231.4) mit denen von wissensbasierten Fuzzy-Regelsystemen (Abschnitt 223.2), so wird deutlich, dass Neuronale Netze genau die Eigenschaften aufweisen, die bei wissensbasierten Fuzzy-Regelsystemen für eine objektive Urteilsbildung fehlen. Durch die Verbindung von wissensbasierten Fuzzy-Regelsystemen und Neuronalen Netzen zu Neuro-Fuzzy-Systemen könnten also die Vorteile beider Verfahren genutzt und die bestehenden Nachteile weitgehend kompensiert werden.[236] Das **Ziel der Verbindung** von wissensbasierten Fuzzy-Regelsystemen mit Künstlichen Neuronalen Netzen zu Neuro-Fuzzy-Systemen ist es daher, ein Verfahren zu erhalten, dass alle die in der Problemstellung genannten Anforderungen an ein System zur Beurteilung der Bestandsfestigkeit von Unternehmen erfüllt. Im Folgenden werden die wesentlichen Vorteile der Verfahrensintegration herausgestellt.

Eine wesentliche Verbesserung, die mit der Verfahrenskombination erzielt wird, ist die Möglichkeit, sowohl **externes Wissen** als auch **empirisches Datenmaterial** verarbeiten zu können. Das externe Wissen wird in einem ersten Schritt genutzt, um ein

235 Vgl. BISHOP, C. M., Neural Networks for Pattern Recognition, S. 353-364; ZELL, A., Künstliche Neuronale Netze, S. 319-334.

236 Vgl. MECHLER, B., Entscheidungsunterstützungssysteme, S. 134-139; NAUCK, D./KLAWONN, F./ KRUSE, R., Neuronale Netze und Fuzzy-Systeme, S. 275-279; NIEDEREICHHOLZ, J./KRUSE, H./ MECHLER, B., Kombination symbolischer und subsymbolischer Systeme, S. 122; SERAPHIN, M., Neuronale Netze und Fuzzy-Logik, S. 186.

wissensbasiertes Fuzzy-Regelsystem zu entwickeln. Anhand der empirischen Daten werden in einem zweiten Schritt die jeweiligen Komponenten des wissensbasierten Fuzzy-Regelsystems, wie die linguistischen Variablen, die Regeln und die Regelgewichte, mit dem Lernalgorithmus des Neuronalen Netzes **optimiert**. Hierdurch wird gleichzeitig das subjektive externe Wissen **objektiviert** und auf Richtigkeit überprüft (**validiert**). Zudem muss das Neuronale Netz nicht mehr auf einem zufällig initialisierten Startzustand zu lernen beginnen, sondern setzt auf einem mit dem externen Wissen vorstrukturierten Startzustand auf. Dies führt zu einem **effizienteren und schnelleren Lernvorgang.**[237] Darüber hinaus kann mit Neuronalen Netzen die fehlende **Generalisierungsfähigkeit** wissensbasierter Fuzzy-Regelsysteme kompensiert werden.

Trotz der Verbindung beider Verfahren **bleibt das wissensbasierte Fuzzy-Regelsystem als Erklärungskomponente erhalten**, sodass nach der Optimierung das ermittelte Gesamturteil anhand der verbesserten Regeln und linguistischen Variablen nachvollzogen und interpretiert werden kann. Darüber hinaus kann das Neuronale Netz nicht nur zur Optimierung eines wissensbasierten Fuzzy-Regelsystems verwendet werden, sondern auch zur **Selektion der relevanten Eingabemerkmale**. Dies ist besonders wichtig, da wissensbasierte Fuzzy-Regelsysteme keine objektive Möglichkeit zur Merkmalsselektion besitzen.

Nicht alle der vorgestellten Vorteile aus der Verbindung der Verfahren lassen sich mit jedem Neuro-Fuzzy-Modell erreichen. Welche Vorteile realisiert werden können, hängt entscheidend davon ab, wie die beiden Verfahren technisch miteinander verbunden werden. Daher werden im folgenden Abschnitt 232.2 zunächst unterschiedliche Arten der Verbindung von wissensbasierten Fuzzy-Regelsystemen mit Neuronalen Netzen vorgestellt und daraufhin untersucht, welche der gewünschten Ziele damit erfüllt werden können. Anschließend wird diskutiert, welche der vorgestellten Neuro-Fuzzy-Architekturen für die vorliegende Untersuchung am besten geeignet sind. Für die präferierte Architektur wird dann im Abschnitt 232.3 eine konkrete Implementierung vorgestellt, mit der im empirischen Teil dieser Arbeit der Neuro-Fuzzy-Lageindikator zur Beurteilung der Bestandsfestigkeit von Unternehmen entwickelt wird.

237 Vgl. HOLLATZ, J./TRESP, V., Integrating Rule-Based Knowledge into Neural Computing, S. 88 f.

232.2 Arten der Kombination wissensbasierter Fuzzy-Regelsysteme mit Künstlichen Neuronalen Netzen

232.21 Vorbemerkungen

Die Erforschung von Neuro-Fuzzy-Systemen wurde Ende der 80er Jahre aufgrund der beschriebenen Vorteile der Verfahrensintegration von Wissenschaft und Praxis aufgenommen. Seither wurde weltweit eine Vielzahl unterschiedlicher Neuro-Fuzzy-Systeme entwickelt.[238] Dabei handelt es sich einerseits um Systeme, die nur zur Lösung spezieller Probleme entwickelt wurden, und andererseits um universelle Neuro-Fuzzy-Systeme, die sich für die Lösung verschiedener Problemstellungen eignen.[239] Nach der Art der Kombination können **kooperative** und **hybride Neuro-Fuzzy-Systeme** unterschieden werden.[240] Beide Ansätze werden im Folgenden konzeptionell beschrieben und auf ihre Eignung für die vorliegende Problemstellung untersucht.[241] Anschließend wird ein bestimmter Ansatz ausgewählt, für den eine konkrete Architektur vorgestellt wird.

Neben den in der Problemstellung aufgestellten allgemeinen Anforderungen[242] werden zur Beurteilung der kooperativen und hybriden Neuro-Fuzzy-Ansätze weitere, technische Anforderungen herangezogen, die für den Einsatz eines solchen Verfahrens bei einer empirischen Analyse erfüllt sein müssen. Anhand dieser im Folgenden formulierten Anforderungen wird jeder der beiden Ansätze untersucht:

(1) Der Ansatz sollte in der Lage sein, einen **großen, hochdimensionalen Datensatz verarbeiten** zu können. Für die empirische Analyse stehen über 8.000 Jahresabschlüsse mit ca. 340 Jahresabschlusskennzahlen zur Verfügung. Dies entspricht mehr als 2.720.000 Einzelinformationen, die vom System zu verarbeiten sind.

---

238 Vgl. FULLER, R., Neuro-Fuzzy Systems, S. 142 f.

239 Für eine Auswahl unterschiedlicher Neuro-Fuzzy-Systeme vgl. CHEN, Y.-J./TENG, C.-C., Rule combination in a fuzzy neural network; ICHIHASHI, H./MIYOSHI, T./NAGASAKA, K./TOKUNAGA, M./WAKAMATSU, T., A Neurofuzzy Approach to Variational Problems by Using Gaussian Membership Functions; KELLER, J. M./YAGER, R. R./TAHANI, H., Neural Network Implementation of Fuzzy Logic; LEE, K.-M./KWAK, D.-H./LEEKWANG, H., Tuning of fuzzy models; LIN, C. TENG/LEE, C. S. G., Neural-Network-Based Fuzzy Logic Control and Decision System; LIPPE, W.-M./FEURING, TH./MISCHKE, L., Supervised Learning in Fuzzy Neural Networks; TRESP, V./AHMAD, S./HOLLATZ, J., Network Structuring and Training using Rule-Based Knowledge; YAGER, R. R., Implementing Fuzzy Logic Controllers using a Neural Network Framework.

240 Vgl. ALTROCK, C. V., Fuzzy Logic and NeuroFuzzy Applications in Business and Finance, S. 151 f.; BOTHE, H.-H., Neuro-Fuzzy-Methoden, S. 196; NAUCK, D./KLAWONN, F./KRUSE, R., Foundations of Neuro-Fuzzy Systems, S. 127 f.; SERAPHIN, M., Neuronale Netze und Fuzzy-Logik, S. 187.

241 Eine umfassende Darstellung und Bewertung bekannter kooperativer und hybrider Neuro-Fuzzy-Systeme ist zu finden bei BOTHE, H.-H., Neuro-Fuzzy-Methoden, S. 197-256 und NAUCK, D./KLAWONN, F./KRUSE, R., Neuronale Netze und Fuzzy-Systeme, S. 291-336.

242 Vgl. Abschnitt 11.

(2) Aus der allgemeinen Anforderung an eine differenzierende Urteilsbildung (Teilurteile), muss der Ansatz **hierarchische Teilsysteme unterstützen**, die zu einem Gesamtsystem integriert werden können.

(3) Mit dem Ansatz sollten sowohl die **Zugehörigkeitsfunktionen** als auch die **Regeln** und die **Regelgewichte** eines wissensbasierten Fuzzy-Regelsystems **anhand von empirischen Daten optimiert werden können**. Zur Berücksichtigung der Interdependenzen zwischen den Komponenten des wissensbasierten Fuzzy-Regelsystems sollten diese **gleichzeitig optimiert** werden können.

(4) Die Verbindung zwischen dem zu optimierenden wissensbasierten Fuzzy-Regelsystem und dem Neuronalen Netz sollte vom **technischen und zeitlichen Aufwand** her **handhabbar** sein.

232.22 Kooperative Neuro-Fuzzy-Systeme

Kooperative Neuro-Fuzzy-Systeme zeichnen sich dadurch aus, dass das wissensbasierte Fuzzy-Regelsystem und das Neuronale Netz **eigenständige Systeme** sind, die unabhängig voneinander arbeiten.[243] Die Verbindung der Systeme besteht darin, dass das Neuronale Netz für das wissensbasierte Fuzzy-Regelsystem nicht vorhandene Fuzzy-Mengen oder Regeln anhand von Beispieldaten offline generiert oder aber die Parameter der Fuzzy-Mengen und die Regelgewichte online optimiert. Übersicht 2-31 stellt vier unterschiedliche Kombinationsmöglichkeiten kooperativer Neuro-Fuzzy-Systeme dar.

Während das Neuronale Netz bei Kombinationsmöglichkeit (a) die Fuzzy-Mengen bei gegebenen Fuzzy-Regeln generiert, werden bei (b) die Fuzzy-Regeln bei gegebenen Fuzzy-Mengen aus den Beispieldaten entwickelt. Das Neuronale Netz hat keine aktive Verbindung zum wissensbasierten Fuzzy-Regelsystem, sondern generiert selbständig anhand der Beispieldaten die jeweiligen Fuzzy-Komponenten. Nach Beendigung des Lernvorgangs werden die entwickelten Komponenten an das wissensbasierte Fuzzy-Regelsystem übergeben und integriert. Bei Kombinationsmöglichkeit (c) und (d) besteht ein aktiver Regelkreis. Während das wissensbasierte Fuzzy-Regelsystem aktiv arbeitet, justiert das Neuronale Netz bei (c) die Parameter der Zugehörigkeitsfunktionen der Fuzzy-Mengen oder bei (d) die Regelgewichte. Anhand eines Fehlerkalküls, welcher die Abweichung der Ausgabe des wissensbasierten Fuzzy-Regelsystems vom Soll-Wert ermittelt, wird geprüft, ob sich die Leistung des Systems verbes-

243 Zu den folgenden Ausführungen vgl. BOTHE, H.-H., Neuro-Fuzzy-Methoden, S. 196; NAUCK, D./ KLAWONN, F./KRUSE, R., Neuronale Netze und Fuzzy-Systeme, S. 281-283; SERAPHIN, M., Neuronale Netze und Fuzzy-Logik, S. 187-189.

sert hat oder nicht. Der berechnete Fehler wird vom Lernalgorithmus des Neuronalen Netzes zur Anpassung der Zugehörigkeitsfunktionen oder der Regelgewichte benutzt.

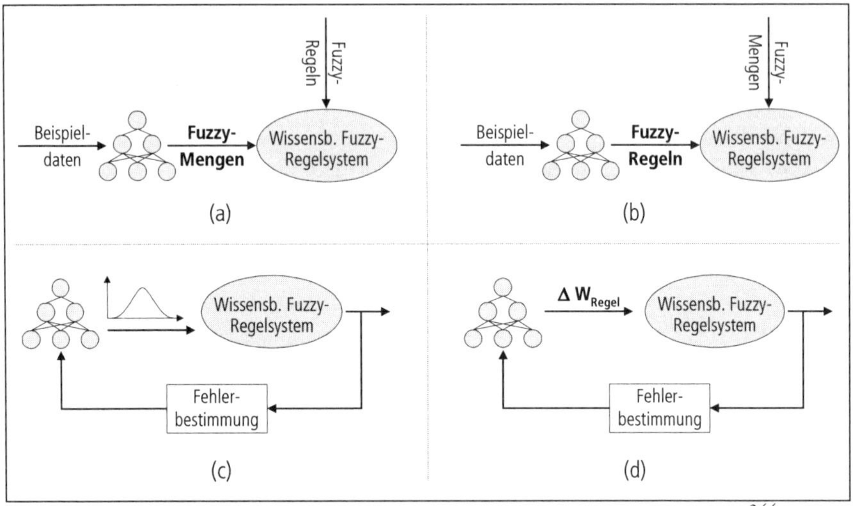

***Übersicht 2-31:** Schematische Darstellung kooperativer Neuro-Fuzzy-Systeme*[244]

Für die vorliegende Untersuchung sind nur die Kombinationsmöglichkeiten (c) und (d) aus Übersicht 2-31 des kooperativen Neuro-Fuzzy-Ansatzes relevant, da die Zugehörigkeitsfunktionen und die Regeln des zu entwickelnden wissensbasierten Fuzzy-Regelsystems in einem ersten Schritt mit externem Wissen bestimmt werden und erst in einem zweiten Schritt durch die Verbindung mit einem Neuronalen Netz in Bezug auf die Klassifikationsleistung optimiert werden sollen. Daher werden im Folgenden auch nur die Kombinationsmöglichkeiten (c) und (d) daraufhin untersucht, ob sie die zusätzlich formulierten, technischen Anforderungen aus Abschnitt 232.21 erfüllen:

- Aufgrund der Architektur kooperativer Neuro-Fuzzy-Systeme ist es nicht möglich, die Zugehörigkeitsfunktionen und die Regelgewichte des wissensbasierten Fuzzy-Regelsystems gleichzeitig zu trainieren. Die Zugehörigkeitsfunktionen und die Regelgewichte sind also nacheinander abwechselnd zu trainieren. Hierdurch muss das wissensbasierte Fuzzy-Regelsystem permanent zwischen zwei Neuro-Fuzzy-Systemen (Kombinationsmöglichkeit (c) und (d)) ausgetauscht werden. Dies lässt einen entsprechend hohen technischen Aufwand erwarten.
- Darüber hinaus ist es fraglich, ob kooperative Neuro-Fuzzy-Systeme die Hierarchisierung wissensbasierter Fuzzy-Regelsysteme unterstützen. Sicherlich könnte

244 In Anlehnung an NAUCK, D./KLAWONN, F./KRUSE, R., Foundations of Neuro-Fuzzy Systems, S. 128.

für jedes zu bildende Teilurteil ein eigenständiges wissensbasiertes Fuzzy-Regelsystem modelliert und separat optimiert werden. Die optimierten Teilsysteme würden dann zu einem mehrstufigen Gesamtsystem zusammengebaut. Es kann nun aber nicht davon ausgegangen werden, dass mit einem kooperativen Neuro-Fuzzy-System die Zugehörigkeitsfunktionen und Regelgewichte der verschiedenen Teilsysteme über die Hierarchieebenen gleichzeitig trainiert werden können, obwohl sie sich gegenseitig beeinflussen. Daher kann ein Gesamtsystem auf Basis von optimierten Teilsystemen nicht die gleiche Klassifikationsleistung aufweisen wie ein zusammenhängend trainiertes Gesamtsystem.

- Die Anforderung, eine große Zahl an Datensätzen und Merkmalen verarbeiten zu können, kann hier nicht abschließend beurteilt werden, da dies von der konkreten Implementierung des kooperativen Neuro-Fuzzy-Systems abhängt.

Zusammenfassend kann festgehalten werden, dass kooperative Neuro-Fuzzy-Systeme grundsätzlich geeignet sind, bereits bestehende wissensbasierte Fuzzy-Regelsysteme mit Neuronalen Netzen zu verbinden und im Hinblick auf ihre Klassifikationsleistung zu verbessern. Allerdings erfüllen kooperative Neuro-Fuzzy-Systeme nicht alle der hier geforderten Anforderungen für die Entwicklung eines Neuro-Fuzzy-Lageindikators. Vor allem lassen sich die Zugehörigkeitsfunktionen und die Regelgewichte nicht gleichzeitig trainieren und die Optimierung hierarchischer wissensbasierter Fuzzy-Regelsysteme ist nur eingeschränkt möglich.

232.23 Hybride Neuro-Fuzzy-Systeme

Wesentliches Merkmal eines **hybriden Neuro-Fuzzy-Systems** ist, dass das wissensbasierte Fuzzy-Regelsystem und das Neuronale Netz während des Lernvorgangs keine eigenständigen Systeme mehr sind, sondern hierfür **in eine einheitliche Architektur überführt** werden.[245] Dabei wird das wissensbasierte Fuzzy-Regelsystem als spezielles Neuronales Netz abgebildet. Übersicht 2-32 zeigt schematisch die Architektur eines hybriden Neuro-Fuzzy-Systems, welche im Folgenden kurz beschrieben wird.

245 Zu den folgenden Ausführungen vgl. BOTHE, H.-H., Neuro-Fuzzy-Methoden, S. 196; NAUCK, D./ KLAWONN, F./KRUSE, R., Neuronale Netze und Fuzzy-Systeme, S. 283-286; SERAPHIN, M., Neuronale Netze und Fuzzy-Logik, S. 189-193.

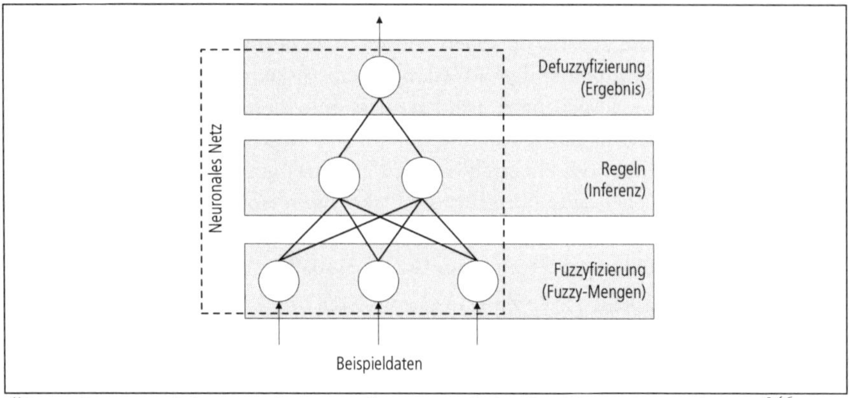

Übersicht 2-32: *Schematische Darstellung eines hybriden Neuro-Fuzzy-Systems*[246]

Die **Fuzzyfizierungs-Komponente** eines wissensbasierten Fuzzy-Regelsystems wird mit den Neuronen der Eingabeschicht modelliert. Dabei werden die Zugehörigkeitsfunktionen der Fuzzy-Mengen als Aktivierungsfunktionen der Neuronen implementiert. Die Parameter der Zugehörigkeitsfunktionen können als Verbindungsgewichte zu den Neuronen der versteckten Schicht abgebildet werden. Die **Fuzzy-Regeln mit ihren Regelgewichten** werden durch jeweils ein Neuron in der versteckten Schicht repräsentiert. Die **Defuzzyfizierungs-Komponente** wird durch die Verbindungen von der versteckten Schicht zur Ausgabeschicht sowie durch die Neuronen der Ausgabeschicht implementiert. Damit ist das Grundgerüst eines wissensbasierten Fuzzy-Regelsystems als Neuronales Netz modelliert. Die **Inferenzkomponente** wird bei hybriden Neuro-Fuzzy-Systemen durch eine entsprechende Definition der Netzeingabe- und Ausgabefunktionen der Neuronen implementiert. Damit ist auch die Verarbeitungslogik eines wissensbasierten Fuzzy-Regelsystems modelliert.

Durch diese äquivalente Umsetzung eines wissensbasierten Fuzzy-Regelsystems in ein Neuronales Netz erhält jedes Gewicht und jedes Neuron des Neuro-Fuzzy-Systems eine besondere Bedeutung, da diese jeweils einen bestimmten Teil eines wissensbasierten Fuzzy-Regelsystems repräsentieren. Hierdurch ist das hybride Neuro-Fuzzy-System direkt nachvollziehbar und interpretierbar wie ein wissensbasiertes Fuzzy-Regelsystem, während es gleichzeitig mit seiner Lernfähigkeit die Gewichte justieren und so die Klassifikationsleistung verbessern kann.

Im Folgenden wird untersucht, inwieweit hybride Neuro-Fuzzy-Systeme die formulierten Anforderungen aus Abschnitt 232.21 erfüllen:

---

246 In Anlehnung an SERAPHIN, M., Neuronale Netze und Fuzzy-Logik, S. 191 und MEDSKER, L. R., Hybrid Intelligent Systems, S. 114.

- Hybride Neuro-Fuzzy-Systeme weisen eine integrierte Architektur auf, sodass eine explizite Verbindung zwischen einem wissensbasierten Fuzzy-Regelsystem und einem Neuronalen Netz entfällt und somit auch nicht gepflegt werden muss.
- Durch die Möglichkeit, Neuronale Netze zu kaskadieren, können hierarchische Neuro-Fuzzy-Systeme entwickelt werden, die die Modellierung von Teilurteilen erlauben und dennoch als Gesamtsystem optimiert werden können.
- Die Zugehörigkeitsfunktionen der Fuzzy-Mengen und die Regelgewichte können gleichzeitig durch den Lernalgorithmus des Neuro-Fuzzy-Systems adaptiert werden. Hierbei kann allerdings das Problem auftreten, dass der Lernalgorithmus die Gewichte so stark verändert, dass bspw. die Zugehörigkeitsfunktionen nicht mehr plausibel sind und somit auch nicht mehr interpretiert und nachvollzogen werden können. Zur Lösung dieses Problems muss der Lernalgorithmus so erweitert werden, dass er die Gewichte nur innerhalb von explizit vorgegebenen Nebenbedingungen verändern darf.[247] Ein solcher semantikerhaltender Lernalgorithmus stellt die Nachvollziehbarkeit und die Interpretierbarkeit des Neuro-Fuzzy-Systems sicher. Es ist allerdings zu vermuten, dass dies einen negativen Einfluss auf die Leistungsfähigkeit des Neuro-Fuzzy-Systems hat.
- Auch hier hängt die Zahl der Datensätze und die Größe des Merkmalsvektors, die ein hybrides Neuro-Fuzzy-System verarbeiten kann, von der konkreten Implementierung ab. Da aber ein hybrides Neuro-Fuzzy-System ein spezielles Neuronales Netz darstellt, welches als solches gut geeignet ist, viele Datensätze und hochdimensionale Merkmalsräume zu verarbeiten, sind hier keine Probleme zu erwarten.

Die Ausführungen haben gezeigt, dass hybride Neuro-Fuzzy-Systeme alle gestellten Anforderungen aus Abschnitt 232.21 erfüllen und somit alle technischen Voraussetzungen für die Entwicklung eines Neuro-Fuzzy-Lageindikators zur Beurteilung der Bestandsfestigkeit von Unternehmen aufweisen. Daher sind hybride Neuro-Fuzzy-Systeme im Vergleich zu kooperativen Neuro-Fuzzy-Systemen flexibler und somit besser geeignet. Entsprechend wird für die empirische Untersuchung im 3. Abschnitt dieser Arbeit ein hybrides Neuro-Fuzzy-System gewählt.

---

247 Vgl. ZIMMERMANN, H. G./NEUNEIER, R., Neuro-Fuzzy Methoden in der Finanzanalyse, S. 56 f.

232.3 Darstellung der verwendeten hybriden Neuro-Fuzzy-Architektur

232.31 Vorbemerkungen und Voraussetzungen

Zur Entwicklung von hybriden Neuro-Fuzzy-Systemen existiert eine Vielzahl unterschiedlicher Ansätze. Dies ist auf die Vielfalt Neuronaler-Netzwerk-Architekturen zurückzuführen, die sich als Basistechnologie für die Umsetzung wissensbasierter Fuzzy-Regelsysteme zu hybriden Neuro-Fuzzy-Systemen anbieten. Neben dem Multilayer-Perceptron-Netz, wie es in Abschnitt 231.2 als klassischer Vertreter Künstlicher Neuronaler Netze vorgestellt wurde, werden auch sehr häufig Radiale-Basisfunktionen-Netze (RBF-Netze) zur Konstruktion hybrider Neuro-Fuzzy-Systeme eingesetzt. **RBF-Netze** sind spezielle drei-schichtige, vorwärtsgerichtete Multilayer Perceptronen, die in den Neuronen der Ein- und Ausgabeschicht lineare Funktionen und in den Neuronen der versteckten Schicht **radiale Basisfunktionen** (z. B. Gauß-Glocken) zur Spezifizierung der Aktivierungsfunktion[248] verwenden.[249] Daher eignen sich RBF-Netze besonders gut für die Transformation eines wissensbasierten Fuzzy-Regelsystems in ein Neuronales Netz, da mit Hilfe der radialen Basisfunktionen die Zugehörigkeitsfunktionen der Fuzzy-Mengen modelliert werden können.

Für die vorliegende Untersuchung wird eine auf RBF-Netzen basierende Neuro-Fuzzy-Architektur verwendet, die alle in Abschnitt 232.21 formulierten Anforderungen an ein hybrides Neuro-Fuzzy-System erfüllt. Die Neuro-Fuzzy-Architektur wurde von TRESP/AHMAD/HOLLATZ[250] entwickelt und basiert auf den Arbeiten von TAKAGI/SUGENO[251] sowie WANG/MENDEL[252]. Diese Architektur erlaubt es, die Zugehörigkeitsfunktionen und Regeln eines zuvor mit externem Wissen konfigurierten wissensbasierten Fuzzy-Regelsystems in ein RBF-Netz zu transformieren und anschließend zu optimieren. Nach dem Abschluss des Lernvorgangs können die verbesserten Zugehörigkeitsfunktionen und Regeln anhand der Netz-Parameter zurück in ein wissensbasiertes Fuzzy-Regelsystem transformiert werden.[253] Übersicht 2-33 stellt diesen Zusammenhang grafisch dar. Darüber hinaus kann mit dieser Architektur jeder Regel ein Sicherheitsfaktor[254] zugeordnet werden. Dieser Sicherheitsfaktor, auch Regelgewicht $\varkappa$ genannt, drückt aus, wie wichtig eine Regel im Vergleich zu allen an-

248 Vgl. zur Aktivierungsfunktion Definition 2-25.

249 Vgl. PREUSS, H.-P./TRESP, V., Neuro-Fuzzy, S. 12; ZELL, A., Künstliche Neuronale Netze, S. 27.

250 Vgl. TRESP, V./AHMAD, S./HOLLATZ, J., Network Structuring and Training using Rule-Based Knowledge.

251 Vgl. TAKAGI, T./SUGENO, M., Fuzzy identification of systems and its applications to modelling and control.

252 Vgl. WANG, L.-X./MENDEL, J. M., Generating Fuzzy Rules by Learning from Examples.

253 Vgl. NEUNEIER, R./TRESP, V., Radiale Basisfunktionen, Dichteschätzungen und Neuro-Fuzzy, S. 126.

254 Vgl. Abschnitt 223.13.

deren Regeln ist und kann mit dem Lernalgorithmus des RBF-Netzes entsprechend angepasst werden.

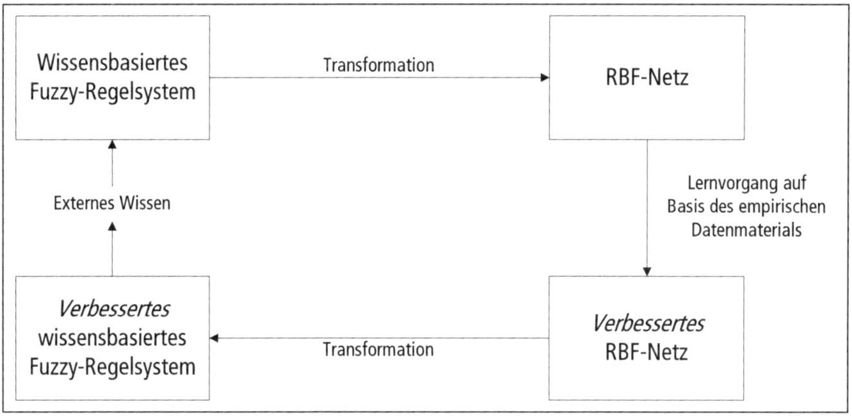

***Übersicht 2-33:** Funktionsweise des verwendeten hybriden Neuro-Fuzzy-Systems*[255]

Mit der gewählten Neuro-Fuzzy-Architektur von TRESP/AHMAD/HOLLATZ kann allerdings nicht jedes wissensbasierte Fuzzy-Regelsystem in ein RBF-Netz transformiert werden. Das wissensbasierte Fuzzy-Regelsystem muss **für die Transformation die folgenden Voraussetzungen erfüllen**:

- Die Zugehörigkeitsfunktionen μ der Termsets der linguistischen Eingabevariablen müssen aufgrund des Lernalgorithmus des Neuronalen Netzes stetig differenzierbar sein. Die gewählte Neuro-Fuzzy-Architektur erlaubt daher nur die Verwendung von Gauß-Funktionen und logistischen Funktionen aus den Definitionen 2-9 bis 2-12 mit den Parametern c, σ, und s.[256]
- Die Termsets der linguistischen Ausgabevariablen sind durch Singletons abzubilden, die im Weiteren als Konklusionsgewichte w_i bezeichnet werden.
- In der Regelprämisse sind nur konjunktive Verknüpfungen (UND) zugelassen. Die Regeln untereinander werden disjunktiv (ODER) verknüpft. Darüber hinaus muss jede Regel l ein Regelgewicht κ_l besitzen.

255 In Anlehnung an NEUNEIER, R./TRESP, V., Radiale Basisfunktionen, Dichteschätzungen und Neuro-Fuzzy, S. 127.

256 Vgl. Abschnitt 222.1.

- Für die Inferenzstrategie wird als Aggregations-Operator das algebraische Produkt verwendet. Operatoren für die Implikation und die Akkumulation können nicht explizit angegeben werden, da sie aufgrund der Netzwerkstruktur mit der Defuzzyfizierung zusammen durchgeführt werden.[257]
- Für die Defuzzyfizierung wird die CoS-Methode verwendet.[258]

232.32 Algebraische Definition

Im Folgenden wird die Neuro-Fuzzy-Architektur von TRESP/AHMAD/HOLLATZ zunächst algebraisch definiert. Anschließend wird gezeigt, wie das in Abschnitt 223. beispielhaft entwickelte wissensbasierte Fuzzy-Regelsystem in die beschriebene Neuro-Fuzzy-Architektur transformiert werden kann.

(2-32) Die ausgewählte Neuro-Fuzzy-Architektur wird charakterisiert durch das Tupel (U, W, A, O, NET, ex), wobei die einzelnen Bestandteile U, W, A, O, NET, ex die folgenden Eigenschaften haben:[259]

(i) $U = \bigcup_{i \in H} U_i$ ist eine endliche, nicht leere Menge von Neuronen u; $H = \{1,\ldots,3\}$ wird als Indexmenge von U bezeichnet, dabei gilt für alle $i,j \in H$, $U_i \neq \varnothing$ und $U_i \cap U_j = \varnothing$ für $i \neq j$. U_1 heißt Eingabeschicht, U_2 Regelschicht (oder versteckte Schicht) und U_3 Ausgabeschicht. Mit $u_i \in U_k$ wird Neuron i der Verarbeitungsschicht U_k bezeichnet.

(ii) W repräsentiert die Netzwerkstruktur und ist ein kartesisches Produkt $U \times U$ in $\mathbb{R}$, wobei nur Verbindungen $W(u,v)$ mit $u \in U_i$, $v \in U_{i+1}$ ($i \in \{1,2\}$) bestehen. Weiter gilt:

Die Gewichte der Verbindung zwischen U_1 und U_2 speichern die Parameter der für die Termsets der linguistischen Eingabevariablen verwendeten Zugehörigkeitsfunktionen. Dabei beschreibt c die Lage und $s = \frac{1}{\sigma}$ die Weite bei gaußförmigen Funktionen bzw. c die Lage und s die Steigung bei logistischen Funktionen. In jeder Verbindung werden zwei Gewichte abgelegt:

257 Für die Inferenzstrategie in wissensbasierten Fuzzy-Regelsystemen vgl. 223.14.

258 Zur Funktionsweise der CoS-Methode als Defuzzyfizierungsmethode vgl. Abschnitt 223.15.

259 Für die Definition vgl. SIEKMANN, S., Fusion von Expertenwissen und Daten mit Neuro-Fuzzy-Methoden, S.49-54 i.V. mit PREUSS, H.-P./TRESP, V., Neuro-Fuzzy, S. 18-21 und ZIMMERMANN, H. G./NEUNEIER, R., Neuro-Fuzzy Methoden in der Finanzanalyse, S. 56. Die Notation wurde analog zu Definition 2-25 gewählt.

$$W(u_i,v_j) = (c_j^i, s_j^i), \quad u_i \in U_1, \quad v_j \in U_2, \quad c_j^i, s_j^i \in \mathbb{R}$$

Beziehen sich zwei unterschiedliche Verbindungen $W(u_i, v_o)$ und $W(u_j, v_o)$ mit u_i, $u_j \in U_1$, $i \neq j$ und $v_o \in U_2$ auf denselben linguistischen Term in der Prämisse einer Regel, so werden die Gewichte gekoppelt und sind somit immer identisch:

$$W(u_i,v_o) \equiv W(u_j,v_o)$$

Die Gewichte w_l in der Verbindung zwischen U_2 und U_3 speichern die Lage der für die Termsets der linguistischen Ausgabevariablen verwendeten Singletons, im Folgenden als Konklusionsgewichte w_l bezeichnet:

$$W(u_l,v_q) = w_l, \quad u_l \in U_2, \quad v_q \in U_3, \quad w_l \in \mathbb{R}$$

Dabei ist zu berücksichtigen, wenn sich zwei unterschiedliche Verbindungen $W(u_l, v_q)$ und $W(u_p, v_q)$ mit u_l, $u_p \in U_2$, $l \neq p$ und $v_q \in U_3$ auf dasselbe Konklusionsgewicht beziehen, so werden die Gewichte gekoppelt und sind somit immer identisch:

$$W(u_l,v_q) \equiv W(u_p,v_q)$$

(iii) Die externe Eingabefunktion ex: $U \to \mathbb{R}$ ordnet jedem Neuron $u \in U_1$ eine externe Eingabe $\mathrm{ex}(u) = \mathrm{ex}_u$ zu. Für Neuronen anderer Verarbeitungsschichten ist ex nicht definiert . Es gilt:

$$\mathrm{ex}_{u_i} = x_i, \quad u_i \in U_1, \quad x_i \in (x_1, \ldots, x_n)$$

(iv) NET ordnet jedem Neuron $u \in U$ eine Netzeingabefunktion NET_u zur Berechnung der Netzeingabe $in_u^{(k)}$, $k \in H$ zu. A ordnet jedem Neuron $u \in U$ eine Aktivierungsfunktion A_u zur Berechnung des Aktivitätspotenzials $a_u^{(k)}$, $k \in H$ zu. O ordnet jedem Neuron $u \in U$ eine Ausgabefunktion zur Berechnung der Ausgabe $o_u^{(k)}$, $k \in H$ zu. Differenziert nach den Verarbeitungsschichten gelten die folgenden Eigenschaften:

(a) Zu jedem Eingabeneuronen $u_i \in U_1$ $(i = 1, \ldots, n)$ existieren jeweils $j = 1, \ldots, m$ Fuzzy-Mengen μ_j, welche die Zugehörigkeitsfunktionen der linguistischen Terme zur Abbildung der jeweiligen linguistischen Variablen darstellen. Es gilt:

$$\mathrm{NET}_{u_i}\colon\ \mathbb{R}\rightarrow\mathbb{R},\quad in^{(1)}_{u_i} = \mathrm{ex}_{u_i}$$

$$A_{u_i}\colon\ \mathbb{R}\rightarrow\mathbb{R},\quad a^{(1)}_{u_{ij}} = (in^{(1)}_{u_i} - c^i_j)s^i_j$$

$$O_{u_i}\colon\ \mathbb{R}\rightarrow\mathbb{R},\quad o^{(1)}_{u_{ij}} = \begin{cases} (a^{(1)}_{u_{ij}})^2 & ,\mu_j \text{ gaußförmig mit } s = \frac{1}{\sigma} \\ 2\ln(1 + \exp(-4a^{(1)}_{u_{ij}})) & ,\mu_j \text{ logistisch} \end{cases}$$

(b) Für die Neuronen der Regelschicht $u_l \in U_2$ $(l = 1, \ldots, r)$ gilt:

$$\mathrm{NET}_{u_l}\colon\ \mathbb{R}\rightarrow\mathbb{R},\quad in^{(2)}_{u_l} = \sum_{i=1}^{n} o^{(1)}_{u_{ij}}$$

$$A_{u_l}\colon\ \mathbb{R}\rightarrow\mathbb{R}^+,\quad a^{(2)}_{u_l} = \varkappa_l \cdot \exp\left(-\frac{1}{2} in^{(2)}_{u_l}\right)$$

$$O_{u_l}\colon\ \mathbb{R}^+\rightarrow\mathbb{R}^+,\quad o^{(2)}_{u_l} = a^{(2)}_{u_l}$$

Dabei stellt $\varkappa_l$ das Gewicht einer Regel l dar, die durch das Neuron u_l abgebildet wird.

(c) Für das Ausgabeneuron $u \in U_3$ gilt:

$$\mathrm{NET}_u\colon\ \mathbb{R}^+\rightarrow\mathbb{R},\quad in^{(3)}_u = \sum_{l=1}^{r} w_l \frac{o^{(2)}_{u_l}}{\sum_{h=1}^{r} o^{(2)}_{u_h}}$$

$$A_u\colon\ \mathbb{R}\rightarrow\mathbb{R},\quad a^{(3)}_u = in^{(3)}_u$$

$$O_u\colon\ \mathbb{R}\rightarrow\mathbb{R},\quad o^{(3)}_u = a^{(3)}_u$$

Die Neuro-Fuzzy-Architektur aus der vorangegangenen Definition 2-32 ist ein **normalisiertes RBF-Netz**, wie es von MOODY/DARKEN[260] erstmalig vorgestellt wurde. Die gesamte Architektur ist abhängig von den **vier Systemparametern** (c, s, $\varkappa$, w), welche mit einem auf Gradientenabstieg basierenden Lernalgorithmus angepasst werden. Damit durch die Anpassung der Netzparameter nicht die Bedeutung der Fuzzy-Mengen und der Fuzzy-Regeln verloren geht, weist der hier verwendete Lernalgorithmus eine Besonderheit gegenüber einem klassischen Gradientenabstiegsverfahren auf.

260 Vgl. MOODY, J./DARKEN, C. J., Fast Learning in Networks of Locally-Tuned Processing Units.

Die vorgestellte Neuro-Fuzzy-Architektur benutzt einen sog. **semantikerhaltenden Lernalgorithmus**, der die Systemparameter nur unter Einhaltung explizit definierter **Nebenbedingungen** anpasst und somit die Interpretierbarkeit und damit die Nachvollziehbarkeit des zu optimierenden wissensbasierten Fuzzy-Regelsystems gewährleistet.[261]

Der semantikerhaltende Lernalgorithmus erlaubt dabei zwei Typen von Nebenbedingungen. Einerseits lassen sich Nebenbedingungen für die Funktionsparameter einer einzelnen Zugehörigkeitsfunktion bestimmen. Hierdurch kann die Lage c und die Weite s (bei gaußförmigen) bzw. die Steigung s (bei logistischen) Zugehörigkeitsfunktionen beeinflusst werden. Andererseits können Relationen zwischen verschiedenen Zugehörigkeitsfunktionen definiert werden, um die Reihenfolge der Zugehörigkeitsfunktionen für die Termsets einer linguistischen Variablen sicherzustellen.[262]

Ein weiterer adaptierbarer Parameter ist das Regelgewicht $\varkappa_l$. Die Summe der Regelgewichte $\varkappa_l$ wird nach jedem Lernvorgang über eine feste Konstante normiert. Somit wird sichergestellt, dass das Gewicht einer Regel nur dann wachsen kann, wenn gleichzeitig das Gewicht einer anderen Regel kleiner wird. Hierdurch werden inkonsistente oder überflüssige Regeln durch den Lernvorgang automatisch eliminiert.[263]

232.33 Darstellung der verwendeten Neuro-Fuzzy-Architektur an einem Beispiel

Im Folgenden wird anhand des in Abschnitt 223.1 exemplarisch entwickelten wissensbasierten Fuzzy-Regelsystems die Transformation in das RBF-Netz der verwendeten Neuro-Fuzzy-Architektur beschrieben. Übersicht 2-34 zeigt eine schematische Darstellung der durchgeführten Transformation. Die zwei in das wissensbasierte Fuzzy-Regelsystem eingehenden Kennzahlen Eigenkapitalrentabilität und Verschuldungsgrad werden als Eingabeneuronen modelliert. Die Neuronen der Regelschicht repräsentieren jeweils eine der neun Regeln der Wissensbasis (vgl. Übersicht 2-18). Das zusammenfassende Urteil über die ›Bestandsfestigkeit‹ wird als ein Ausgabeneuron modelliert.

261 Für die algebraische Definition des semantikerhaltenden Lernalgorithmus vgl. SIEKMANN, S., Fusion von Expertenwissen und Daten mit Neuro-Fuzzy-Methoden, S. 70-74 u. S. 85-91.

262 SIEKMANN, S., ET AL., Neuro-Fuzzy Methods, S. 190.

263 Vgl. ZIMMERMANN, H. G./NEUNEIER, R., Neuro-Fuzzy Methoden in der Finanzanalyse, S. 56.

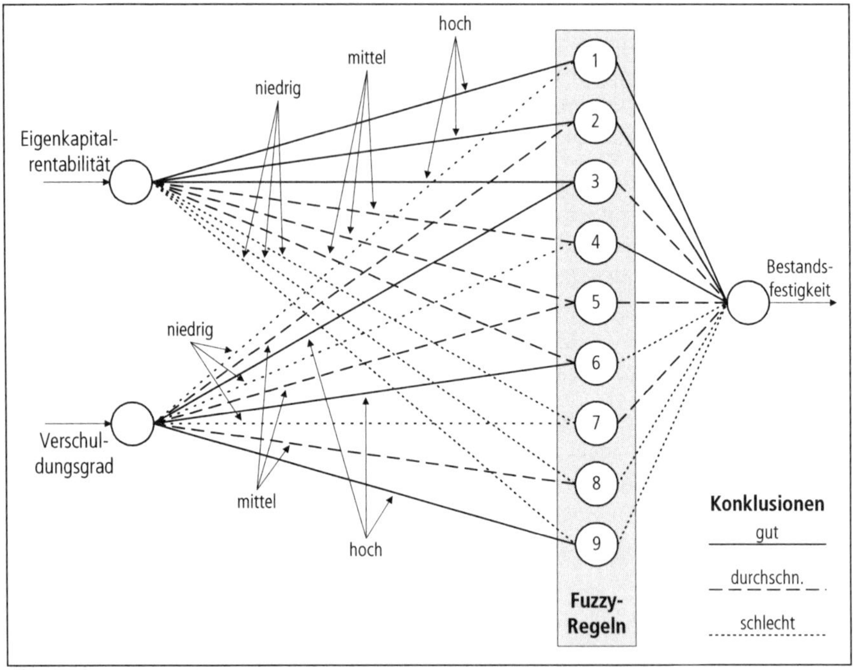

Übersicht 2-34: Schematische Darstellung der Transformation des exemplarisch entwickelten wissensbasierten Fuzzy-Regelsystems in das RBF-Netz der verwendeten Neuro-Fuzzy-Architektur[264]

Für die Fuzzyfizierung der eingehenden Kennzahlenausprägungen wurde im wissensbasierten Fuzzy-Regelsystem für jede der zwei Kennzahlen Eigenkapitalrentabilität und Verschuldungsgrad jeweils eine linguistische Variable bestimmt (vgl. Übersicht 2-14). Damit die Beschreibung der Funktionsweise wissensbasierter Fuzzy-Regelsysteme im Abschnitt 223.1 einfacher nachzuvollziehen ist, wurden die linguistischen Variablen zunächst mit linearen Standard-Zugehörigkeitsfunktionen definiert. Wie bereits erläutert, müssen aber die Zugehörigkeitsfunktionen für die Umsetzung in das verwendete Neuro-Fuzzy-System stetig differenzierbar sein, sodass jetzt diese Vereinfachung wieder aufgehoben wird und die linguistischen Variablen fortan mit gaußförmigen und logistischen Funktionen definiert werden. Übersicht 2-35 zeigt, wie die linguistischen Variablen ›Eigenkapitalrentabilität‹ und ›Verschuldungsgrad‹ mit nicht-linearen Zugehörigkeitsfunktionen modelliert werden können. Die Funktionsparameter c und s für die Lage und Weite/Steigung der Zugehörigkeitsfunktionen

264 In Anlehnung an SIEKMANN, S., Fusion von Expertenwissen und Daten mit Neuro-Fuzzy-Methoden, S. 53.

sind in den Verbindungen zwischen der Eingabeschicht und der Regelschicht hinterlegt (vgl Übersicht 2-34). Dabei repräsentiert jede Verbindung einen der drei linguistischen Terme *›hoch‹*, *›mittel‹* und *›niedrig‹* der jeweiligen linguistischen Eingabevariablen. Da die linguistischen Terme in mehreren Regeln als Teil der Prämisse verwendet werden können, existieren für einen linguistischen Term mehrere Verbindungen. Durch die Neuro-Fuzzy-Architektur wird aber sichergestellt, dass die Verbindungsgewichte für dieselben linguistischen Terme immer identisch sind (vgl. Definition 2-32 *(ii)*).

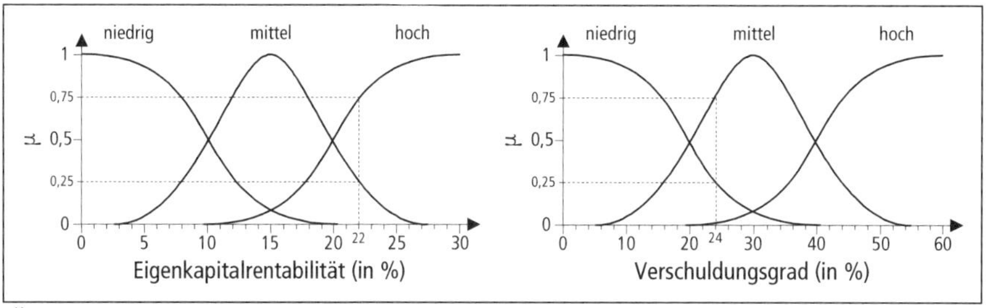

Übersicht 2-35: *Mit nicht-linearen Zugehörigkeitsfunktionen definierte linguistische Variablen ›Eigenkapitalrentabilität‹ und ›Verschuldungsgrad‹*

Die Regeln der Wissensbasis des wissensbasierten Fuzzy-Regelsystems werden durch jeweils ein Neuron in der Regelschicht der Neuro-Fuzzy-Architektur abgebildet. In den Neuronen der Regelschicht wird für jede Regel l das adaptierbare Regelgewicht $\varkappa_l$ abgelegt. Über die Verbindungen zwischen der Eingabe- und der Regelschicht wird die Prämisse der jeweiligen Regel formuliert. Am Beispiel der Regel-Nr. 1, die durch das Neuron eins der Regelschicht repräsentiert wird (vgl. Übersicht 2-34), sei dieser Zusammenhang erläutert. Das Neuron eins ist mit der linguistischen Eingabevariablen ›Eigenkapitalrentabilität‹ über die Verbindung für den Term *›hoch‹* und mit der linguistischen Eingabevariablen ›Verschuldungsgrad‹ über die Verbindung für den Term *›niedrig‹* verknüpft. Die Prämisse der Regel-Nr. 1 lautet demnach:

Wenn Eigenkapitalrentabilität ist *hoch* UND
Verschuldungsgrad ist *niedrig*

Die jeweilige Regelkonklusion wird durch die Verbindung zwischen der Regelschicht und der Ausgabeschicht abgebildet. Jede Verbindung repräsentiert einen der drei Terme *›gut‹*, *›durchschnittlich‹* und *›schlecht‹* der linguistischen Ausgabevariablen ›Bestandsfestigkeit‹. Wie die linguistischen Eingabevariablen wurde auch die linguistische Ausgabevariable ›Bestandsfestigkeit‹ zunächst zur Vereinfachung mit linearen Standard-Zugehörigkeitsfunktionen definiert (vgl. Übersicht 2-16). Da für die Defuzzyfizierung in der Neuro-Fuzzy-Architektur die CoS-Methode verwendet wird, müssen die Zugehörigkeitsfunktionen für die Terme der linguistischen Ausgabevariablen mit jeweils einem Singleton definiert werden. Aus diesem Grunde werden auch hier die Vereinfachungen aufgehoben und die Terme der linguistischen Ausgabevariablen ›Bestandsfestigkeit‹ mit jeweils einem Singleton definiert. Übersicht 2-36 zeigt die auf dem Konzept des Singletons beruhende linguistische Ausgabevariable ›Bestandsfestigkeit‹. Zum Vergleich sind die sonst verwendeten nicht-linearen Zugehörigkeitsfunktionen hellgrau eingezeichnet.

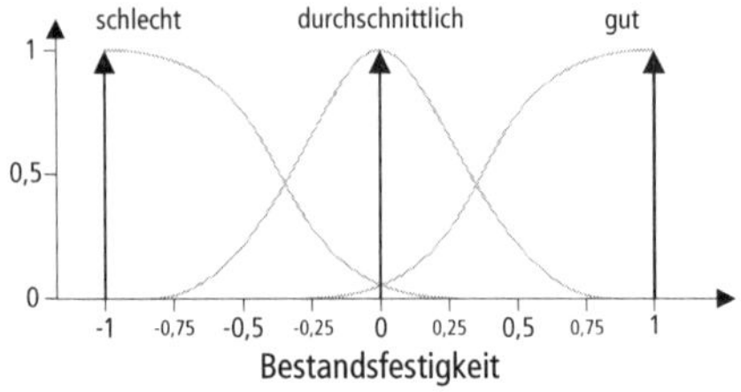

***Übersicht 2-36:** Auf dem Konzept des Singletons beruhende linguistische Variable ›Bestandsfestigkeit‹*

Die Lage des jeweiligen Singletons ist als Konklusionsgewicht w_i in der Verbindung zwischen der Regel- und der Ausgabeschicht abgelegt. Da ein Term der linguistischen Ausgabevariablen auch mehrmals als Konklusion in einer Regel verwendet werden kann, existieren mehrere Verbindungen für denselben linguistischen Term. Auch hier stellt die verwendete Neuro-Fuzzy-Architektur sicher, dass das Konklusionsgewicht in Verbindungen gleicher linguistischer Terme identisch ist (vgl. Definition 2-32 *(ii)*). Da die Regel eins zwischen der Regel- und der Ausgabeschicht mit der Verbindung für den linguistischen Term *›gut‹* verbunden ist, kann die ganze Regel mit Konklusion wie folgt formuliert werden:

Wenn Eigenkapitalrentabilität ist *hoch* UND
Verschuldungsgrad ist *niedrig*
Dann Bestandsfestigkeit ist *gut.*

Das dargestellte Beispiel zeigt, dass, wenn die entsprechenden Voraussetzungen erfüllt sind, ein wissensbasiertes Fuzzy-Regelsystem in ein RBF-Netz transformiert werden kann. Nach der Optimierung kann das Neuronale Netz ebenso wieder in ein wissensbasiertes Fuzzy-Regelsystem übersetzt werden. Die gestellten Anforderungen an ein Neuro-Fuzzy-System sind also erfüllt.

Für die nun folgende empirische Untersuchung wird die vorgestellte Neuro-Fuzzy-Architektur angewendet. Dazu wird die **Software SENN** (Software Entwicklungsumgebung für Neuronale Netze) der SIEMENS AG verwendet,[265] in der die beschriebene Neuro-Fuzzy-Architektur mit dem semantikerhaltenden Lernalgorithmus vollständig implementiert ist.

265 Die Software SENN wurde von der SIEMENS BUSINESS SERVICES GMBH & CO. OHG für den Zeitraum der vorliegenden Untersuchung zur Verfügung gestellt. Version: SENN V3.0A00; Dokumentation: SENN SIEMENS BUSINESS SERVICES (HRSG.), SENN Benutzerhandbuch.

3 Entwicklung eines Neuro-Fuzzy-Lageindikators zur Beurteilung der Bestandsfestigkeit

31 Vorgehensmodell zur Entwicklung eines Neuro-Fuzzy-Lageindikators

Das Ziel des dritten Abschnitts dieser Untersuchung ist es, einen Neuro-Fuzzy-Lageindikator zur Beurteilung der Bestandsfestigkeit von Unternehmen empirisch mit dem im vorhergehenden zweiten Abschnitt vorgestellten Neuro-Fuzzy-System zu entwickeln. Hierzu wird ein **Vorgehensmodell** entworfen, welches unabhängig von einem spezifischen Anwendungsgebiet, wie der Kreditwürdigkeitsprüfung oder dem Beteiligungsmanagement, das Vorgehen zur Entwicklung eines solchen Neuro-Fuzzy-Lageindikators in Form eines **hierarchischen Prozessmodells** beschreibt. Dieses Vorgehensmodell bildet das Gerüst für die folgende empirische Untersuchung und bestimmt damit die Gliederungsstruktur des dritten Abschnitts.

Der Prozess zur Entwicklung eines Neuro-Fuzzy-Lageindikators lässt sich grob in fünf nacheinander auszuführende Funktionen zerlegen.[1] Jede dieser Funktionen lässt sich wieder als eigenständiger Prozess beschreiben. Das Vorgehensmodell ist daher hierarchisch aufgebaut und besteht aus einem **übergeordneten Prozess**, dessen fünf Funktionen durch jeweils einen **untergeordneten Prozess** semantisch verfeinert und beschrieben werden. Übersicht 3-1 stellt den übergeordneten Prozess des Vorgehensmodells als **Wertschöpfungskettendiagramm** dar.[2]

1. Bereitstellung des Datenmaterials (vgl. Abschnitt 32)	2. Bestimmung der Merkmale zur Beurteilung der Bestandsfestigkeit (vgl. Abschnitt 33)	3. Modellierung eines wissensb. Fuzzy-Regelsystems (vgl. Abschnitt 35)	4. Optimierung des wissensb. Fuzzy-Regelsystems mit Neuro-Fuzzy (vgl. Abschnitt 36)	5. Validierung des Neuro-Fuzzy-Lageindikators (vgl. Abschnitt 38)

Übersicht 3-1: *Vorgehensmodell zur Entwicklung eines Neuro-Fuzzy-Lageindikators*

Die fünf Funktionen im Wertschöpfungskettendiagramm des übergeordneten Prozesses bilden die Gliederungsstruktur des dritten Abschnitts. Jede Funktion wird in einem eigenen Unterabschnitt ausführlich behandelt (vgl. die in Klammern gesetzen

1 Für ähnliche Vorgehensmodelle zur Entwicklung von empirischen Bilanzbonitätsindikatoren vgl. UTHOFF, C., Erfolgsoptimale Kreditwürdigkeitsprüfung, S. 187; JERSCHENSKY, A., Messung des Bonitätsrisikos von Unternehmen, S. 66, THUN, C., Entwicklung von Bilanzbonitätsklassifikatoren, S. 85. Für ein Vorgehensmodell zur Entwicklung eines Neuro-Fuzzy-Systems vgl. SIEKMANN, S., Fusion von Expertenwissen und Daten mit Neuro-Fuzzy-Methoden, S. 62.

2 Wertschöpfungskettendiagramme dienen als Übersichtsdarstellungen hierarchischer Prozessmodelle. Für ihre Modellierung vgl. KUGELER, M., Informationsmodellbasierte Organisationsgestaltung, S. 124, ROSEMANN, M., Vorbereitung der Prozessmodellierung, S. 64.

Abschnittsverweise aus Übersicht 3-1). Im Folgenden wird ein Überblick über das gesamte Vorgehensmodell gegeben, indem die den fünf Funktionen untergeordneten Prozesse beschrieben und grafisch dargestellt werden. Dabei wird kurz erläutert, welche Entscheidungen innerhalb dieser Prozesse zu treffen sind bzw. bereits getroffen wurden. Die Begründungen für die getroffenen Entscheidungen werden später in den Unterabschnitten zu den fünf Funktionen ausführlich erläutert. Die Prozesse zu den fünf Funktionen des Wertschöpfungskettendiagramms bilden jeweils die Struktur der Unterabschnitte.

Für die Modellierung der untergeordneten Prozessmodelle werden »**Ereignisgesteuerte Prozessketten**«[3] (EPK) verwendet (vgl. Übersicht 3-2). EPK bestehen aus zwei elementaren Informationsobjekten, den **Ereignissen** (Sechseck) und den **Funktionen** (abgerundetes Rechteck), wobei nur Informationsobjekte unterschiedlichen Typs miteinander verbunden werden dürfen.[4] So lösen Ereignisse Funktionen aus, die ihrerseits wieder Ereignisse erzeugen. Zur Klarheit und Verständlichkeit der Prozessmodelle ist es indes sinnvoll, Trivialereignisse durch einen syntaktischen Filter auszublenden.[5] Daher werden in den folgenden Prozessmodellen nur Start- und Endereignisse sowie die Ereignisse vor und nach den Konnektoren dargestellt.

Ad (1) Bereitstellung des Datenmaterials

Für die empirische Entwicklung des Neuro-Fuzzy-Lageindikators werden in dieser Untersuchung Original-Jahresabschlüsse von Unternehmen des verarbeitenden Gewerbes verwendet. Für die Auswahl von Unternehmen und Jahresabschlüssen des verarbeitenden Gewerbes werden **Auswahlkriterien** bestimmt, anhand derer Unternehmen und Jahresabschlüsse ausgegrenzt werden, die für die empirische Untersuchung nicht geeignet sind. Darüber hinaus sind **Abgrenzungskriterien** festzulegen, anhand derer sich die ausgewählten Unternehmen eindeutig den Klassen *›solvent‹* bzw. *›später insolvent‹* zuordnen lassen. Auf Basis dieser Zuordnung soll das Neuro-Fuzzy-System so trainiert werden, dass es die ausgewählten Unternehmen möglichst fehlerfrei klassifiziert. Das unter Berücksichtigung der Auswahl- und Abgrenzungskriterien ausgewählte Datenmaterial dieser Untersuchung setzt sich aus 3.110 Unternehmen mit insgesamt 8.658 Jahresabschlüssen des verarbeitenden Gewerbes zusammen. Dieses Datenmaterial wird im Hinblick auf seine **Struktur analysiert** und anschließend auf **drei Stichproben** (Lernstichprobe, Teststichprobe, Validierungsstichprobe) aufgeteilt. Die einzelnen Schritte für die Bereitstellung des Datenmaterials werden in der folgenden Übersicht 3-2 als Prozessmodell dargestellt.

---

3 Vgl. KELLER, G./NÜTTGENS, M./SCHEER, A.-W., Semantische Prozeßmodellierung auf der Grundlage „Ereignisgesteuerter Prozeßketten" (EPK); SCHEER, A.-W., Wirtschaftsinformatik, S. 49-54; BECKER, J./SCHÜTTE, R., Handelsinformationssysteme, S. 52-60.

4 Für weitere in EPK verwendete Symbole vgl. im Anhang Abschnitt 61.

5 Vgl. KUGELER, M., Informationsmodellbasierte Organisationsgestaltung, S. 182.

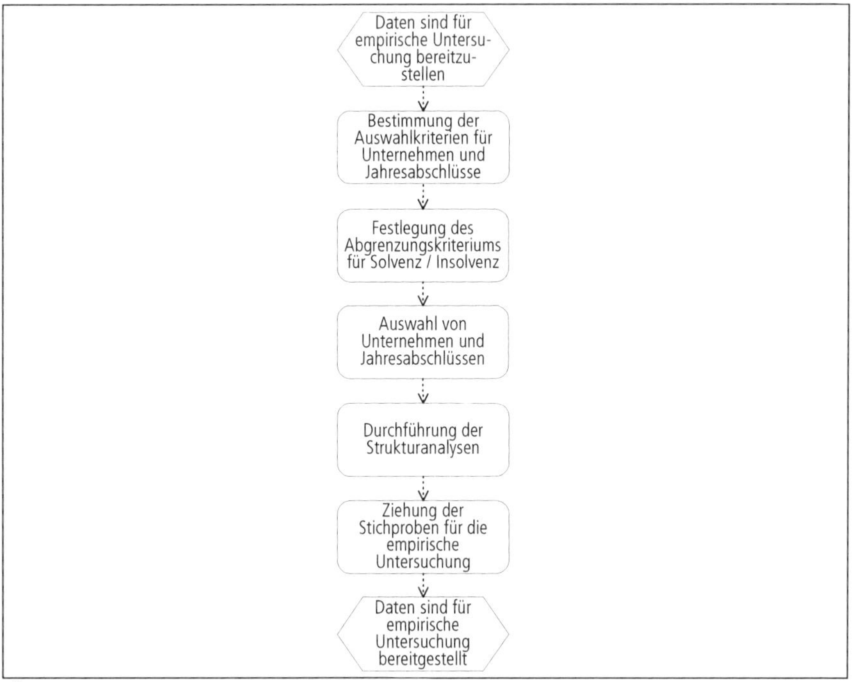

Übersicht 3-2: Prozessmodell ›Bereitstellung des Datenmaterials‹

Ad (2) Bestimmung der Merkmale zur Beurteilung der Bestandsfestigkeit

Zur Beurteilung der Bestandsfestigkeit der ausgewählten Unternehmen anhand ihrer Jahresabschlüsse wird in dieser Untersuchung ein **Katalog** bestehend aus **341 Jahresabschlusskennzahlen** herangezogen. Da nicht alle Kennzahlen für jeden Jahresabschluss berechnet werden können, sind die Ausprägungen der jeweiligen Kennzahlen um **fehlende Werte** (missing values) mit entsprechenden Methoden zu bereinigen. Darüber hinaus können die Ausprägungen der Kennzahlen Ausreißer aufweisen, die sich negativ auf das Training des Neuro-Fuzzy-Systems zur Optimierung des Neuro-Fuzzy-Lageindikators auswirken können. Daher werden die Kennzahlenausprägungen, die für die Jahresabschlüsse der Lernstichprobe berechnet wurden, um **Ausreißer bereinigt**. Des weiteren sind die Kennzahlenausprägungen für ein effizientes Training des Neuro-Fuzzy-Systems auf einen einheitlichen Arbeitsbereich zu **skalieren**. Der komplette Prozess zur Bestimmung der Merkmale ist in Übersicht 3-3 dargestellt.

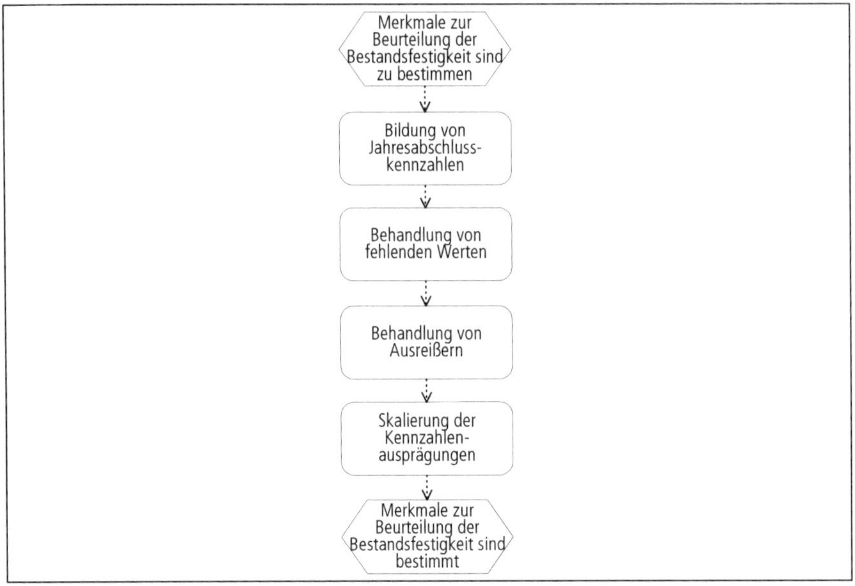

Übersicht 3-3: *Prozessmodell ›Bestimmung der Merkmale zur Beurteilung der Bestandsfestigkeit‹*

Ad (3) Modellierung eines wissensbasierten Fuzzy-Regelsystems

Basis des Neuro-Fuzzy-Lageindikators ist ein wissensbasiertes Fuzzy-Regelsystem, welches zunächst vollständig zu modellieren ist, bevor es in die verwendete Neuro-Fuzzy-Architektur transformiert werden kann. Die einzelnen Entscheidungen, die vom Entwickler für die Modellierung eines wissensbasierten Fuzzy-Regelsystems zu treffen sind, wurden bereits am Ende der jeweiligen Unterabschnitte des Abschnitts 223. aufgelistet und werden jetzt für den Entwurf des Prozessmodells zur Modellierung eines wissensbasierten Fuzzy-Regelsystems wieder aufgegriffen.

Für die Spezifizierung der Bestandteile eines wissensbasierten Fuzzy-Regelsystems wird Wissen benötigt. Dieses **Wissen** kann einerseits z. B. durch die Befragung von Experten erhoben werden und andererseits durch den Einsatz von statistischen Verfahren, Neuronalen Netzen oder Neuro-Fuzzy-Systemen auf Basis von empirischen Daten automatisch generiert werden. Beide Formen der Wissensakquisition werden abhängig von der zu treffenden Entscheidung in der vorliegenden Untersuchung verwendet. Nach der Wissensakquisition ist die **Topologie** des wissensbasierten Fuzzy-Regelsystems zu bestimmen. Hierbei wird festgelegt, wie viele Teilurteile gebildet werden sollen und über wie viele Hierarchieebenen diese Teilurteile zu aggregieren und abschließend zu einem Gesamturteil zu verdichten sind. Dabei wird für jedes Teilurteil jeweils ein eigenständiges wissensbasiertes Fuzzy-Regelsystem spezifiziert, welches als **Teil-Experte** bezeichnet wird und die Aufgabe hat, einen bestimmten Bereich der wirtschaftlichen Lage eines Unternehmens zu beurteilen. Die Urteile der Teil-Experten der unteren Hierarchieebene werden je nach Anzahl der Hierarchieebenen der gewählten Topologie durch weitere Teil-Experten verdichtet und abschließend auf der obersten Hierarchieebene zu einem Gesamturteil über die Höhe der Bestandsfestigkeit zusammengefasst.

Für jeden dieser Teil-Experten sind die Elemente eines wissensbasierten Fuzzy-Regelsystems separat zu spezifizieren. So ist als erstes festzulegen, welche Jahresabschlusskennzahlen für die Urteilsbildung des jeweiligen Teil-Experten der unteren Hierarchieebene verwendet werden sollen. Diese **Kennzahlenselektion** wird mit Hilfe eines Neuronalen Netzes durchgeführt. Anschließend wird für jede ausgewählte Kennzahl eine **linguistische Variable** samt **Nebenbedingungen** festgelegt. Die Nebenbedingungen stellen sicher, dass das wissensbasierte Fuzzy-Regelsystem auch nach der Optimierung mit dem Neuro-Fuzzy-System betriebswirtschaftlich interpretiert und nachvollzogen werden kann. In einem weiteren Schritt sind die **Wenn-Dann-Regeln** festzulegen, anhand derer die Ausprägungen der linguistischen Variablen zu einem Urteil verknüpft werden. Für die Teil-Experten der mittleren Hierarchieebene(n) bzw. der oberen Hierarchieebene ist in gleicher Weise jeweils ein wissensbasiertes Fuzzy-Regelsystem zu spezifizieren, allerdings gehen hier keine Kennzahlen ein, sondern die Urteile der jeweiligen Teil-Experten der nächst unteren Hierarchieebene. Sind alle Teil-Experten spezifiziert, sind diese zu einem umfassenden wissensbasierten Fuzzy-Regelsystem zusammenzuführen. Übersicht 3-4 stellt die Schritte zur Modellierung des umfassenden wissensbasierten Fuzzy-Regelsystems als EPK dar.

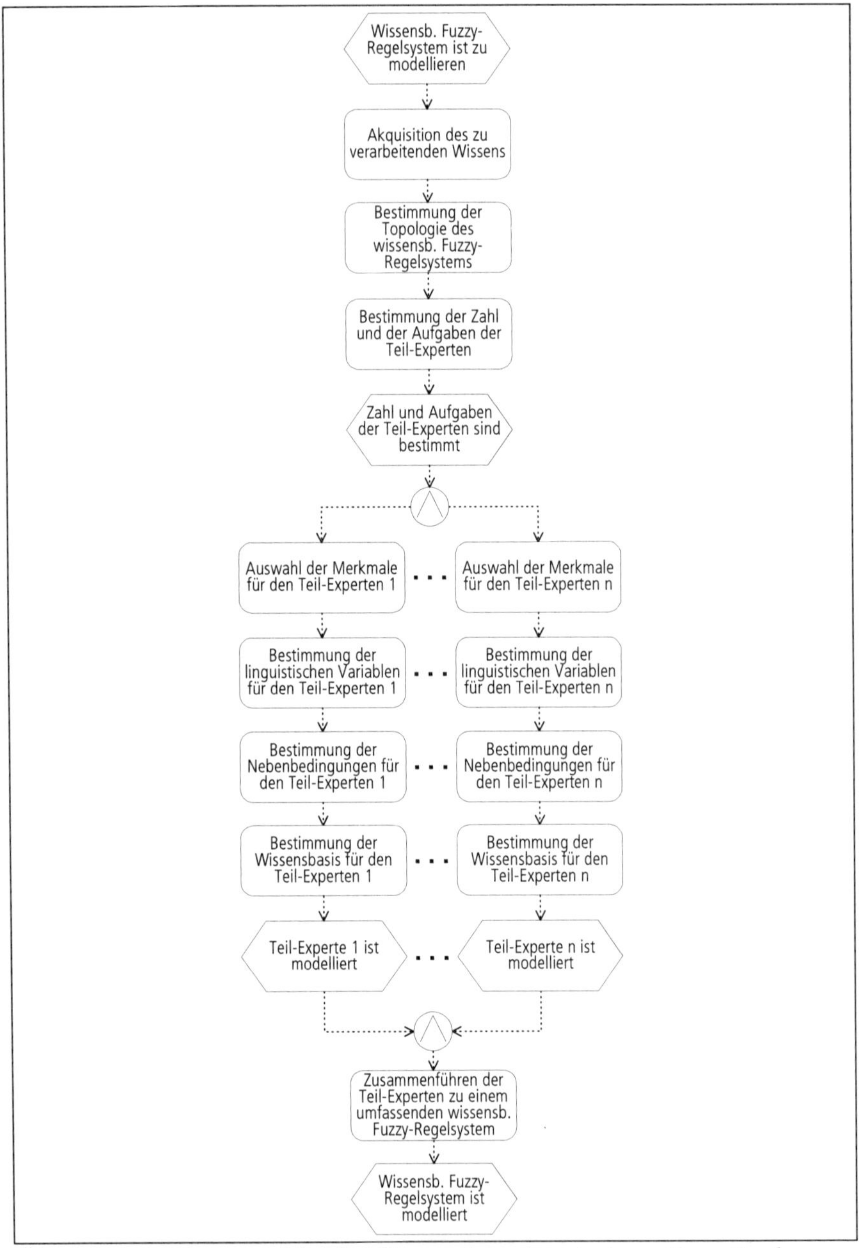

Übersicht 3-4: *Prozessmodell ›Modellierung eines wissensbasierten Fuzzy-Regelsystems‹*

Ad (4) Optimierung des wissensbasierten Fuzzy-Regelsystems mit Neuro-Fuzzy

Das vollständig spezifizierte wissensbasierte Fuzzy-Regelsystem wird zur Optimierung in das Neuro-Fuzzy-System **transformiert**. Das Neuro-Fuzzy-System wird mit Hilfe der Beispielfälle des ausgewählten empirischen Datenmaterials (Lernstichprobe und Teststichprobe) **trainiert**. Hierdurch wird einerseits die Klassifikationsleistung des Neuro-Fuzzy-Lageindikators verbessert und andererseits das verwendete, teilweise subjektive externe Wissen, welches bei der Modellierung in das wissensbasierte Fuzzy-Regelsystem eingeflossen ist, validiert und objektiviert.

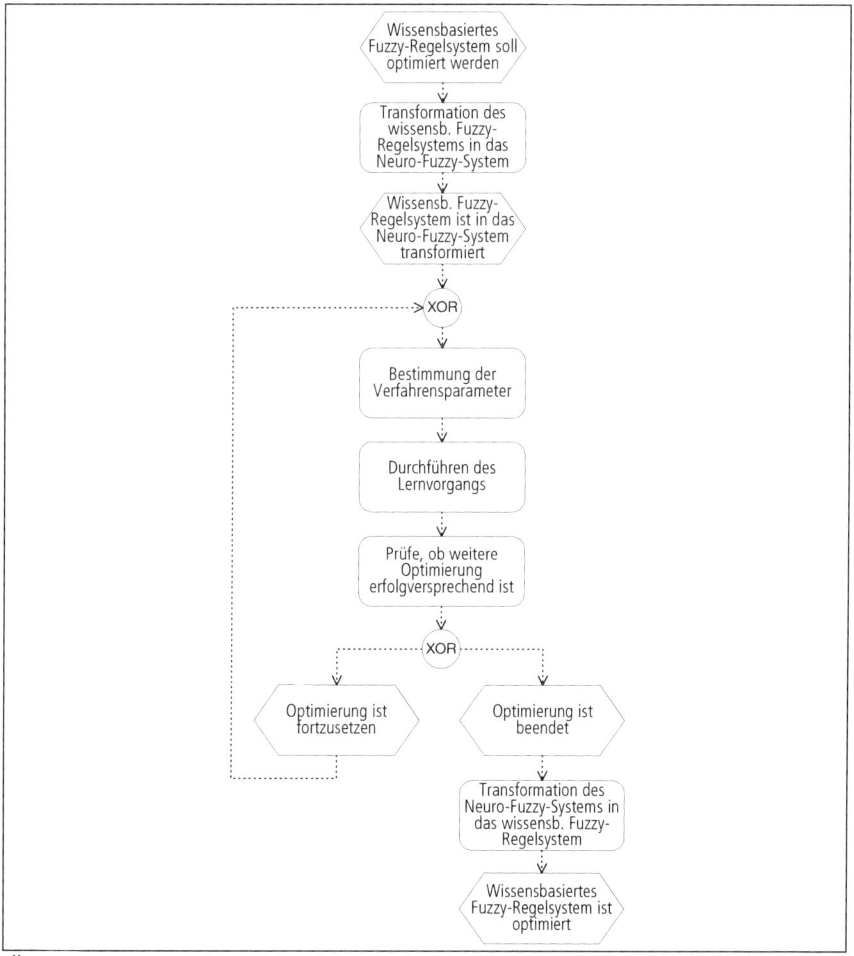

Übersicht 3-5: *Prozessmodell ›Optimierung des wissensbasierten Fuzzy-Regelsystems mit Neuro-Fuzzy‹*

Für den Lernvorgang des Neuro-Fuzzy-Systems sind zunächst die **Verfahrensparameter festzulegen**. Dann wird der **Lernvorgang durchgeführt** und anschließend **geprüft**, ob die Verfahrensparameter gut gewählt waren. Ist dies nicht der Fall, sind die Verfahrensparameter zu adaptieren und der Lernvorgang ist erneut durchzuführen. Lässt sich die Klassifikationsleistung des Neuro-Fuzzy-Systems durch weitere Lernvorgänge nicht verbesseren, wird es wieder in ein wissensbasiertes Fuzzy-Regelsystem retransformiert, welches den entwickelten Neuro-Fuzzy-Lageindikator darstellt. Übersicht 3-5 zeigt den Vorgang zur Optimierung des wissensbasierten Fuzzy-Regelsystems als EPK.

Ad (5) Validierung des Neuro-Fuzzy-Lageindikators

Abschließend wird der entwickelte Neuro-Fuzzy-Lageindikator an unabhängigen Beispielfällen der Validierungsstichprobe geprüft, die nicht für die Entwicklung des Neuro-Fuzzy-Lageindikators verwendet wurden. Hierbei werden verschiedene Qualitätskriterien untersucht.[6] Mit dem Qualitätskriterium der **Klassifikationsleistung** wird beurteilt, wie gut mit dem Neuro-Fuzzy-Lageindikator *›solvente‹* und *›später insolvente‹* Unternehmen von einander getrennt werden können. Darüber hinaus wird das **Früherkennungspotenzial** untersucht, welches angibt, wie früh die Insolvenz eines Unternehmens vom Neuro-Fuzzy-Lageindikator erkannt wird. Anhand der **Trennschärfe** wird bestimmt, wie genau der Neuro-Fuzzy-Lageindikator das Zielkriterium abbildet. Da die Untersuchung auf Jahresabschlüssen des verarbeitenden Gewerbes begrenzt ist, wird ferner untersucht, wie **robust** der Neuro-Fuzzy-Lageindikator gegenüber Jahresabschlüssen aus anderen Wirtschaftszweigen ist. Außerdem wird die **Plausibilität** des Neuro-Fuzzy-Lageindikators an Unternehmen getestet, von denen die Entwicklung der Bestandsfestigkeit aus der Vergangenheit bekannt ist. Übersicht 3-6 zeigt das Prozessmodell zur Validierung des entwickelten Neuro-Fuzzy-Lageindikators.

6 Für die Auswahl und Erläuterung dieser Qualitätskriterien zur Beurteilung von empirisch entwickelten Bilanzbonitätsindikatoren vgl. JERSCHENSKY, A., Messung des Bonitätsrisikos von Unternehmen, S. 217 f.

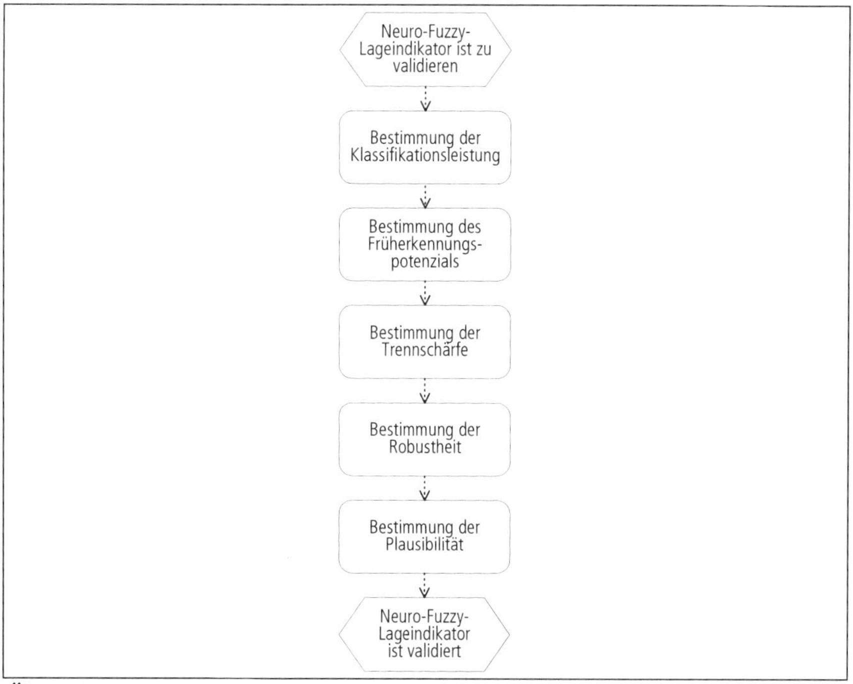

Übersicht 3-6: *Prozessmodell ›Validierung des Neuro-Fuzzy-Lageindikators‹*

32 Bereitstellung des Datenmaterials

321. Auswahlkriterien für die in der Untersuchung verwendeten Unternehmen und Jahresabschlüsse

Im ersten Schritt des Vorgehensmodells (vgl. Übersicht 3-7) ist für den zu entwickelnden Neuro-Fuzzy-Lageindikator das benötigte empirische Datenmaterial bereitzustellen.

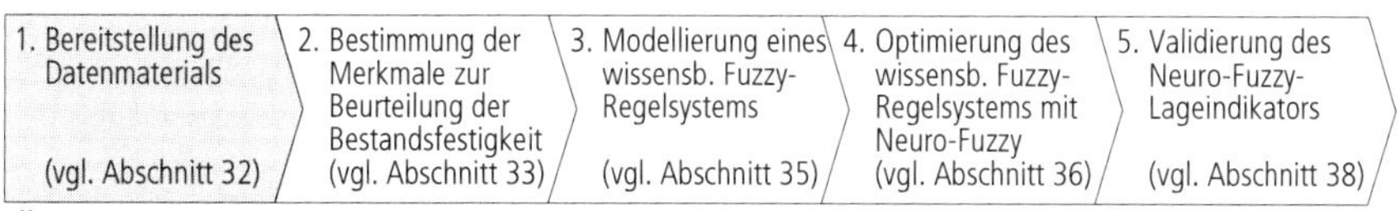

Übersicht 3-7: *Vorgehensmodell zur Entwicklung eines Neuro-Fuzzy-Lageindikators*

Das Datenmaterial wird an verschiedenen Stellen der Untersuchung verwendet. So wird sowohl für die **Bestimmung der linguistischen Variablen** als auch für die **Optimierung des Neuro-Fuzzy-Systems empirisches Datenmaterial** in Form von Jahresabschlüssen eingesetzt. Hierbei hat die Qualität des verwendeten Datenmaterials einen entscheidenden Einfluss auf die Leistungsfähigkeit des zu entwickelnden Neuro-Fuzzy-Lageindikators.[7] Vor allem müssen die ausgewählten Unternehmen untereinander vergleichbar sein und die Jahresabschlüsse müssen Informationen über den Grad der Bestandsfestigkeit enthalten.[8] Zur **Sicherstellung der Datenqualität** werden im Folgenden Kriterien

(1) zur Auswahl geeigneter Unternehmen und

(2) zur Auswahl geeigneter Jahresabschlüsse

festgelegt.[9]

Ad (1) Kriterien zur Auswahl geeigneter Unternehmen

Von der Untersuchung werden Unternehmen ausgeschlossen, die mindestens *eines* der folgenden Kriterien erfüllen:

- Konzern- und gruppenabhängige Unternehmen,
- Unternehmen aus den neuen Bundesländern,
- Kleinstunternehmen (Umsatz < 1 Mio. DM),
- Unternehmen mit einem Staatsanteil von mehr als 75 %,
- Kreditinstitute und Versicherungen.

Außerdem werden Unternehmen ausgeschlossen, die ein **negatives Eigenkapital** aufweisen.[10] Da das Eigenkapital neben der Haftungsfunktion auch dem Verlustausgleich dient, sind solche Unternehmen besonders gefährdet, in den nächsten drei Jahren eine Insolvenz zu erleiden.[11] Diese Unternehmen lassen sich nicht eindeutig den Klassen *›solvent‹* bzw. *›später insolvent‹* zuordnen und sind daher für die Entwicklung eines Neuro-Fuzzy-Lageindikators nicht geeignet.

---

7 Vgl. BOLT, U., Risikomanagement als Herausforderung für kleinere und mittlere Banken, S. 323. Zum Begriff der Datenqualität vgl. DE FRIES, D./SEIDL, J./WINDHEUSER, U., Unterschätzter Erfolgsfaktor Datenqualität, S. 513 f.

8 Vgl. JERSCHENSKY, A., Messung des Bonitätsrisikos von Unternehmen, S. 71.

9 Die folgenden Kriterien wurden auch verwendet von HÜLS, D., Früherkennung insolvenzgefährdeter Unternehmen, S. 41-46; JERSCHENSKY, A., Messung des Bonitätsrisikos von Unternehmen, S. 72-74; UTHOFF, C., Erfolgsoptimale Kreditwürdigkeitsprüfung, S. 194 f.; THUN, C., Entwicklung von Bilanzbonitätsklassifikatoren, S. 88-90.

10 Vgl. JERSCHENSKY, A., Messung des Bonitätsrisikos von Unternehmen, S. 72; HÜLS, D., Früherkennung insolvenzgefährdeter Unternehmen, S. 49; THUN, C., Entwicklung von Bilanzbonitätsklassifikatoren, S. 105.

11 Zu den Funktionen des Eigenkapitals vgl. BAETGE, J., Bilanzen, S. 412-414; THIELE, S., Das Eigenkapital im handelsrechtlichen Jahresabschluß, S. 48 f.

Ad (2) Kriterien zur Auswahl geeigneter Jahresabschlüsse

Jahresabschlüsse sind für die Entwicklung eines Neuro-Fuzzy-Lageindikators geeignet, wenn sie eine vergleichende Beurteilung von Unternehmen zulassen. Hierzu müssen sie den gleichen Informationsgehalt aufweisen.[12] Daher werden in dieser Untersuchung nur Jahresabschlüsse nach deutschem Recht (HGB) einbezogen,

- die vollständig sind (Bilanz und Gewinn- und Verlustrechnung (GuV) liegen vor),
- die endgültig sind,
- in denen die GuV nach dem Gesamtkostenverfahren aufgestellt wurde,
- die nicht manipuliert worden sind bzw. die nicht das Ergebnis doloser Handlungen wiedergeben.

Ferner werden nur Jahresabschlüsse von Unternehmen aus dem Wirtschaftszweig des **verarbeitenden Gewerbes** für die Untersuchung verwendet. Da Unternehmen eines Wirtschaftszweigs eine ähnliche Art von Geschäften tätigen, bilden sie auch ähnliche Sachverhalte in ihren Jahresabschlüssen ab. Hierdurch lassen sich Unternehmen aus dem gleichen Wirtschaftszweig anhand ihrer im Jahresabschluss ausgewiesenen Merkmale besser vergleichen als Unternehmen aus unterschiedlichen Wirtschaftszweigen.[13] Durch diese Begrenzung des Datenmaterials auf Unternehmen des verarbeitenden Gewerbes wird die Homogenität der Beispielfälle und damit, aufgrund der besseren Vergleichbarkeit der Jahresabschlüsse, die Leistungsfähigkeit des Neuro-Fuzzy-Lageindikators erhöht.[14] Zur Einordnung der Unternehmen zum Wirtschaftszweig des verarbeitenden Gewerbes wurde die Klassifikation der Wirtschaftszweige (WZ 93) des Statistischen Bundesamtes zugrundegelegt.[15] Die konkrete Aufteilung der in dieser Untersuchung verwendeten Unternehmen auf die jeweiligen Branchen des Wirtschaftszweigs des verarbeitenden Gewerbes wird mit Hilfe der Strukturanalysen in Abschnitt 323. dargestellt.

322. Abgrenzungskriterien für die Insolvenz

Zur Entwicklung eines Neuro-Fuzzy-Lageindikators, mit dem sich *solvente* von *insolventen* Unternehmen zuverlässig trennen lassen, muss für jedes ausgewählte Unternehmen bekannt sein, ob es *solvent* ist oder ob es *später insolvent* geworden ist. Nur so kann das Neuro-Fuzzy-System mit Hilfe des Lernalgorithmus einen Zusammenhang zwischen den auf Basis von Jahresabschlüssen berechneten Kennzahlenausprägungen

---

12 Vgl. JERSCHENSKY, A., Messung des Bonitätsrisikos von Unternehmen, S. 73.

13 Vgl. HAUSCHILDT, J., Entwicklungslinien der Bilanzanalyse, S. 348; SCHMIDT, R., Quantitative Ansätze zur Beurteilung der wirtschaftlichen Lage von Unternehmen, S. 544.

14 Für gleiches Vorgehen vgl. JERSCHENSKY, A., Messung des Bonitätsrisikos von Unternehmen, S. 75.

15 STATISTISCHES BUNDESAMT (HRSG.), Klassifikation der Wirtschaftszweige (WZ 93).

und der Klassenzugehörigkeit der Unternehmen herstellen. Diese Klassenzugehörigkeit stellt das Zielkriterium dar, anhand dessen überprüft werden kann, ob das Neuro-Fuzzy-System richtig gelernt hat. Damit jedes Unternehmen eindeutig einer der Klassen *›solvent‹* bzw. *›später insolvent‹* zugeordnet werden kann, sind **Abgrenzungskriterien** festzulegen, anhand derer der **Solvenzstatus eines Unternehmens objektiv bestimmt** werden kann.

Als Abgrenzungskriterium wird in dieser Untersuchung der **Tatbestand der Insolvenz** herangezogen. Danach wird ein Unternehmen als *insolvent* bezeichnet, wenn ein **Konkurs**, ein **Vergleich**, ein **Scheck- bzw. Wechselprotest** oder ein **Moratorium** (**außergerichtlicher Vergleich**) vorliegt.[16] Diese Ereignisse sind rechtlich normierte Tatbestände und unabhängig von subjektiven Ermessensspielräumen, sodass für jedes Unternehmen objektiv festgestellt werden kann, ob es *solvent* oder *insolvent* ist.

In dieser Untersuchung wird ein Unternehmen als *›später insolvent‹* bezeichnet, wenn es innerhalb von drei Jahren nach Vorlage des Jahresabschlusses eine Insolvenz i. S. der obigen Definition erleidet. Darüber hinaus werden nur Jahresabschlüsse *später insolventer* Unternehmen in die Untersuchung einbezogen, die spätestens sechs Monate nach Abschlussstichtag vorliegen und maximal 42 Monate vom Zeitpunkt der Insolvenz entfernt sind. Jahresabschlüsse, die sechs oder weniger Monate vom Zeitpunkt der Insolvenz des Unternehmens entfernt sind, werden von der Untersuchung ausgeschlossen, da davon auszugehen ist, dass diese Abschlüsse durch den sehr nahen Insolvenzzeitpunkt zu stark verzerrt sind. Nach ihrem zeitlichen Abstand zur Insolvenz werden die Jahresabschlüsse *später insolventer* Unternehmen in Übersicht 3-8 wie folgt bezeichnet:

Bezeichnung	Abstand des Jahresabschlusses zum Insolvenzzeitpunkt in Monaten
t-1	> 6 und ≤ 18
t-2	> 18 und ≤ 30
t-3	> 30 und ≤ 42

Übersicht 3-8: *Bezeichnung der Jahresabschlüsse später insolventer Unternehmen nach ihrem zeitlichen Abstand zur Insolvenz*

16 Für Untersuchungen mit gleichen Abgrenzungskriterien vgl. FEIDICKER, M., Kreditwürdigkeitsprüfung, S. 37 f.; KRAUSE, C., Kreditwürdigkeitsprüfung mit Neuronalen Netzen, S. 104 f.; HÜLS, D., Früherkennung insolvenzgefährdeter Unternehmen, S. 48; UTHOFF, C., Erfolgsoptimale Kreditwürdigkeitsprüfung, S. 192 f.; JERSCHENSKY, A., Messung des Bonitätsrisikos von Unternehmen, S. 55. Zu den Abgrenzungskriterien selbst vgl. BRETZKE, W.-R., Wann ist ein Unternehmen insolvent?

323. Strukturanalysen des ausgewählten Datenmaterials

Das in der vorliegenden Untersuchung verwendete empirische Datenmaterial setzt sich aus Unternehmen und Jahresabschlüssen zusammen, die in Projekten mit der **Baden-Württembergischen Bank**[17] (BW-Bank) und der **BfG-Bank**[18] erhoben wurden.[19] Da beide Banken Mitglieder im »Verein für Bankorganisation e. V.« (vbo) sind, verwenden sie eine weitgehend einheitliche Jahresabschlussgliederung. Diese ist für die verschiedenen Dienstleistungen des vbo, die er seinen Mitgliedern anbietet, eine Voraussetzung. Aus diesem Grund lassen sich die Unternehmens- und Jahresabschlussdaten der BW-Bank und der BfG-Bank ohne Informationsverlust kombinieren.

Unter Berücksichtigung der Auswahlkriterien aus Abschnitt 321. werden für die vorliegende Untersuchung insgesamt 3.110 Unternehmen mit 8.658 Jahresabschlüssen ausgewählt. Jedes dieser Unternehmen kann objektiv und eindeutig anhand der Abgrenzungskriterien aus Abschnitt 322. den Klassen *›solvent‹* bzw. *›später insolvent‹* zugeordnet werden. Die **Aufteilung der Unternehmen und Jahresabschlüsse** auf die Klassen ist in Übersicht 3-9 dargestellt.

	solvent	später insolvent	gesamt
Unternehmen	2.786	324	3.110
Jahresabschlüsse	7.998	660	8.658

Übersicht 3-9: *Zahl der ausgewählten Unternehmen und Jahresabschlüsse für die Untersuchung*

Die **Struktur** des ausgewählten Datenmaterials wird anhand der folgenden Merkmale analysiert:

(1) Verteilung der Unternehmen nach der Rechtsform,

(2) Verteilung der Unternehmen auf die Branchen des verarbeitenden Gewerbes,

(3) Verteilung der Unternehmen nach der Höhe des Umsatzes,

(4) Verteilung der Jahresabschlüsse nach Abschlussjahren.

Ad (1) Verteilung der Unternehmen nach der Rechtsform

Zur Verteilung der 2.786 *solventen* und 324 *später insolventen* Unternehmen werden fünf Rechtsform-Kategorien gebildet. Die folgende Übersicht 3-10 zeigt das Ergebnis der Verteilung.

17 Vgl. HÜLS, D., Früherkennung insolvenzgefährdeter Unternehmen.

18 Vgl. BAETGE, J./JERSCHENSKY, A., Abschlußbericht Projekt Diskriminanzanalyse.

19 Die Daten gehören der BAETGE & PARTNER GMBH und wurden für die vorliegende Untersuchung in anonymisierter Form zur Nutzung überlassen.

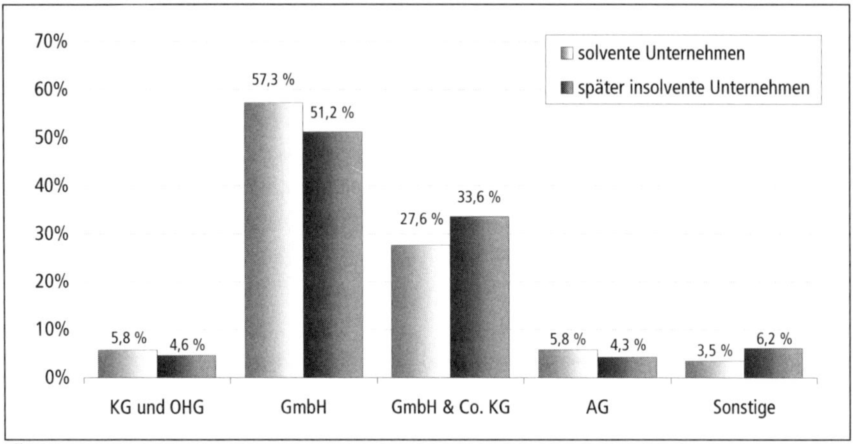

Übersicht 3-10: *Verteilung der Unternehmen nach der Rechtsform*

Mehr als die Hälfte aller *solventen* (57,3 %) und aller *später insolventen* (51,2 %) Unternehmen besitzen die Rechtsform einer GmbH und mehr als ein Viertel aller *solventen* (27,6 %) und aller *später insolventen* (33,6 %) Unternehmen besitzen die Rechtsform einer GmbH & Co. KG. Unternehmen der anderen Rechtsform-Kategorien (KG und OHG, AG, Sonstige) sind in dieser Untersuchung nur zu geringen Anteilen vertreten. Die prozentualen Anteile der *solventen* und *später insolventen* Unternehmen an den jeweiligen Rechtsformen sind in etwa gleich, sodass hier ein ausgewogenes Verhältnis der *solventen* zu den *später insolventen* Unternehmen in Bezug auf die Rechtsform vorliegt.

Ad (2) Verteilung der Unternehmen auf die Branchen des verarbeitenden Gewerbes

Die für die vorliegende Untersuchung ausgewählten Unternehmen des verarbeitenden Gewerbes lassen sich nach dem Branchenschlüssel des Bundesamtes für Statistik (WZ 93) auf die folgenden neun Branchen in Übersicht 3-11 aufteilen.[20]

20 Für die Branche ›Leder‹ waren keine Unternehmen vorhanden. Zum WZ 93 vgl. STATISTISCHES BUNDESAMT (HRSG.), Klassifikation der Wirtschaftszweige (WZ 93).

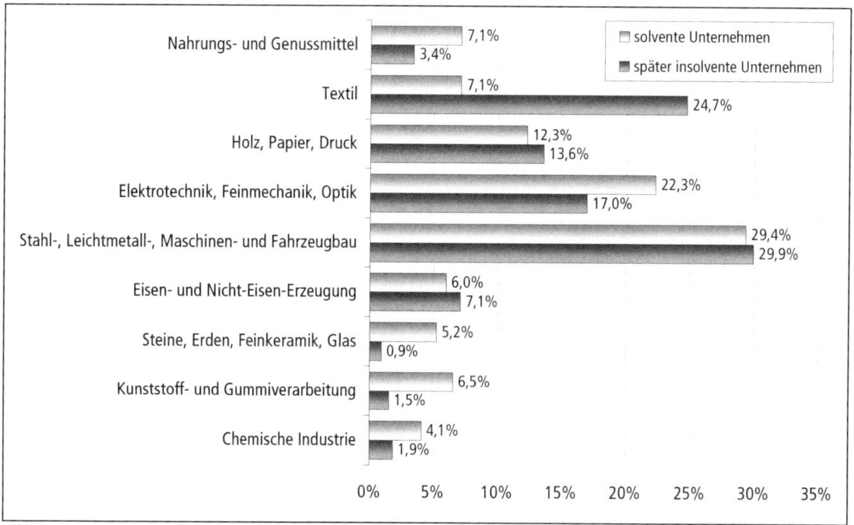

Übersicht 3-11: *Verteilung der Unternehmen nach den Branchen des verarbeitenden Gewerbes*[21]

In den Branchengruppen ›Eisen- und Nicht-Eisen-Erzeugung‹, ›Stahl-, Leichtmetall-, Maschinen- und Fahrzeugbau‹ sowie ›Holz, Papier, Druck‹ sind die prozentualen Anteile der *solventen* mit den prozentualen Anteilen der *später insolventen* Unternehmen ungefähr gleich. Auffällig ist der überproportionale Anteil der *später insolventen* Unternehmen in der Branche ›Textil‹ von 24,7 % im Vergleich zum Anteil der *solventen* Unternehmen von 7,1 %. In den übrigen vier Branchengruppen ›Chemische Industrie‹, ›Kunststoff- und Gummiverarbeitung‹, ›Steine, Erden, Feinkeramik, Glas‹ sowie ›Elektrotechnik, Feinmechanik, Optik‹ sind die *später insolventen* Unternehmen jeweils unterproportional im Vergleich zum prozentualen Anteil aller *solventen* Unternehmen vertreten.

Ad (3) Verteilung der Unternehmen nach der Höhe des Umsatzes

Für die Strukturanalyse der Unternehmensgröße werden die Unternehmen anhand ihres Umsatzes in drei Größenklassen eingeteilt. Für die Abgrenzung der Größenklassen werden die den Umsatz betreffenden Merkmale des § 267 Abs. 1 u. 2 HGB herangezogen. Danach liegt ein Kleinunternehmen vor, wenn es nicht mehr als 13,44 Mio. DM Umsatzerlöse erwirtschaftet. Ein Unternehmen gehört zur Klasse der mittleren Unternehmen, wenn der Umsatz mehr als 13,44 Mio. DM, aber höchstens

21 Die Prozentangaben beziehen sich jeweils auf die Gesamtzahl der solventen Unternehmen (2.786) und der später insolventen Unternehmen (324).

53,78 Mio. DM beträgt. Übersteigt der Umsatz 53,78 Mio. DM, so wird von einem großen Unternehmen gesprochen. Übersicht 3-12 stellt die Verteilung der Unternehmen nach der Höhe des Umsatzes dar.

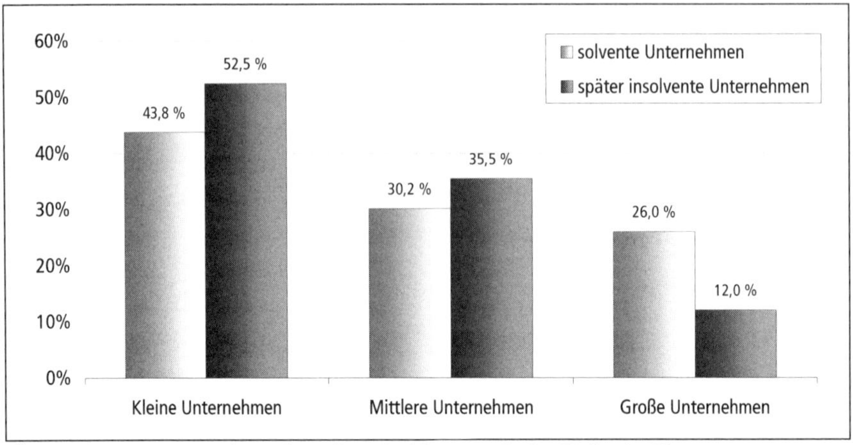

Übersicht 3-12: *Verteilung der Jahresabschlüsse nach der Höhe des Umsatzes*

Mehr als die Hälfte der *später insolventen* Unternehmen (52,5 %) und der Großteil der *solventen* Unternehmen (43,8 %) dieser Untersuchung sind kleine Unternehmen. Während sich der Rest der *solventen* Unternehmen ungefähr zu gleichen Teilen auf die Größenklasse der mittleren und kleinen Unternehmen aufteilt, verteilen sich die verbleibenden *später insolventen* Unternehmen zu 35,5 % auf die Klasse der mittleren Unternehmen und zu nur 12,0 % auf die Klasse der großen Unternehmen. Darüber hinaus fällt auf, dass der Anteil der *später insolventen* Unternehmen in den Klassen der kleinen und mittleren Unternehmen leicht überproportional und in der Klasse der großen Unternehmen leicht unterproportional im Vergleich zum jeweiligen Anteil der *solventen* Unternehmen ist.

Ad (4) Verteilung der Jahresabschlüsse nach Abschlussjahren

Die 7.998 Jahresabschlüsse *solventer* Unternehmen und die 660 Jahresabschlüsse *später insolventer* Unternehmen stammen aus den Jahren 1987 bis 1995. Die folgende Übersicht 3-13 zeigt die Verteilung der Jahresabschlüsse über diesen Zeitraum.

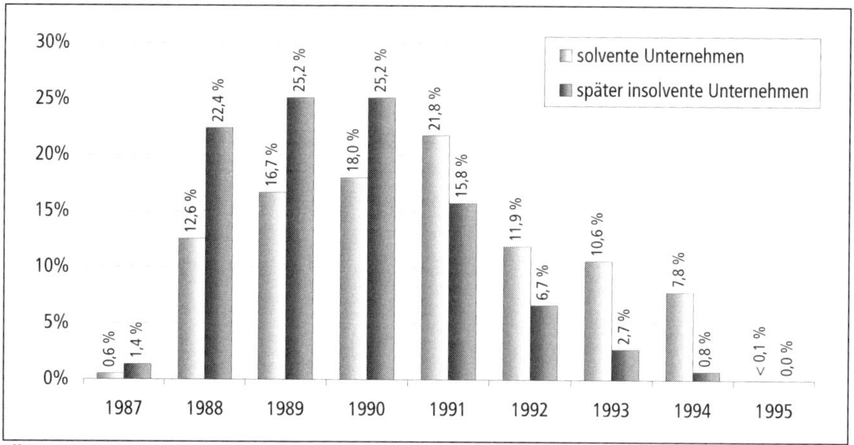

Übersicht 3-13: *Verteilung der Jahresabschlüsse nach Abschlussjahren*

Da die Projekte, in denen die Jahresabschlüsse erhoben wurden, in den Jahren 1992/93 (Projekt mit der BW-Bank) und 1994/95 (Projekt mit der BfG-Bank) durchgeführt wurden, stammt der Großteil der ausgewählten Jahresabschlüsse aus den Jahren 1988 bis 1992.

324. Ziehung der Stichproben für die Entwicklung des Neuro-Fuzzy-Lageindikators

Für die empirische Entwicklung eines Neuro-Fuzzy-Lageindikators werden die ausgewählten Unternehmen und Jahresabschlüsse auf **drei Stichproben**,

- die Lernstichprobe,
- die Teststichprobe und
- die Validierungsstichprobe,

aufgeteilt.[22] Die Beispielfälle der **Lernstichprobe** werden in dieser Untersuchung sowohl für die Spezifizierung der linguistischen Variablen des wissensbasierten Fuzzy-Regelsystems als auch für das anschließende Training des Neuro-Fuzzy-Systems verwendet. Dabei werden die Zugehörigkeitsfunktionen der linguistischen Variablen anhand von Kennzahlenhäufigkeitsverteilungen festgelegt, die wiederum mit Hilfe der Lernstichprobe bestimmt werden.[23] Für das Training des Neuro-Fuzzy-Systems stellt

22 Vgl. HECHT-NIELSEN, R., Neurocomputing, S. 117 f.; NEUNEIER, R./ZIMMERMANN, H. G., How to Train Neural Networks, S. 412.

23 Für die Bestimmung der linguistischen Variablen vgl. Abschnitt 354.2.

die Lernstichprobe die Beispielfälle zur Verfügung, anhand derer das Neuro-Fuzzy-System den Zusammenhang zwischen den in den Beispielfällen enthaltenen Merkmalsausprägungen und der Zugehörigkeit des jeweiligen Unternehmens zu den Klassen ›*solvent*‹ bzw. ›*später insolvent*‹ lernen soll. Dabei soll das Neuro-Fuzzy-System so trainiert werden, dass es nicht nur die Unternehmen der Lernstichprobe möglichst zuverlässig in die Klassen ›*solvent*‹ und ›*später insolvent*‹ trennen kann, sondern auch die restlichen Unternehmen des zur Verfügung stehenden Datenmaterials. Da das Neuro-Fuzzy-System aber auf Basis der Merkmalsausprägungen der Unternehmen der Lernstichprobe trainiert wird, ist es möglich, dass das System nicht nur die Struktur der vorliegenden Problemstellung abbildet, sondern auch spezifische Sachverhalte der Unternehmen der Lernstichprobe auswendig lernt.[24] Hierdurch verliert das System seine Generalisierungsfähigkeit und kann nicht mehr zuverlässig *solvente* von *später insolventen* Unternehmen trennen, die nicht in der Lernstichprobe enthalten sind.

Um dieses sog. **Überlernen** zu vermeiden, wird eine weitere Stichprobe, die **Teststichprobe**, benötigt, an der nach jedem Lernvorgang die Klassifikationsleistung des Neuro-Fuzzy-Systems überprüft wird. Verbessert sich nach einem Lernvorgang die Klassifikationsleistung sowohl an der Lernstichprobe als auch an der Teststichprobe, wird das Training fortgesetzt. Verbessert sich die Klassifikationsleistung hingegen nur an der Lernstichprobe, während sich die Klassifikationsleistung gemessen an der Teststichprobe verschlechtert, beginnt das Neuro-Fuzzy-System die Beispielfälle der Lernstichprobe auswendig zu lernen und der Lernvorgang ist abzubrechen.

Obwohl das Neuro-Fuzzy-System nur anhand der Beispielfälle der Lernstichprobe trainiert wird, werden auf Basis der an der Teststichprobe gemessenen Klassifikationsleistung zahlreiche Entscheidungen bzgl. der Verfahrensparameter und des Lernvorgangs getroffen. Aus diesem Grund kann der entwickelte Neuro-Fuzzy-Lageindikator nicht an der Teststichprobe validiert werden, da sie Bestandteil des Entwicklungsvorgangs war. Um die Leistungsfähigkeit des entwickelten Neuro-Fuzzy-Lageindikators an unbekannten Unternehmen prüfen zu können, wird eine dritte Stichprobe, die **Validierungsstichprobe**, verwendet. Die Validierungsstichprobe besteht ausschließlich aus Beispielfällen, die dem Neuro-Fuzzy-System in keiner Phase der Entwicklung präsentiert worden sind.

Übersicht 3-14 zeigt die Aufteilung der ausgewählten Unternehmen und Jahresabschlüsse auf die drei Stichproben.

---

24 Dieser Sachverhalt wird auch als ›Überlernen‹ oder ›Overfitting‹ bezeichnet; vgl. NEUNEIER, R./ZIMMERMANN, H. G., How to Train Neural Networks, S. 410 f.; ZIMMERMANN, H. G., Neuronale Netze als Entscheidungskalkül, S. 58 f.

	Lernstichprobe		Teststichprobe		Validierungsstichprobe	
	Unter-nehmen	Jahres-abschlüsse	Unter-nehmen	Jahres-abschlüsse	Unter-nehmen	Jahres-abschlüsse
solvent	105	315	1.340	3.828	1.396	3.855
später insolvent	105	315	109	183	110	162
Σ	210	630	1.449	4.011	1.506	4.017

Übersicht 3-14: *Aufteilung der ausgewählten Unternehmen und Jahresabschlüsse auf die Lern-, Test- und Validierungsstichprobe*

Damit der Neuro-Fuzzy-Lageindikator *solvente* und *später insolvente* Unternehmen gleich gut erkennen kann, besteht die Lernstichprobe hälftig aus Jahresabschlüssen *solventer* und *später insolventer* Unternehmen. Ferner soll der Neuro-Fuzzy-Lageindikator *später insolvente* Unternehmen möglichst drei Jahre vor der Insolvenz erkennen. Daher werden für die zufällig ausgewählten 105 *später insolventen* Unternehmen der Lernstichprobe die letzten drei Jahresabschlüsse vor der Insolvenz (t-1, t-2 und t-3) verwendet. Diese drei Jahresabschlüsse bilden jeweils eine Jahreskette, z.B. ›1990-1991-1992‹. Für jede dieser Jahresketten wird die gleiche Anzahl *solventer* Unternehmen zufällig ausgewählt, für die ebenso drei aufeinanderfolgende Jahresabschlüsse der jeweiligen Jahreskette vorliegen. Hierdurch wird die in den jeweiligen Jahresketten herrschende Konjunkturlage für *solvente* und *später insolvente* Unternehmen gleichermaßen in der Lernstichprobe berücksichtigt.

Die verbleibenden Jahresabschlüsse *später insolventer* Unternehmen werden zufällig zur einen Hälfte auf die Teststichprobe und zur anderen Hälfte auf die Validierungsstichprobe aufgeteilt. Dabei werden keine Jahresabschlüsse *später insolventer* Unternehmen in die Teststichprobe aufgenommen, von denen bereits andere Jahresabschlüsse in der Lernstichprobe enthalten sind. Ebenso werden die Jahresabschlüsse *solventer* Unternehmen zufällig zur Hälfte auf die Test- und Validierungsstichprobe aufgeteilt. Auch hier werden keine Jahresabschlüsse der *solventen* Unternehmen in die Teststichprobe aufgenommen, von denen bereits andere Jahresabschlüsse in der Lernstichprobe enthalten sind. Durch diesen Verteilungsvorgang lassen sich die Unternehmen nicht ganz zu gleichen Anteilen auf die Test- und Validierungsstichprobe aufteilen. Zudem liegen für einige Unternehmen mehr Jahresabschlüsse vor als für andere, sodass auch die Anzahl der Jahresabschlüsse in der Test- und Validierungsstichprobe leicht differiert.

33 Bestimmung der Merkmale zur Beurteilung der Bestandsfestigkeit

331. Bildung von Jahresabschlusskennzahlen

1. Bereitstellung des Datenmaterials (vgl. Abschnitt 32)	2. Bestimmung der Merkmale zur Beurteilung der Bestandsfestigkeit (vgl. Abschnitt 33)	3. Modellierung eines wissensb. Fuzzy-Regelsystems (vgl. Abschnitt 35)	4. Optimierung des wissensb. Fuzzy-Regelsystems mit Neuro-Fuzzy (vgl. Abschnitt 36)	5. Validierung des Neuro-Fuzzy-Lageindikators (vgl. Abschnitt 38)

***Übersicht 3-15:** Vorgehensmodell zur Entwicklung eines Neuro-Fuzzy-Lageindikators*

Mit dem zu entwickelnden Neuro-Fuzzy-Lageindikator soll der Zusammenhang zwischen der im Jahresabschluss gezeigten wirtschaftlichen Lage der ausgewählten Unternehmen und der Bestandsfestigkeit des jeweiligen Unternehmens abgebildet werden. Hierzu sind auf Grundlage der Jahresabschlüsse im zweiten Schritt des Vorgehensmodells (vgl. Übersicht 3-15) Kennzahlen zu bilden, mit denen sich *solvente* von *später insolventen* Unternehmen zuverlässig trennen lassen.[25] Da die jeweiligen Jahresabschlussgrößen wie Umsatz, Eigenkapital, Jahresergebnis oder Bilanzsumme von der Unternehmensgröße abhängig sind, weisen diese Größen als absolute Kennzahlen eine erhebliche Streuung auf. Daher werden in der vorliegenden Untersuchung ausschließlich **Verhältniskennzahlen**[26] auf Grundlage der Jahresabschlüsse gebildet. Hierdurch werden Unternehmen unterschiedlicher Größe miteinander vergleichbar.[27]

Verhältniskennzahlen lassen sich ihrer Art nach in Gliederungskennzahlen, Beziehungskennzahlen und Indexkennzahlen unterscheiden.[28] **Gliederungskennzahlen** setzen eine Teilgröße in Relation zu einer Gesamtgröße. Die Eigenkapitalquote ist bspw. eine Gliederungskennzahl, bei der das Eigenkapital in Relation zum Gesamtkapital eines Unternehmens gesetzt wird. Mit **Beziehungskennzahlen** werden sachlogische Zusammenhänge zwischen zwei Jahresabschlussgrößen in Form einer Ursache-Wirkungs-Beziehung bzw. einer Mittel-Zweck-Beziehung durch eine Relation abge-

25 Zur bilanzanalytischen Kennzahlenbildung vgl. BAETGE, J., Bilanzanalyse, S. 26-35 u. S. 140-160; COENENBERG, A. G., Jahresabschluß und Jahresabschlußanalyse, S. 893-895; KÜTING, K./WEBER, C.-P., Bilanzanalyse, S. 23-26; LEFFSON, U., Bilanzanalyse, S. 167-170. Zum allgemeinen Kennzahlenbegriff vgl. REICHMANN, T., Controlling mit Kennzahlen und Managementberichten, S. 19 f.; STAEHLE, W. H., Kennzahlen und Kennzahlensysteme, S. 49-52.

26 Im Folgenden werden die auf Grundlage der Jahresabschlüsse gebildeten Verhältniskennzahlen kurz als ›Kennzahlen‹ bezeichnet.

27 Vgl. BAETGE, J./THIELE, S., Bilanzanalyse; Sp. 254; SCHNETTLER, A., Betriebsvergleich, S. 42.

28 Vgl. BAETGE, J./HEITMANN, C., Kennzahlen, S. 171; GRÄFER, H., Bilanzanalyse, S. 90 f.; LEFFSON, U., Bilanzanalyse, S. 169 f.; SCHOTT, G., Kennzahlen, S. 17; HAUSCHILDT, J., Entwicklungslinien der Bilanzanalyse, S. 339-343.

bildet. Eine typische Beziehungskennzahl ist die Gesamtkapitalrentabilität, bei der das Jahresergebnis in Relation zum Gesamtkapital gesetzt wird. **Indexkennzahlen** werden in dieser Untersuchung nicht verwendet, da sie Größen unterschiedlicher Zeitpunkte bzw. Zeiträume in Relation setzen und somit nicht für jeden Jahresabschluss, sondern nur über zwei oder mehrere Jahresabschlüsse gebildet werden können.

Die für die Untersuchung zu bildenden Kennzahlen dürfen nicht willkürlich bestimmt werden, sondern sie müssen für die Beurteilung der Bestandsfestigkeit von Unternehmen relevant sein und in Bezug auf die Problemstellung eine klare ökonomische Aussage zulassen.[29] Daher ist für jede Kennzahl eine **Arbeitshypothese** zu bestimmen, die angibt, ob *später insolvente* Unternehmen (I) im Durchschnitt eine niedrigere Ausprägung der jeweiligen Kennzahl aufweisen als *solvente* Unternehmen (S) und vice versa.[30] Die zwei Arbeitshypothesen werden im Folgenden mit »I < S« bzw. »I > S« bezeichnet. In den Kennzahlenkatalog werden nur solche Kennzahlen aufgenommen, für die sich eine Arbeitshypothese plausibilisieren lässt.

Die Formulierung einer Arbeitshypothese für jede Kennzahl ist *eine* Anforderung, die erfüllt sein muss, damit eine Kennzahl **betriebswirtschaftlich eindeutig interpretierbar** ist. Darüber hinaus sind weitere **formale Anforderungen** an die Kennzahlenbildung zu stellen:

- Alle Kennzahlen sind unter Einhaltung des Äquivalenzprinzips zu bilden. Das **Äquivalenzprinzip** oder auch Entsprechungsprinzip fordert, dass sich die in den Zähler und in den Nenner einer Kennzahl einbezogenen Größen **sachlich, zeitlich und wertmäßig entsprechen** müssen.[31]
- Es dürfen keine Kennzahlen in den Kennzahlenkatalog aufgenommen werden, bei denen der Zähler und der Nenner **gleichzeitig negativ** werden können.[32] Eine solche Kennzahl ist bspw. die Eigenkapitalrentabilität (Jahresergebnis/ Eigenkapital). So ist es möglich, dass für ein *später insolventes* Unternehmen, welches im Jahresabschluss sowohl einen negativen Jahreserfolg als auch ein negatives Eigenkapital ausweist, die gleiche Kennzahlenausprägung berechnet wird, wie für ein *solventes* Unternehmen, dessen Kennzahlenbestandteile beide positiv sind.
- Ebenfalls ist die Bildung von Kennzahlen zu vermeiden, die nicht über den gesamten Wertebereich in gleicher Weise interpretiert werden können. Dieses trifft

---

29 Vgl. LACHNIT, L., Systemorientierte Jahresabschlußanalyse, S. 17.

30 Vgl. BEAVER, W. H., Financial Ratios, S. 81; BEERMANN, K., Prognosemöglichkeiten von Kapitalverlusten, S. 28.

31 Vgl. BAETGE, J., Bilanzanalyse, S. 28-30; HAUSCHILDT, J., Entwicklungslinien der Bilanzanalyse, S. 341.

32 Vgl. LEFFSON, U., Bilanzanalyse, S. 174 f.

für Kennzahlen zu, deren **Nenner negativ** werden kann.[33] In einem solchen Fall kehrt sich die Arbeitshypothese um und die Aussage der Kennzahl ändert sich vollständig. Vor allem für Kennzahlen, die im Nenner Ergebnisgrößen wie den Cash-Flow oder den Jahreserfolg aufweisen, kann dieser Fall auftreten. Daher werden für die vorliegende Untersuchung nur Kennzahlen gebildet, in denen der Nenner nicht negativ werden kann.

Betreibt ein Unternehmen Bilanzpolitik oder bilanzpolitisch motivierte Sachverhaltsgestaltungen, so weicht das im Jahresabschluss gezeigte Bild der wirtschaftlichen Lage von der tatsächlichen wirtschaftlichen Lage des Unternehmens ab.[34] Ein Vergleich zweier Unternehmen, von denen das eine Unternehmen Bilanzpolitik betreibt und das andere nicht, führt somit zu Verzerrungen. Daher sind die Kennzahlen so zu bilden, dass Bilanzpolitik und bilanzpolitisch motivierte Sachverhaltsgestaltungen möglichst neutralisiert werden.[35] Durch dieses **Neutralisierungsprinzip** der Kennzahlenbildung werden die Unternehmen auf Basis ihrer Jahresabschlüsse vergleichbarer und die Beurteilung der Bestandsfestigkeit weniger durch die Bilanzpolitik beeinflusst. Die Grundvarianten der Kennzahlen sind dementsprechend um solche Jahresabschlussposten zu bereinigen, in denen sich die bilanzpolitischen Maßnahmen eines Unternehmens widerspiegeln. Die wesentlichen Jahresabschlussposten, die zur Neutralisierung der Bilanzpolitik bei der Kennzahlenbildung verwendet werden, seien im Folgenden kurz erläutert:[36]

- Für selbsterstellte **immaterielle Vermögensgegenstände** (IMMVG) des Anlagevermögens gilt ein Aktivierungsverbot gemäß § 248 Abs. 2 HGB, welches durch sachverhaltsgestaltende Maßnahmen umgangen werden kann. Darüber hinaus ist der Wert der immateriellen Vermögensgegenstände nur schwierig zu objektivieren.[37]
- **Erhaltene Anzahlungen** (EANZ) auf Vorräte sind gemäß § 268 Abs. 5 Satz 2 HGB entweder offen von den Vorräten abzusetzen oder gesondert unter den Verbindlichkeiten auszuweisen. Da erhaltene Anzahlungen für Unternehmen bestimmter Branchen des verarbeitenden Gewerbes wertmäßig eine große Rolle spielen (z. B. Anlagenbau), kann das Wahlrecht eine entsprechende Auswirkung auf die Bilanzsumme bzw. auf die Höhe der kurzfristigen Verbindlichkeiten und die Höhe der Vorräte haben.

---

33 Vgl. NIEHAUS, H.-J., Früherkennung von Unternehmenskrisen, S. 73.

34 Vgl. BAETGE, J., Bilanzanalyse, S. 30 f.

35 Vgl. BAETGE, J., Bilanzanalyse, S. 30-32.

36 So auch JERSCHENSKY, A., Messung des Bonitätsrisikos von Unternehmen, S. 104. Für eine umfassende Darstellung der Einflüsse bilanzpolitischer Maßnahmen vgl. HÜLS, D., Früherkennung insolvenzgefährdeter Unternehmen, S. 84-99.

37 Vgl. KEITZ, I. V., Immaterielle Güter, S. 253.

- Ein Unternehmen, welches »Sale-and-lease-back« betreibt, verkauft seine **Grundstücke und Bauten** (GB), tilgt mit den erzielten Verkaufserlösen seine Verbindlichkeiten und mietet die Grundstücke und Bauten wieder zurück.[38] Durch diese Maßnahme steht ein Unternehmen bilanziell besser da als ein Unternehmen, welches kein »Sale-and-lease-back« betreibt.
- Um die im Jahresabschluss gezeigte Liquidität zu erhöhen, nehmen Unternehmen beim sog. »window dressing« kurz vor dem Abschlussstichtag kurzfristiges Fremdkapital auf und zahlen es kurz nach dem Abschlussstichtag wieder zurück.[39] Dadurch werden die Jahresabschlussposten **Finanzanlagen und flüssige Mittel** (FA und FM) künstlich erhöht und spiegeln eine nicht vorhandene Liquidität wider.

Die genannten Jahresabschlussposten werden hauptsächlich zur Bereinigung der Bilanzsumme im Nenner der jeweiligen Kennzahl verwendet. Je nach Kombination der jeweiligen Posten zur Korrektur der Bilanzsumme ergeben sich entsprechend viele Variationen der Kennzahlgrundtypen.[40]

332. Verwendeter Kennzahlenkatalog

Für die Entwicklung des Neuro-Fuzzy-Lageindikators wird in der vorliegenden Untersuchung der Kennzahlenkatalog von JERSCHENSKY zugrunde gelegt.[41] Dieser Kennzahlenkatalog ist das Ergebnis zahlreicher Untersuchungen am Institut für Revisionswesen, in denen der ursprünglich von NIEHAUS entwickelte Kennzahlenkatalog weiter entwickelt wurde.[42]

Der verwendete Kennzahlenkatalog besteht derzeit aus 341 Kennzahlen und ist in die drei Informationsbereiche

- Ertragslage,
- Vermögens- und Finanzlage sowie
- Wachstum

eingeteilt. Jeder dieser Informationsbereiche ist wiederum in Teilinformationsbereiche gegliedert. Zu jeder Kennzahl wird im Katalog eine laufende Nummer, das Signum der Kennzahl, ihre Definition und ihre Arbeitshypothese angegeben. Die für die

38 Vgl. PFLEGER, G., Die neue Praxis der Bilanzpolitik, S. 144-149.

39 Vgl. SELCHERT, F. W., Windowdressing, S. 1934 f.

40 Vgl. UTHOFF, C., Erfolgsoptimale Kreditwürdigkeitsprüfung, S. 137 f.

41 Vgl. JERSCHENSKY, A., Messung des Bonitätsrisikos von Unternehmen, S. 126-134.

42 Vgl. NIEHAUS, H.-J., Früherkennung von Unternehmenskrisen, S. 71-76; FEIDICKER, M., Kreditwürdigkeitsprüfung, S. 55-69; HÜLS, D., Früherkennung insolvenzgefährdeter Unternehmen, S. 75-81; UTHOFF, C., Erfolgsoptimale Kreditwürdigkeitsprüfung, S. 135-145; BAETGE, J./JERSCHENSKY, A., Abschlußbericht Projekt Diskriminanzanalyse, Teil 2, S. 36-46.

Definition der Kennzahlen verwendeten Teilgrößen sind im Abschnitt 62 des Anhangs beschrieben.

Lfd.Nr.	Signum	Kennzahlendefinition	Arbeits-hypothese
1 Ertragslage			
11 Ertragsstruktur			
1.	K11_01a	JE/GL	I < S
2.	K11_01b	JE/U	I < S
3.	K11_02a	EBIT/GL	I < S
4.	K11_02b	EBIT/U	I < S
5.	K11_02c	(EBDIT+ZERG-APAFA)/U	I < S
6.	K11_03a	EBDIT/GL	I < S
7.	K11_03b	EBDIT/U	I < S
8.	K11_03c	(EBDIT+ZERG)/GL	I < S
9.	K11_03d	(EBDIT+ZERG)/U	I < S
10.	K11_04a	ROHE/GL	I < S
11.	K11_04b	ROHE/U	I < S
12.	K11_05a	ZERG/GL	I < S
13.	K11_05b	ZERG/U	I < S
14.	K11_05c	(ZERTR-ZAUFW)/GL	I < S
15.	K11_06a	BETERG/GL	I < S
16.	K11_06b	BETERG/U	I < S
17.	K11_06c	FVERG/GL	I < S
18.	K11_06d	FVERG/U	I < S
19.	K11_07a	(EBDIT+ZERG)/GL	I < S
20.	K11_07b	((EBDIT+ZERG)+PRSTZ)/GL	I < S
21.	K11_07c	(EBDIT+ZERG)/U	I < S
22.	K11_07d	((EBDIT+ZERG)+PRSTZ)/U	I < S
23.	K11_08a	CF/GL	I < S
24.	K11_08b	(CF+PRSTZ)/GL	I < S
25.	K11_08c	CF/U	I < S
26.	K11_08d	(CF+PRSTZ)/U	I < S
27.	K11_09a	((EBDIT+ZERG)+BETERG-ST)/GL	I < S
28.	K11_09b	((EBDIT+ZERG)+BETERG-ST)/U	I < S
29.	K11_09c	((EBDIT+ZERG)+PRSTZ+BETERG-ST)/GL	I < S
30.	K11_09d	((EBDIT+ZERG)+PRSTZ+BETERG-ST)/U	I < S
31.	K11_10a	AOERT/EBIT	I > S
32.	K11_10b	AOERT/GL	I > S
33.	K11_10c	AOERT/U	I > S

Übersicht 3-16: *Verwendeter Kennzahlenkatalog[43] (Teil 1 von 9)*

43 Vgl. JERSCHENSKY, A., Messung des Bonitätsrisikos von Unternehmen, S. 126-134.

Lfd.Nr.	Signum	Kennzahlendefinition	Arbeits-hypothese
12 Aufwandsstruktur			
34.	K12_01a	ROHE/PERSA	I < S
35.	K12_02a	MAUF/GL	I > S
36.	K12_03a	PERSA/GL	I > S
37.	K12_03b	(MAUF+PERSA)/GL	I > S
38.	K12_04a	ABS/GL	I < S
39.	K12_05a	(GL-MAUF-AFA-SAUF)/GL	I < S
40.	K12_06a	MIETE/GL	I > S
41.	K12_07a	GL/MA	I < S
42.	K12_08a	ZAUFW/CF	I > S
43.	K12_08b	ZAUFW/(CF+PRSTZ)	I > S
44.	K12_08c	EBIT/ZAUFW	I < S
45.	K12_09a	AOAUF/GL	I > S
46.	K12_09b	AOAUF/BAUF	I > S
47.	K12_10a	SAUF/GL	I > S
13 Rentabilität			
48.	K13_01a	JE/BISU	I < S
49.	K13_01b	JE/(BISU-EANZ)	I < S
50.	K13_01c	JE/(BISU-IMMVG)	I < S
51.	K13_02a	(JE+FAUF)/BISU	I < S
52.	K13_02b	(EBIT+FAUF)/BISU	I < S
53.	K13_03a	(EBIT+BETERG)/(BISU-IMMVG)	I < S
54.	K13_03b	FVERG/BISU	I < S
55.	K13_03c	FVERG/(BISU-IMMVG)	I < S
56.	K13_04a	GL/BISU	I < S
57.	K13_04b	GL/(BISU-EANZ)	I < S
58.	K13_04c	(GL-MAUF-AFA-SAUF)/BISU	I < S
59.	K13_04d	(GL-MAUF-AFA-SAUF)/(BISU-EANZ)	I < S
60.	K13_04e	(GL-MAUF-AFA-AFAF-SAUF)/BISU	I < S
61.	K13_04f	(GL-MAUF-AFA-AFAF-SAUF)/(BISU-EANZ)	I < S
62.	K13_05a	(JE+PERSA+ZAUFW+ST+SST)/BISU	I < S
63.	K13_05b	(JE+PERSA+ZAUFW+ST+SST)/(BISU-EANZ)	I < S
64.	K13_06a	(EBDIT+ZERG)/BISU	I < S
65.	K13_06b	(EBDIT+ZERG)/(BISU-EANZ)	I < S
66.	K13_06c	(EBDIT+ZERG)/(BISU-IMMVG)	I < S
67.	K13_06d	(EBDIT+ZERG)/(BISU-EANZ-IMMVG)	I < S
68.	K13_06e	(EBDIT+ZERG)/(BISU-IMMVG+AFAKT)	I < S
69.	K13_06f	((EBDIT+ZERG)+PRSTZ)/BISU	I < S
70.	K13_06g	((EBDIT+ZERG)+PRSTZ)/(BISU-EANZ)	I < S
71.	K13_06h	((EBDIT+ZERG)+PRSTZ)/(BISU-IMMVG)	I < S

Übersicht 3-16: *Verwendeter Kennzahlenkatalog*[43] *(Teil 2 von 9)*

Lfd.Nr.	Signum	Kennzahlendefinition	Arbeits-hypothese
72.	K13_06i	((EBDIT+ZERG)+PRSTZ)/(BISU-EANZ-IMMVG)	I < S
73.	K13_06j	((EBDIT+ZERG)+PRSTZ)/(BISU-IMMVG+AFAKT)	I < S
74.	K13_07a	((EBDIT+ZERG)+FAUF)/BISU	I < S
75.	K13_07b	((EBDIT+ZERG)+PRSTZ+ FAUF)/BISU	I < S
76.	K13_08a	CF/BISU	I < S
77.	K13_08b	CF/(BISU-EANZ)	I < S
78.	K13_08c	CF/(BISU-IMMVG)	I < S
79.	K13_08d	CF/(BISU-EANZ-IMMVG)	I < S
80.	K13_08e	(CF+PRSTZ)/BISU	I < S
81.	K13_08f	(CF+PRSTZ)/(BISU-EANZ)	I < S
82.	K13_08g	(CF+PRSTZ)/(BISU-IMMVG)	I < S
83.	K13_08h	(CF+PRSTZ)/(BISU-EANZ-IMMVG)	I < S
84.	K13_09a	EBIT/(WEK+LFK)	I < S
85.	K13_09b	EBIT/(WEK-IMMVG+LFK)	I < S
86.	K13_09c	EBIT/WEK	I < S
87.	K13_09d	EBIT/(WEK-IMMVG)	I < S
88.	K13_09e	(EBDIT+ZERG)/WEK	I < S
89.	K13_09f	(EBDIT+ZERG)/(WEK-IMMVG)	I < S
90.	K13_10a	ZAUFW/FK	I > S
91.	K13_10b	ZAUFW/(FK-EANZ)	I > S
92.	K13_10c	ZAUFW/VB	I > S
93.	K13_11a	(EBIT-AFAUV+FVERG+ZAUFW-ZERTR)/ BISU	I < S
94.	K13_12a	BETERG/FA	I < S
95.	K13_12b	FVERG/FA	I < S
96.	K13_13a	EBIT/(BISU-FA-FM)	I < S
14 Wertschöpfung			
97.	K14_01a	(GL+SERT-MAUF-AFA-SAUF)/GL	I < S
98.	K14_02a	(GL+SERT-MAUF-AFA-SAUF)/MA	I < S
2 Vermögens- und Finanzlage			
21 Kapitalstruktur			
99.	K21_01a	HEK/(BISU+HAFTV)	I < S
100.	K21_02a	HEK/BISU	I < S
101.	K21_02b	(HEK-IMMVG)/(BISU-IMMVG)	I < S
102.	K21_02c	HEK/(BISU-EANZ)	I < S
103.	K21_02d	(HEK-IMMVG)/(BISU-EANZ-IMMVG)	I < S
104.	K21_03a	WEK/BISU	I < S
105.	K21_03b	(WEK-IMMVG)/(BISU-IMMVG)	I < S
106.	K21_03c	WEK/(BISU-EANZ)	I < S
107.	K21_03d	(WEK-IMMVG)/(BISU-EANZ-IMMVG)	I < S
108.	K21_04a	WEK/(BISU-FM-GB)	I < S

Übersicht 3-16: *Verwendeter Kennzahlenkatalog*[43] *(Teil 3 von 9)*

Lfd.Nr.	Signum	Kennzahlendefinition	Arbeits-hypothese
109.	K21_04b	(WEK-IMMVG)/(BISU-IMMVG-FM-GB)	I < S
110.	K21_04c	WEK/(BISU-EANZ-FM-GB)	I < S
111.	K21_04d	(WEK-IMMVG)/(BISU-EANZ-IMMVG-FM-GB)	I < S
112.	K21_05a	(WEK+PRST)/BISU	I < S
113.	K21_05b	(WEK+PRST/2)/BISU	I < S
114.	K21_05c	(WEK-IMMVG+PRST)/(BISU-IMMVG)	I < S
115.	K21_05d	(WEK-IMMVG+PRST/2)/(BISU-IMMVG)	I < S
116.	K21_05e	(WEK+PRST)/(BISU-EANZ)	I < S
117.	K21_05f	(WEK+PRST/2)/(BISU-EANZ)	I < S
118.	K21_05g	(WEK-IMMVG+PRST)/(BISU-EANZ-IMMVG)	I < S
119.	K21_05h	(WEK-IMMVG+PRST/2)/(BISU-EANZ-IMMVG)	I < S
120.	K21_06a	(WEK+PRST)/(BISU-FM-GB)	I < S
121.	K21_06b	(WEK-IMMVG+PRST)/(BISU-IMMVG-FM-GB)	I < S
122.	K21_06c	(WEK+PRST)/(BISU-EANZ-FM-GB)	I < S
123.	K21_06d	(WEK-IMMVG+PRST)/(BISU-EANZ-IMMVG-FM-GB)	I < S
124.	K21_07a	(WEK+RSTG)/BISU	I < S
125.	K21_07b	(WEK+RSTG/2)/BISU	I < S
126.	K21_07c	(WEK-IMMVG+RSTG)/(BISU-IMMVG)	I < S
127.	K21_07d	(WEK-IMMVG+RSTG/2)/(BISU-IMMVG)	I < S
128.	K21_07e	(WEK+RSTG)/(BISU-EANZ)	I < S
129.	K21_07f	(WEK+RSTG/2)/(BISU-EANZ)	I < S
130.	K21_07g	(WEK-IMMVG+RSTG)/(BISU-EANZ-IMMVG)	I < S
131.	K21_07h	(WEK-IMMVG+RSTG/2)/(BISU-EANZ-IMMVG)	I < S
132.	K21_08a	(WEK+RSTG)/(BISU-FM-GB)	I < S
133.	K21_08b	(WEK+RSTG/2)/(BISU-FM-GB)	I < S
134.	K21_08c	(WEK-IMMVG+RSTG)/(BISU-IMMVG-FM-GB)	I < S
135.	K21_08d	(WEK-IMMVG+RSTG/2)/(BISU-IMMVG-FM-GB)	I < S
136.	K21_08e	(WEK+RSTG)/(BISU-EANZ-FM-GB)	I < S
137.	K21_08f	(WEK+RSTG/2)/(BISU-EANZ-FM-GB)	I < S
138.	K21_08g	(WEK-IMMVG+RSTG)/(BISU-EANZ-IMMVG-FM-GB)	I < S
139.	K21_08h	(WEK-IMMVG+RSTG/2)/(BISU-EANZ-IMMVG-FM-GB)	I < S
140.	K21_09a	(WEK+RST)/BISU	I < S
141.	K21_09b	(WEK+RST/2)/BISU	I < S
142.	K21_09c	(WEK-IMMVG+RST)/(BISU-IMMVG)	I < S
143.	K21_09d	(WEK-IMMVG+RST/2)/(BISU-IMMVG)	I < S
144.	K21_09e	(WEK+RST)/(BISU-EANZ)	I < S
145.	K21_09f	(WEK+RST/2)/(BISU-EANZ)	I < S
146.	K21_09g	(WEK-IMMVG+RST)/(BISU-EANZ-IMMVG)	I < S
147.	K21_09h	(WEK-IMMVG+RST/2)/(BISU-EANZ-IMMVG)	I < S
148.	K21_10a	(WEK+RST)/(BISU-FM-GB)	I < S
149.	K21_10b	(WEK+RST/2)/(BISU-FM-GB)	I < S

Übersicht 3-16: *Verwendeter Kennzahlenkatalog*[43] *(Teil 4 von 9)*

Lfd.Nr.	Signum	Kennzahlendefinition	Arbeits-hypothese
150.	K21_10c	(WEK-IMMVG+RST)/(BISU-IMMVG-FM-GB)	I < S
151.	K21_10d	(WEK-IMMVG+RST/2)/(BISU-IMMVG-FM-GB)	I < S
152.	K21_10e	(WEK+RST)/(BISU-EANZ-FM-GB)	I < S
153.	K21_10f	(WEK+RST/2)/(BISU-EANZ-FM-GB)	I < S
154.	K21_10g	(WEK-IMMVG+RST)/(BISU-EANZ-IMMVG-FM-GB)	I < S
155.	K21_10h	(WEK-IMMVG+RST/2)/(BISU-EANZ-IMMVG-FM-GB)	I < S
156.	K21_11a	WEK/(BISU-RST)	I < S
157.	K21_11b	(WEK-IMMVG+RST)/(BISU-IMMVG-RST)	I < S
158.	K21_11c	WEK/(BISU-EANZ-RST)	I < S
159.	K21_12a	(WEK-IMMVG)/(BISU-IMMVG-FM-GB-FOSO)	I < S
160.	K21_13a	HEK/FK	I < S
161.	K21_13b	(HEK-IMMVG)/FK	I < S
162.	K21_13c	HEK/(FK-EANZ)	I < S
163.	K21_13d	(HEK-IMMVG)/(FK-EANZ)	I < S
164.	K21_14a	WEK/FK	I < S
165.	K21_14b	(WEK-IMMVG)/FK	I < S
166.	K21_14c	WEK/(FK-EANZ)	I < S
167.	K21_14d	(WEK-IMMVG)/(FK-EANZ)	I < S
168.	K21_15a	KFK/BISU	I > S
169.	K21_15b	(KFK-EANZ)/(BISU-EANZ)	I > S
170.	K21_16a	RST/BISU	I < S
171.	K21_16b	RST/(BISU-EANZ)	I < S
172.	K21_17a	VB/BISU	I > S
173.	K21_17b	VB/(BISU-EANZ)	I > S
174.	K21_18a	BANK/BISU	I > S
175.	K21_18b	BANK/(BISU-EANZ)	I > S
176.	K21_19a	BANK/FK	I > S
177.	K21_19b	BANK/(FK-EANZ)	I > S
178.	K21_19c	BANK/VB	I > S
179.	K21_20a	KBANK/BISU	I > S
180.	K21_20b	KBANK/(BISU-EANZ)	I > S
181.	K21_21a	KBANK/FK	I > S
182.	K21_21b	KBANK/(FK-EANZ)	I > S
183.	K21_21c	KBANK/VB	I > S
184.	K21_22a	(VLL+AKZ+BANK)/FK	I > S
185.	K21_22b	(VLL+AKZ+BANK)/(FK-EANZ)	I > S
186.	K21_23a	(VLL+AKZ)/FK	I > S
187.	K21_23b	(VLL+AKZ)/(FK-EANZ)	I > S
22 Vermögensstruktur			
188.	K22_01a	SAV/BISU	I < S
189.	K22_01b	SAV/(BISU-IMMVG)	I < S

Übersicht 3-16: *Verwendeter Kennzahlenkatalog*[43] *(Teil 5 von 9)*

Lfd.Nr.	Signum	Kennzahlendefinition	Arbeits-hypothese
190.	K22_01c	SAV/(BISU-EANZ)	I < S
191.	K22_01d	SAV/(BISU-EANZ-IMMVG)	I < S
192.	K22_02a	UV/BISU	I > S
193.	K22_02b	UV/(BISU-IMMVG)	I > S
194.	K22_02c	UV/(BISU-EANZ)	I > S
195.	K22_02d	UV/(BISU-EANZ-IMMVG)	I > S
196.	K22_03a	FO/UV	I < S
197.	K22_03b	VOR/UV	I > S
198.	K22_03c	FE/UV	I > S
199.	K22_04a	KF/BISU	I < S
200.	K22_05a	SAV/U	I > S
201.	K22_05b	SAV/GL	I > S
202.	K22_06a	UV/U	I > S
203.	K22_06b	UV/GL	I > S
204.	K22_07a	(FLL×12)/U[Monate]	I > S
205.	K22_07b	(FLL×360)/U[Tage]	I > S
206.	K22_08a	(FLL+VOR)/U	I > S
207.	K22_08b	(FLL+VOR)/GL	I > S
208.	K22_09a	(UFE+FE)/U	I > S
209.	K22_09b	(UFE+FE)/GL	I > S
210.	K22_09c	(UFE+FE-EANZ)/U	I > S
211.	K22_09d	(UFE+FE-EANZ)/GL	I > S
212.	K22_10a	(RHB+UFE+FE)/U	I > S
213.	K22_10b	(RHB+UFE+FE)/GL	I > S
214.	K22_11a	(WEK+RST)/U	I < S
215.	K22_12a	RST/U	I < S
216.	K22_12b	RSTG/U	I < S
217.	K22_13a	(KFK×360)/U[Tage]	I > S
218.	K22_13b	(KFK×360)/GL[Tage]	I > S
219.	K22_13c	((KFK-EANZ)×360)/U[Tage]	I > S
220.	K22_13d	((KFK-EANZ)×360)/GL[Tage]	I > S
221.	K22_14a	((AKZ+VLL)×360)/U[Tage]	I > S
222.	K22_14b	((AKZ+VLL)×360)/GL[Tage]	I > S
223.	K22_15a	KFKE/U	I > S
224.	K22_15b	KFKE/GL	I > S
225.	K22_16a	(UV-KFK)/U	I < S
226.	K22_16b	(UV-KFK)/GL	I < S
227.	K22_16c	(UV-KFK-EANZ)/U	I < S
228.	K22_16d	(UV-KFK-EANZ)/GL	I < S
229.	K22_17a	(UV-KFK)/BISU	I < S
230.	K22_17b	(UV-KFK-EANZ)/(BISU-EANZ)	I < S

Übersicht 3-16: *Verwendeter Kennzahlenkatalog[43] (Teil 6 von 9)*

Lfd.Nr.	Signum	Kennzahlendefinition	Arbeits-hypothese
231.	K22_17c	(UV-KFK)/(BISU+HAFTVG)	I < S
232.	K22_17d	(FO-KFK)/BISU	I < S
233.	K22_17e	(FO-KFK-EANZ)/(BISU-EANZ)	I < S
234.	K22_18a	GEVER/U	I > S
235.	K22_18b	(GEVER-EANZ)/U	I > S
236.	K22_19a	HAFTVG/U	I > S
237.	K22_20a	FM/BISU	I < S
238.	K22_20b	FM/(BISU-IMMVG)	I < S
239.	K22_20c	FM/(BISU-EANZ)	I < S
240.	K22_20d	FM/(BISU-EANZ-IMMVG)	I < S
241.	K22_21a	AKZ/(AKZ+VLL)	I > S
242.	K22_22a	AKZ/(VLL+VVU)	I > S
243.	K22_23a	(VLL×12)/MAUF	I > S
244.	K22_23b	((AKZ+VLL)×12)/MAUF[Monate]	I > S
245.	K22_23c	((AKZ+VLL)×360)/MAUF[Tage]	I > S
246.	K22_24a	(FE×12)/U[Monate]	I > S
247.	K22_25a	(RHB×12)/MAUF[Monate]	I > S
248.	K22_26a	((VOR-ANZ)×12)/MAUF[Monate]	I > S
249.	K22_26b	((VOR-ANZ)×360)/MAUF[Tage]	I > S
250.	K22_27a	(FM+FLL-KFK)/BAUF	I < S
251.	K22_27b	(FM+FLL-KFK-EANZ)/BAUF	I < S
252.	K22_28a	(FM+FLL-KFK-LFK)/BAUF	I < S
253.	K22_28b	(FM+FLL-KFK-EANZ-LFK)/BAUF	I < S
23 Deckungsstruktur			
254.	K23_01a	WEK/AV	I < S
255.	K23_01b	WEK/(SAV-GB)	I < S
256.	K23_01c	(WEK-IMMVG)/(SAV-GB)	I < S
257.	K23_01d	(WEK-IMMVG)/(AV-IMMVG)	I < S
258.	K23_02a	(WEK+LFK)/AV	I < S
259.	K23_02b	(WEK+LFK)/(AV+SA)	I < S
260.	K23_02c	(WEK+LFK)/(AV+LF)	I < S
261.	K23_02d	(WEK-IMMVG+LFK)/(AV-IMMVG+LF)	I < S
262.	K23_03a	UV/KFK	I < S
263.	K23_03b	UV/(KFK-EANZ)	I < S
264.	K23_04a	FO/KFK	I < S
265.	K23_04b	FO/(KFK-EANZ)	I < S
266.	K23_04c	FO/(KFK+LFK)	I < S
267.	K23_05a	FM/KFK	I < S
268.	K23_06a	(FM+FLL)/KFK	I < S
269.	K23_06b	(FM+FLL)/(KFK-EANZ)	I < S
270.	K23_06c	(FM+FLL)/FK	I < S

Übersicht 3-16: *Verwendeter Kennzahlenkatalog*[43] *(Teil 7 von 9)*

Lfd.Nr.	Signum	Kennzahlendefinition	Arbeits-hypothese
271.	K23_06d	(FM+FLL)/(FK-EANZ)	I < S
272.	K23_07a	KF/KFK	I < S
273.	K23_07b	KF/(KFK-EANZ)	I < S
274.	K23_07c	(KF+VOR)/KFK	I < S
275.	K23_07d	(KF+VOR)/(KFK-EANZ)	I < S
276.	K23_08a	VOR/VLL	I < S
277.	K23_09a	VOR/EANZ	I > S
278.	K23_10a	FLL/VLL	I < S
279.	K23_11a	FOVU/VVU	I < S
280.	K23_12a	FOSO/VSO	I < S
24 Finanzkraft			
281.	K24_01a	(EBDIT+ZERG)/FK	I < S
282.	K24_01b	((EBDIT+ZERG)+PRSTZ)/FK	I < S
283.	K24_01c	(EBDIT+ZERG)/(FK-EANZ)	I < S
284.	K24_01d	((EBDIT+ZERG)+PRSTZ)/(FK-EANZ)	I < S
285.	K24_02a	CF/FK	I < S
286.	K24_02b	(CF+PRSTZ)/FK	I < S
287.	K24_02c	CF/(FK-EANZ)	I < S
288.	K24_02d	(CF+PRSTZ)/(FK-EANZ)	I < S
289.	K24_03a	(EBDIT+ZERG)/(FK-FM)	I < S
290.	K24_03b	((EBDIT+ZERG)+PRSTZ)/(FK-FM)	I < S
291.	K24_03c	(EBDIT+ZERG)/(FK-FM-EANZ)	I < S
292.	K24_03d	((EBDIT+ZERG)+PRSTZ)/(FK-FM-EANZ)	I < S
293.	K24_04a	CF/(FK-FM)	I < S
294.	K24_04b	(CF+PRSTZ)/(FK-FM)	I < S
295.	K24_04c	CF/(FK-FM-EANZ)	I < S
296.	K24_04d	(CF+PRSTZ)/(FK-FM-EANZ)	I < S
297.	K24_05a	(EBDIT+ZERG)/(FK-FM-FLL)	I < S
298.	K24_05b	((EBDIT+ZERG)+PRSTZ)/(FK-FM-FLL)	I < S
299.	K24_05c	(EBDIT+ZERG)/(FK-FM-FLL-EANZ)	I < S
300.	K24_05d	((EBDIT+ZERG)+PRSTZ)/(FK-FM-FLL-EANZ)	I < S
301.	K24_06a	CF/(FK-FM-FLL)	I < S
302.	K24_06b	(CF+PRSTZ)/(FK-FM-FLL)	I < S
303.	K24_06c	CF/(FK-FM-FLL-EANZ)	I < S
304.	K24_06d	(CF+PRSTZ)/(FK-FM-FLL-EANZ)	I < S
305.	K24_07a	(EBDIT+ZERG)/GEVER	I < S
306.	K24_07b	((EBDIT+ZERG)+PRSTZ)/GEVER	I < S
307.	K24_08a	(EBDIT+ZERG)/KFK	I < S
308.	K24_08b	((EBDIT+ZERG)+PRSTZ)/KFK	I < S
309.	K24_08c	(EBDIT+ZERG)/(KFK-EANZ)	I < S
310.	K24_08d	((EBDIT+ZERG)+PRSTZ)/(KFK-EANZ)	I < S

Übersicht 3-16: *Verwendeter Kennzahlenkatalog*[43] *(Teil 8 von 9)*

Lfd.Nr.	Signum	Kennzahlendefinition	Arbeits-hypothese
311.	K24_09a	CF/KFK	I < S
312.	K24_09b	(CF+PRSTZ)/KFK	I < S
313.	K24_09c	CF/(KFK-EANZ)	I < S
314.	K24_09d	(CF+PRSTZ)/(KFK-EANZ)	I < S
315.	K24_10a	(EBDIT+ZERG)/(KFK-FM)	I < S
316.	K24_10b	((EBDIT+ZERG)+PRSTZ)/(KFK-FM)	I < S
317.	K24_10c	(EBDIT+ZERG)/(KFK-EANZ-FM)	I < S
318.	K24_10d	((EBDIT+ZERG)+PRSTZ)/(KFK-EANZ-FM)	I < S
319.	K24_11a	CF/(KFK-FM)	I < S
320.	K24_11b	(CF+PRSTZ)/(KFK-FM)	I < S
321.	K24_11c	CF/(KFK-EANZ-FM)	I < S
322.	K24_11d	(CF+PRSTZ)/(KFK-EANZ-FM)	I < S
323.	K24_12a	((EBDIT+ZERG)+PRSTZ+BETERG-ST)/BANK	I < S
324.	K24_13a	((EBDIT+ZERG)+PRSTZ+BETERG-ST)/(FK-KF)	I < S
3 Wachstum			
31 Investitionsverhalten			
325.	K31_01a	ABS/(SAV+ABS +ABG)	I < S
326.	K31_01b	(ABS+ABG)/SAV	I < S
327.	K31_02a	INV/ABS	I < S
328.	K31_03a	INV/SAV	I < S
329.	K31_03b	INV/(SAV+ABS-INV)	I < S
330.	K31_04a	AFAKT/AKT	I > S
331.	K31_04b	AFAT/AKT	I < S
332.	K31_04c	INVT/AFAT	I < S
333.	K31_04d	INVT/AKT	I < S
334.	K31_05a	INV/U	I < S
32 Finanzierungspotenzial			
335.	K32_01a	(EBDIT+ZERG)/INV	I < S
336.	K32_01b	(EBDIT+ZERG)/ZUG	I < S
337.	K32_02a	CF/INV	I < S
338.	K32_02b	CF/ZUG	I < S
339.	K32_04a	ABS/ZUG	I < S
340.	K32_05a	((EBDIT+ZERG)+BETERG-ST)/INV	I < S
341.	K32_05b	((EBDIT+ZERG)+PRSTZ+BETERG-ST)/INV	I < S

Übersicht 3-16: *Verwendeter Kennzahlenkatalog[43] (Teil 9 von 9)*

333. Behandlung von fehlenden Werten

Nicht alle der im Kennzahlenkatalog definierten Kennzahlen lassen sich für jeden ausgewählten Jahresabschluss der vorliegenden Untersuchung berechnen. Dieses Problem ›fehlender Werte‹ (missing values) ist ein typisches Problem empirischer Untersuchungen und ist darauf zurückzuführen, dass nicht für jedes Untersuchungsobjekt (Jahresabschluss) jedes Merkmal (Jahresabschlussposten) vorliegt.[44] Konkret lassen sich zwei Ursachen dafür angeben, dass nicht jede Kennzahl für jeden Jahresabschluss berechnet werden kann.[45] Einerseits ist es möglich, dass der **Zähler oder der Nenner einer Kennzahl nicht berechnet werden kann.** Dies liegt dann vor, wenn der zugrundeliegende Jahresabschlussposten gar nicht oder aber falsch erfasst wurde. Andererseits kann es vorkommen, dass der **Nenner einer Kennzahl aufgrund der Differenz mehrerer Jahresabschlussposten den Wert ›Null‹ annimmt.** In diesem Fall kann die Kennzahl nicht berechnet werden, da eine Division durch Null mathematisch nicht definiert ist. In beiden Fällen tritt ein fehlender Wert auf, der für die empirische Untersuchung zu behandeln ist.

Für die Behandlung fehlender Werte können allgemein vier Strategien unterschieden werden:[46]

(1) Ausschluss unvollständiger Jahresabschlüsse von der Untersuchung,

(2) Ausschluss der Kennzahl von der Untersuchung,

(3) Einbeziehung der fehlenden Werte in die Analyse,

(4) Ersetzung der fehlenden Werte durch einen Schätzer.

Ad (1) Ausschluss unvollständiger Jahresabschlüsse von der Untersuchung

Durch diese Strategie wird sichergestellt, dass eine vollständige Informationsbasis vorliegt und somit alle Kennzahlen des Kennzahlenkatalogs berechnet werden können. Allerdings kann diese Strategie dazu führen, dass der Bestand an Jahresabschlüssen stark verkleinert wird und für die Entwicklung eines zuverlässigen Neuro-Fuzzy-Lageindikators nicht mehr ausreicht. Daher ist diese Strategie nur zu wählen, wenn eine ausreichend große Zahl an Jahresabschlüssen vorliegt oder nur wenige Jahresabschlüsse von der Untersuchung auszuschließen sind.

---

44 Vgl. SCHWAB, G., Fehlende Werte in der angewandten Statistik, S. 4.

45 Vgl. JERSCHENSKY, A., Messung des Bonitätsrisikos von Unternehmen, S. 135.

46 Vgl. GRABOWSKI, M., Outlier Identification and Estimation of Missing Data, S. 283; SCHMIDT-VON RHEIN, A./REHKUGLER, H., KNN zur Kreditwürdigkeitsprüfung, S. 510; VAMPLEW, P./ADAMS, A., Missing Values in a Backpropagation Neural Net, S. 64-67.

Ad (2) Ausschluss der Kennzahl von der Untersuchung

Übersteigt die Zahl der fehlenden Werte einer Kennzahl im Verhältnis zur Zahl aller ausgewählten Jahresabschlüsse der Untersuchung einen bestimmten Prozentsatz, wird die entsprechende Kennzahl von der Untersuchung ausgeschlossen. Würde eine solche Kennzahl nicht ausgeschlossen, sondern ihre fehlenden Werte durch einen Schätzer ersetzt, so würde die Datenreihe dieser Kennzahlen erheblich verzerrt und das diskriminatorische Potenzial der Kennzahl nivelliert.

Ad (3) Einbeziehung der fehlenden Werte in die Analyse

Auch das Fehlen von Jahresabschlussposten kann als Information gewertet werden. Dies setzt allerdings voraus, dass das verwendete Verfahren zur Entwicklung des Neuro-Fuzzy-Lageindikators fehlende Werte verarbeiten und entsprechend werten kann.

Ad (4) Ersetzung der fehlenden Werte durch einen Schätzer

Wurde eine Kennzahl nicht nach Strategie (2) von der Untersuchung ausgeschlossen, so sind die fehlenden Werte durch einen plausiblen Schätzer zu ersetzen. Dabei ist jede Kennzahl separat zu untersuchen und ein kennzahlenspezifischer Schätzer ist zu bestimmen. Je nach Kennzahl kann der Wert ›Null‹, das gruppenspezifische Mittel oder das gruppenspezifische Maximum bzw. Minimum ein geeigneter Schätzer sein.

Das verwendete Neuro-Fuzzy-System zur Entwicklung des Neuro-Fuzzy-Lageindikators ist so konstruiert, dass es keine Kennzahlen mit fehlenden Werten verarbeiten kann. Daher ist Strategie (3) für diese Untersuchung nicht geeignet. Die verbleibenden drei Strategien werden nach Maßgabe der folgenden Kriterien angewendet:[47]

- Liegen **Fehler in der Erfassung** von Jahresabschlüssen vor, so wird versucht, die jeweiligen Jahresabschlusspositionen nachzuerfassen. Ist dies nicht möglich, wird der betroffene Jahresabschluss nach Strategie (1) von der Untersuchung ausgeschlossen. Die in Abschnitt 324. für die Stichproben ausgewählten Jahresabschlüsse sind bereits Jahresabschlüsse ohne Erfassungsfehler.
- Lässt sich eine Kennzahl aufgrund einer **unzureichenden Informationsbasis** für weniger als 80 % aller Jahresabschlüsse berechnen, wird die jeweilige Kennzahl nach Strategie (2) von der Untersuchung ausgeschlossen. Von diesem Kriterium werden die folgenden 14 Kennzahlen erfasst und für die weitere Untersuchung nicht mehr verwendet: K12_06A, K12_07A, K12_08A, K12_08B, K13_06E,

47 So auch JERSCHENSKY, A., Messung des Bonitätsrisikos von Unternehmen, S. 137; THUN, C., Entwicklung von Bilanzbonitätsklassifikatoren, S. 135.

K13_06J, K13_12A, K13_12B, K14_02A, K22_19A, K31_04A, K31_04B, K31_04C, K31_04D.

- Weist eine Kennzahl zwar fehlende Werte auf, lässt sie sich aber für mindestens 80 % aller Jahresabschlüsse berechnen, wird für diese Kennzahl nach Strategie (4) ein für die ökonomische Aussage der Kennzahl geeigneter Schätzwert bestimmt.

In der folgenden Übersicht 3-17 sind für alle Kennzahlen des Kennzahlenkatalogs, bei denen fehlende Werte auftreten können, die kennzahlspezifisch bestimmten Schätzer angegeben.[48] Dabei ist die jeweilige Teilgröße der Kennzahl, die zu einem fehlenden Wert führen kann, fett gedruckt. Kennzahlen, bei denen der Zähler zu einem fehlenden Wert führt und der Wert ›Null‹ ein geeigneter Schätzer für diese Kennzahlen ist, sind in Übersicht 3-17 nicht enthalten.

Lfd.Nr.	Signum	Kennzahlendefinition	Schätzer
1 Erfolgslage			
11 Ertragsstruktur			
1.	K11_10a	AOERT/**EBIT**	gruppenspezifischer Mittelwert
12 Aufwandsstruktur			
2.	K12_01a	ROHE/**PERSA**	gruppenspezifischer Mittelwert
3.	K12_08c	EBIT/**ZAUFW**	EBIT
13 Rentabilität			
4.	K13_06d	(EBDIT+ZERG)/**(BISU-EANZ-IMMVG)**	(EBDIT+ZERG)
5.	K13_06i	((EBDIT+ZERG)+PRSTZ)/**(BISU-EANZ-IMMVG)**	(EBDIT+ZERG)+PRSTZ
6.	K13_08d	CF/**(BISU-EANZ-IMMVG)**	CF
7.	K13_08h	(CF+PRSTZ)/**(BISU-EANZ-IMMVG)**	CF+PRSTZ
8.	K13_09a	EBIT/**(WEK+LFK)**	EBIT
9.	K13_09b	EBIT/**(WEK-IMMVG+LFK)**	EBIT
10.	K13_09c	EBIT/**WEK**	EBIT
11.	K13_09d	EBIT/**(WEK-IMMVG)**	EBIT
12.	K13_09e	(EBDIT+ZERG)/**WEK**	(EBDIT+ZERG)
13.	K13_09f	(EBDIT+ZERG)/**(WEK-IMMVG)**	(EBDIT+ZERG)
14.	K13_10a	ZAUFW/**FK**	0
15.	K13_10b	ZAUFW/**(FK-EANZ)**	0
16.	K13_10c	ZAUFW/**VB**	0
2 Vermögens- und Finanzlage			
21 Kapitalstruktur			
17.	K21_02d	(HEK-IMMVG)/**(BISU-EANZ-IMMVG)**	HEK-IMMVG
18.	K21_03d	(WEK-IMMVG)/**(BISU-EANZ-IMMVG)**	WEK-IMMVG

Übersicht 3-17: *Schätzer für die fehlenden Werte der verwendeten Kennzahlen (Teil 1 von 5)*

48 In Anlehnung an JERSCHENSKY, A., Messung des Bonitätsrisikos von Unternehmen, S. 138-143.

Lfd.Nr.	Signum	Kennzahlendefinition	Schätzer
19.	K21_04c	WEK/**(BISU-EANZ-FM-GB)**	WEK
20.	K21_04d	(WEK-IMMVG)/**(BISU-EANZ-IMMVG-FM-GB)**	WEK-IMMVG
21.	K21_05g	(WEK-IMMVG+PRST)/**(BISU-EANZ-IMMVG)**	WEK-IMMVG+PRST
22.	K21_05h	(WEK-IMMVG+PRST/2)/**(BISU-EANZ-IMMVG)**	WEK-IMMVG+PRST/2
23.	K21_06c	(WEK+PRST)/**(BISU-EANZ-FM-GB)**	WEK+PRST
24.	K21_06d	(WEK-IMMVG+PRST)/ **(BISU-EANZ-IMMVG-FM-GB)**	WEK-IMMVG+PRST
25.	K21_07g	(WEK-IMMVG+RSTG)/**(BISU-EANZ-IMMVG)**	WEK-IMMVG+RSTG
26.	K21_07h	(WEK-IMMVG+RSTG/2)/**(BISU-EANZ-IMMVG)**	WEK-IMMVG+RSTG/2
27.	K21_08e	(WEK+RSTG)/**(BISU-EANZ-FM-GB)**	WEK+RSTG
28.	K21_08f	(WEK+RSTG/2)/**(BISU-EANZ-FM-GB)**	WEK+RSTG/2
29.	K21_08g	(WEK-IMMVG+RSTG)/ **(BISU-EANZ-IMMVG-FM-GB)**	WEK-IMMVG+RSTG
30.	K21_08h	(WEK-IMMVG+RSTG/2)/ **(BISU-EANZ-IMMVG-FM-GB)**	WEK-IMMVG+RSTG/2
31.	K21_09g	(WEK-IMMVG+RST)/**(BISU-EANZ-IMMVG)**	WEK-IMMVG+RST
32.	K21_09h	(WEK-IMMVG+RST/2)/**(BISU-EANZ-IMMVG)**	WEK-IMMVG+RST/2
33.	K21_10e	(WEK+RST)/**(BISU-EANZ-FM-GB)**	WEK+RST
34.	K21_10f	(WEK+RST/2)/**(BISU-EANZ-FM-GB)**	WEK+RST/2
35.	K21_10g	(WEK-IMMVG+RST)/ **(BISU-EANZ-IMMVG-FM-GB)**	WEK-IMMVG+RST
36.	K21_10h	(WEK-IMMVG+RST/2)/ **(BISU-EANZ-IMMVG-FM-GB)**	WEK-IMMVG+RST/2
37.	K21_11b	(WEK-IMMVG+RST)/**(BISU-IMMVG-RST)**	WEK-IMMVG+RST
38.	K21_13a	HEK/**FK**	HEK
39.	K21_13b	(HEK-IMMVG)/**FK**	HEK-IMMVG
40.	K21_13c	HEK/**(FK-EANZ)**	HEK
41.	K21_13d	(HEK-IMMVG)/**(FK-EANZ)**	HEK-IMMVG
42.	K21_14a	WEK/**FK**	WEK
43.	K21_14b	(WEK-IMMVG)/**FK**	WEK-IMMVG
44.	K21_14c	WEK/**(FK-EANZ)**	WEK
45.	K21_14d	(WEK-IMMVG)/**(FK-EANZ)**	WEK-IMMVG
46.	K21_19a	BANK/**FK**	0
47.	K21_19b	BANK/**(FK-EANZ)**	0
48.	K21_19c	BANK/**VB**	0
49.	K21_21a	KBANK/**FK**	0
50.	K21_21b	KBANK/**(FK-EANZ)**	0
51.	K21_21c	KBANK/**VB**	0
52.	K21_22a	(VLL+AKZ+BANK)/**FK**	0
53.	K21_22b	(VLL+AKZ+BANK)/**(FK-EANZ)**	0
54.	K21_23a	(VLL+AKZ)/**FK**	0

Übersicht 3-17: Schätzer für die fehlenden Werte der verwendeten Kennzahlen (Teil 2 von 5)

Lfd.Nr.	Signum	Kennzahlendefinition	Schätzer
55.	K21_23b	(VLL+AKZ)/**(FK-EANZ)**	0
22 Vermögensstruktur			
56.	K22_01d	SAV/**(BISU-EANZ-IMMVG)**	gruppenspezifischer Mittelwert
57.	K22_02d	UV/**(BISU-EANZ-IMMVG)**	gruppenspezifischer Mittelwert
58.	K22_20d	FM/**(BISU-EANZ-IMMVG)**	gruppenspezifischer Mittelwert
59.	K22_21a	AKZ/**(AKZ+VLL)**	0
60.	K22_22a	AKZ/**(VLL+VVU)**	AKZ
61.	K22_23a	(VLL×12)/**MAUF**	Ausschluss des JA
62.	K22_23b	((AKZ+VLL)×12)/**MAUF**	Ausschluss des JA
63.	K22_23c	((AKZ+VLL)×360)/**MAUF**	Ausschluss des JA
64.	K22_25a	(RHB×12)/**MAUF**	Ausschluss des JA
65.	K22_26a	((VOR-ANZ)×12)/**MAUF**	Ausschluss des JA
66.	K22_26b	((VOR-ANZ)×360)/**MAUF**	Ausschluss des JA
23 Deckungsstruktur			
67.	K23_01a	WEK/AV	Zähler < 0: 0 Nenner = 0: WEK
68.	K23_01b	WEK/(SAV-GB)	Zähler < 0: 0 Nenner = 0: WEK
69.	K23_01c	(WEK-IMMVG)/(SAV-GB)	Zähler < 0: 0 Nenner = 0: WEK-IMMVG
70.	K23_01d	(WEK-IMMVG)/(AV-IMMVG)	Zähler < 0: 0 Nenner = 0: WEK-IMMVG
71.	K23_02a	(WEK+LFK)/AV	Zähler < 0: 0 Nenner = 0: WEK+LFK
72.	K23_02b	(WEK+LFK)/(AV+SA)	Zähler < 0: 0 Nenner = 0: WEK+LFK
73.	K23_02c	(WEK+LFK)/(AV+LF)	Zähler < 0: 0 Nenner = 0: WEK+LFK
74.	K23_02d	(WEK-IMMVG+LFK)/(AV-IMMVG+LF)	Zähler < 0: 0 Nenner = 0: WEK-IMMVG+LFK
75.	K23_03a	UV/**KFK**	UV
76.	K23_03b	UV/**(KFK-EANZ)**	UV
77.	K23_04a	FO/**KFK**	FO
78.	K23_04b	FO/**(KFK-EANZ)**	FO
79.	K23_04c	FO/**(KFK+LFK)**	FO
80.	K23_05a	FM/**KFK**	FM
81.	K23_06a	(FM+FLL)/**KFK**	FM+FLL
82.	K23_06b	(FM+FLL)/**(KFK-EANZ)**	FM+FLL
83.	K23_06c	(FM+FLL)/**FK**	FM+FLL
84.	K23_06d	(FM+FLL)/**(FK-EANZ)**	FM+FLL

***Übersicht 3-17:** Schätzer für die fehlenden Werte der verwendeten Kennzahlen (Teil 3 von 5)*

Lfd.Nr.	Signum	Kennzahlendefinition	Schätzer
85.	K23_07a	KF/**KFK**	KF
86.	K23_07b	KF/**(KFK-EANZ)**	KF
87.	K23_07c	(KF+VOR)/**KFK**	KF+VOR
88.	K23_07d	(KF+VOR)/**(KFK-EANZ)**	KF+VOR
89.	K23_08a	VOR/**VLL**	VOR
90.	K23_09a	VOR/**EANZ**	VOR
91.	K23_10a	FLL/**VLL**	FLL
92.	K23_11a	FOVU/**VVU**	FOVU
93.	K23_12a	FOSO/**VSO**	FOSO
24 Finanzkraft			
94.	K24_01a	(EBDIT+ZERG)/**FK**	(EBDIT+ZERG)
95.	K24_01b	((EBDIT+ZERG)+PRSTZ)/**FK**	(EBDIT+ZERG)+PRSTZ
96.	K24_01c	(EBDIT+ZERG)/**(FK-EANZ)**	(EBDIT+ZERG)
97.	K24_01d	((EBDIT+ZERG)+PRSTZ)/**(FK-EANZ)**	(EBDIT+ZERG)+PRSTZ
98.	K24_02a	CF/**FK**	CF
99.	K24_02b	(CF+PRSTZ)/**FK**	CF+PRSTZ
100.	K24_02c	CF/**(FK-EANZ)**	CF
101.	K24_02d	(CF+PRSTZ)/**(FK-EANZ)**	CF+PRSTZ
102.	K24_03a	(EBDIT+ZERG)/**(FK-FM)**	(EBDIT+ZERG)
103.	K24_03b	((EBDIT+ZERG)+PRSTZ)/**(FK-FM)**	(EBDIT+ZERG)+PRSTZ
104.	K24_03c	(EBDIT+ZERG)/**(FK-FM-EANZ)**	(EBDIT+ZERG)
105.	K24_03d	((EBDIT+ZERG)+PRSTZ)/**(FK-FM-EANZ)**	(EBDIT+ZERG)+PRSTZ
106.	K24_04a	CF/**(FK-FM)**	CF
107.	K24_04b	(CF+PRSTZ)/**(FK-FM)**	CF+PRSTZ
108.	K24_04c	CF/**(FK-FM-EANZ)**	CF
109.	K24_04d	(CF+PRSTZ)/**(FK-FM-EANZ)**	CF+PRSTZ
110.	K24_05a	(EBDIT+ZERG)/**(FK-FM-FLL)**	(EBDIT+ZERG)
111.	K24_05b	((EBDIT+ZERG)+PRSTZ)/**(FK-FM-FLL)**	(EBDIT+ZERG)+PRSTZ
112.	K24_05c	(EBDIT+ZERG)/**(FK-FM-FLL-EANZ)**	(EBDIT+ZERG)
113.	K24_05d	((EBDIT+ZERG)+PRSTZ)/**(FK-FM-FLL-EANZ)**	(EBDIT+ZERG)+PRSTZ
114.	K24_06a	CF/**(FK-FM-FLL)**	CF
115.	K24_06b	(CF+PRSTZ)/**(FK-FM-FLL)**	CF+PRSTZ
116.	K24_06c	CF/**(FK-FM-FLL-EANZ)**	CF
117.	K24_06d	(CF+PRSTZ)/**(FK-FM-FLL-EANZ)**	CF+PRSTZ
118.	K24_07a	(EBDIT+ZERG)/**GEVER**	(EBDIT+ZERG)
119.	K24_07b	((EBDIT+ZERG)+PRSTZ)/**GEVER**	(EBDIT+ZERG)+PRSTZ
120.	K24_08a	(EBDIT+ZERG)/**KFK**	(EBDIT+ZERG)
121.	K24_08b	((EBDIT+ZERG)+PRSTZ)/**KFK**	(EBDIT+ZERG)+PRSTZ
122.	K24_08c	(EBDIT+ZERG)/**(KFK-EANZ)**	(EBDIT+ZERG)
123.	K24_08d	((EBDIT+ZERG)+PRSTZ)/**(KFK-EANZ)**	(EBDIT+ZERG)+PRSTZ

Übersicht 3-17: *Schätzer für die fehlenden Werte der verwendeten Kennzahlen (Teil 4 von 5)*

Lfd.Nr.	Signum	Kennzahlendefinition	Schätzer
124.	K24_09a	CF/**KFK**	CF
125.	K24_09b	(CF+PRSTZ)/**KFK**	CF+PRSTZ
126.	K24_09c	CF/**(KFK-EANZ)**	CF
127.	K24_09d	(CF+PRSTZ)/**(KFK-EANZ)**	CF+PRSTZ
128.	K24_10a	(EBDIT+ZERG)/**(KFK-FM)**	(EBDIT+ZERG)
129.	K24_10b	((EBDIT+ZERG)+PRSTZ)/**(KFK-FM)**	(EBDIT+ZERG)+PRSTZ
130.	K24_10c	(EBDIT+ZERG)/**(KFK-EANZ-FM)**	(EBDIT+ZERG)
131.	K24_10d	((EBDIT+ZERG)+PRSTZ)/**(KFK-EANZ-FM)**	(EBDIT+ZERG)+PRSTZ
132.	K24_11a	CF/**(KFK-FM)**	CF
133.	K24_11b	(CF+PRSTZ)/**(KFK-FM)**	CF+PRSTZ
134.	K24_11c	CF/**(KFK-EANZ-FM)**	CF
135.	K24_11d	(CF+PRSTZ)/**(KFK-EANZ-FM)**	CF+PRSTZ
136.	K24_12a	((EBDIT+ZERG)+PRSTZ+BETERG-ST)/**BANK**	(EBDIT+ZERG)+PRSTZ+BE-TERG-ST
137.	K24_13a	((EBDIT+ZERG)+PRSTZ+BETERG-ST)/**(FK-KF)**	(EBDIT+ZERG)+PRSTZ+BE-TERG-ST
3 Wachstum			
31 Investitionsverhalten			
138.	K31_01a	ABS/**(SAV+ABS +ABG)**	0
139.	K31_01b	(ABS+ABG)/**SAV**	0
140.	K31_02a	INV/**ABS**	INV
141.	K31_03a	INV/**SAV**	INV
142.	K31_03b	INV/**(SAV+ABS-INV)**	INV
32 Finanzierungspotenzial			
143.	K32_01a	(EBDIT+ZERG)/**INV**	(EBDIT+ZERG)
144.	K32_01b	(EBDIT+ZERG)/**ZUG**	(EBDIT+ZERG)
145.	K32_02a	CF/**INV**	CF
146.	K32_02b	CF/**ZUG**	CF
147.	K32_04a	ABS/**ZUG**	ABS
148.	K32_05a	((EBDIT+ZERG)+BETERG-ST)/**INV**	(EBDIT+ZERG)+BETERG-ST
149.	K32_05b	((EBDIT+ZERG)+PRSTZ+BETERG-ST)/**INV**	(EBDIT+ZERG)+PRSTRZ+ BETERG-ST

Übersicht 3-17: *Schätzer für die fehlenden Werte der verwendeten Kennzahlen (Teil 5 von 5)*

334. Behandlung von Ausreißern

Extrem hohe oder niedrige Merkmalsausprägungen, die sehr weit vom Zentrum der Verteilung des Merkmals entfernt liegen, werden als **Ausreißer** bezeichnet.[49] Bei den für die Untersuchung verwendeten Kennzahlen treten Ausreißer immer dann auf, wenn der **Nenner der Kennzahl sehr kleine Werte nahe ›Null‹** aufweist und/oder der **Zähler im Verhältnis zum Nenner sehr hohe absolute Werte annimmt**. So führt ein Wert nahe ›Null‹ im Nenner je nach Vorzeichen der Kennzahl zu einer extrem hohen positiven bzw. extrem niedrigen negativen Ausprägung der Kennzahl. Eine solche extreme Ausprägung kann zudem durch einen wertmäßig großen Zähler verstärkt werden. Ausreißer lassen sich i. d. R. ökonomisch nicht interpretieren und führen zu Verzerrungen in den Verteilungen.

Ob Ausreißer zu behandeln sind, hängt von dem in der Untersuchung eingesetzten Verfahren ab. So sind Neuronale Netze gegenüber Ausreißern resistent, da sie i. d. R. sigmoide Aktivierungsfunktionen verwenden.[50] Eine sigmoide Aktivierungsfunktion bildet die Netzeingabe (Kennzahlenausprägung) auf das Intervall $[0,1]$ ab und reagiert nur auf Ausprägungen in der Nähe ihres Schwellenwerts sensibel.[51] Extreme Ausprägungen, die weit vom Schwellenwert entfernt liegen, werden von einer sigmoiden Aktivierungsfunktion nivelliert. Auch für die Anwendung wissensbasierter Fuzzy-Regelsysteme spielen Ausreißer eine untergeordnete Rolle, wenn in den linguistischen Variablen randgesättigte Zugehörigkeitsfunktionen verwendet werden.[52] Allerdings wirken sich Ausreißer bei der Optimierung der linguistischen Variablen von wissensbasierten Fuzzy-Regelsystemen mit einem Neuro-Fuzzy-System störend aus. Mit Hilfe des Neuro-Fuzzy-Systems werden auf Basis der Lernstichprobe die Funktionsparameter (Lage c, Weite σ, Steigung s) der logistischen und gaußförmigen Zugehörigkeitsfunktionen der linguistischen Variablen für die ausgewählten Kennzahlen angepasst. Weist die Lernstichprobe Ausreißer für die jeweiligen Kennzahlenausprägungen auf, so würde dies die Anpassung der Funktionsparameter verzerren.[53] Daher wird die **Lernstichprobe** der vorliegenden Untersuchung **um Ausreißer bereinigt**.

Ein Ausreißer wird in dieser Untersuchung durch den sog. »**4-Sigma-Bereich**« identifiziert.[54] Danach gilt eine Kennzahlenausprägung als Ausreißer, wenn sie außerhalb des Bereichs $\bar{x} \pm 4s$ liegt, wobei der Mittelwert $\bar{x}$ und die Standardabweichung s ohne die als Ausreißer identifizierte Kennzahlenausprägung berechnet werden. Die

49 Vgl. BLEYMÜLLER, J./GEHLERT, G./GÜLICHER, H., Statistik, S. 15; SACHS, L., Angewandte Statistik, S. 364; HARTUNG, J., Statistik, S. 343.

50 Vgl. Abschnitt 231.2.

51 Vgl. ZELL, A., Künstliche Neuronale Netze, S. 90 f.

52 Vgl. Abschnitt 222.3.

53 Vgl. TROSZCZYNSKI, L., Möglichkeiten des Einsatzes von Neuro-Fuzzy-Verfahren, S. 47 f.

54 Vgl. SACHS, L., Angewandte Statistik, S. 364.

Ausreißerbereinigung der Lernstichprobe erfolgt für jede Kennzahl getrennt für Jahresabschlüsse *solventer* bzw. *später insolventer* Unternehmen und innerhalb dieser beiden Gruppen getrennt nach Abschlussjahren für Jahresabschlüsse *solventer* Unternehmen und nach dem Abstand zur Insolvenz für Jahresabschlüsse *später insolventer* Unternehmen. Die identifizierten Ausreißer werden jeweils durch den gruppenspezifischen Mittelwert ersetzt.

335. Skalierung der Kennzahlenausprägungen

Die für die Untersuchung verwendeten Kennzahlen weisen in Bezug auf Mittelwert und Standardabweichung z.T. sehr unterschiedliche Verteilungen ihrer Ausprägungen auf. Hierdurch sind sie für das Neuro-Fuzzy-System wesentlich schwieriger zu verarbeiten als Kennzahlen mit ähnlich verteilten Ausprägungen. Dies kann den Lernvorgang des Neuro-Fuzzy-Systems einerseits um ein Vielfaches verlangsamen.[55] Andererseits hat sich in der Untersuchung gezeigt, dass mit nicht-skalierten Kennzahlenausprägungen schlechtere Klassifikationsleistungen für den Neuro-Fuzzy-Lageindikator erzielt wurden. Daher werden die Ausprägungen x_i jeder Kennzahl wie folgt skaliert:[56]

(3-1)
$$x_i' = \frac{x_i - \mu}{\sigma} \cdot 10$$

Dabei beschreibt μ den Mittelwert und σ die Standardabweichung der Verteilung der jeweiligen Kennzahlenausprägungen. Durch den Faktor 10 wird die Standardabweichung gestreckt, sodass sich später die linguistischen Variablen besser partitionieren und durch das Neuro-Fuzzy-System optimieren lassen. Nach der Skalierung ist jede Kennzahlenverteilung so skaliert, dass sie einen Mittelwert von $\mu = 0$ und eine Standardabweichung von $\sigma = 10$ aufweist.

34 Fehlermaß zur Beurteilung der Klassifikationsleistung von Neuro-Fuzzy-Lageindikatoren

Ein Ziel der vorliegenden Untersuchung ist es, einen Neuro-Fuzzy-Lageindikator zu entwickeln, mit dem die Bestandsfestigkeit von Unternehmen möglichst **zuverlässig** beurteilt werden kann.[57] Ein zuverlässiger Neuro-Fuzzy-Lageindikator zeichnet sich

55 Vgl. ZIMMERMANN, H. G., Neuronale Netze als Entscheidungskalkül, S. 21 f.

56 Für ein ähnliches Vorgehen vgl. KERLING, M./PODDIG, T., Klassifikation von Unternehmen mittels KNN, S. 438 f.

dadurch aus, dass sich mit ihm möglichst fehlerfrei *solvente* von *später insolventen* Unternehmen trennen lassen. Zur Beurteilung der Klassifikationsleistung eines Neuro-Fuzzy-Lageindikators wird daher ein Kalkül benötigt, mit dem sich der Klassifikationsfehler objektiv messen und quantifizieren lässt. Ein solcher Kalkül ist die **Fehlerfläche**[58], die in dieser Untersuchung als Zielkriterium für die Entwicklung eines zuverlässigen Neuro-Fuzzy-Lageindikators herangezogen wird.[59] Im Folgenden wird erläutert, wie die Fehlerfläche für einen Neuro-Fuzzy-Lageindikator bestimmt werden kann und wie sie im Hinblick auf die Klassifikationsleistung zu interpretieren ist.

Bei der Klassifikation von Unternehmen auf Basis der Ausgabe eines Neuro-Fuzzy-Lageindikators in die beiden Klassen *›solvent‹* und *›später insolvent‹* lassen sich generell zwei Fehler unterscheiden:

- *Später insolvente* Unternehmen werden fälschlich als *solvent* klassifiziert. Dies ist der Fehler 1. Art und wird im Folgenden als **α-Fehler** bezeichnet.
- *Solvente* Unternehmen werden fälschlich als *später insolvent* klassifiziert. Dies ist der Fehler 2. Art und wird im Folgenden als **β-Fehler** bezeichnet.

Da die Ausgabe des Neuro-Fuzzy-Lageindikators keine binäre Abbildung auf die Klassen *›solvent‹* bzw. *›später insolvent‹* ist, sondern eine reellwertige ordinalskalierte Zahl, die im Folgenden als Neuro-Fuzzy-Wert (NF-Wert) bezeichnet wird, ist für die Einteilung der Unternehmen in die Klassen *›solvent‹* bzw. *›später insolvent‹* ein sog. **Trennwert z_{krit}** festzulegen.[60] Geht man davon aus, dass der Neuro-Fuzzy-Lageindikator der Hypothese I < S folgt, also *solvente* Unternehmen im Durchschnitt einen höheren NF-Wert aufweisen als *später insolvente*, wird ein Unternehmen der Klasse *›später insolvent‹* zugeordnet, wenn gilt: NF-Wert $\leq z_{krit}$. Gilt hingegen NF-Wert $> z_{krit}$, wird das jeweilige Unternehmen der Klasse *›solvent‹* zugeordnet.

Die Höhe des α-Fehlers und des β-Fehlers ist also nicht nur von der Klassifikationsleistung des Neuro-Fuzzy-Lageindikators selbst, sondern auch von der Wahl des Trennwerts z_{krit} abhängig. Je höher der Trennwert z_{krit} gewählt wird, desto mehr Unternehmen werden als *›später insolvent‹* klassifiziert. Dies hat einerseits zur Folge, dass der α-Fehler sinkt, da mehr tatsächlich *später insolvente* Unternehmen richtig klassifiziert werden. Andererseits steigt der β-Fehler, da mehr tatsächlich *solvente* Unternehmen fälschlich als *›später insolvent‹* eingestuft werden. Im Extremfall, also wenn der

57 Zu den Zielen dieser Untersuchung vgl. Abschnitt 11.

58 Vgl. UTHOFF, C., Erfolgsoptimale Kreditwürdigkeitsprüfung, S. 25 f.

59 Der Fehlerflächenkalkül wurde als Zielkriterium zur Entwicklung von Klassifikatoren bereits erfolgreich angewendet von UTHOFF, C., Erfolgsoptimale Kreditwürdigkeitsprüfung, S. 94-96, JERSCHENSKY, A., Messung des Bonitätsrisikos von Unternehmen, S. 186-188; KRUSE, A., Antragsprüfung und Kartenüberwachung von privaten Kreditkartenkunden, S. 168-170; THUN, C., Entwicklung von Bilanzbonitätsklassifikatoren, S. 180 f.; GLORMANN, F., Bilanzrating von US-GAAP Abschlüssen.

60 Vgl. Abschnitt 223.15.

Trennwert den höchsten NF-Wert annimmt, würde der α-Fehler = 0 % und der β-Fehler = 100 % betragen. Das gleiche gilt umgekehrt für sehr niedrige Trennwerte z_{krit}. Der α-Fehler und der β-Fehler stehen also in einem substitutionalen Verhältnis und bilden zu jedem Trennwert z_{krit} eine **αβ-Fehlerkombination**.

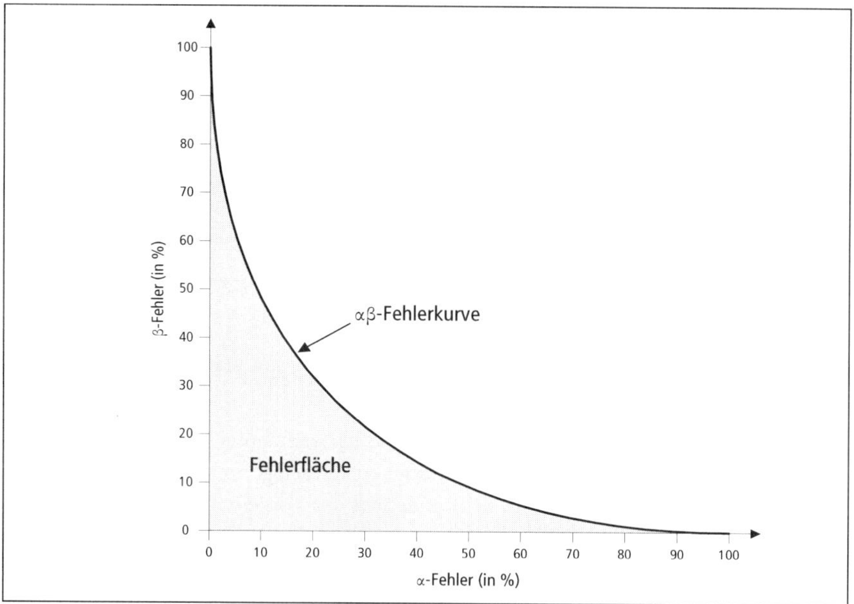

Übersicht 3-18: *Schematische Darstellung der Fehlerfläche*

Um den Klassifikationsfehler eines Neuro-Fuzzy-Lageindikators unabhängig vom Trennwert z_{krit} an einer Stichprobe (Test-, Kontroll- oder Validierungsstichprobe) messen zu können, sind zunächst für alle Beispielfälle der Stichprobe die möglichen αβ-Fehlerkombinationen zu bestimmen. Hierzu wird jeder der NF-Werte, der für die Beispielfälle der tatsächlich *später insolventen* Unternehmen der jeweiligen Stichprobe vom Neuro-Fuzzy-Lageindikator berechnet wurde, als Trennwert verwendet, und für jeden dieser Trennwerte wird die αβ-Fehlerkombination bestimmt. Die berechneten αβ-Fehlerkombinationen werden in einem Einheitsquadrat abgetragen und bilden eine **αβ-Fehlerkurve**.[61] Übersicht 3-18 zeigt die schematische Darstellung einer solchen αβ-Fehlerkurve. Dabei ist der α-Fehler auf der Abszisse und der β-Fehler auf der Ordinate abgetragen. Die Fläche unter der αβ-Fehlerkurve wird als **Fehlerfläche** bezeichnet. Durch die Bildung des Integrals unter der Fehlerfläche werden alle mögli-

61 Vgl. UTHOFF, C., Erfolgsoptimale Kreditwürdigkeitsprüfung, S. 25 f.

chen αβ-Fehlerkombinationen auf einen Wert verdichtet.[62] Die Fehlerfläche kann als durchschnittlicher α-Fehler über alle β-Fehler bzw. als durchschnittlicher β-Fehler über alle α-Fehler interpretiert werden.

Generell gilt, je näher die αβ-Fehlerkurve zum Ursprung verläuft, d.h. je näher sie zur Abszisse und/oder zur Ordinate verläuft, desto kleiner ist die Fehlerfläche. Je niedriger die Fehlerfläche ist, desto kleiner ist der Fehler, den der Neuro-Fuzzy-Lageindikator begeht, und desto besser ist die Klassifikationsleistung und damit die Zuverlässigkeit des Neuro-Fuzzy-Lageindikators.[63] Daher ist das Ziel der empirisch gestützten Optimierung des wissensbasierten Fuzzy-Regelsystems, einen Neuro-Fuzzy-Lageindikator mit einer **minimalen Fehlerfläche** zu entwickeln.

35 Modellierung eines wissensbasierten Fuzzy-Regelsystems

351. Vorbemerkungen

Nachdem das Datenmaterial für die empirische Untersuchung bereitgestellt und die Merkmale zur Beurteilung der Bestandsfestigkeit festgelegt wurden (Schritt 1 und 2 des Vorgehensmodells), ist nun im dritten Schritt des Vorgehensmodells ein wissensbasiertes Fuzzy-Regelsystem zu modellieren, welches die Basis des zu entwickelnden Neuro-Fuzzy-Lageindikators darstellt. Übersicht 3-19 stellt den in diesem Abschnitt zu behandelnden dritten Schritt des Vorgehensmodells durch den grau hinterlegten Wertschöpfungskettenpfeil dar und markiert damit den Stand des Untersuchung.

1. Bereitstellung des Datenmaterials (vgl. Abschnitt 32)	2. Bestimmung der Merkmale zur Beurteilung der Bestandsfestigkeit (vgl. Abschnitt 33)	3. Modellierung eines wissensb. Fuzzy-Regelsystems (vgl. Abschnitt 35)	4. Optimierung des wissensb. Fuzzy-Regelsystems mit Neuro-Fuzzy (vgl. Abschnitt 36)	5. Validierung des Neuro-Fuzzy-Lageindikators (vgl. Abschnitt 38)

***Übersicht 3-19:** Vorgehensmodell zur Entwicklung eines Neuro-Fuzzy-Lageindikators*

Das zu modellierende wissensbasierte Fuzzy-Regelsystem wurde bereits allgemein in Abschnitt 223. definiert und an einem einfachen aber durchgängigen Beispiel hinsichtlich des Aufbaus und der Funktionsweise erläutert. Dabei wurden die vier Komponenten des wissensbasierten Fuzzy-Regelsystems,

- die Fuzzyfizierungs-Komponente (linguistische Ein- und Ausgabevariablen),
- die Wissensbasis (Wenn-Dann-Regeln),

62 Vgl. JERSCHENSKY, A., Messung des Bonitätsrisikos von Unternehmen, S. 187.

63 Vgl. UTHOFF, C., Erfolgsoptimale Kreditwürdigkeitsprüfung, S. 94-96.

- die Fuzzy-Inferenz-Komponente (Inferenz-Operatoren) und
- die Defuzzyfizierungs-Komponente (Defuzzyfizierungsmethoden)

für das Beispiel als gesetzt angenommen. Wie diese Bestandteile für die Entwicklung eines konkreten Neuro-Fuzzy-Lageindikators zu spezifizieren sind, wurde nicht erläutert und ist Gegenstand des Abschnitts 35. Da die Ausgestaltung der Fuzzy-Inferenzkomponente und der Defuzzyfizierungs-Komponente bereits durch die Architektur des ausgewählten Neuro-Fuzzy-Systems festgelegt wurde (vgl. Abschnitt 232.31), sind für die Modellierung des wissensbasierten Fuzzy-Regelsystems nicht mehr alle vier Komponenten zu spezifizieren, sondern lediglich die **Fuzzyfizierungs-Komponente** und die **Wissensbasis**.

Das konkrete Vorgehen zur Spezifizierung der Fuzzyfizierungs-Komponente und der Wissensbasis für das zu modellierende wissensbasierte Fuzzy-Regelsystem wurde für den dritten Schritt des Vorgehensmodells mit dem Prozessmodell in Übersicht 3-4 festgelegt. Danach ist zunächst das **externe Wissen** zu akquirieren, welches in das wissensbasierte Fuzzy-Regelsystem einfließen soll. Anschließend ist die Topologie des wissensbasierten Fuzzy-Regelsystems zu bestimmen. Dazu ist zunächst festzulegen, mit wie vielen Teilurteilen und über wie viele Ebenen das Gesamturteil über die Bestandsfestigkeit gebildet werden soll. Sowohl das Gesamturteil als auch die jeweiligen Teilurteile werden durch sog. **Teil-Experten** abgebildet. Mit der **Topologie** wird i.S. einer Urteilshierarchie die Verbindungsstruktur der Teil-Experten festgelegt. Für jeden Teil-Experten wird ein eigenständiges wissensbasiertes Fuzzy-Regelsystem modelliert. Nach Maßgabe der Topologie werden die jeweiligen wissensbasierten Fuzzy-Regelsysteme der Teil-Experten zu einem umfassenden wissensbasierten Fuzzy-Regelsystem zusammengeführt. Zur Spezifizierung dieser wissensbasierten Fuzzy-Regelsysteme sind eine Vielzahl von Entscheidungen zu treffen, die bereits im zweiten Abschnitt (vgl. Abschnitt 223.) aufgelistet wurden. Diese Entscheidungen werden hier für die Spezifizierung der Teil-Experten wieder aufgegriffen.

Zunächst ist für jeden **Teil-Experten der unteren Hierarchieebene** zu bestimmen, **welche Kennzahlen** aus dem umfassenden Kennzahlenkatalog für die Bildung der Teilurteile verwendet werden sollen. Für jede selektierte Kennzahl ist jeweils eine **linguistische Eingabevariable** und für das Urteil des Teil-Experten eine **linguistische Ausgabevariable** festzulegen. Zur Spezifizierung der linguistischen Eingabevariablen ist zu entscheiden, **wie viele linguistische Terme** die jeweilige linguistische Variable besitzen soll, **welche Funktionstypen** für die linguistischen Terme verwendet werden sollen und wie diese **zu parametrisieren** sind. Die zur Auswahl stehenden Funktionstypen sind bereits durch die Architektur des verwendeten Neuro-Fuzzy-Systems festgelegt worden (vgl. Abschnitt 232.31). Auch für die **linguistische Ausgabevariable** ist die **Anzahl der linguistischen Terme** festzulegen. Da die linguistischen Terme der Ausgabevariablen nicht mit Zugehörigkeitsfunktionen, sondern mit **Singletons** modelliert werden, ist für jeden Singleton ein **Konklusionsgewicht** zu bestimmen. Darüber hinaus sind für jede linguistische Ein- und Ausgabevariable **Nebenbedingungen** festzulegen, die eine ökonomische Interpretation der jeweiligen Variablen auch nach der Anpassung der Funktionsparameter durch den Lernalgorithmus des Neuro-Fuzzy-Systems sicherstellen. Für die Bildung des Urteils des jeweiligen Teil-Experten sind die linguistischen Eingabevariablen anhand der **Wenn-Dann-Regeln** mit den linguistischen Ausgabevariablen zu verknüpfen.

Für die **Teil-Experten der mittleren Hierarchieebene(n) und der oberen Hierarchieebene** – je nach dem, über wie viele Ebenen das Gesamturteil nach der anfänglich festgelegten Topologie gebildet werden soll – sind die linguistischen Ein- und Ausgabevariablen sowie die Wenn-Dann-Regeln in gleicher Weise zu bestimmen. Allerdings ist zu berücksichtigen, dass diese Teil-Experten als Eingaben keine Kennzahlenausprägungen, sondern die von den Teil-Experten der jeweils unteren Hierarchieebene generierten Teilurteile aufnehmen. Dies ist entsprechend bei der Spezifizierung der linguistischen Eingabevariablen zu berücksichtigen.

Ein Großteil der Entscheidungen, die vom Entwickler für die Modellierung des wissensbasierten Fuzzy-Regelsystems zu treffen sind, lassen sich nicht auf einer objektiven Entscheidungsbasis treffen. Um den subjektiven Einfluss bei der Modellierung jedoch weitgehend gering zu halten, werden an den Stellen, wo dies möglich ist, mathematisch-statistische Verfahren eingesetzt. So werden die Kennzahlen für die jeweiligen Teil-Experten mit Hilfe eines auf einem Neuronalen Netz basierenden Pruning-Algorithmus aus dem umfangreichen Kennzahlenkatalog selektiert. Die Parameter der linguistischen Eingabevariablen für die selektierten Kennzahlen werden mit sog. ›standardisierten linguistischen Variablen‹ auf Basis von Kennzahlenhäufigkeitsverteilungen anfangsinitialisiert.

Alle Entscheidungen, die für die Modellierung eines wissensbasierten Fuzzy-Regelsystems zu treffen sind, sind noch einmal in Übersicht 3-20 im Zusammenhang aufgeführt. Dabei wird angegeben, für welche Komponenten des wissensbasierten Fuzzy-Regelsystems welche Entscheidungen zu treffen sind und ob die jeweilige Entscheidung vom Entwickler oder mit Hilfe eines mathematisch-statistischen Verfahrens getroffen wird.

Komponente des wissensbasierten Fuzzy-Regelsystems	Zu treffende Entscheidungen	Entscheidungsbasis
Topologie	Anzahl und Aussage der Teilurteile	Entwickler
	Verknüpfung der Teil-Experten (Urteilshierarchie)	Entwickler
Kennzahlenauswahl (pro Teil-Experte der untersten Hierarchieebene)	Anzahl der Kennzahlen	Entwickler
	Auswahl der Kennzahlen	Pruning-Algorithmus
Linguistische Eingabevariablen (pro Teil-Experte)	Anzahl der linguistischen Terme	Entwickler
	Wahl des Funktionstyps für die Zugehörigkeitsfunktion des jeweiligen linguistischen Terms	Entwickler
	Anfangsinitialisierung der Funktionsparameter der jeweiligen Zugehörigkeitsfunktion	**Untere Hierarchieebene:** Kennzahlenhäufigkeitsverteilungen; **Obere Hierarchieebene:** Entwickler
	Festlegung der Nebenbedingungen	Entwickler
Linguistische Ausgabevariable (pro Teil-Experte)	Anzahl der linguistischen Terme	Entwickler
	Anfangsinitialisierung der Konklusionsgewichte für die jeweiligen linguistischen Terme	Entwickler
	Festlegung der Nebenbedingungen für die Konklusionsgewichte	Entwickler
Wenn-Dann-Regeln (pro Teil-Experte)	Formulierung der Wenn-Dann-Regeln auf Basis der linguistischen Ein- und Ausgabevariablen	Entwickler

Übersicht 3-20: Für die Modellierung eines wissensbasierten Fuzzy-Regelsystems zu treffende Entscheidungen

Die vom Entwickler zur Modellierung des wissensbasierten Fuzzy-Regelsystems zu treffenden Entscheidungen aus Übersicht 3-20 sind nicht willkürlich getroffen worden. Vielmehr wurden geeignete Alternativen für jede Entscheidung im Hinblick auf die Problemstellung erarbeitet, die an dem empirischen Datenmaterial hinsichtlich ihrer Auswirkungen auf die Klassifikationsleistung zu überprüfen waren. So wurden ca. 20 unterschiedliche wissensbasierte Fuzzy-Regelsysteme modelliert, die mit dem Neuro-Fuzzy-System auf Basis der Lernstichprobe des ausgewählten Datenmaterials optimiert und anhand der Teststichprobe überprüft wurden. Dadurch konnte für jede einzelne Entscheidungsalternative ceteris paribus festgestellt werden, welche Alternative die beste Wahl in Bezug auf die Klassifikationsleistung (Fehlerfläche) ist. Auf die vollständige Darstellung aller entwickelten wissensbasierten Fuzzy-Regelsysteme wird aus Gründen der Übersichtlichkeit im Folgenden verzichtet. Vielmehr werden die jeweiligen Alternativen für die zu treffenden Entscheidungen vorgestellt und in Bezug auf die Problemstellung diskutiert. Die Alternative, mit der an der Teststichprobe die beste Fehlerfläche gemessen wurde, wurde letztendlich zur Spezifizierung des wissensbasierten Fuzzy-Regelsystems gewählt.

Ziel dieses Abschnitts ist es, ein betriebswirtschaftlich plausibles wissensbasiertes Fuzzy-Regelsystem zu modellieren, dessen Bestandteile eine geeignete Anfangsinitialisierung für die anschließende Optimierung mit Hilfe des Neuro-Fuzzy-Systems auf Basis des empirischen Datenmaterials darstellen. Darüber hinaus soll die in der Problemstellung formulierte Anforderung an eine differenzierende Urteilsbildung durch die Topologie sichergestellt werden. Durch die spätere Optimierung des wissensbasierten Fuzzy-Regelsystems werden die zahlreichen subjektiven Einflüsse des Entwicklers objektiviert und die einzelnen Bestandteile des umfassenden wissensbasierten Fuzzy-Regelsystems aufeinander abgestimmt sowie hinsichtlich der Klassifikationsleistung verbessert.

Im Folgenden werden die einzelnen Schritte zur Modellierung des umfassenden wissensbasierten Fuzzy-Regelsystems in der Reihenfolge, wie sie im Prozessmodell aus Übersicht 3-4 festgelegt wurden, in jeweils eigenen Unterabschnitten ausführlich behandelt.

352. Akquisition des externen Wissens

Ein Vorteil eines wissensbasierten Fuzzy-Regelsystems ist es, externes problembezogenes Wissen zur Spezifizierung der Fuzzyfizierungs-Komponente und der Wissensbasis für die jeweiligen Teil-Experten des zu entwickelnden wissensbasierten Fuzzy-Regelsystems verarbeiten zu können. So ist für die vorliegende Untersuchung Wissen über den Zusammenhang zwischen den Jahresabschlussmerkmalen in Form von Kennzahlen und der Bestandsfestigkeit eines Unternehmens im Rahmen der Wissensakquisition zu erheben. Allgemein werden drei **Formen der Wissensakquisition** unterschieden:[64]

- Indirekte Wissensakquisition,
- direkte Wissensakquisition,
- automatische Wissensakquisition.

Bei der **indirekten Wissensakquisition** erhebt der Entwickler das benötigte Wissen von einem oder mehreren Experten durch mündliche oder schriftliche Befragungen.

64 Vgl. KURBEL, K., Expertensysteme, S. 68-70; PUPPE, F., Einführung in Expertensysteme, S. 100.

Darüber hinaus kann der Entwickler das Wissen durch die Auswertung von Literatur oder durch die Analyse von Dokumenten, die bspw. in Form von Checklisten oder Formularen für die jeweilige Problemstellung vorliegen, akquirieren.[65] Wird das Wissen nicht vom Entwickler erhoben, sondern direkt vom Experten dem Expertensystem zur Verfügung gestellt, so liegt eine **direkte Wissensakquisition** vor. Hierzu muss das Expertensystem mit einer speziellen rechnergestützten und ›intelligenten‹ Akquisitionskomponente ausgestattet sein. Bei der **automatischen Wissensakquisition** wird das Wissen weder vom Entwickler erhoben noch vom Experten direkt zur Verfügung gestellt, sondern auf Basis von empirischen Daten automatisch aus den Beispielfällen extrahiert.

Das in dieser Untersuchung zu akquirierende externe Wissen wird in Form der **indirekten Wissensakquisition** erhoben. Allerdings wird keine Expertenbefragung durchgeführt, sondern es wird primär das umfangreiche **Erfahrungswissen** verwendet, welches durch die langjährige Forschungsarbeit am Institut für Revisionswesen im Bereich der Unternehmenskrisenfrüherkennung gesammelt wurde.[66] Dieses Erfahrungswissen ist vor allem in die Entwicklung des umfangreichen Kennzahlenkatalogs eingeflossen.[67] Die aus diesem Katalog zu selektierenden Kennzahlen bilden die Grundlage für die Beurteilung der Bestandsfestigkeit eines Unternehmens. Daher hat die Qualität dieser Kennzahlen einen entscheidenden Einfluss auf die Leistungsfähigkeit des wissensbasierten Fuzzy-Regelsystems. Insbesondere ist in die Bildung von Bilanzpolitik konterkarierenden Kennzahlen langjähriges Erfahrungswissen eingeflossen. Weiteres Erfahrungswissen wurde für die Formulierung der Arbeitshypothesen zu einer jeden Kennzahl verwendet. Mit der Arbeitshypothese wird für jede Kennzahl eindeutig festgelegt, wie diese ökonomisch zu interpretieren ist. Das Erfahrungswissen um die Arbeitshypothese einer jeden Kennzahl wird später für die Formulierung der Wenn-Dann-Regeln verwendet. Ferner ist das vorliegende Erfahrungswissen bereits bei der Behandlung von fehlenden Werten, bei der Bereinigung von Ausreißern und bei der Skalierung der Kennzahlenausprägungen verwendet worden.

Neben der indirekten Wissensakquisition wird auch die **automatische Wissensakquisition** für die Entwicklung des Neuro-Fuzzy-Lageindikators eingesetzt. So werden mit

---

65 Vgl. HAUSCHILDT, J., Ermittlung der Wissensbasis von Expertensystemen, S. 528; FRANK, U., Expertensysteme: Konzepte, Probleme und Potentiale, S. 20.

66 Vgl. NIEHAUS, H.-J., Früherkennung von Unternehmenskrisen; FEIDICKER, M., Kreditwürdigkeitsprüfung; KRAUSE, C., Kreditwürdigkeitsprüfung mit Neuronalen Netzen; HÜLS, D., Früherkennung insolvenzgefährdeter Unternehmen; UTHOFF, C., Erfolgsoptimale Kreditwürdigkeitsprüfung; BAETGE, J./KRUSE, A./UTHOFF, C., Bonitätsklassifikationen von Unternehmen; BAETGE, J./JERSCHENSKY, A., Abschlußbericht Projekt Diskriminanzanalyse; BAETGE, J., Bilanzanalyse; JERSCHENSKY, A., Messung des Bonitätsrisikos von Unternehmen; KRUSE, A., Antragsprüfung und Kartenüberwachung von privaten Kreditkartenkunden; THUN, C., Entwicklung von Bilanzbonitätsklassifikatoren; GLORMANN, F., Bilanzrating von US-GAAP Abschlüssen.

67 Vgl. Abschnitt 332.

Hilfe eines auf einem Neuronalen Netz basierenden Pruning-Algorithmus die relevanten Kennzahlen auf einer empirischen Datenbasis selektiert. Dadurch wird mit dem Neuronalen Netz **Wissen über die trennfähigste Kennzahlenkombination extrahiert.** Darüber hinaus wird nicht nur für die Spezifizierung der Bestandteile, sondern auch für die Optimierung der Parameter des wissensbasierten Fuzzy-Regelsystems mit Hilfe des Neuro-Fuzzy-Systems Wissen automatisch akquiriert. Durch die Lernfähigkeit des Neuro-Fuzzy-Systems wird auf Basis des empirischen Datenmaterials aus den Beispielfällen Wissen, z. B. über die Gewichtung der Wenn-Dann-Regeln oder über die Parametrisierung der Zugehörigkeitsfunktionen der linguistischen Variablen, gewonnen.

353. Bestimmung der Topologie

Die Bestandsfestigkeit eines Unternehmens ist von sehr vielen Einflussfaktoren abhängig, die untereinander in z. T. sehr komplexen, auch den Experten unbekannten, Beziehungen stehen. So ist es auch für einen Experten schwierig, anhand von mehreren Jahresabschlusskennzahlen unterschiedlicher Informationsbereiche direkt ein Urteil über die Bestandsfestigkeit eines Unternehmens zu fällen. Vielmehr wird er zunächst Teilurteile z. B. über die Vermögens-, Finanz- und Ertragslage bilden und diese Teilurteile dann zu einem Gesamturteil über die Bestandsfestigkeit zusammenfassen.[68] Diese Zerlegung eines Gesamturteils in Teilurteile reduziert die Komplexität des Beurteilungsprozesses und entspricht dem menschlichen Problemlösungsverhalten.[69] Dabei kann die Zerlegung des Gesamturteils ähnlich wie bei Kennzahlensystemen über mehrere Ebenen erfolgen, sodass eine Urteilshierarchie entsteht.[70] Die unterste Ebene dieser Urteilshierarchie basiert auf exogenen Einflussgrößen, wie den Jahresabschlusskennzahlen. Die jeweils höheren Urteilsebenen verarbeiten die von den darunterliegenden Ebenen gebildeten Teilurteile. Neben der Komplexitätsreduktion entsteht hierdurch die Möglichkeit, die Bildung des Gesamturteils schrittweise anhand der Teilurteile bis zu den exogenen Einflussgrößen nachzuvollziehen.

Auch für den zu entwickelnden Neuro-Fuzzy-Lageindikator wird i. S. der in der Problemstellung formulierten Anforderung an eine nachvollziehbare Urteilsbildung eine Hierarchisierung des Gesamturteils vorgenommen. Daher ist im Folgenden die Topologie des zu modellierenden wissensbasierten Fuzzy-Regelsystems zu bestimmen. Hierzu ist festzulegen,

---

68 Vgl. LEFFSON, U./BÖNKHOFF, F. J., Prüfungsverfahren und Prüfungstechnik, Sp. 717 f.; LACHNIT, L., Kennzahlensysteme als Instrument der Unternehmensanalyse, S. 39.

69 Vgl. LEISEWITZ, M.-C., Unschärfe in der Unternehmensbewertung, S. 82-84; SCHEFFELS, R., Fuzzy-Logik in der Jahresabschlußprüfung, S. 44 f.

70 Vgl. LACHNIT, L., Zur Weiterentwicklung betriebswirtschaftlicher Kennzahlensysteme, S. 224.

- in **wie viele Teilurteile** das Gesamturteil zu zerlegen ist,
- **welche Aussagen** mit den jeweiligen Teilurteilen zu treffen sind und
- über **wie viele Hierarchieebenen** die Teilurteile zu einem Gesamturteil zusammenzufassen sind.

Bei der Bestimmung der Topologie ist darauf zu achten, dass das Gesamturteil nicht in zu viele Teilurteile zerlegt wird, und dass die Teilurteile nicht über zu viele Hierarchieebenen zusammengefasst werden, da sonst weder das Ziel der Komplexitätsreduktion erreicht wird, noch die Bildung des Gesamturteils sinnvoll anhand der Teilurteile nachvollzogen werden kann.

In der Literatur werden verschiedene Urteilshierarchien für die Entwicklung von Expertensystemen, die auf der Jahresabschlussanalyse basieren, vorgeschlagen.[71] Aus den folgenden Gründen erscheint jedoch keine der vorgeschlagenen Urteilshierarchien für die vorliegende Untersuchung geeignet: Einerseits ist ein Grossteil dieser Urteilshierarchien aufgrund sehr vieler Teilurteile, die über drei oder mehr Hierarchieebenen zusammengefasst werden, sehr komplex. Andererseits liegt einem Teil der Untersuchungen ein anderer Anwendungsfokus, wie das Konsumentenkreditgeschäft, die Abschlussprüfung oder die Unternehmensbewertung, zugrunde. Es ist allerdings auch bei diesen von einander abweichenden Aufgabenstellungen festzustellen, dass die zweithöchste Urteilsebene, also die letzte Ebene vor der Bildung des Gesamturteils, häufig Teilurteile über die Vermögens-, Finanz- und Ertragslage aufweist.

Da das Gesamturteil über die Bestandsfestigkeit anhand der Teilurteile nachvollzogen und interpretiert werden soll, sind die Teilurteile so zu wählen, dass sie einen direkten betriebswirtschaftlichen Bezug zur Bestandsfestigkeit besitzen. Dies ist je Teilurteil über die Vermögens-, Finanz- und Ertragslage gegeben, denn die Bestandsfestigkeit eines Unternehmens wurde in Abschnitt 11 definiert als die Fähigkeit eines Unternehmens, seine Ertragskraft zu stärken und gleichzeitig die Vermögens- und Finanzlage zu stabilisieren.[72] Da diese Untersuchung zudem auf Jahresabschlüssen basiert, bietet sich die Wahl dieser Teilurteile geradezu an, denn gemäß § 264 Abs. 2 HGB hat der Jahresabschluss einer Kapitalgesellschaft ein den tatsächlichen Verhältnissen entsprechendes Bild der Vermögens-, Finanz- und Ertragslage der Kapitalgesellschaft zu vermitteln. Allerdings stellt sich die Frage, ob die Unterteilung des Gesamturteils

71 Vgl. BAGUS, T., Wissensbasierte Bonitätsanalyse; LEISEWITZ, M.-C., Unschärfe in der Unternehmensbewertung; MÜLLER, C., Entwicklung eines wissensbasierten Systems; ROMMELFANGER, H./UNTERHARNSCHEIDT, D., Entwicklung einer Hierarchie gewichteter Bonitätskriterien, S. 425; ROMMELFANGER, H./UNTERHARNSCHEIDT, D., Modelle zur Aggregation von Bonitätsrisiken, S. 474; SALOMO, S./KÖGEL, K., Krisendiagnose mit wissensbasierten Systemen, S. 226; SCHEFFELS, R., Fuzzy-Logik in der Jahresabschlußprüfung; ZIMMERMANN, H.-J./ZYSNO, P., Hierarchisches Bewertungssystem für die Kreditwürdigkeitsprüfung im Konsumentenkreditgeschäft, S. 407.

72 Vgl. BAETGE, J., Rating von Unternehmen, S. 1.

in die drei Teilurteile über die Vermögens-, Finanz- und Ertragslage ausreicht, oder ob die Teilurteile auf untergeordneten Hierarchieebenen weiter zu differenzieren sind, was zu einer komplexeren Urteilshierarchie führen würde.

Um den **Einfluss der Komplexität einer Urteilshierarchie auf die Leistungsfähigkeit** des zu entwickelnden Neuro-Fuzzy-Lageindikators untersuchen zu können, wurden **zwei Topologien** entwickelt und analysiert. Die **erste Topologie** besteht aus zwei Urteilsebenen und zerlegt das Gesamturteil über die Bestandsfestigkeit in die drei Teilurteile über die Vermögens-, Finanz- und Ertragslage. Die jeweiligen Teilurteile werden auf Basis von Jahresabschlusskennzahlen gefällt, die aus den jeweiligen Informationsbereichen zur Vermögens-, Finanz- und Ertragslage stammen. In der folgenden Übersicht 3-21 ist die erste, sehr einfache Topologie dargestellt.

***Übersicht 3-21:** Topologie mit zwei Urteilsebenen und drei Teilurteilen*

Für die **zweite Topologie** wurde die Struktur des Kennzahlenkatalogs aus Übersicht 3-16 zugrundegelegt. Hierbei wird das Gesamturteil über die Bestandsfestigkeit in insgesamt 12 Teilurteile zerlegt und über drei Urteilsebenen gebildet. In der folgenden Übersicht 3-22 wird die zweite, komplexere Topologie dargestellt.

Für jede der beiden Topologien wurde ein wissensbasiertes Fuzzy-Regelsystem modelliert, wie es in den folgenden Abschnitten beschrieben wird. Dabei wurden für die einfache Topologie aus Übersicht 3-21 für jedes Teilurteil jeweils vier lagenspezifische Kennzahlen (insgesamt 12 Kennzahlen) aus dem Kennzahlenkatalog ausgewählt; für die komplexere Topologie aus Übersicht 3-22 wurden für jedes der neun Teilurteile der untersten Urteilsebene jeweils zwei Kennzahlen (insgesamt 18 Kennzahlen) aus den neun gleichnamigen Teilinformationsbereichen des Kennzahlenkatalogs ausgewählt. Für die Kennzahlenauswahl wurde jeweils ein Pruning-Algorithmus auf Basis eines Neuronalen Netzes angewendet. Dabei waren die 12 Kennzahlen der einfachen Topologie eine echte Teilmenge der 18 Kennzahlen der komplexen Topologie. Nachdem die wissensbasierten Fuzzy-Regelsysteme für die zwei Topologien spezifiziert waren, wurden sie in ein Neuro-Fuzzy-System transformiert und auf Basis der Lern- und Teststichprobe des ausgewählten Datenmaterials optimiert. Anschließend wurde für beide Systeme die Klassifikationsleistung mit dem Fehlerflächenkalkül gemessen. Hierbei hat sich gezeigt, dass die **einfache Topologie** aus Übersicht 3-21, basierend auf zwei Urteilsebenen mit drei Teilurteilen und insgesamt zwölf Kennzahlen, eine **bessere Klassifikationsleistung** aufweist als die komplexere Topologie aus Übersicht 3-22.

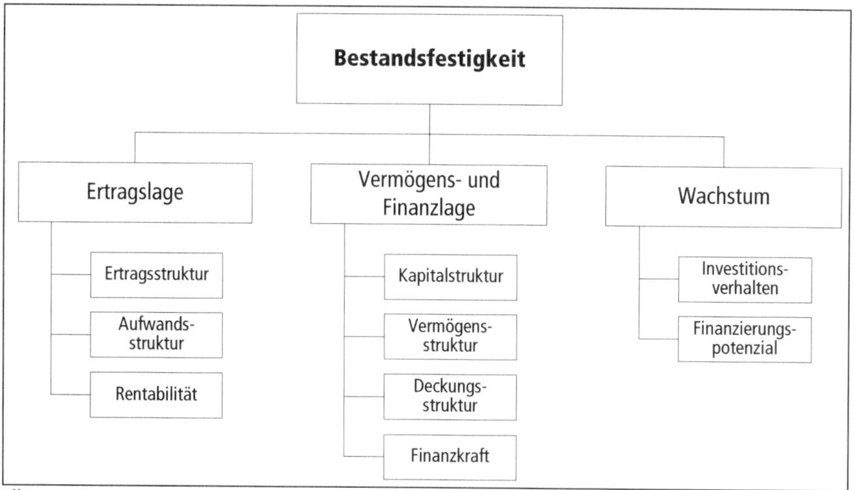

***Übersicht 3-22:** Topologie mit drei Urteilsebenen und insgesamt zwölf Teilurteilen*

Die Ursachen für den Unterschied in der Klassifikationsleistung können sehr vielfältig sein. Da die Kennzahlen der einfachen Topologie eine echte Teilmenge der Kennzahlen der komplexen Topologie sind, ist nicht davon auszugehen, dass der Unterschied in der Auswahl der Kennzahlen liegt. Vielmehr ist zu vermuten, dass mit der komplexeren Topologie der multivariate Zusammenhang zwischen den einzelnen Kennzahlen in Bezug auf die Bestandsfestigkeit eines Unternehmens aufgrund der starken Zerlegung des Gesamturteils in die zwölf Teilurteile nicht so gut abgebildet werden kann wie mit der einfachen Topologie, obwohl die komplexere Topologie mehr Kennzahlen verwendet und damit mehr Informationen über ein Unternehmen verarbeitet. Darüber hinaus erfüllt die einfache Topologie die Anforderung in Bezug auf eine nachvollziehbare Urteilsbildung besser, da weniger Kennzahlen und vor allem weniger Regeln für die Bildung des Gesamturteils benötigt werden. Ferner ist der Aufwand für die Entwicklung des Neuro-Fuzzy-Lageindikators auf Basis der komplexeren Topologie um ein Vielfaches höher als der Entwicklungsaufwand für die einfache Topologie.

Im Folgenden wird daher die einfache Topologie aus Übersicht 3-21 für die Entwicklung des Neuro-Fuzzy-Lageindikators zugrundegelegt. Dabei wird jedes der drei Teilurteile zur Vermögens-, Finanz- und Ertragslage sowie das Gesamturteil über die Bestandsfestigkeit durch jeweils einen Teil-Experten abgebildet. Für jeden dieser Teil-

Experten wird ein eigenständiges wissensbasiertes Fuzzy-Regelsystem modelliert. Mit den wissensbasierten Fuzzy-Regelsystemen für die Teil-Experten der unteren Urteilsebene werden die Urteile über die Vermögens-, Finanz- und Ertragslage auf Basis von Jahresabschlusskennzahlen gefällt. Mit dem wissensbasierten Fuzzy-Regelsystem für den Teil-Experten der oberen Urteilsebene wird das Gesamturteil über die Bestandsfestigkeit auf Basis der Teilurteile der untergeordneten Teil-Experten gefällt. Der **zusammenfassende Teil-Experte der oberen Urteilsebene** wird im Folgenden kurz als **Gesamturteils-Experte** bezeichnet.

Für jeden der Teil-Experten wird im Folgenden ein wissensbasiertes Fuzzy-Regelsystem nach dem beschriebenen Vorgehen (vgl. hierzu das Prozessmodell aus Übersicht 3-4) spezifiziert und anschließend zu einem umfassenden wissensbasierten Fuzzy-Regelsystem zusammengeführt.

354. Spezifizierung der Teil-Experten

354.1 Auswahl der Merkmale

Mit den Teil-Experten der unteren Hierarchieebene der verwendeten Topologie (vgl. Übersicht 3-21) werden die Urteile über die Vermögens-, Finanz- und Ertragslage auf Basis selektierter Kennzahlen aus dem umfangreichen Kennzahlenkatalog (vgl. Übersicht 3-16) gebildet. Für jeden dieser drei Teil-Experten ist daher zu entscheiden,

- **wie viele** Kennzahlen und
- **welche** Kennzahlen

für die Bildung der Teilurteile verwendet werden sollen. Der Gesamturteils-Experte bildet das Gesamturteil über die Bestandsfestigkeit anhand der Teilurteile der untergeordneten Experten. Daher sind für den Gesamturteils-Experten keine Kennzahlen auszuwählen. Er stützt sich vielmehr auf die Teilurteile über die Vermögens-, Finanz- und Ertragslage.

Bei der Festlegung der **Zahl der Kennzahlen** für die drei Teil-Experten der unteren Urteilsebene ist einerseits zu berücksichtigen, dass nicht zu viele Kennzahlen ausgewählt werden, da sonst die Wenn-Dann-Regeln, die die Kennzahlen für die Urteilsbildung miteinander kombinieren, zu kompliziert werden und somit schwieriger nachzuvollziehen sind. Anderseits sind aber so viele Kennzahlen auszuwählen, dass möglichst viele Informationsbereiche der jeweiligen Teillage abgedeckt werden und somit ein zuverlässiges Teilurteil hinsichtlich der Klassifikationsleistung ermittelt werden kann. Erfahrungen aus vorangegangenen Untersuchungen am Institut für Revisionswesen haben gezeigt, dass beim Einsatz der Diskriminanzanalyse[73] zwischen drei und sieben Kennzahlen und beim Einsatz der Künstlichen Neuronalen Netzanalyse[74] – mit vereinzelten Ausnahmen – zwischen zehn und zwanzig Kennzahlen selektiert wurden und zu zuverlässigen Klassifikationsergebnissen bei der Entwicklung von Bilanzbonitätsindikatoren geführt haben. Neben diesen Überlegungen wurden verschiedene Tests zur Analyse der Zahl der Kennzahlen pro Teil-Experte in der vorliegenden Untersuchung durchgeführt. Dabei hat sich herausgestellt, dass zwei Kennzahlen zu einer sehr kleinen und undifferenzierten Regelbasis pro Teil-Experte führen und bei mehr als vier Kennzahlen die Regelbasis der Teil-Experten zu groß und unüberschaubar wird. Daher werden für die drei Teil-Experten der unteren Urteilsebene im Folgenden jeweils **vier Kennzahlen** ausgewählt. Damit fließen insgesamt zwölf Kennzahlen in den zu entwickelnden Neuro-Fuzzy-Lageindikator zur Beurteilung der Bestandsfestigkeit ein.

Nachdem die Zahl der eingehenden Kennzahlen pro Teil-Experte der unteren Urteilsebene vom Entwickler subjektiv festgelegt wurde, ist im nächsten Schritt zu bestimmen, **welche Kennzahlen** aus dem umfangreichen Kennzahlenkatalog jeweils für die Bildung der Teilurteile zur Vermögens-, Finanz- und Ertragslage ausgewählt werden sollen. Üblicherweise werden die relevanten Merkmale bei der Entwicklung eines Expertensystems von einem oder mehreren Experten festgelegt.[75] Dies birgt allerdings verschiedene Probleme. So ist die Auswahl der jeweiligen Kennzahlen abhängig vom Wissen und von den Erfahrungen der jeweiligen Experten und damit subjektiv. Darüber hinaus führt die subjektive Auswahl der Kennzahlen i. d. R. zu einer schlechteren Klassifikationsleistung des zu entwickelnden Systems als eine objektive Kennzahlenauswahl mit einem mathematisch-statistischen Verfahren. Dies liegt unter anderem daran, dass der Experte das diskriminatorische Potenzial einer Kennzahl im Zusammenhang mit anderen Kennzahlen nicht einschätzen kann. Da die Kennzahlenauswahl einen entscheidenden Einfluss auf die Qualität des zu entwickelnden Neuro-Fuzzy-Lageindikators hat, werden in der vorliegenden Untersuchung die Kennzahlen nicht subjektiv durch einen Experten oder auf der Basis von Erfahrungswissen bestimmt, sondern **mit Hilfe eines Neuronalen Netzes objektiv** auf der Basis des bereitgestellten empirischen Datenmaterials[76] ausgewählt. Hierzu wird ein sog. **Pruning-**

---

73 Vgl. BAETGE, J., Früherkennung negativer Unternehmensentwicklungen, S. 801 f.; BAETGE, J./NIEHAUS, H.-J., Prognosefähigkeit von Vermögens-, Finanz- und Ertragskennzahlen, S. 81 f.; FEIDICKER, M., Kreditwürdigkeitsprüfung, S. 161 f.; HÜLS, D., Früherkennung insolvenzgefährdeter Unternehmen, S. 237; STIBI, B., Statistische Jahresabschlußanalyse als Instrument der steuerlichen Betriebsprüfung, S. 168-187; ALBRECHT, J. ET AL., Risikomanagement, S. 497.

74 Vgl. BAETGE, J./KRAUSE, C., Kreditmanagement mit Neuronalen Netzen, S. 397; Uthoff, C., Erfolgsoptimale Kreditwürdigkeitsprüfung, S. 250-263; JERSCHENSKY, A., Messung des Bonitätsrisikos von Unternehmen, S. 199 u. S. 215-217; BAETGE, J./THUN, C., Bilanzbonitäts-Rating, S. 165 f.

75 Vgl. KREBS, M., Expertensystem für Unternehmensanalysen, S. 107; LEISEWITZ, M.-C., Unschärfe in der Unternehmensbewertung, S. 83 f.; SCHEFFELS, R., Fuzzy-Logik in der Jahresabschlußprüfung, S. 44 f.

76 Vgl. Abschnitt 324.

Algorithmus[77] angewendet, der es erlaubt, aus dem umfangreichen Kennzahlenkatalog *die* Kennzahlen auszuwählen, mit denen sich *solvente* von *später insolventen* Unternehmen zuverlässig trennen lassen. Im Folgenden wird der angewendete Pruning-Algorithmus erläutert.

Bevor der eigentliche Pruning-Algorithmus eingesetzt werden kann, ist zunächst ein Neuronales Netz zu definieren, welches die zur Auswahl stehenden Kennzahlen als Eingabeneuronen in der Eingabeschicht enthält. Hier wird ein klassisches dreischichtiges Multilayer Perceptron verwendet, wie es bereits in Abschnitt 231. vorgestellt und definiert wurde. Dabei enthält die versteckte Schicht zwei Neuronen und die Ausgabeschicht ein Neuron. Das Neuron der Ausgabeschicht bildet die Klassenzugehörigkeit eines Unternehmens ab, also ob das Unternehmen zur Klasse *›solvent‹* bzw. *›später insolvent‹* gehört. Als Aktivierungsfunktionen für die Neuronen der versteckten Schicht und der Ausgabeschicht werden jeweils sigmoide Funktionen verwendet. Alle Neuronen der Eingabeschicht werden mit den zwei Neuronen der versteckten Schicht und diese wiederum mit dem einen Neuron der Ausgabeschicht vollständig verbunden. **Aufgabe des Pruning-Algorithmus** ist es, solche Kennzahlen aus der Eingabeschicht zu entfernen, die entweder einen negativen oder aber nur einen sehr kleinen positiven Trennbeitrag zur Klassifizierung der Beispieldaten liefern, sodass zum Schluss nur die Kennzahlen übrig bleiben, die sehr trennstark sind, also ein hohes diskriminatorisches Potenzial besitzen. Diese Kennzahlen werden dann für die Bildung der Teilurteile verwendet.

Der hier verwendete Pruning-Algorithmus basiert auf einem **statistischen Signifikanztest**, der für jedes Eingabeneuron einen Testwert berechnet, der angibt, wie stark der Netzfehler sinkt, wenn das Eingabeneuron (Kennzahl) aus dem Neuronalen Netz entfernt wird.[78] Zum Entfernen der Kennzahlen aus der Eingabeschicht des Neuronalen Netzes wird wie folgt vorgegangen: Das Neuronale Netz wird auf Basis der Lernstichprobe trainiert. Anschließend wird für alle Neuronen der Eingabeschicht der Testwert auf Basis der Teststichprobe berechnet. Das Neuron, welches den höchsten negativen Testwert aufweist, also durch die Herausnahme den Netzfehler am stärksten senkt, wird aus dem Neuronalen Netz entfernt. Danach wird das Netz wieder neu trainiert. Dieser Vorgang wird solange wiederholt, bis nur noch so viele Neuronen bzw. Kennzahlen in der Eingabeschicht verbleiben, wie jeweils für die Bildung der Teilurteile über die Vermögens-, Finanz- und Ertragslage benötigt werden. Dabei können zur Beschleunigung des Vorgangs auch mehrere Neuronen in einem Schritt

---

77 Zur allgemeinen Darstellung von Pruning-Algorithmen vgl. BISHOP, C. M., Neural Networks for Pattern Recognition, S. 353-364; ZELL, A., Künstliche Neuronale Netze, S. 319-334.

78 Vgl. NEUNEIER, R./ZIMMERMANN, H. G., How to Train Neural Networks, S. 405; SIEMENS BUSINESS SERVICES (HRSG.), SENN Benutzerhandbuch, S. 117; ZIMMERMANN, H. G., Neuronale Netze als Entscheidungskalkül, S. 70-73.

entfernt werden. Allerdings wurden nicht mehr als fünf Prozent der anfänglich zur Verfügung stehenden Kennzahlen gleichzeitig aus dem Neuronalen Netz entfernt, da sonst der Pruning-Algorithmus instabil wurde und die trennfähigste Kennzahlenkombination nicht mehr zuverlässig bestimmt werden konnte.

Für die Anwendung des Pruning-Algorithmus zur Auswahl der jeweils vier Kennzahlen für die drei Teil-Experten der unteren Urteilsebene lassen sich generell **zwei Vorgehensweisen** unterscheiden:

(1) ***Lagenübergreifende Kennzahlenauswahl***
Bei der lagenübergreifenden Kennzahlenauswahl wird ein Neuronales Netz mit allen Kennzahlen des Kennzahlenkatalogs als Eingabeneuronen gebildet. Mit dem Pruning-Algorithmus wird solange die Zahl der Eingabeneuronen reduziert, bis zwölf Kennzahlen übrig bleiben. Diese Kennzahlen werden dann je nach ihrer Zugehörigkeit zu den Teilinformationsbereichen des Kennzahlenkatalogs den einzelnen Teil-Experten zur Beurteilung der Vermögens-, Finanz und Ertragslage zugeordnet.

(2) ***Lagenspezifische Kennzahlenauswahl***
Bei der lagenspezifischen Kennzahlenauswahl wird für jeden Teil-Experten zur Beurteilung der Vermögens-, Finanz- und Ertragslage ein eigenes Neuronales Netz aufgestellt, welches bereits lagenspezifische Kennzahlen aus den jeweiligen Teilinformationsbereichen in der Eingabeschicht enthält. Mit dem Pruning-Algorithmus werden dann solange die Neuronen aus der Eingabeschicht entfernt, bis für jedes Neuronale Netz jeweils vier Kennzahlen übrig bleiben. Anhand dieser Kennzahlen sind dann die Urteile zur Vermögens-, Finanz- und Ertragslage durch den jeweiligen Teil-Experten zu bilden.

Beide Vorgehensweisen wurden für die Entwicklung des Neuro-Fuzzy-Lageindikators getestet. Dabei hat sich gezeigt, dass mit der Vorgehensweise (2) hinsichtlich der Klassifikationsleistung bessere Ergebnisse erzielt werden als mit der Vorgehensweise (1). Dies ist auf die Verwendung der hierarchischen Topologie für den Neuro-Fuzzy-Lageindikator zurückzuführen. Werden die Kennzahlen mit der Vorgehensweise (1) ausgewählt, so erhält man 12 Kennzahlen, die in ihrer Kombination das beste diskriminatorische Potenzial für die Bildung des Gesamturteils über die Bestandsfestigkeit besitzen. Diese Kombination wird aber für die Bildung der Teilurteile aufgelöst in jeweils vier Kennzahlen pro Teil-Experten. Anhand der vier Kennzahlen werden dann die Teilurteile über die Vermögens-, Finanz- und Ertragslage gebildet, und erst diese Teilurteile werden wieder zu einem Gesamturteil zusammengefügt. Hierdurch wird der ursprünglich durch das Neuronale Netz erkannte Zusammenhang zwischen den zwölf Kennzahlen zerschnitten. Erst auf einer höheren Aggregationsstufe wird der Zusammenhang der Teillagen wieder hergestellt. Dieser Zusammenhang ist aber ein anderer als der, der ursprünglich zwischen den Kennzahlen bestand. Genau dieses Problem tritt bei Vorgehensweise (2) erst gar nicht auf. Hier werden für jedes Teilurteil *die* vier Kennzahlen lagenspezifisch ausgewählt, die in ihrer Kombination das beste diskriminatorische Potenzial für die jeweilige Teillage besitzen. Da diese vier Kennzahlen in ihrer Kombination auch jeweils für die Bildung der Teilurteile über die Vermögens-, Finanz- und Ertragslage herangezogen werden, bleibt der Zusammenhang zwischen den Kennzahlen erhalten. Im Vergleich zur Vorgehensweise (1) wird dadurch nicht nur eine bessere Klassifikationsleistung auf Basis der drei Teilurteile erzielt, sondern auch auf Basis des zusammenfassenden Gesamturteils zur Bestandsfestigkeit.

Für die lagenspezifische Kennzahlenauswahl nach Vorgehensweise (2) ist festzulegen, aus welchen Teilinformationsbereichen des Kennzahlenkatalogs die Kennzahlen für die Bildung der jeweiligen Teilurteile zur Vermögens-, Finanz- und Ertragslage auszuwählen sind. In der folgenden Übersicht 3-24 ist die vorgenommene Zuordnung der Kennzahlen zu den jeweiligen Teilurteilen anhand der Teilinformationsbereiche des Kennzahlenkatalogs dargestellt.

Teilurteil	**Teilinformationsbereich des Kennzahlenkatalogs**
Ertragslage	11 Ertragsstruktur 12 Aufwandsstruktur 13 Rentabilität
Finanzlage	21 Kapitalstruktur 24 Finanzkraft 32 Finanzierungspotenzial
Vermögenslage	22 Vermögensstruktur 23 Deckungsstruktur 31 Investitionsverhalten

Übersicht 3-23: *Zuordnung der Teilinformationsbereiche des Kennzahlenkatalogs zu den Teilurteilen für die lagenspezifische Kennzahlenauswahl*

Für jeden der drei Teil-Experten wird nach Vorgehensweise (2) ein Neuronales Netz spezifiziert, welches die Kennzahlen der in Übersicht 3-23 zugeordneten Teilinformatinsbereiche des Kennzahlenkatalogs als Eingabeneuronen enthält. Anschließend wird der Pruning-Algorithmus durchgeführt. Das Ergebnis der Kennzahlenauswahl ist für die drei Teilurteile zur Vermögens-, Finanz- und Ertragslage in Übersicht 3-24 dargestellt. Für jedes Teilurteil wurden entsprechend vier Kennzahlen ausgewählt. Zu jeder Kennzahl sind deren Aussage, das Signum, die Definition und die Arbeitshypothese angegeben.

Teil-urteil	Aussage der Kennzahl	Signum	Kennzahlendefinition	Arbeits-hypothese
Ertragslage	CF-Umsatzrentabilität	K11_02c	(EBDIT+ZERG-APAFA)/U	I < S
	Material-Personal-Aufwandsquote	K12_03b	(MAUF+PERSA)/GL	I > S
	GK-Rentabilität auf Basis des Finanz- u. Verbund-ergebnisses	K13_03c	FVERG/(BISU-IMMVG)	I < S
	CF-Return on Investment	K13_06c	(EBDIT+ZERG)/(BISU-IMMVG)	I < S
Finanzlage	Eigenkapitalquote	K21_07c	(WEK-IMMVG+RSTG)/(BISU-IMMVG)	I < S
	Verschuldungskoeffizient	K21_13a	HEK/FK	I < S
	Fremdkapitalstruktur	K21_22b	(VLL+AKZ+BANK)/(FK-EANZ)	I > S
	Tilgungskraft	K24_01c	(EBDIT+ZERG)/(FK-EANZ)	I < S
Vermögenslage	Kapitalbindungsdauer	K22_14a	((AKZ+VLL)×360)/U [Tage]	I > S
	Working-Capital-Quote	K22_17a	(UV-KFK)/BISU	I < S
	Liquidität	K23_04a	FO/KFK	I < S
	Investitionsquote	K32_05a	(EBDIT+ZERG+BETERG-ST)/INV	I < S

Übersicht 3-24: *Ausgewählte Kennzahlen zur Bildung der drei Teilurteile zur Vermögens-, Finanz- und Ertragslage*

354.2 Bestimmung der linguistischen Variablen

354.21 Vorbemerkungen

In diesem Abschnitt werden die linguistischen Ein- und Ausgabevariablen für die drei Teil-Experten der unteren Urteilsebene sowie für den Gesamturteils-Experten der oberen Urteilsebene der verwendeten Topologie (vgl. Übersicht 3-21) bestimmt. Dabei wird das Ziel verfolgt, eine Anfangsinitialisierung der linguistischen Variablen zu finden, die für die Optimierung des umfassenden wissensbasierten Fuzzy-Regelsystems zur Beurteilung der Bestandsfestigkeit mit Hilfe des Neuro-Fuzzy-Systems in Abschnitt 36 eine sinnvolle und betriebswirtschaftlich plausible Ausgangsbasis darstellt.

Damit das wissensbasierte Fuzzy-Regelsystem später in das Neuro-Fuzzy-System transformiert werden kann, sind bei der Modellierung der linguistischen Ein- und Ausgabevariablen entsprechende Voraussetzungen zu berücksichtigen.[79] So sind die

79 Zu den Voraussetzungen vgl. Abschnitt 232.31.

Zugehörigkeitsfunktionen der Terme der linguistischen Eingabevariablen mit logistischen und gaußförmigen Funktionstypen[80] und die Terme der linguistischen Ausgabevariablen mit Singletons[81] zu modellieren. Neben der Berücksichtigung dieser eher technischen Vorgaben ist zudem vom Entwickler zu entscheiden,

- **wie viele linguistische Terme** jeweils für die linguistischen Ein- und Ausgabevariablen verwendet werden sollen,
- **wie die Zugehörigkeitsfunktionen** für die Terme der linguistischen Eingabevariablen **zu parametrisieren** sind und
- **wie die Singletons** für die Terme der linguistischen Ausgabevariablen **festzulegen** sind.

Im Folgenden werden zunächst die linguistischen Ein- und Ausgabevariablen für die drei Teil-Experten der unteren Urteilsebene zur Bildung der Teilurteile über die Vermögens-, Finanz- und Ertragslage spezifiziert. Darauf aufbauend werden dann die linguistischen Eingabevariablen und die linguistische Ausgabevariable des Gesamturteils-Experten der oberen Urteilsebene festgelegt.

354.22 Spezifizierung der linguistischen Ein- und Ausgabevariablen für die Teil-Experten der unteren Urteilsebene zur Bildung der Teilurteile über die Vermögens-, Finanz- und Ertragslage

Zur Bildung der Urteile über die Vermögen-, Finanz- und Ertragslage wurden in Abschnitt 354.1 für jeden der drei Teil-Experten jeweils vier Kennzahlen bestimmt, die die Eingabevariablen der jeweiligen Teil-Experten darstellen (vgl. Übersicht 3-24). Zu jeder dieser Kennzahlen ist im Folgenden eine linguistische Eingabevariable zu bestimmen. Für das Urteil über die Vermögen-, Finanz- und Ertragslage, welches die Ausgabe des jeweiligen Teil-Experten darstellt, ist jeweils eine linguistische Ausgabevariable zu bestimmen.

Zur **Bestimmung der linguistischen Eingabevariablen** für jede der ausgewählten Kennzahlen ist festzulegen, mit **wie vielen linguistischen Termen** die linguistische Variable zur Beschreibung der jeweiligen Kennzahlenausprägungen zu modellieren ist. Hierfür gibt es keine allgemeinen Regeln. Vielmehr ist dies eine Entscheidung, die vom Entwickler zu treffen ist. Die Auswirkungen dieser Entscheidung auf das zu modellierende wissensbasierte Fuzzy-Regelsystem wurde bereits im Grundlagenteil dieser Arbeit bei der allgemeinen Definition der linguistischen Variablen diskutiert.[82] Dabei

80 Zur Definition und Erläuterung der logistischen und gaußförmigen Funktionstypen vgl. Abschnitt 222.1.

81 Zur Modellierung linguistischer Ausgabevariablen mit Singletons vgl. Abschnitt 223.15.

82 Vgl. Abschnitt 222.3.

wurde erläutert, dass die Anzahl der linguistischen Terme einen direkten Einfluss auf die Anzahl der später zu bildenden möglichen Wenn-Dann-Regeln hat. Denn die Anzahl der möglichen Regeln ergibt sich aus der vollständigen Kombination der linguistischen Terme der in die Regelprämisse eingehenden linguistischen Eingabevariablen.[83] Werden bspw. die linguistischen Eingabevariablen für die vier Kennzahlen der jeweiligen Teil-Experten mit drei linguistischen Termen modelliert, können maximal $4^3 = 64$ Regeln pro Teil-Experte gebildet werden. Je mehr linguistische Terme zur Beschreibung einer Kennzahlenausprägung verwendet werden, desto größer und unübersichtlicher wird die Regelbasis. Darüber hinaus ist aus informationsökonomischer Sicht zu überlegen, wie viele linguistische Terme zur Beschreibung der Ausprägung einer Kennzahl überhaupt notwendig sind. Diese Überlegungen sind bei der Festlegung der Anzahl der linguistischen Terme für eine linguistische Eingabevariable zu berücksichtigen, und zwar so, dass einerseits der Umfang der Regelbasis überschaubar und somit nachvollziehbar bleibt und andererseits die jeweiligen Kennzahlenausprägungen durch die linguistischen Terme hinreichend detailliert für eine zuverlässige Bildung der Teilurteile beschrieben werden.

In der Literatur werden für die Beschreibung von Kennzahlenausprägungen mit linguistischen Variablen i.d.R. drei linguistische Terme der Form ›*niedrig*‹, ›*mittel*‹, und ›*hoch*‹ verwendet.[84] Aus informationsökonomischen Überlegungen würden allerdings bei der Verwendung von randgesättigten Zugehörigkeitsfunktionen zwei linguistische Terme ›*niedrig*‹ und ›*hoch*‹ ausreichen. Denn wenn für eine konkrete Kennzahlenausprägung die beiden linguistischen Terme ›*niedrig*‹ und ›*hoch*‹ einen kleinen Zugehörigkeitsgrad aufweisen, kann die Kennzahlenausprägung nur mit einem hohen Zugehörigkeitsgrad als ›*mittel*‹ beurteilt werden. Der linguistische Term ›*mittel*‹ wäre also überflüssig. Für die vorliegende Untersuchung sind daher die linguistischen Eingabevariablen für die Kennzahlen sowohl mit zwei als auch mit drei linguistischen Termen modelliert worden. Anschließend wurde untersucht, welche Auswirkung die Anzahl der linguistischen Terme auf die Klassifikationsleistung des Systems hat.

Weiter sind für jeden linguistischen Term die Zugehörigkeitsfunktionen zu bestimmen. Hierzu ist festzulegen, **welcher Funktionstyp für welchen linguistischen Term** verwendet werden soll und **wie die Funktionen für die jeweiligen linguistischen Terme zu parametrisieren** sind. Da die linguistischen Eingabevariablen für die Kennzahlen sowohl mit zwei als auch mit drei linguistischen Termen hinsichtlich der Klassifikationsleistung getestet wurden, wird die Modellierung der linguistischen Eingabevariablen für die drei linguistischen Terme ›*niedrig*‹, ›*mittel*‹, und ›*hoch*‹ gezeigt. Für

83 Vgl. hierzu Abschnitt 223.13.

84 Vgl. BAGUS, T., Wissensbasierte Bonitätsanalyse, S. 68; GÜLLICH, H.-P., Fuzzy-Expertensysteme, S. 27; SCHEFFELS, R., Fuzzy-Logik in der Jahresabschlußprüfung, S. 67 f.

die Bestimmung der linguistischen Eingabevariablen für die Kennzahlen mit nur zwei linguistischen Termen kann der Term ›*mittel*‹ einfach weggelassen werden.

Die **Wahl der Funktionstypen** für die linguistischen Terme ist – bedingt durch die spätere Verwendung des Neuro-Fuzzy-Systems – auf logistische und gaußförmige Funktionen beschränkt. Dabei stehen für die Modellierung der linguistischen Terme ›*niedrig*‹ und ›*hoch*‹ je nach Anzahl der freien Parameter randgesättigte Zugehörigkeitsfunktionen vom Typ ›Log-S‹ bzw. ›Log-Z‹ (vgl. Definition 2-9) und vom Typ ›Normlog-S‹ bzw. ›Normlog-Z‹ (vgl. Definition 2-11) zur Verfügung.[85] Für die Modellierung des linguistischen Terms ›*mittel*‹ stehen je nach Anzahl der freien Parameter gaußförmige Zugehörigkeitsfunktionen vom Typ ›Gauß‹ (vgl. Definition 2-10) und vom Typ ›Zero‹ (vgl. Definition 2-12) zur Verfügung.[86]

Da die Verteilungen der Kennzahlenausprägungen i. d. R. nicht symmetrisch sind und auch nach ihrer Skalierung[87] unterschiedliche Minima bzw. Maxima und damit unterschiedliche Spannweiten aufweisen, spielt neben der Weite σ bzw. der Steigung s auch die Lage c der jeweiligen Zugehörigkeitsfunktion eine wichtige Rolle für die Beurteilung der Kennzahlenausprägungen. Daher werden für die Modellierung der linguistischen Variablen für die ausgewählten Kennzahlen die logistischen und gaußförmigen Funktionstypen verwendet, für die sowohl die Weite σ bzw. die Steigung s als auch die Lage c parametrisiert werden kann. Nur so können mit Hilfe des Neuro-Fuzzy-Systems bei der späteren Optimierung des wissensbasierten Fuzzy-Regelsystems die Zugehörigkeitsfunktionen optimal über die Ausprägungen der jeweiligen Kennzahlen partitioniert werden. Es werden also für den linguistischen Term ›*niedrig*‹ der ›Log-Z-Typ‹, für den linguistischen Term ›*mittel*‹ der ›Gauß-Typ‹ und für den linguistischen Term ›*hoch*‹ der ›Log-S-Typ‹ verwendet.

Auf Basis dieser Vorgaben wurde eine **standardisierte linguistische Eingabevariable** entwickelt, mit deren Hilfe die konkreten linguistischen Eingabevariablen für jede Kennzahl gebildet werden.[88] Übersicht 3-25 zeigt diese standardisierte linguistische Eingabevariable mit den zu spezifizierenden Funktionsparametern für die Zugehörigkeitsfunktionen der drei linguistischen Terme ›*niedrig*‹, ›*mittel*‹ und ›*hoch*‹.

85 Zur Definition der logistischen Funktionstypen vgl. Abschnitt 222.1.

86 Zur Definition der gaußförmigen Funktionstypen vgl. Abschnitt 222.1.

87 Zur Skalierung der Kennzahlenausprägungen vgl. Abschnitt 335.

88 Für die Entwicklung von standardisierten linguistischen Variablen für Jahresabschlusskennzahlen vgl. FLACH, J., Ermittlung typisierter Fuzzy-Zugehörigkeitsfunktionen, S. 49-57.

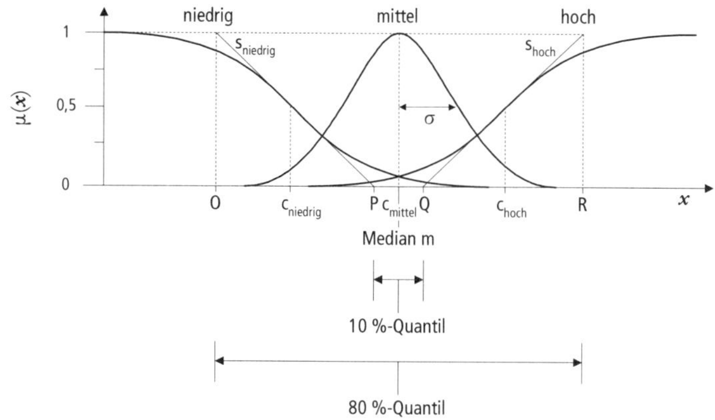

Legende:

$c_{niedrig}$ Wendepunkt der Log-Z-Funktion des linguistischen Terms ›niedrig‹
c_{mittel} Zentrum der Gauß-Funktion des linguistischen Terms ›mittel‹
c_{hoch} Wendepunkt der Log-S-Funktion des linguistischen Terms ›hoch‹
$s_{niedrig}$ Steigung der Log-Z-Funktion im Wendepunkt $w_{niedrig}$ des linguistischen Terms ›niedrig‹
σ Standardabweichung der Gauß-Funktion des linguistischen Terms ›mittel‹
s_{hoch} Steigung der Log-S-Funktion im Wendepunkt w_{hoch} des linguistischen Terms ›hoch‹
x Kennzahlenausprägung
$\mu(x)$ Zugehörigkeitsgrad
P, Q Intervallgrenzen des mittleren 10 %-Quantils
O, R Intervallgrenzen des mittleren 80 %-Quantils

***Übersicht 3-25:** Standardisierte linguistische Eingabevariable zur Fuzzyfizierung der Kennzahlenausprägungen*

Die Funktionsparameter der linguistischen Eingabevariablen für die ausgewählten Kennzahlen werden in dieser Untersuchung auf Basis von **Kennzahlenhäufigkeitsverteilungen** festgelegt, wie dies bereits durch die in Übersicht 3-25 eingezeichneten α-Quantile deutlich wird.[89] Dieses Vorgehen weist im Vergleich zur Festlegung der Funktionsparameter auf Basis von Expertenwissen verschiedene Vorteile auf:[90]

89 Für die Modellierung von linguistischen Variablen auf der Basis von Häufigkeitsverteilungen vgl. DUBOIS, D./PRADE, H., Fuzzy Sets and Systems, S. 258 f.; FLACH, J., Ermittlung typisierter Fuzzy-Zugehörigkeitsfunktionen, S. 49-72; SCHEFFELS, R., Fuzzy-Logik in der Jahresabschlußprüfung, S. 74-82; SURMANN, H., Automatisierter Entwurf von Fuzzy Systemen, S. 65 f.

90 Vgl. ROMMELFANGER, H., Fuzzy Decision Support-Systeme, S. 155 f.; SCHEFFELS, R., Fuzzy-Logik in der Jahresabschlußprüfung, S. 68 f.

- Die Funktionsparameter werden nicht auf Basis der subjektiven Vorstellungen eines Experten bestimmt, sondern auf der Basis des zur Verfügung stehenden empirischen Datenbestands, quasi auf Basis einer statistisch gewonnenen Erfahrung.
- Die Funktionsparameter können mit Hilfe der statistischen Verteilungsparameter direkt berechnet werden. Bei einer Expertenbefragung müssten die Funktionsparameter auf Basis der sprachlichen Expertenaussagen näherungsweise bestimmt werden.
- Die statistischen Verteilungsparameter lassen sich mit Hilfe einer Statistiksoftware einfach und schnell ermitteln, und zwar für alle Kennzahlen nach dem gleichen standardisierten Verfahren.

Die Idee zur Verwendung von Kennzahlenhäufigkeitsverteilungen zur Bestimmung der Funktionsparameter für die linguistischen Variablen der Kennzahlen beruht auf einem **Vergleich der Unternehmen innerhalb einer Branche**. Die Beschränkung auf eine Branche ist insofern wichtig, da bestimmte Kennzahlen für verschiedene Branchen extrem unterschiedliche Verteilungen ihrer Ausprägungen aufweisen und deshalb nur für den Vergleich von Unternehmen innerhalb einer Branche herangezogen werden dürfen.[91] Diese Anforderung ist in dieser Untersuchung erfüllt, da nur Jahresabschlüsse von Unternehmen des verarbeitenden Gewerbes verwendet werden.[92] Nach diesem Verfahren wird eine Kennzahlenausprägung entsprechend als *mittel* beurteilt, wenn sie im mittleren Bereich der Kennzahlenhäufigkeitsverteilung der Branchenunternehmen liegt. Entsprechend wird eine Kennzahl als *niedrig* oder *hoch* beurteilt, wenn sie im unteren oder im oberen Bereich der Kennzahlenhäufigkeitsverteilung der Branchenunternehmen liegt. Zur Zerlegung der Häufigkeitsverteilungen in die drei Intervalle zu den *unteren, mittleren* und *oberen* x % der Kennzahlenausprägungen werden α-Quantile und der Median herangezogen. Diese Verteilungsparameter haben den Vorteil, dass sie unempfindlich gegenüber Ausreißern und nicht-symmetrischen Verteilungen sind.[93]

Ausgehend von der standardisierten linguistischen Variablen in Übersicht 3-25 werden die Funktionsparameter für die linguistischen Terme ›*niedrig*‹, ›*mittel*‹ und ›*hoch*‹ anhand der Verteilungsparameter O, P, Q und R sowie des Medians m berechnet. Die Verteilungsparameter O, P, Q und R werden anhand von α-Quantilen berechnet und zerlegen die Häufigkeitsverteilung einer jeden Kennzahl in die benötigten Intervalle. In Studien von FLACH[94] und SCHEFFELS[95] wurde für »Standardkennzahlen« das mitt-

---

91 Vgl. LINSSEN, T., Anforderungen an eine branchenbezogene Jahresabschlußanalyse, S. 37 f.

92 Vgl. Abschnitt 321.

93 Vgl. SACHS, L., Angewandte Statistik, S. 173 f. Zur Untersuchung geeigneter Verteilungsparameter zur Bestimmung von linguistischen Variablen vgl. FLACH, J., Ermittlung typisierter Fuzzy-Zugehörigkeitsfunktionen, S. 35-37; SCHEFFELS, R., Fuzzy-Logik in der Jahresabschlußprüfung, S. 72-74.

94 Vgl. FLACH, J., Ermittlung typisierter Fuzzy-Zugehörigkeitsfunktionen, S. 52-57.

lere 25 %-Quantil und das mittlere 50 %-Quantil für die Bildung der Intervalle vorgeschlagen. In Untersuchungen am Institut für Revisionswesen wurde allerdings festgestellt, dass sich für linguistische Variablen mit drei linguistischen Termen bessere Klassifikationsergebnisse erzielen lassen, wenn für die Bildung der Intervalle das mittlere 10 %-Quantil und das mittlere 80 %-Quantil verwendet werden.[96] Daher werden die Verteilungsparameter P und Q mit dem mittleren 10 %-Quantil und die Verteilungsparameter O und R mit dem mittleren 80 %-Quantil berechnet. Die Häufigkeitsverteilungen für die zwölf ausgewählten Kennzahlen werden auf Basis der Lernstichprobe bestimmt, da das Neuro-Fuzzy-System später auch anhand der Lernstichprobe trainiert wird. In Übersicht 3-26 sind die Häufigkeitsverteilung und die berechneten Verteilungsparameter am Beispiel der Kennzahl K11_02c grafisch dargestellt.[97]

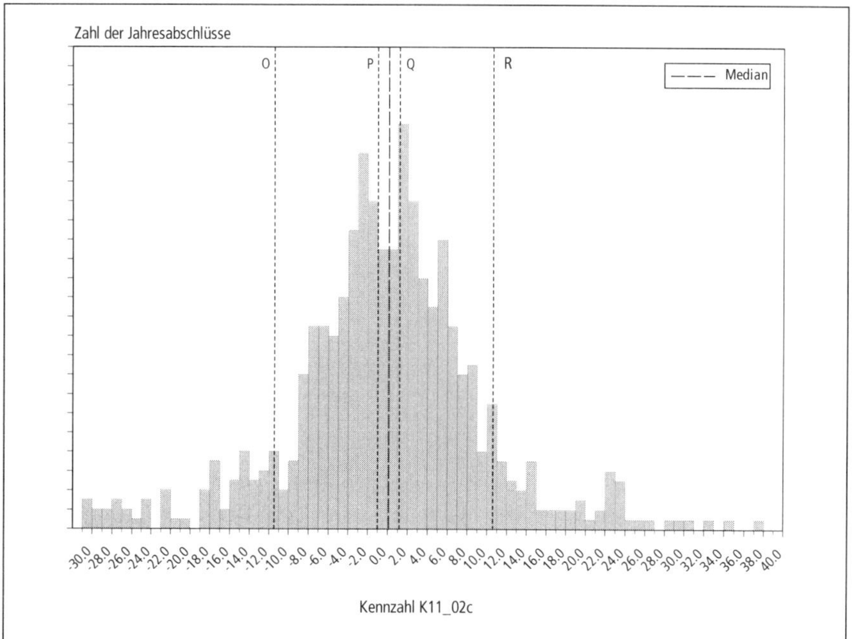

Übersicht 3-26: *Häufigkeitsverteilung für die Kennzahl K11_02c auf Basis der Lernstichprobe*

95 Vgl. SCHEFFELS, R., Fuzzy-Logik in der Jahresabschlußprüfung, S. 74-77.

96 Vgl. BAETGE, J./HEITMANN, C., Fuzzy Rule-Based Indicator for the Review of Credit Standing, S. 332 f.

97 Die Häufigkeitsverteilung zur Kennzahl K11_02c basiert auf den skalierten Kennzahlenausprägungen.

Die standardisierte linguistische Variable aus Übersicht 3-25 wurde so gewählt, dass sich die Funktionsparameter direkt mit Hilfe von geometrischen Überlegungen mit den Verteilungsparametern der Häufigkeitsverteilung berechnen lassen.[98] Übersicht 3-27 zeigt die Berechnungsvorschriften für die jeweiligen Funktionsparameter c, s, σ. Anhand dieser Berechnungsvorschriften wurden für jede der zwölf ausgewählten Kennzahlen die Funktionsparameter auf Basis der jeweiligen Häufigkeitsverteilung und der entsprechenden Verteilungsparameter bestimmt. Damit sind die linguistischen Eingabevariablen sowohl mit zwei als auch mit drei linguistischen Termen für die drei Teil-Experten der unteren Urteilsebene spezifiziert.

Parameter für die Lage c der Zugehörigkeitsfunktionen:

$$c_{niedrig} = \frac{O + (O - P)}{2}$$

$$c_{mittel} = m$$

$$c_{hoch} = \frac{Q + (Q - P)}{2}$$

Parameter für die Weite σ bzw. Steigung s der Zugehörigkeitsfunktionen:

$$s_{niedrig} = \frac{1}{|O - P|}$$

$$\sigma_{mittel} = \frac{|O - R|}{6}$$

$$s_{hoch} = \frac{1}{|R - Q|}$$

Übersicht 3-27: *Berechnungsvorschriften zur Bestimmung der Funktionsparameter für die linguistischen Terme der Eingabevariablen der drei Teil-Experten auf der unteren Urteilsebene*

Um die Auswirkung der Anzahl der linguistischen Terme auf die Klassifikationsleistung zu untersuchen, wurden sowohl wissensbasierte Fuzzy-Regelsysteme mit zwei als auch mit drei linguistischen Termen für die linguistischen Eingabevariablen modelliert und anschließend mit der Lern- und Teststichprobe des ausgewählten Datenmaterials optimiert. Die jeweils gemessenen Fehlerflächen zeigen, dass zwei linguistische Terme zur Beschreibung der Ausprägungen der jeweiligen Kennzahlen nicht nur ausreichend sind, sondern auch eine bessere Klassifikationsleistung aufweisen. Daher werden die linguistischen Eingabevariablen für die zwölf Kennzahlen im Folgenden mit den zwei linguistischen Termen *›niedrig‹* und *›hoch‹* modelliert. Übersicht 3-28 zeigt am Beispiel der Kennzahl K11_02c die spezifizierte (anfangsinitialisierte) linguistische Eingabevariable.

98 Für eine ähnliche Ermittlung der Funktionsparameter vgl. SIEKMANN, S., Fusion von Expertenwissen und Daten mit Neuro-Fuzzy-Methoden, S. 64.

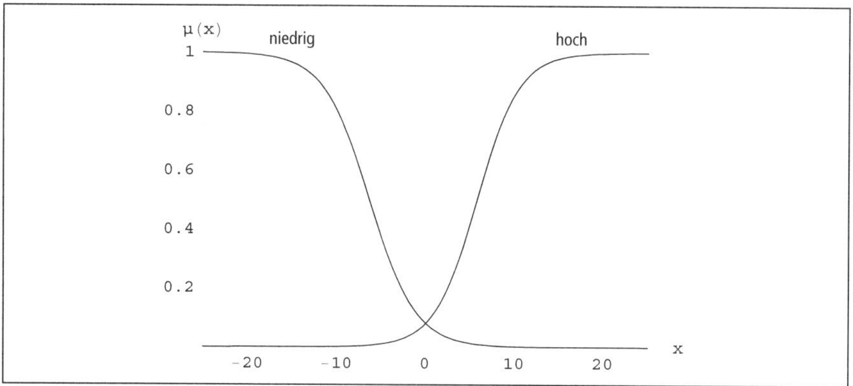

Übersicht 3-28: *Anfangsinitialisierung der linguistischen Eingabevariablen für die Kennzahl K11_02c*

Nachdem die linguistischen Eingabevariablen für jeden der drei Teil-Experten spezifiziert wurden, sind im Folgenden die **linguistischen Ausgabevariablen** zur Bildung der Urteile über die Vermögens-, Finanz- und Ertragslage für jeden der drei Teil-Experten zu modellieren. Hierzu ist festzulegen, **wie viele linguistische Terme** die linguistische Ausgabevariable des jeweiligen Teil-Experten besitzen soll und **wie die linguistischen Terme zu spezifizieren** sind. Aufgrund der Architektur des verwendeten Neuro-Fuzzy-Systems werden die Terme der linguistischen Ausgabevariablen nicht wie bei den linguistischen Eingabevariablen durch Zugehörigkeitsfunktionen, sondern durch Singletons modelliert, die die **Konklusionsgewichte** w_i des Neuro-Fuzzy-Systems darstellen.[99]

Die linguistischen Terme der Ausgabevariablen werden in den Wenn-Dann-Regeln für die Formulierung der Regelkonklusionen verwendet. Daher hat die Anzahl der linguistischen Terme der Ausgabevariablen keinen Einfluss auf die Anzahl der Wenn-Dann-Regeln, wohl aber auf die Güte des zu bildenden Urteils über die Vermögens-, Finanz- und Ertragslage. Denn mit den linguistischen Termen der Ausgabevariablen werden im Unterschied zu den linguistischen Eingabevariablen keine Kennzahlenausprägungen beschrieben, sondern das Urteil des jeweiligen Teil-Experten bewertet, welches auf Basis der fuzzyfizierten Eingabewerte durch die Inferenzkomponente gebildet wird. Je mehr linguistische Terme für die Ausgabevariable verwendet werden, desto differenzierter können die Wenn-Dann-Regeln formuliert werden und desto mehr Informationen liegen für die Defuzzyfizierung vor, mit der die Zugehörigkeitsgrade zu den jeweiligen linguistischen Termen der Ausgabevariablen zu einem Wert verdichtet werden. In der vorliegenden Untersuchung wurden linguistische Ausgabe-

99 Vgl. Abschnitt 232.3.

variablen sowohl mit drei linguistischen Termen der Form *›schlecht‹*, *›durchschnittlich‹* und *›gut‹* als auch mit fünf linguistischen Termen der Form *›sehr schlecht‹*, *›schlecht‹*, *›durchschnittlich‹*, *›gut‹* und *›sehr gut‹* getestet. Dabei wurden für die linguistischen Ausgabevariablen mit drei Termen auf Basis des Fehlerflächenkalküls bessere Klassifikationsleistungen gemessen als für linguistische Ausgabevariablen mit fünf Termen. Daher werden im Folgenden für die Spezifizierung der linguistischen Ausgabevariablen drei linguistische Terme der Form *›schlecht‹*, *›durchschnittlich‹* und *›gut‹* verwendet.

Nachdem die Anzahl der linguistischen Terme bestimmt wurde, ist nun für jeden der drei linguistischen Terme *›schlecht‹*, *›durchschnittlich‹* und *›gut‹* das **Konklusionsgewicht w_i** festzulegen. Dabei ist zu berücksichtigen, wie das Zielkriterium, anhand dessen das Neuro-Fuzzy-System später trainiert werden soll, skaliert ist. Für die vorliegende Untersuchung wird als Zielkriterium die Zugehörigkeit der Unternehmen zu den Klassen *›solvent‹* bzw. *›später insolvent‹* verwendet. ***Solvente* Unternehmen werden durch den Wert 1** und ***später insolvente* Unternehmen durch den Wert -1 gekennzeichnet.** Um dieses Zielkriterium mit einer linguistischen Ausgabevariablen abbilden zu können, wird ein künstlicher Definitionsbereich über das reellwertige Intervall [-1, 1] aufgespannt.[100] Die Konklusionsgewichte w_i für die jeweiligen linguistischen Terme sind also so zu wählen, dass die Ausgabe des jeweiligen Teil-Experten jeden Wert in diesem Intervall annehmen kann.[101] Daher sind für die beiden linguistischen Terme *›schlecht‹* und *›gut‹* jeweils die Extremwerte des Intervalls als Konklusionsgewicht zu wählen. Für den linguistischen Term *›durchschnittlich‹* wird das arithmetische Mittel der beiden Extremwerte als Konklusionsgewicht gewählt. Die linguistischen Ausgabevariablen der drei Teil-Experten werden jeweils identisch modelliert. Übersicht 3-29 zeigt die gewählten Konklusionsgewichte für die drei linguistischen Terme *›schlecht‹*, *›durchschnittlich‹* und *›gut‹*.

$$w_{schlecht} = -1$$

$$w_{durchschnittlich} = 0$$

$$w_{gut} = 1$$

Übersicht 3-29: *Konklusionsgewichte für die drei Terme der linguistischen Ausgabevariablen der drei Teil-Experten auf der unteren Urteilsebene*

Damit sind die linguistischen Ein- und Ausgabevariablen für die drei Teil-Experten der unteren Urteilsebene zur Bildung der Teilurteile über die Vermögens-, Finanz- und Ertragslage vollständig spezifiziert. Im nächsten Schritt sind die drei linguistischen Eingabevariablen und eine linguistische Ausgabevariable für den Gesamtur-

100 Zur Bildung eines künstlichen Definitionsbereichs vgl. Abschnitt 222.3.

101 Vgl. SIEKMANN, S., Fusion von Expertenwissen und Daten mit Neuro-Fuzzy-Methoden, S. 65.

teils-Experten der oberen Urteilsebene zur Bildung des Urteils über die Bestandsfestigkeit zu spezifizieren.

354.23 Spezifizierung der linguistischen Ein- und Ausgabevariablen für den Gesamturteils-Experten der oberen Urteilsebene zur Bildung des Urteils über die Bestandsfestigkeit

Die von den drei Teil-Experten der unteren Urteilsebene berechneten Teilurteile über die Vermögens-, Finanz- und Ertragslage bilden jeweils die Eingaben für den Gesamturteils-Experten der oberen Urteilsebene. Für diese Eingaben sind jeweils **drei linguistische Eingabevariablen** zu bestimmen, mit deren Hilfe die Teilurteile fuzzyfiziert werden. Darüber hinaus ist für den Gesamturteils-Experten **eine linguistische Ausgabevariable** zu bestimmen, mit der das Urteil über die Bestandsfestigkeit abgebildet wird.

Zur Bestimmung der **linguistischen Eingabevariablen** ist zunächst wieder festzulegen, **wie viele linguistische Terme** verwendet werden sollen und **wie die Zugehörigkeitsfunktionen** für die linguistischen Terme **zu modellieren sind**. Da die linguistischen Eingabevariablen des Gesamturteils-Experten auf den Ausgaben der Teil-Experten der unteren Urteilsebene basieren, lassen sich die linguistischen Eingabevariablen nicht mehr auf Basis von standardisierten linguistischen Variablen und Häufigkeitsverteilungen bestimmen, denn hierfür stehen während der Phase der Modellierung keine empirischen Daten zur Verfügung, auf die sich der Entwickler stützen kann. Die Ausgaben der Teil-Experten der unteren Urteilsebene sind aber aufgrund der festgelegten Konklusionsgewichte der linguistischen Ausgabevariablen auf das Intervall [-1, 1] normiert, sodass sich eine geeignete Anfangsinitialisierung der linguistischen Eingabevariablen dadurch erreichen lässt, dass die Zugehörigkeitsfunktionen der linguistischen Terme gleichmäßig über das Intervall [-1, 1] partitioniert werden.[102]

Für die Entscheidung, **wie viele linguistische Terme** für die drei linguistischen Eingabevariablen zu verwenden sind, gelten die gleichen Überlegungen wie sie bereits im Abschnitt 354.22 diskutiert wurden. Sowohl die Verwendung von zwei als auch von drei linguistischen Termen ist hinsichtlich einer überschaubaren und nachvollziehbaren Regelbasis zu vertreten. In der vorliegenden Untersuchung hat sich gezeigt, dass für die linguistischen Variablen mit drei Termen der Form *›schlecht‹*, *›durchschnittlich‹* und *›gut‹* die besseren Klassifikationsergebnisse erzielt wurden. Daher werden im Fol-

102 Für dasselbe Vorgehen vgl. SIEKMANN, S., Fusion von Expertenwissen und Daten mit Neuro-Fuzzy-Methoden, S. 64; TROSZCZYNSKI, L., Möglichkeiten des Einsatzes von Neuro-Fuzzy-Verfahren, S. 47-49.

genden für die Bildung der Urteile über die Vermögens-, Finanz- und Ertragslage drei linguistische Terme für die linguistischen Eingabevariablen verwendet.

Für jeden der drei linguistischen Terme der jeweiligen linguistischen Eingabevariablen ist zu bestimmen, mit **welchen Funktionstypen** die entsprechende Zugehörigkeitsfunktion zu modellieren ist. Da die Urteile über die Vermögens-, Finanz- und Ertragslage auf das Intervall [-1, 1] normiert sind, reichen hier **logistische** und **gaußförmige Funktionstypen** aus, **die bzgl. ihres Lageparameters c fixiert** sind und nur bzgl. ihrer Weite σ bzw. Steigung s zu parametrisieren sind. Hierfür stehen die Funktionstypen ›Normlog-S‹ bzw. ›Normlog-Z‹ (vgl. Definition 2-11) und ›Zero‹ (vgl. Definition 2-12) zur Verfügung. Konkret werden der linguistische Term *›schlecht‹* mit dem Funktionstyp ›Normlog-Z‹, der linguistische Term *›durchschnittlich‹* mit dem Funktionstyp ›Zero‹ und der linguistische Term *›gut‹* mit dem Funktionstyp ›Normlog-S‹ modelliert. Die Parameter für die Weite σ bzw. Steigung s sind so zu wählen, dass die Zugehörigkeitsfunktionen gleichmäßig über das Intervall [-1, 1] partitioniert sind. Die in Übersicht 3-30 angegebenen Parameter haben sich als geeignete Anfangsinitialisierung erwiesen.

$$s_{schlecht} = -1{,}5$$

$$\sigma_{durchschnittlich} = 0{,}25$$

$$s_{gut} = 1{,}5$$

Übersicht 3-30: *Spezifizierung der Funktionsparameter für die Zugehörigkeitsfunktionen der linguistischen Eingabevariablen des Gesamturteils-Experten auf der oberen Urteilsebene*

Diese Anfangsinitialisierung wird für die Spezifizierung aller drei linguistischen Eingabevariablen verwendet, da die Urteile über die Vermögens-, Finanz- und Ertragslage dieselbe Skalierung besitzen. Die Anfangsinitialisierung der drei linguistischen Eingabevariablen ist in Übersicht 3-31 grafisch abgebildet.

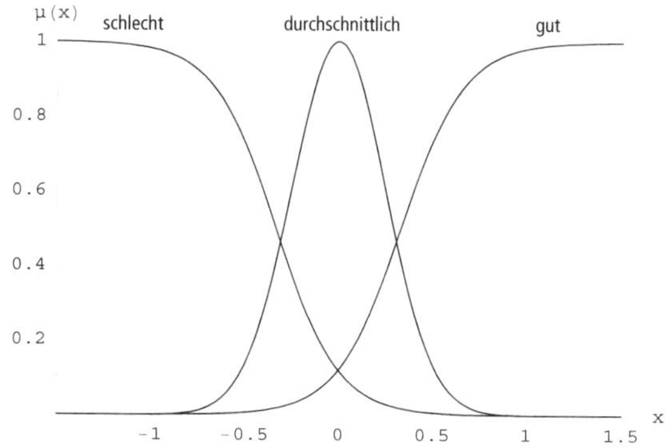

Übersicht 3-31: *Anfangsinitialisierung der linguistischen Eingabevariablen zur Fuzzyfizierung der Teilurteile über die Vermögens-, Finanz- und Ertragslage des Gesamturteils-Experten auf der oberen Urteilsebene*

Die **Konklusionsgewichte w_i der linguistischen Ausgabevariablen** des Gesamturteils-Experten zur Bildung des Urteils über die Höhe der Bestandsfestigkeit werden in gleicher Weise bestimmt wie die Konklusionsgewichte der linguistischen Ausgabevariablen für die Teil-Experten der unteren Urteilsebene im vorangegangenen Abschnitt 354.22. Dies ist möglich, da auch hier die Zugehörigkeit der Unternehmen zu den Klassen *›solvent‹* bzw. *›später insolvent‹* als Zielkriterium mit derselben Kodierung für das Training des Neuro-Fuzzy-Systems verwendet wird. Zudem hat sich gezeigt, dass drei linguistische Terme der Form *›schlecht‹*, *›durchschnittlich‹* und *›gut‹* sowohl eine ausreichende Differenzierung der Regelkonklusionen ermöglichen als auch eine bessere Klassifikationsleistung aufweisen als die Verwendung von fünf linguistischen Termen. Die Konklusionsgewichte für die linguistische Ausgabevariable zur Bildung des Urteils über die Höhe der Bestandsfestigkeit sind in Übersicht 3-32 angegeben.

$$w_{schlecht} = -1$$
$$w_{durchschnittlich} = 0$$
$$w_{gut} = 1$$

Übersicht 3-32: *Konklusionsgewichte für die drei Terme der linguistischen Ausgabevariablen des Gesamturteils-Experten auf der oberen Urteilsebene*

354.3 Bestimmung der Nebenbedingungen

Nachdem die linguistischen Ein- und Ausgabevariablen für die drei Teil-Experten der unteren Urteilsebene und für den Gesamturteils-Experten der oberen Urteilsebene der gewählten Topologie aus Übersicht 3-21 bestimmt wurden, sind im nächsten Schritt für jede der linguistischen Ein- und Ausgabevariablen die **Nebenbedingungen** für den semantikerhaltenden Lernalgorithmus des verwendeten Neuro-Fuzzy-Systems zu bestimmen.[103] Der semantikerhaltende Lernalgorithmus stellt sicher, dass die Funktionsparameter der Zugehörigkeitsfunktionen für die linguistischen Terme der Eingabevariablen sowie die Konklusionsgewichte für die linguistischen Terme der Ausgabevariablen nur unter Einhaltung der im Folgenden zu bestimmenden Nebenbedingungen vom Neuro-Fuzzy-System adaptiert werden, sodass die linguistischen Variablen auch nach ihrer Optimierung mit dem Neuro-Fuzzy-System betriebswirtschaftlich interpretierbar bleiben und keine Widersprüche aufweisen.

Die verwendete Neuro-Fuzzy-Architektur unterstützt **drei Arten von Nebenbedingungen:**[104]

(1) **Definition von Gleichungen**
Mit der Definition von Gleichungen besteht die Möglichkeit, die Parameter der linguistischen Variablen auf einen konstanten Wert zu setzen und somit von der Anpassung durch den Lernalgorithmus des Neuro-Fuzzy-Systems auszuschließen.

(2) **Definition von Ordnungen**
Durch die Definition von Ordnungen ist es möglich, die Reihenfolge der Lage der Zugehörigkeitsfunktionen für die linguistischen Terme innerhalb einer linguistischen Variablen festzulegen.

(3) **Definition von Intervallen**
Mit der Definition von Intervallen werden Wertebereiche festgelegt, innerhalb derer die Parameter der Zugehörigkeitsfunktionen der linguistischen Variablen vom Lernalgorithmus des Neuro-Fuzzy-Systems adaptiert werden dürfen.

Die Nebenbedingungen für die linguistischen Ein- und Ausgabevariablen lassen sich nicht auf einer objektiven Basis, z. B. anhand des ausgewählten empirischen Datenmaterials, festlegen. Vielmehr sind verschiedene Einstellungen der Nebenbedingungen hinsichtlich ihrer Auswirkungen auf den semantikerhaltenden Lernalgorithmus und letztlich auf die Klassifikationsleistung zu testen. Zudem spielt die Erfahrung des Entwicklers zur Festlegung der Nebenbedingungen eine wesentliche Rolle. So hat der Entwickler zu berücksichtigen, dass die Nebenbedingungen einerseits so restriktiv

103 Zum semantikerhaltenden Lernalgorithmus des verwendeten Neuro-Fuzzy-Systems vgl. Abschnitt 232.32.

104 Vgl. SIEKMANN, S., Fusion von Expertenwissen und Daten mit Neuro-Fuzzy-Methoden, S. 86 f.; SIEMENS BUSINESS SERVICES (HRSG.), SENN Benutzerhandbuch, S. 143.

festzulegen sind, dass die ursprüngliche Struktur der linguistischen Variablen durch den Lernalgorithmus des Neuro-Fuzzy-Systems nicht zerstört wird und somit in jedem Fall eine Interpretation der jeweiligen linguistischen Variablen erhalten bleibt.[105] Wäre dies nicht der Fall, würde das Ziel der Optimierung verfehlt und das wissensbasierte Fuzzy-Regelsystem in seiner Semantik zerstört. Andererseits dürfen die Nebenbedingungen auch nicht zu restriktiv festgelegt werden, da sonst der Lernalgorithmus nicht genügend Freiraum für die Adaptierung der Parameter hat und somit das wissensbasierte Fuzzy-Regelsystem in Bezug auf die Klassifikationsleistung nicht hinreichend verbessern könnte. Die im Folgenden dargestellten Nebenbedingungen haben hinsichtlich des Freiraums für die Optimierung und der dabei erzielten Klassifikationsleistung die besten Ergebnisse gezeigt.

Zunächst werden die **Nebenbedingungen für die linguistischen Eingabevariablen** der drei Teil-Experten der unteren Urteilsebene und des Gesamturteils-Experten der oberen Urteilsebene bestimmt. Die von SIEKMANN[106] vorgeschlagenen Nebenbedingungen wurden als Ausgangsbasis herangezogen und für die vorliegende Untersuchung entsprechend angepasst. In Übersicht 3-33 sind die verwendeten Nebenbedingungen für die linguistischen Eingabevariablen dargestellt.

Nebenbedingung für die Lageparameter c_i:

$$c_{niedrig} < c_{mittel} < c_{hoch}$$

Nebenbedingungen für die Weite σ und die Steigung s_j:

$$\frac{s_{niedrig}}{4} < s_{niedrig} < 4s_{niedrig}$$

$$\sigma_{mittel} < 2\sigma_{mittel}$$

$$\frac{s_{hoch}}{4} < s_{hoch} < 4s_{hoch}$$

Übersicht 3-33: *Nebenbedingungen für die linguistischen Eingabevariablen*

Die **Nebenbedingung zu den Lageparametern c_i** definiert eine Ordnung über die Reihenfolge der Zugehörigkeitsfunktionen der linguistischen Terme innerhalb der Eingabevariablen. So wird die Reihenfolge der Zugehörigkeitsfunktionen der linguistischen Terme auf ›*niedrig*‹, ›*mittel*‹ und ›*hoch*‹ festgelegt. Dies ist für die Interpretation der linguistischen Eingabevariablen eine notwendige Voraussetzung, denn wenn diese Reihenfolge nicht eingehalten wird, würde ein Widerspruch in der Beurteilung der Ausprägung der jeweiligen Basisvariablen auftreten. Für die linguistischen Einga-

105 Vgl. SIEKMANN, S., Fusion von Expertenwissen und Daten mit Neuro-Fuzzy-Methoden, S. 85.
106 Vgl. SIEKMANN, S., Fusion von Expertenwissen und Daten mit Neuro-Fuzzy-Methoden, S. 87.

bevariablen des zusammenfassenden Experten ist diese Nebenbedingung belanglos, da die Reihenfolge der Zugehörigkeitsfunktionen der linguistischen Terme bereits durch die verwendeten Funktionstypen fixiert wurde.[107] Mit den **Nebenbedingungen für die Weite σ und die Steigung s_i** werden Intervalle definiert, innerhalb derer die Parameter verändert werden dürfen. Der Faktor 2 zur Intervallbildung für die Weite σ und der Faktor 4 zur Intervallbildung für die Steigung s_i sind Erfahrungswerte, die sich als geeignet erwiesen haben. Mit diesen Parametern wird dem Neuro-Fuzzy-System einerseits ausreichend Spielraum für die Optimierung gegeben und andererseits ist die betriebswirtschaftliche Interpretierbarkeit nach der Optimierung sichergestellt.

Die **Nebenbedingungen für die Konklusionsgewichte w_i der linguistischen Ausgabevariablen** der drei Teil-Experten der unteren Urteilsebene und des Gesamturteils-Experten der oberen Urteilsebene werden in Form von Gleichungen definiert. Damit die Normierung der Ausgabewerte des jeweiligen Experten auf das Intervall [-1, 1] gewährleistet ist, sind die Konklusionsgewichte w_i auf die getroffene Anfangsinitialisierung konstant zu setzen. Übersicht 3-34 zeigt die Nebenbedingungen für die Konklusionsgewichte, die für alle linguistischen Ausgabevariablen identisch sind.

$$\begin{aligned} w_{schlecht} &= -1 \\ w_{durchschnittlich} &= 0 \\ w_{gut} &= 1 \end{aligned}$$

***Übersicht 3-34:** Nebenbedingungen für die Konklusionsgewichte der linguistischen Ausgabevariablen*

354.4 Bestimmung der Regelbasis

In diesem Abschnitt werden für jeden der drei Teil-Experten der unteren Urteilsebene sowie für den Gesamturteils-Experten der oberen Urteilsebene der verwendeten Topologie aus Übersicht 3-21 die **Wenn-Dann-Regeln** auf Basis der linguistischen Ein- und Ausgabevariablen formuliert.[108] Dazu ist für jede Regel ein initiales **Regelgewicht $\varkappa_i$** zu bestimmen, welches den Einfluss einer Regel im Verhältnis zu einer anderen Regel der Regelbasis auf die Urteilsbildung angibt. Dieses Regelgewicht $\varkappa_l$ wird später bei der Optimierung des wissensbasierten Fuzzy-Regelsystems durch den Lernalgorithmus des Neuro-Fuzzy-Systems adaptiert und hin-

107 Vgl. Abschnitt 354.23.

108 Vgl. zur allgemeinen Bildung von Regeln für ein wissensbasiertes Fuzzy-Regelsystem Abschnitt 223.13.

sichtlich der Klassifikationsleistung optimiert. Außerdem sind bei der Formulierung der Regeln die Restriktionen der verwendeten Neuro-Fuzzy-Architektur zu beachten:[109] So sind in der Regelprämisse nur konjunktive Verknüpfungen zugelassen (UND) und die Regeln selbst sind untereinander disjunktiv (ODER) zu verknüpfen.

Die Regelprämissen werden für jeden Experten durch eine **vollständige Kombination der linguistischen Terme** der jeweiligen Eingabevariablen bestimmt.[110] Hierdurch wird auch die Anzahl der Regeln festgelegt. Zu welcher Schlussfolgerung die jeweilige Regelprämisse führt, wird durch die Konklusion bestimmt, für die die linguistischen Terme der Ausgabevariablen verwendet werden. Die Bestimmung der Konklusion – also welcher der linguistischen Terme der Ausgabevariablen der jeweiligen Regelprämisse zuzuordnen ist – wird in der vorliegenden Untersuchung vom Entwickler anhand des Wissens über die Arbeitshypothesen der für die linguistischen Eingabevariablen ausgewählten Kennzahlen vorgenommen.[111] Dabei hat der Entwickler darauf zu achten, dass die Regeln betriebswirtschaftlich sinnvoll sind und keine Widersprüche aufweisen. Liegt darüber hinaus weiteres externes Expertenwissen vor, so kann sich der Entwickler zusätzlich auf dieses Wissen stützen und es bei der Formulierung der Regeln verwenden.

Die **Regeln für die drei Teil-Experten der unteren Urteilsebene** werden auf Basis von jeweils vier linguistischen Eingabevariablen mit je zwei linguistischen Termen *›niedrig‹* und *›hoch‹* (vgl. als Beispiel Übersicht 3-28) sowie einer linguistischen Ausgabevariablen mit je drei linguistischen Termen *›schlecht‹*, *›durchschnittlich‹* und *›gut‹* formuliert. Durch die vollständige Kombination der linguistischen Terme der vier Eingabevariablen ergeben sich für jeden Teil-Experten der unteren Urteilsebene $4^2 = 16$ Regeln. Jeder Regelprämisse wird einer der drei linguistischen Terme der Ausgabevariablen für die Bestimmung der Konklusion zugeordnet. Übersicht 3-35 zeigt die initiale Regelbasis für den Teil-Experten der unteren Urteilsebene zur Bildung des Urteils über die Ertragslage.

109 Vgl. Abschnitt 232.31.

110 Für ein ähnliches Vorgehen bei der Regelbildung vgl. BAGUS, T., Wissensbasierte Bonitätsanalyse, S. 74 f.; GÜLLICH, H.-P., Fuzzy-Expertensysteme, S. 103-108; SCHEFFELS, R., Fuzzy-Logik in der Jahresabschlußprüfung, S. 83 f.

111 Vgl. Abschnitt 332.

Regel-Nr.	Prämisse				Konklusion	**Regel-gewicht $\varkappa_l$**
	K11_02c (I<S)	**K12_03b** (I>S)	**K13_03c** (I<S)	**K13_06c** (I<S)	**Ertragslage** (I<S)	
1	hoch	niedrig	hoch	hoch	gut	0,5
2	hoch	niedrig	hoch	niedrig	gut	0,5
3	hoch	niedrig	niedrig	hoch	gut	0,5
4	hoch	niedrig	niedrig	niedrig	durchschnittlich	0,5
5	hoch	hoch	hoch	hoch	gut	0,5
6	hoch	hoch	hoch	niedrig	durchschnittlich	0,5
7	hoch	hoch	niedrig	hoch	durchschnittlich	0,5
8	hoch	hoch	niedrig	niedrig	schlecht	0,5
9	niedrig	niedrig	hoch	hoch	gut	0,5
10	niedrig	niedrig	hoch	niedrig	durchschnittlich	0,5
11	niedrig	niedrig	niedrig	hoch	durchschnittlich	0,5
12	niedrig	niedrig	niedrig	niedrig	schlecht	0,5
13	niedrig	hoch	hoch	hoch	durchschnittlich	0,5
14	niedrig	hoch	hoch	niedrig	schlecht	0,5
15	niedrig	hoch	niedrig	hoch	schlecht	0,5
16	niedrig	hoch	niedrig	niedrig	schlecht	0,5

Übersicht 3-35: *Regelbasis des Teil-Experten zur Bildung des Urteils über die Ertragslage*

Für die Regel-Nr. 2 wird gezeigt, wie die formulierten Regeln aus Übersicht 3-35 zu lesen sind:

Wenn K11_02c ist *hoch* UND
K12_03b ist *niedrig* UND
K13_03c ist *hoch* UND
K13_06c ist *niedrig* UND
Dann Ertragslage ist *gut.*

Besitzt eine Kennzahl die Arbeitshypothese I<S, so weisen *solvente* Unternehmen im Durchschnitt eine höhere Ausprägung dieser Kennzahl auf als *später insolvente* Unternehmen und vice versa. Für eine lagenspezifische Kennzahl mit der Arbeitshypothese I<S ist daher zu vermuten, dass je *höher* die Ausprägung dieser Kennzahl ist, desto *höher* ist der Zugehörigkeitsgrad für den linguistischen Term *›hoch‹* und desto ***besser*** ist die jeweilige Teillage zu beurteilen. Für eine lagenspezifische Kennzahl mit einer umgekehrten Arbeitshypothese der Form I>S ist zu vermuten, dass je *höher* die Ausprägung einer solchen Kennzahl ist, desto *höher* ist der Zugehörigkeitsgrad für den linguistischen Term *›hoch‹* und desto ***schlechter*** ist die jeweilige Teillage zu beurteilen. Für den linguistischen Term *›niedrig‹* sind die vermuteten Aussagen in Bezug auf die Arbeitshypothese entsprechend umzukehren. Basierend auf diesen Überlegungen wurden die Regeln für die Ertragslage aus Übersicht 3-35 formuliert. Hierbei stellt sich allerdings die Frage, welchen Einfluss die jeweiligen linguistischen Eingabevariablen auf die Schlussfolgerung haben sollen. Da die gewählte Neuro-Fuzzy-Architektur nicht in der Lage ist, den jeweiligen Einfluss der linguistischen Eingabevariablen auf die Schlussfolgerung einer Regel anhand des empirischen Datenmaterials zu objektivieren und darüber hinaus keine objektiven Informationen über diesen Sachverhalt vorliegen, wird i.S. der Lapace-Regel[112] eine Gleichgewichtung der linguistischen Eingabevariablen zur Bildung der Schlussfolgerung vorgenommen.

Darüber hinaus ist für jede Regel l ein initiales Regelgewicht $\varkappa_l$ zu bestimmen. Da auch kein Vorwissen für eine objektive Anfangsinitialisierung der Regelgewichte vorlag, wurde i.S. der Lapace-Regel jede Regel zunächst gleich gewichtet; entsprechend wurden alle Regelgewichte auf $\varkappa_l = 0{,}5$ gesetzt. Die eigentliche Gewichtung der Regeln und damit die Adaptierung der Regelgewichte $\varkappa_l$ wird später bei der Optimierung des wissensbasierten Fuzzy-Regelsystems mit Hilfe des Neuro-Fuzzy-Systems auf Basis des empirischen Datenmaterials vorgenommen. Dabei wird auch geprüft, ob die formulierten Regeln den Zusammenhang zwischen den Jahresabschlussmerkmalen in Form von Kennzahlen und der Zugehörigkeit der Unternehmen zu den Klassen *›solvent‹* bzw. *›später insolvent‹* richtig abbilden.

Die Regeln für die zwei weiteren Teil-Experten der unteren Urteilsebene zur Bildung der Urteile über die Vermögens- und Finanzlage werden auf die gleiche Weise bestimmt wie die Regeln für den Teil-Experten zur Bildung des Urteils über die Ertragslage. In der Übersicht 3-36 sind die Regeln für den Teil-Experten zur Finanzlage und in der Übersicht 3-37 sind die Regeln für den Teil-Experten zur Vermögenslage dargestellt.

Regel-Nr.	Prämisse				Konklusion	**Regel-gewicht $\varkappa_l$**
	K21_07c (I<S)	**K21_13a** (I<S)	**K21_22b** (I>S)	**K24_01c** (I<S)	**Finanzlage** (I<S)	
17	hoch	hoch	niedrig	hoch	gut	0,5
18	hoch	hoch	niedrig	niedrig	gut	0,5
19	hoch	hoch	hoch	hoch	gut	0,5
20	hoch	hoch	hoch	niedrig	durchschnittlich	0,5
21	hoch	niedrig	niedrig	hoch	gut	0,5
22	hoch	niedrig	niedrig	niedrig	durchschnittlich	0,5
23	hoch	niedrig	hoch	hoch	durchschnittlich	0,5
24	hoch	niedrig	hoch	niedrig	schlecht	0,5

Übersicht 3-36: *Regelbasis des Teil-Experten zur Bildung des Urteils über die Finanzlage (Teil 1 von 2)*

112 Vgl. ADAM, D., Planung und Entscheidung, S. 233; BAETGE, J., Möglichkeiten der Objektivierung des Jahreserfolges, S. 135; BAMBERG, G./COENENBERG, A. G., Betriebswirtschaftliche Entscheidungslehre, S. 134.

Regel-Nr.	Prämisse				Konklusion	Regel-gewicht $\varkappa_l$
	K21_07c (I<S)	**K21_13a** (I<S)	**K21_22b** (I>S)	**K24_01c** (I<S)	**Finanzlage** (I<S)	
25	niedrig	hoch	niedrig	hoch	gut	0,5
26	niedrig	hoch	niedrig	niedrig	durchschnittlich	0,5
27	niedrig	hoch	hoch	hoch	durchschnittlich	0,5
28	niedrig	hoch	hoch	niedrig	schlecht	0,5
29	niedrig	niedrig	niedrig	hoch	durchschnittlich	0,5
30	niedrig	niedrig	niedrig	niedrig	schlecht	0,5
31	niedrig	niedrig	hoch	hoch	schlecht	0,5
32	niedrig	niedrig	hoch	niedrig	schlecht	0,5

Übersicht 3-36: *Regelbasis des Teil-Experten zur Bildung des Urteils über die Finanzlage (Teil 2 von 2)*

Regel-Nr.	Prämisse				Konklusion	Regel-gewicht $\varkappa_l$
	K22_14a (I>S)	**K22_17a** (I<S)	**K23_04a** (I<S)	**K32_05a** (I<S)	**Vermögenslage** (I<S)	
33	niedrig	hoch	hoch	hoch	gut	0,5
34	niedrig	hoch	hoch	niedrig	gut	0,5
35	niedrig	hoch	niedrig	hoch	gut	0,5
36	niedrig	hoch	niedrig	niedrig	durchschnittlich	0,5
37	niedrig	niedrig	hoch	hoch	gut	0,5
38	niedrig	niedrig	hoch	niedrig	durchschnittlich	0,5
39	niedrig	niedrig	niedrig	hoch	durchschnittlich	0,5
40	niedrig	niedrig	niedrig	niedrig	schlecht	0,5
41	hoch	hoch	hoch	hoch	gut	0,5
42	hoch	hoch	hoch	niedrig	durchschnittlich	0,5
43	hoch	hoch	niedrig	hoch	durchschnittlich	0,5
44	hoch	hoch	niedrig	niedrig	schlecht	0,5
45	hoch	niedrig	hoch	hoch	durchschnittlich	0,5
46	hoch	niedrig	hoch	niedrig	schlecht	0,5
47	hoch	niedrig	niedrig	hoch	schlecht	0,5
48	hoch	niedrig	niedrig	niedrig	schlecht	0,5

Übersicht 3-37: *Regelbasis des Teil-Experten zur Bildung des Urteils über die Vermögenslage*

Nachdem die Regeln für die drei Teil-Experten der untergeordneten Urteilsebene zur Vermögens-, Finanz- und Ertragslage bestimmt wurden, sind nun die **Regeln für den Gesamturteils-Experten der oberen Urteilsebene** zur Bildung des Urteils über die Bestandsfestigkeit zu formulieren. Dazu werden die drei linguistischen Eingabevariablen, welche für die Ausgaben der drei untergeordneten Teil-Experten spezifiziert wurden, und die linguistische Ausgabevariable, welche das Urteil über die Bestandsfestigkeit abbildet, herangezogen. Auch hier werden die Regelprämissen durch die vollständige Kombination der linguistischen Terme *›schlecht‹*, *›durchschnittlich‹* und *›gut‹* der drei Eingabevariablen gebildet. Dadurch entstehen $3^3 = 27$ Regeln.

Zu jeder der 27 Regeln ist die Konklusion anhand der linguistischen Terme *›schlecht‹*, *›durchschnittlich‹* und *›gut‹* der Ausgabevariablen zu bestimmen. Die Teilurteile zur Vermögens-, Finanz- und Ertragslage sind auf den Wertebereich [-1, 1] normiert und folgen der Arbeitshypothese I<S. Dies wurde durch die Definition der Konklusionsgewichte w_i und des Zielkriteriums für den Lernalgorithmus des Neuro-Fuzzy-Systems sichergestellt. Aufgrund der Arbeitshypothese I<S ist zu vermuten, dass eine als gut beurteilte Teillage einen positiven Einfluss auf die Bestandsfestigkeit hat. Dieser Zusammenhang wird bei der Regelbildung wie folgt berücksichtigt: Je höher das jeweilige Teilurteil über die Vermögens-, Finanz- und Ertragslage ist, desto höher wird der Zugehörigkeitsgrad für den jeweiligen linguistischen Term *›gut‹* sein und desto ***besser*** ist die Bestandsfestigkeit zu beurteilen. Analog lassen sich diese Aussagen auch auf die linguistischen Terme *›durchschnittlich‹* und *›schlecht‹* übertragen. Aus den bereits oben erläuterten Gründen wurden auch hier die linguistischen Eingabevariablen in den Prämissen zur Bestimmung der Konklusion gleichgewichtet. Die so entwickelte Regelbasis für den Gesamturteils-Experten ist in Übersicht 3-38 dargestellt. Jeder Regel wurde ein initiales Regelgewicht von $\varkappa_l = 0{,}5$ zugeordnet.

Regel-Nr.	Prämisse			Konklusion	Regelgewicht $\varkappa_l$
	Vermögenslage (I<S)	**Finanzlage** (I<S)	**Ertragslage** (I<S)	**Bestandsfestigkeit** (I<S)	
49	gut	gut	gut	gut	0,5
50	gut	gut	durchschnittlich	gut	0,5
51	gut	gut	schlecht	gut	0,5
52	gut	durchschnittlich	gut	gut	0,5
53	gut	durchschnittlich	durchschnittlich	durchschnittlich	0,5
54	gut	durchschnittlich	schlecht	durchschnittlich	0,5
55	gut	schlecht	gut	gut	0,5
56	gut	schlecht	durchschnittlich	durchschnittlich	0,5
57	gut	schlecht	schlecht	schlecht	0,5
58	durchschnittlich	gut	gut	gut	0,5
59	durchschnittlich	gut	durchschnittlich	durchschnittlich	0,5
60	durchschnittlich	gut	schlecht	durchschnittlich	0,5
61	durchschnittlich	durchschnittlich	gut	durchschnittlich	0,5
62	durchschnittlich	durchschnittlich	durchschnittlich	durchschnittlich	0,5
63	durchschnittlich	durchschnittlich	schlecht	durchschnittlich	0,5
64	durchschnittlich	schlecht	gut	durchschnittlich	0,5
65	durchschnittlich	schlecht	durchschnittlich	durchschnittlich	0,5
66	durchschnittlich	schlecht	schlecht	schlecht	0,5

Übersicht 3-38: *Regelbasis des Gesamturteils-Experten zur Bildung des Urteils über die Bestandsfestigkeit (Teil 1 von 2)*

Regel-Nr.	Prämisse			Konklusion	Regel-gewicht $\varkappa_l$
	Vermögenslage (I<S)	Finanzlage (I<S)	Ertragslage (I<S)	Bestandsfestigkeit (I<S)	
67	schlecht	gut	gut	gut	0,5
68	schlecht	gut	durchschnittlich	durchschnittlich	0,5
69	schlecht	gut	schlecht	schlecht	0,5
70	schlecht	durchschnittlich	gut	durchschnittlich	0,5
71	schlecht	durchschnittlich	durchschnittlich	durchschnittlich	0,5
72	schlecht	durchschnittlich	schlecht	schlecht	0,5
73	schlecht	schlecht	gut	schlecht	0,5
74	schlecht	schlecht	durchschnittlich	schlecht	0,5
75	schlecht	schlecht	schlecht	schlecht	0,5

Übersicht 3-38: Regelbasis des Gesamturteils-Experten zur Bildung des Urteils über die Bestandsfestigkeit (Teil 2 von 2)

Die 75 formulierten Regeln stellen mit ihren zugeordneten Gewichten die Anfangsinitialisierung dar und werden bei der Optimierung des wissensbasierten Fuzzy-Regelsystems mit Hilfe des Neuro-Fuzzy-Systems bzgl. ihrer Regelgewichte $\varkappa_l$ adaptiert und bzgl. der Regelaussagen validiert.

355. Zusammenführen der Teil-Experten zu einem umfassenden wissensbasierten Fuzzy-Regelsystem

Für jeden der vier Teil-Experten der gewählten Topologie aus Übersicht 3-21 wurde in den vorangegangenen Abschnitten jeweils ein vollständiges wissensbasiertes Fuzzy-Regelsystem bestimmt. Dazu wurden jeweils die eingehenden Kennzahlen ausgewählt, die linguistischen Ein- und Ausgabevariablen spezifiziert, die Regeln formuliert und zu jeder Regel ein initiales Regelgewicht $\varkappa_l$ festgelegt. Die drei Teil-Experten der unteren Urteilsebene werden nun im letzten Schritt des Prozessmodells zur Modellierung eines wissensbasierten Fuzzy-Regelsystems (vgl. Übersicht 3-4) durch den Gesamturteils-Experten der oberen Urteilsebene zu einem umfassenden wissensbasierten Fuzzy-Regelsystem zusammengeführt. Damit ist das wissensbasierte Fuzzy-Regelsystem vollständig modelliert und bildet den für diese Untersuchung zu entwickelnden Neuro-Fuzzy-Lageindikator zur Beurteilung der Bestandsfestigkeit von Unternehmen ab.

Der Neuro-Fuzzy-Lageindikator ist im Folgenden mit dem ausgewählten Neuro-Fuzzy-System hinsichtlich der Klassifikationsleistung zu optimieren. Dabei werden

- die **Funktionsparameter c, s, und σ** für die linguistischen Eingabevariablen,
- die **Konklusionsgewichte w_i** der linguistischen Ausgabevariablen und
- die **Regelgewichte $\varkappa_i$**

auf Basis des empirischen Datenmaterials unter Berücksichtigung der definierten Nebenbedingungen adaptiert. Hierdurch werden einerseits die **subjektiven Einflüsse des Entwicklers empirisch getestet** und durch die Adaptierung objektiviert. Andererseits werden die **separat modellierten Teil-Experten aufeinander abgestimmt.**

36 Optimierung des wissensbasierten Fuzzy-Regelsystems mit dem Neuro-Fuzzy-System SENN

361. Transformation des wissensbasierten Fuzzy-Regelsystems in das verwendete Neuro-Fuzzy-System SENN

Nachdem das wissensbasierte Fuzzy-Regelsystem für die Entwicklung des Neuro-Fuzzy-Lageindikators vollständig modelliert und die jeweiligen Parameter spezifiziert wurden, ist dieses im vierten Schritt des Vorgehensmodells (vgl. Übersicht 3-39) hinsichtlich der Klassifikationsleistung zu optimieren.

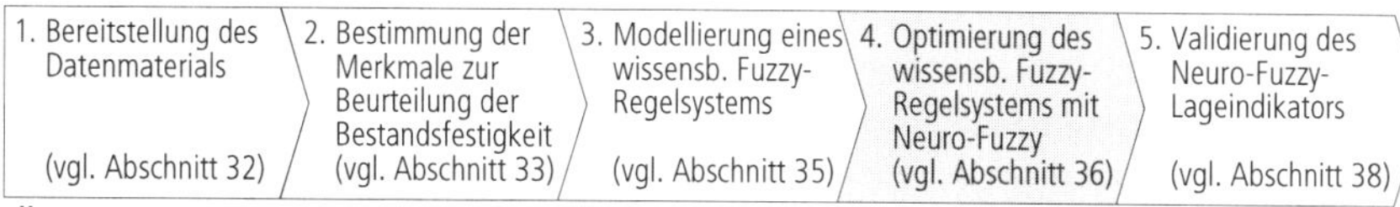

Übersicht 3-39: *Vorgehensmodell zur Entwicklung eines Neuro-Fuzzy-Lageindikators*

Das allgemeine Vorgehen zur Optimierung wurde mit dem Prozessmodell zum vierten Schritt des Vorgehensmodells (vgl. Übersicht 3-5) beschrieben. Danach ist das wissensbasierte Fuzzy-Regelsystem zunächst in die RBF-Architektur des verwendeten Neuro-Fuzzy-Systems SENN zu transformieren. Bevor das RBF-Netz optimiert wird, sind die jeweiligen Verfahrensparameter festzulegen. Ist das RBF-Netz austrainiert, sind also keine weiteren Verbesserungen hinsichtlich der Klassifikationsleistung aufgrund weiterer Trainingsdurchgänge zu erwarten, wird das RBF-Netz wieder in ein wissensbasiertes Fuzzy-Regelsystem retransformiert. Dieses stellt dann den optimierten Neuro-Fuzzy-Lageindikator zur Beurteilung der Bestandsfestigkeit von Unternehmen dar.

Die in dieser Untersuchung verwendete Neuro-Fuzzy-Architektur ist vollständig in der **Software SENN von der SIEMENS AG** implementiert.[113] Diese Software unterstützt den gesamten Prozess zur Optimierung des wissensbasierten Fuzzy-Regelsystems. So übernimmt SENN sowohl die Transformation des wissensbasierten Fuzzy-Regelsystems in das RBF-Netz und die entsprechende Retransformation als auch das

113 SENN Version 3.0A00.

Training des RBF-Netzes mit Hilfe des semantikerhaltenden Lernalgorithmus auf Basis des empirischen Datenmaterials. Wie ein wissensbasiertes Fuzzy-Regelsystem in die vorliegende Neuro-Fuzzy-Architektur transformiert werden kann, wurde algebraisch und an einem Beispiel in den Abschnitten 232.32 und 232.33 gezeigt.

Damit die Software SENN das modellierte wissensbasierte Fuzzy-Regelsystem aus Abschnitt 35 in ein RBF-Netz transformieren kann, ist dieses zunächst in eine in SENN definierte Skriptsprache zu überführen.[114] Mit dieser **Skriptsprache** lassen sich alle spezifizierten Bestandteile des modellierten wissensbasierten Fuzzy-Regelsystems, wie die Funktionstypen und die Funktionsparameter der linguistischen Ein- und Ausgabevariablen, die Regeln und deren Gewichte sowie die Nebenbedingungen und das Zielkriterium, in eine Datei schreiben, die sog. **Fuzzy-Datei**. Auf Basis dieser Fuzzy-Datei transformiert SENN das spezifizierte wissensbasierte Fuzzy-Regelsystem in die RBF-Architektur. Dabei wird jeder Teil-Experte durch ein separates RBF-Netz abgebildet, wie es im Abschnitt 232.32 definiert wurde. Die RBF-Netze für die drei Teil-Experten der Vermögens-, Finanz- und Ertragslage werden mit dem RBF-Netz des Gesamturteils-Experten zur Bildung des Urteils über die Bestandsfestigkeit verbunden. Dabei sind die Gewichte der Verbindungen identisch, sodass die drei Teil-Experten gleichgewichtet sind. Die Struktur des so entstandenen Neuro-Fuzzy-Systems ist in Übersicht 3-40 dargestellt und bildet die in Abschnitt 353. festgelegte Urteilshierarchie für das wissensbasierte Fuzzy-Regelsystem (vgl. Übersicht 3-21) identisch ab. Eine solche Netztopologie wird auch als **Expert-Council-Topologie**[115] bezeichnet.

Jedes der Sub-RBF-Netze der Expert-Council-Topologie ist für sich selbstständig und kann sowohl separat als auch im Ganzen mit den anderen Sub-RBF-Netzen trainiert werden. Wie für das Training des obenstehenden Neuro-Fuzzy-Systems konkret vorgegangen wurde, wird weiter unten im Abschnitt 363. beschrieben. Nachdem das System austrainiet ist, also keine Verbesserung hinsichtlich der Klassifikationsleistung mehr erreicht werden kann, wird mit SENN das Neuro-Fuzzy-System wieder in ein wissensbasiertes Fuzzy-Regelsystem retransformiert, indem SENN die adaptierten Parameter in die Fuzzy-Datei zurückschreibt. Das optimierte wissensbasierte Fuzzy-Regelsystem kann dann der Fuzzy-Datei entnommen und interpretiert werden.

114 Vgl. SIEMENS BUSINESS SERVICES (HRSG.), SENN Benutzerhandbuch, S. 142-145.

115 Vgl. ZIMMERMANN, H. G., Neuronale Netze als Entscheidungskalkül, S. 33-35.

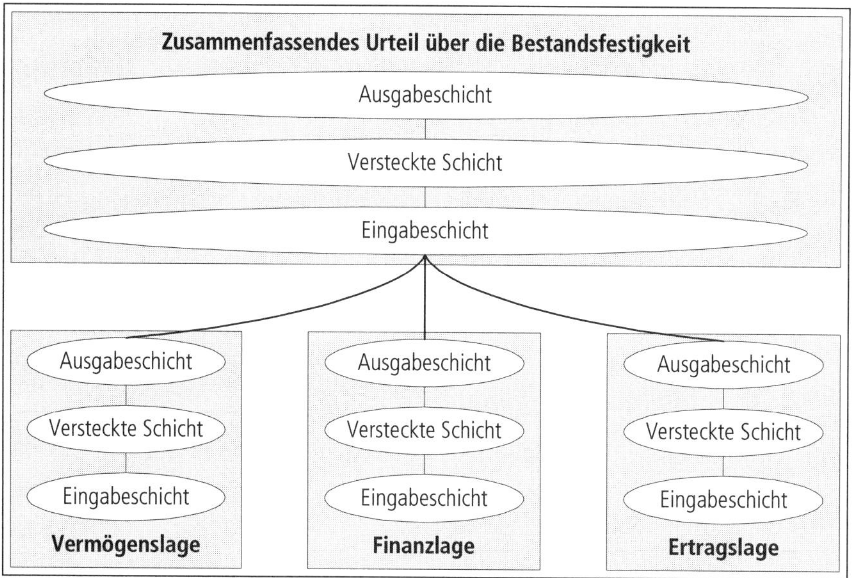

***Übersicht 3-40:** Struktur des Neuro-Fuzzy-Systems nach der Transformation des wissensbasierten Fuzzy-Regelsystems in RBF-Netze*

362. Bestimmung der Verfahrensparameter

Für das Training des Neuro-Fuzzy-Systems auf Basis des empirischen Datenmaterials stellt SENN verschiedene Varianten an Lernalgorithmen zur Verfügung, die auf dem Prinzip des Gradientenabstiegsverfahrens[116] beruhen und beim Training die definierten Nebenbedingungen einhalten.[117] Die verschiedenen Varianten wurden für das Training des Neuro-Fuzzy-Systems an der Lern- und Teststichprobe des ausgewählten Datenmaterials hinsichtlich der Fehlerfläche getestet und daraufhin untersucht, welcher Lernalgorithmus für die vorliegende Untersuchung am besten geeignet ist. Darüber hinaus sind für jeden Lernalgorithmus verschiedene Verfahrensparameter einzustellen. Die folgende Parametereinstellung in SENN hat sich sowohl bzgl. des Lernfortschritts als auch hinsichtlich der Verbesserung der Klassifikationsleistung im Ver-

116 Die prinzipielle Funktionsweise eines auf dem Gradientenabstiegsverfahren beruhenden Lernalgorithmus wurde in Abschnitt 231.2 dargestellt.

117 Für die in SENN implementierten Lernalgorithmen vgl. SIEMENS BUSINESS SERVICES (HRSG.), SENN Benutzerhandbuch, S. 47-70.

gleich zum Initialmodell des wissensbasierten Fuzzy-Regelsystems als geeignet herausgestellt:

(1) Lernalgorithmus: **Vario-Eta**[118]

(2) Fehlerfunktion: **Sum-of-Squares**

(3) Lernrate η: **zwischen 0,01 und 20**

Die Wahl der Lernrate η war entscheidend davon abhängig, welches Netzgewicht von welchem Sub-RBF-Netz des Neuro-Fuzzy-Systems zu trainieren war. So wurden unterschiedliche Einstellungen der Lernrate η hinsichtlich ihrer Auswirkung auf den Lernfortschritt und auf die Verbesserung der Klassifikationsleistung getestet. Für die Adaptierung der Netzgewichte, die die Lageparameter c der Zugehörigkeitsfunktionen repräsentieren, hat sich eine Lernrate η mit Werten im Intervall [0,05;2,5] als geeignet erwiesen. Für die Adaptierung der Gewichte, welche die Weite σ bzw. die Steigung s der Zugehörigkeitsfunktionen repräsentieren, hat sich für das RBF-Netz der oberen Urteilsebene eine Lernrate η mit Werten aus dem Intervall [5;20] und für die untere Urteilsebene eine Lernrate η mit Werten aus dem Intervall [0,01;0,1] als sinnvoll herausgestellt. Für die Adaptierung der Regelgewichte $\varkappa_l$ wurde die Lernrate η mit Werten aus dem Intervall [1;5] belegt. Darüber hinaus wurde die Lernrate η während des Lernvorgangs angepasst. So wurde i. d. R. zunächst mit einer hohen Lernrate begonnen, die während des Lernvorgangs sukzessive verringert wurde. Hierdurch werden anfänglich große Lernfortschritte erzielt. Stagniert der Lernfortschritt, so ist davon auszugehen, dass der Lernalgorithmus ein globales Minimum gefunden hat. Durch eine Verringerung der Lernrate kann dann das Tal des Minimums genauer gesucht werden.

363. Optimierung des Neuro-Fuzzy-Systems

Nachdem das wissensbasierte Fuzzy-Regelsystem in ein RBF-Netz transformiert (vgl. Übersicht 3-40) und der Lernalgorithmus sowie die Verfahrensparameter in SENN festgelegt wurden, sind alle notwendigen Vorarbeiten ausgeführt, sodass die Optimierung des Neuro-Fuzzy-Systems durchgeführt werden kann. Ziel ist es, die Systemparameter (c, s, σ, $\varkappa$, w) mit Hilfe des Lernalgorithmus auf Basis der Lern- und Teststichprobe so zu adaptieren, dass die Fehlerfläche des Neuro-Fuzzy-Systems minimiert und somit die Klassifikationsleistung optimiert wird.

Um ein Überlernen des Neuro-Fuzzy-Systems zu vermeiden, wird mit der **Stopp-Training-Methode** der Zeitpunkt für den Abbruch des Lernvorgangs bestimmt.[119]

118 Zur Darstellung des VarioEta-Verfahrens vgl. SIEMENS BUSINESS SERVICES (HRSG.), SENN Benutzerhandbuch, S. 52 f.

119 Vgl. ZIMMERMANN, H. G., Neuronale Netze als Entscheidungskalkül, S. 60 f.

Nach dieser Methode wird der Lernvorgang nach einer bestimmten Anzahl von Epochen gestoppt und die Fehlerfläche sowohl für die Lern- als auch für die Teststichprobe berechnet. Ist die Fehlerfläche im Vergleich zum letzten Trainingsstopp sowohl für die Lern- als auch für die Teststichprobe gesunken, wird angenommen, dass das Neuro-Fuzzy-System noch nicht austrainiert ist und der Lernvorgang wird fortgesetzt. Wird für die Teststichprobe eine steigende Fehlerfläche gemessen, während sich die Fehlerfläche gemessen an der Lernstichprobe verringert, beginnt das System die Fälle der Lernstichprobe auswendig zu lernen. Sollte nach zwei weiteren Trainingsstopps die Fehlerfläche gemessen an der Teststichprobe nicht wieder sinken, gilt in diesem Fall das Neuro-Fuzzy-System als austrainiert und der Lernvorgang wird abgebrochen. Steigt sowohl die Fehlerfläche gemessen an der Lernstichprobe als auch gemessen an der Teststichprobe, kann dies darauf hindeuten, dass gerade ein lokales Maximum im Ergebnisraum überwunden wird, sodass der Lernvorgang um zwei weitere Trainingsstopps fortgeführt wird. Sind beide Fehlerflächen danach weiter gestiegen, ist auch in diesem Fall davon auszugehen, dass das Neuro-Fuzzy-System austrainiert ist und der Lernvorgang wird abgebrochen. Die Anzahl der Epochen, die zwischen zwei Trainingsstopps liegen, darf einerseits nicht zu klein sein, da sonst der Lernalgorithmus zu wenig Zeit hat, die Systemparameter anzupassen, und andererseits darf die Anzahl nicht zu hoch sein, da sonst ein Überlernen zu spät festgestellt werden könnte.[120] In der Untersuchung haben sich Trainingsstopps nach 15 bis 20 Epochen bewährt.

Da das Neuro-Fuzzy-System in Übersicht 3-40 aus mehreren Sub-RBF-Netzen besteht, ist es für ein effizientes Training nicht sinnvoll, alle Sub-RBF-Netze mit allen Systemparametern gleichzeitig zu trainieren. Dies ist darauf zurückzuführen, dass die Lernrate η für die Sub-RBF-Netze der oberen bzw. unteren Urteilsebene und für die verschiedenen Systemparameter unterschiedlich einzustellen ist (vgl. Abschnitt 362.). Daher wird das Training des Neuro-Fuzzy-Systems in die folgenden Teilschritte zerlegt:

(1) Jedes der Sub-RBF-Netze der unteren Urteilsebene des Neuro-Fuzzy-Systems wird einzeln trainiert. Dabei wird für jeden Systemparameter jeweils ein eigener Trainingsvorgang durchgeführt. So wird zuerst der Systemparameter c für die Lage der Zugehörigkeitsfunktionen, dann der Systemparameter σ bzw. s für die Weite bzw. Steigung der Zugehörigkeitsfunktionen und abschließend der Systemparameter $\varkappa$ für die Regelgewichte der Wenn-Dann-Regeln adaptiert. Der Systemparameter w für die Konklusionsgewichte ist nicht zu adaptieren, da dieser Parameter in den Nebenbedingungen auf konstante Werte gesetzt wurde.

(2) Nachdem die Sub-RBF-Netze der unteren Urteilsebene austrainiert sind, wird das Sub-RBF-Netz der oberen Urteilsebene trainiert. Auch hier werden die Systempa-

120 Vgl. NEUNEIER, R./ZIMMERMANN, H. G., How to Train Neural Networks, S. 410-412.

rameter wie in Schritt (1) einzeln trainiert. Allerdings fällt aufgrund der gewählten Funktionstypen für die linguistischen Eingabevariablen das Training des Lageparameters c weg.

(3) In diesem Schritt werden die Sub-RBF-Netze der unteren Urteilsebene an das Sub-RBF-Netz der oberen Urteilsebene angepasst. Dazu werden die jeweiligen Systemparameter zwar einzeln, aber über alle Sub-RBF-Netze der unteren Urteilsebene gleichzeitig trainiert. Hierdurch werden auch die Sub-RBF-Netze der unteren Urteilsebene aufeinander abgestimmt.

(4) Im vierten und letzen Schritt wird das Sub-RBF-Netz der oberen Urteilsebene noch einmal nachtrainiert. Das Vorgehen ist identisch mit dem Vorgehen in Schritt (2).

Dieses Vorgehen ist zwar wesentlich aufwendiger als ein gleichzeitiges Training aller Sub-RBF-Netze mit allen Systemparametern, allerdings konnten in der vorliegenden Untersuchung mit dem beschriebenen Vorgehen wesentlich niedrigere Fehlerflächen erzielt werden.

Mit der Adaptierung der Regelgewichte $\varkappa_l$ realisiert SENN auch gleichzeitig ein **Regelpruning**. Regeln, deren Gewicht durch den Lernalgorithmus auf den Wert $\varkappa = 0$ gesetzt wird, stehen für die Urteilsbildung nicht mehr zur Verfügung und sind damit aus der Regelbasis entfernt worden.

Jede Regel, die nicht aus der jeweiligen Regelbasis entfernt worden ist, wird von SENN zusätzlich hinsichtlich ihrer Aktivität bewertet. Sei $ra_{lp} = \mu_l(\bar{x}(p))$ die **Regelaktivierung** (Erfüllungsgrad) der Regel *l* für den Datensatz *p*, dann wird

(3-2) $$rs_l = \frac{1}{P}\sum_{p=1}^{P} ra_{lp}$$

als die mittlere **Response-Rate** der Regel *l* über alle Datensätze *p* bezeichnet.[121] Die Response-Rate gibt an, wie häufig eine Regel *l* zutrifft bzw. aktiviert ist. Je häufiger eine Regel zutrifft, desto höher ist ihre Response-Rate rs_l. So bedeutet die Response-Rate $rs_l = 1{,}0$, dass die Regel *l* bei jedem Datensatz voll zutrifft. Eine Response-Rate von $rs_l = 0{,}3$ bedeutet, dass die Regel entweder bei 30 % der Datensätze voll zutrifft oder aber bei allen Datensätzen zu 30 % erfüllt ist.[122] Dies lässt sich jedoch anhand der Response-Rate nicht unterscheiden. Daher ist für die Analyse der Regeln die Response-Rate immer in Verbindung mit dem Regelgewicht $\varkappa_l$ zu betrachten. Anhand dieser beiden Werte lassen sich die Regeln einer Regelbasis wie folgt analysieren:[123]

121 Vgl. SIEKMANN, S., Fusion von Expertenwissen und Daten mit Neuro-Fuzzy-Methoden, S. 81 f.; SIEMENS BUSINESS SERVICES (HRSG.), SENN Benutzerhandbuch, S. 14 f.

122 Vgl. SIEKMANN, S., Fusion von Expertenwissen und Daten mit Neuro-Fuzzy-Methoden, S. 93.

123 Vgl. SIEKMANN, S., Fusion von Expertenwissen und Daten mit Neuro-Fuzzy-Methoden, S. 93.

- Weist eine Regel l ein *niedriges* Regelgewicht $\varkappa_l$ und eine *niedrige* Response-Rate rs_l auf, so spielt sie bei der Urteilsbildung eine untergeordnete Rolle.
- Eine Regel l mit einem *hohen* Regelgewicht $\varkappa_l$ und einer *niedrigen* Response-Rate rs_l ist eine Regel, die für die Urteilsbildung wichtig ist, aber nur selten zutrifft. Solche Regeln decken bspw. Spezialfälle ab, die nur für bestimmte Sachverhalte zutreffen.
- Besitzt eine Regel l ein *niedriges* Regelgewicht $\varkappa_l$ und eine *hohe* Response-Rate rs_l, bedeutet das, dass diese Regel keinen großen Einfluss auf die Urteilsbildung hat, aber häufig gültig ist. Dies sind einfache Regeln, die für viele Sachverhalte zutreffen.
- Eine Regel l mit einem *hohen* Regelgewicht $\varkappa_l$ und einer *hohen* Response-Rate rs_l ist eine Regel, die für die Urteilsbildung nicht nur wichtig ist, sondern auch für viele Sachverhalte zutrifft. Eine solche Regel ist für die Urteilsbildung von großer Bedeutung.

Nachdem die Optimierung des Neuro-Fuzzy-Systems abgeschlossen ist, retransformiert SENN das Neuro-Fuzzy-System wieder in ein wissensbasiertes Fuzzy-Regelsystem und schreibt die adaptierten Systemparameter (c, σ, s, $\varkappa$) sowie die Response-Rate rs_l für jede Regel l in die Fuzzy-Datei. Diese Datei enthält das entwickelte und optimierte wissensbasierte Fuzzy-Regelsystem und stellt den optimierten Neuro-Fuzzy-Lageindikator zur Beurteilung der Bestandsfestigkeit von Unternehmen dar.

Wie bereits in Abschnitt 351. erläutert wurde, sind aufgrund der zahlreichen Entscheidungen, die für die Entwicklung eines Neuro-Fuzzy-Lageindikators zu treffen sind, eine Vielzahl von unterschiedlichen Neuro-Fuzzy-Lageindikatoren entwickelt worden. Das im Abschnitt 35 dargestellte wissensbasierte Fuzzy-Regelsystem hat nach der Optimierung mit dem Neuro-Fuzzy-System hinsichtlich der Klassifikationsleistung die besten Ergebnisse gezeitigt und stellt damit den besten in dieser Untersuchung entwickelten Neuro-Fuzzy-Lageindikator dar. Im folgenden Abschnitt 37 wird zunächst die erreichte Klassifikationsleistung des besten Neuro-Fuzzy-Lageindikators an der Teststichprobe dargestellt. Anschließend werden die optimierten Bestandteile – die linguistischen Eingabevariablen und die Regelbasen der jeweiligen Teil-Experten – analysiert. Danach wird in Abschnitt 38 der entwickelte Neuro-Fuzzy-Lageindikator validiert, also hinsichtlich seiner Qualität in Bezug auf die Zuverlässigkeit, das Früherkennungspotenzial, die Trennschärfe, die Robustheit und die Plausibilität beurteilt.

37 Darstellung und Analyse des entwickelten Neuro-Fuzzy-Lageindikators

371. Vorbemerkungen

Der beste entwickelte Neuro-Fuzzy-Lageindikator besteht aus einer **zweistufigen Urteilshierarchie** (vgl. Übersicht 3-21) mit drei Teil-Experten auf der unteren Urteilsebene und einem Gesamturteils-Experten auf der oberen Urteilsebene. In die drei Teil-Experten der unteren Urteilsebene gehen jeweils vier Kennzahlen, also insgesamt **zwölf Kennzahlen**, ein. Jeder dieser drei Teil-Experten besitzt eine Ausgabe, welche das Urteil über die jeweilige Teillage zur Vermögens-, Finanz- und Ertragslage darstellt. Diese drei Teilurteile bilden die Eingaben für den Gesamturteils-Experten, der mit seiner Ausgabe das zusammenfassende Urteil über die Bestandsfestigkeit eines Unternehmens fällt. Der Neuro-Fuzzy-Lageindikator besitzt damit insgesamt **vier Urteile**. Darüber hinaus weisen die Regelbasen der drei Teil-Experten der unteren Urteilsebene jeweils 16 Regeln und die Regelbasis des Gesamturteils-Experten der oberen Urteilsebene 27 Regeln auf. Insgesamt werden also **75 Regeln** zur Bildung der vier Urteile verwendet. Aufgrund dieser Strukturmerkmale wird der beste Neuro-Fuzzy-Lageindikator mit dem Signum »**NF 2-12-4-75**« (Neuro-Fuzzy-Lageindikator mit 2 Urteilsebenen, 12 Kennzahlen, 4 Ausgaben (Urteile), 75 Regeln) bezeichnet.

Im Folgenden wird die erreichte Klassifikationsleistung für den entwickelten Neuro-Fuzzy-Lageindikator NF 2-12-4-75 gemessen an der Teststichprobe auf Basis des Fehlerflächen-Kalküls angegeben. Darüber hinaus werden die optimierten Bestandteile, wie die linguistischen Variablen und die vier Regelbasen, dargestellt und analysiert. Eine umfassende Beurteilung der Qualität des entwickelten Neuro-Fuzzy-Lageindikators erfolgt in Abschnitt 38.

372. Klassifikationsleistung des entwickelten Neuro-Fuzzy-Lageindikators an der Teststichprobe

Für jeden der vier Teil-Experten des entwickelten Neuro-Fuzzy-Lageindikators NF 2-12-4-75 lässt sich die Fehlerfläche anhand der NF-Werte der jeweiligen Ausgabe bestimmen. Während die Fehlerfläche für den Gesamturteils-Experten zur Bildung des Urteils über die Bestandsfestigkeit eines Unternehmens die Klassifikationsleistung des gesamten Neuro-Fuzzy-Lageindikators angibt, wird mit den Fehlerflächen für die drei Teil-Experten der unteren Urteilsebene die Klassifikationsleistung des Neuro-Fuzzy-Lageindikators hinsichtlich der Bildung der Teilurteile über die Vermögens-, Finanz- und Ertragslage gemessen.

Die an der Teststichprobe gemessene Fehlerfläche für den Gesamturteils-Experten ist in Übersicht 3-41 dargestellt. Die αβ-Fehlerkurve wird im mittleren Kasten grafisch abgebildet und die zugehörige Fehlerfläche ist in Prozent im unteren Kasten angegeben. Für NF 2-12-4-75 wird an der **Teststichprobe eine Fehlerfläche von 11,71 %** erzielt.

Neuro-Fuzzy-Lageindikator:	**NF 2-12-4-75**
Teil-Experte:	**Bestandsfestigkeit**
Fehlerfläche gemessen an:	**Teststichprobe**

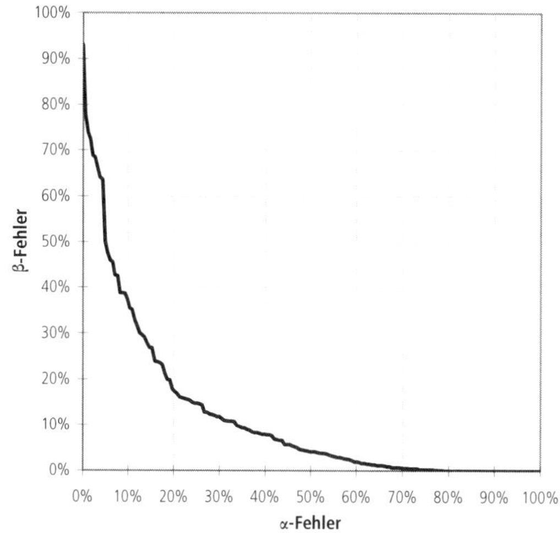

Fehlerfläche: 11,71 %

Übersicht 3-41: *An der Teststichprobe gemessene Fehlerfläche von NF 2-12-4-75 für den Gesamturteils-Experten zur Beurteilung der Bestandsfestigkeit*

Die für die drei Teil-Experten der unteren Urteilsebene an der Teststichprobe ermittelten αβ-Fehlerkurven und die zugehörigen Fehlerflächen sind in der folgenden Übersicht 3-42 dargestellt. Für den Teil-Experten zur Beurteilung der **Finanzlage** wurde die beste Fehlerfläche mit **11,01** % erreicht. Die Teil-Experten zur Beurteilung der **Vermögenslage** und der **Ertragslage** weisen jeweils eine Fehlerfläche an der Teststichprobe von **17,93** % und **20,17** % auf.

Neuro-Fuzzy-Lageindikator:	**NF 2-12-4-75**
Teil-Experten:	**Vermögenslage** **Finanzlage** **Ertragslage**
Fehlerfläche gemessen an:	**Teststichprobe**

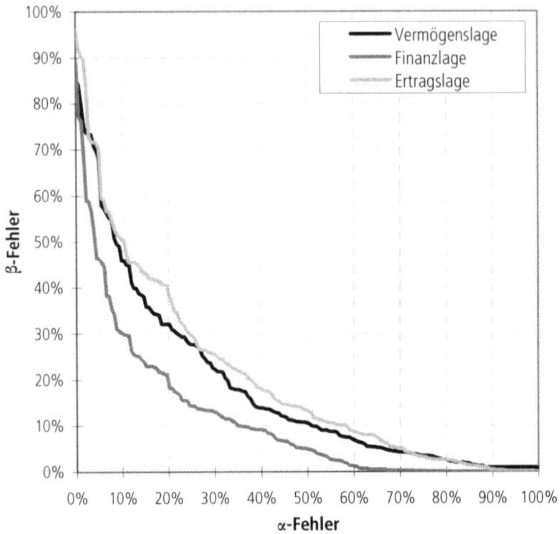

Fehlerflächen

Vermögenslage:	**17,93 %**
Finanzlage:	**11,01 %**
Ertragslage	**20,17 %**

Übersicht 3-42: *An der Teststichprobe gemessene Fehlerfläche von NF 2-12-4-75 für die drei Teil-Experten der unteren Urteilsebene zur Beurteilung der Vermögens-, Finanz-, und Ertragslage*

Bei der Betrachtung der Fehlerflächen lässt sich folgendes feststellen:

(1) Die Fehlerfläche des Teil-Experten zur Beurteilung der Finanzlage ist nicht nur kleiner als die Fehlerflächen der anderen beiden Teil-Experten der unteren Urteilsebene, sondern auch kleiner als die Fehlerfläche des Gesamturteils-Experten zur Beurteilung der Bestandsfestigkeit.

(2) Die Teil-Experten zur Beurteilung der Vermögens- und Ertragslage weisen wesentlich höhere Fehlerflächen auf als der Teil-Experte zur Beurteilung der Finanzlage.

Aufgrund der erstgenannten Tatsache wäre zu vermuten, dass der Teil-Experte zur Finanzlage allein für die Bildung des Gesamturteils über die Bestandsfestigkeit ausreichen würde, da sowohl die anderen beiden Teil-Experten der unteren Urteilsebene als auch der Gesamturteils-Experte der oberen Urteilsebene schlechtere Klassifikationsleistungen für die Teststichprobe aufweisen. Diese Vermutung wäre allerdings verfrüht, da die Zuverlässigkeit des Neuro-Fuzzy-Lageindikators noch nicht an der unabhängigen Validierungsstichprobe, die nicht für die Entwicklung des Neuro-Fuzzy-Lageindikators verwendet worden ist, getestet wurde. An dieser Stelle sei bereits darauf hingewiesen, dass sich die Vermutung der hinreichenden Urteilsbildung mit dem Teil-Experten zur Finanzlage nicht bestätigt, da bei der Beurteilung der Zuverlässigkeit des entwickelten Neuro-Fuzzy-Lageindikators an der Validierungsstichprobe in Abschnitt 38 die beste Klassifikationsleistung für den Gesamturteils-Experten der oberen Urteilsebene zur Beurteilung der Bestandsfestigkeit gemessen wurde.

Die Gründe dafür, dass die Teil-Experten zur Vermögens- und Ertragslage wesentlich höhere Fehlerflächen aufweisen als der Teil-Experte zur Finanzlage, können sehr vielschichtig sein. Daher werden im Folgenden zunächst die Bestandteile des entwickelten Neuro-Fuzzy-Lageindikators untersucht. Die möglichen Gründe werden dann bei der Beurteilung der Qualität des entwickelten Neuro-Fuzzy-Lageindikators in Abschnitt 38 diskutiert.

373. Analyse der optimierten linguistischen Eingabevariablen des entwickelten Neuro-Fuzzy-Lageindikators

In diesem Abschnitt wird untersucht, wie die Funktionsparameter der Zugehörigkeitsfunktionen der linguistischen Eingabevariablen der vier Teil-Experten durch den Lernalgorithmus des Neuro-Fuzzy-Systems adaptiert wurden. Dabei werden die bei der Modellierung des wissensbasierten Fuzzy-Regelsystems in Abschnitt 354.2 anfangsinitialisierten Zugehörigkeitsfunktionen den jeweils optimierten Zugehörigkeitsfunktionen für jede linguistische Eingabevariable grafisch gegenübergestellt. Zunächst werden die linguistischen Eingabevariablen der drei Teil-Experten der unteren Urteilsebene zur Beurteilung der Vermögens-, Finanz- und Ertragslage analysiert. Anschließend werden die Eingabevariablen des Gesamturteils-Experten der oberen Urteilsebene zur Beurteilung der Bestandsfestigkeit untersucht.

Übersicht 3-43 stellt die linguistischen Eingabevariablen für die vier Kennzahlen des Teil-Experten zur Beurteilung der Ertragslage dar. Die anfangsinitialisierten Zugehörigkeitsfunktionen sind mit einer grauen, gestrichelten Linie, die durch das Neuro-Fuzzy-System optimierten Zugehörigkeitsfunktionen sind mit einer schwarzen, durchgezogenen Linie gekennzeichnet. Zur Übersichtlichkeit wird auf die Beschriftungen der Zugehörigkeitsfunktionen mit den linguistischen Termen ›*niedrig*‹ und ›*hoch*‹ verzichtet, da aufgrund der Nebenbedingungen ohnehin eindeutig festgelegt ist, dass ein linguistischer Term *›niedrig‹* durch eine fallende logistische Zugehörigkeitsfunktion (Log-Z-Typ) und ein linguistischer Term *›hoch‹* durch eine steigende logistische Zugehörigkeitsfunktion (Log-S-Typ) abgebildet werden. Da die Kennzahlenausprägungen aufgrund der vorgenommenen Skalierung auf den Mittelwert $\mu = 0$ und auf die Standardabweichung $\sigma = 10$ transformiert worden sind, weisen die linguistischen Eingabevariablen für die vier Kennzahlen fast identische Wertebereiche auf.[124]

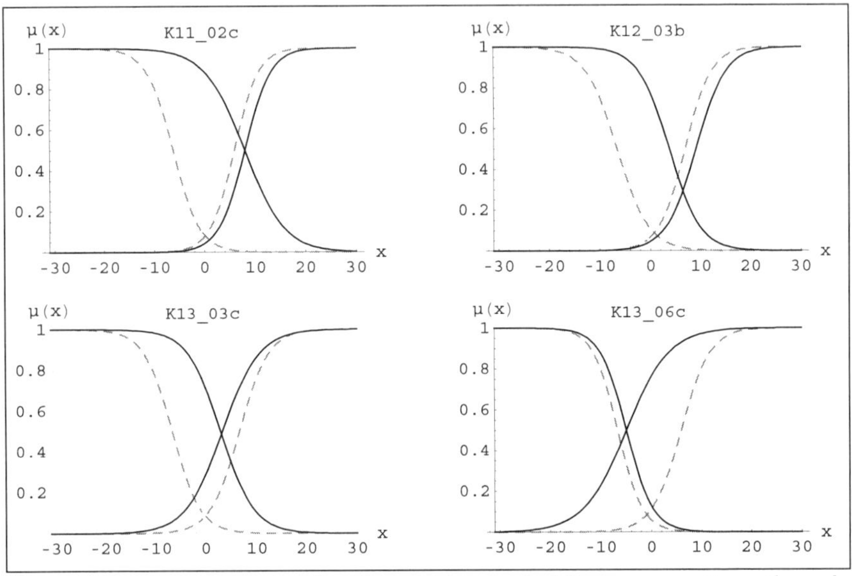

Übersicht 3-43: *Linguistische Eingabevariablen des Teil-Experten zur Beurteilung der Ertragslage vor und nach der Optimierung*

Die Zugehörigkeitsfunktionen der linguistischen Eingabevariablen des Teil-Experten zur Ertragslage wurden durch das Neuro-Fuzzy-System überwiegend hinsichtlich des Lageparameters c adaptiert. Die Steigung der Funktionen wurde kaum verändert. Dies ist daran zu erkennen, dass die optimierten Funktionen weitgehend parallel zu den anfangsinitialisierten Funktionen verlaufen. Durch die Verschiebung der Lage einer Zugehörigkeitsfunktion wird der Wertebereich korrigiert, in dem eine Kennzahlenausprägung vom System als *hoch* bzw. *niedrig* beurteilt wird. So bedeutet bspw. eine Verschiebung der Zugehörigkeitsfunktion für den linguistischen Term *›hoch‹* nach rechts, dass die entsprechende Kennzahl im Vergleich zur Anfangsinitialisierung der Zugehörigkeitsfunktion eine höhere Ausprägung aufweisen muss, um mit dem

124 Zur Skalierung der Kennzahlenausprägungen vgl. Abschnitt 335.

gleichen Zugehörigkeitsgrad für den linguistischen Term *›hoch‹* beurteilt zu werden. Durch die Steigung der Zugehörigkeitsfunktionen wird der Wertebereich festgelegt, in dem eine Kennzahlenausprägung von der Zugehörigkeitsfunktion erfasst wird. Darüber hinaus ist in Übersicht 3-43 zu erkennen, dass die Lageparameter c so adaptiert wurden, dass die Funktionen eine stärkere Überlappung aufweisen. Dies ist darauf zurückzuführen, dass die Kennzahlenausprägungen ähnlich einer Normalverteilung um den Mittelwert verteilt sind.

In Übersicht 3-44 sind die linguistischen Eingabevariablen für die Kennzahlen des Teil-Experten zur Beurteilung der Finanzlage dargestellt.

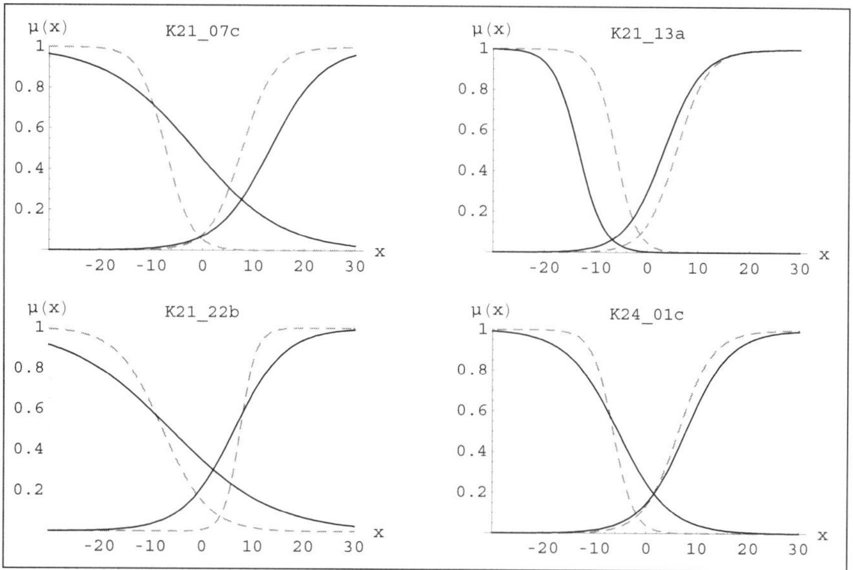

Übersicht 3-44: *Linguistische Eingabevariablen des Teil-Experten zur Beurteilung der Finanzlage vor und nach der Optimierung*

Im Vergleich zu den Anfangsinitialisierungen wurden sowohl die Lageparameter c als auch die Steigungsparameter s der Zugehörigkeitsfunktionen deutlich adaptiert. Dabei sind nicht so starke Überlappungen der Funktionen zu beobachten wie bei den Zugehörigkeitsfunktionen aus Übersicht 3-43. Dies ist vor allem für die Kennzahlen K21_13a und K24_01c zu beobachten. Eine mögliche Begründung könnte darin liegen, dass die Kennzahlen ein sehr gutes diskriminatorisches Potenzial besitzen und der Lernalgorithmus des Neuro-Fuzzy-Systems daher eine deutliche Trennung der Kennzahlenausprägungen in die Bereiche *›niedrig‹* und *›hoch‹* vorgenommen hat. Die Steigung der Zugehörigkeitsfunktionen wurde vor allem für die Kennzahlen

K21_07c und K21_22b im Vergleich zur Anfangsinitialisierung flacher. Dies ist auf die sehr große Spannweite der beiden Kennzahlverteilungen zurückzuführen.

In der folgenden Übersicht 3-45 sind die linguistischen Eingabevariablen zu den Kennzahlen des Experten zur Beurteilung der Vermögenslage dargestellt.

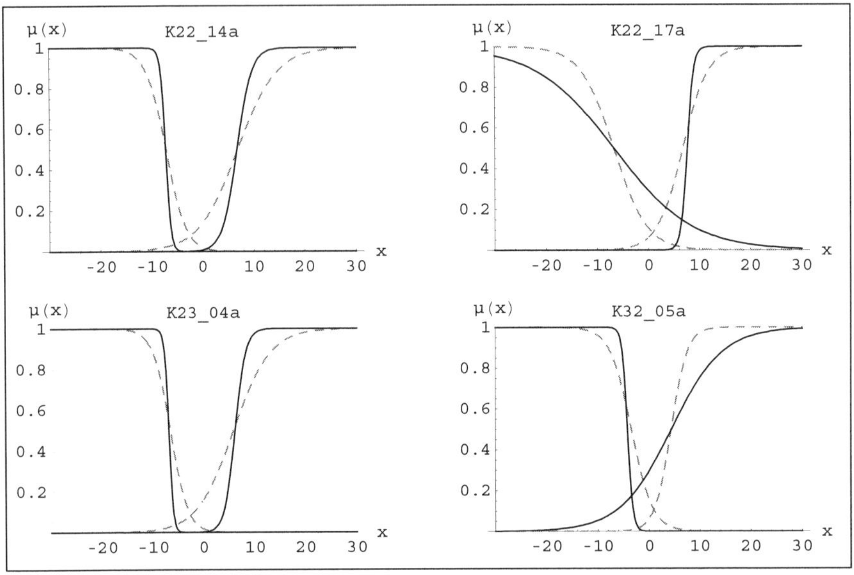

Übersicht 3-45: *Linguistische Eingabevariablen des Teil-Experten zur Beurteilung der Vermögenslage vor und nach der Optimierung*

Während die Lageparameter c der Zugehörigkeitsfunktionen für die Kennzahlen K22_14a und K23_04a kaum adaptiert wurden, sind deren Steigungsparameter s stark erhöht worden. Hierdurch sind sehr steile Zugehörigkeitsfunktionen entstanden, die keinen Schnittpunkt für einen Zugehörigkeitsgrad von $\mu > 0$ besitzen und dadurch den Wertebereich der Kennzahlenausprägungen in drei fast trennscharfe Bereiche zerlegen. Die steile Zugehörigkeitsfunktion für den linguistischen Term *›niedrig‹* ist dadurch zu erklären, dass beide Kennzahlen aufgrund ihrer Definition eine untere Grenze beim Wert 0 besitzen (diese Grenze ist in den Diagrammen in Übersicht 3-45 aufgrund der Skalierung entsprechend vom Nullpunkt nach links verschoben). Aufgrund der Tatsache, dass auch die Zugehörigkeitsfunktionen für die linguistischen Terme *›hoch‹* sehr steil verlaufen und dadurch ein mittlerer Bereich entsteht, der von den beiden Zugehörigkeitsfunktionen nicht erfasst wird, ist zu vermuten, dass beide linguistischen Variablen mit einem weiteren linguistischen Term *›mittel‹* auszustatten sind, der durch eine gaußförmige Zugehörigkeitsfunktion abgebildet und somit die mittleren Kennzahlenausprägungen beurteilen würde. Dies hat sich allerdings in der empirischen Untersuchung nicht bestätigt. Vielmehr wurden auf Basis der Validierungsstichprobe schlechtere Klassifikationsleistungen gemessen, die mit einem Überlernen aufgrund der hinzugekommenen Freiheitsgrade der linguistischen Variablen zu begründen ist. Die Zugehörigkeitsfunktionen der linguistischen Variablen für die Kennzahlen K22_17a und K32_05a wurden sowohl hinsichtlich der Lage als auch der Steigung adaptiert. Dabei fällt auch hier auf, dass jeweils eine Zugehörigkeitsfunktion der linguistischen Variablen sehr steil verläuft. Allerdings verläuft die jeweils andere Zugehörigkeitsfunktion wesentlich flacher, sodass hier der gesamte Wertebereich der entsprechenden Kennzahl durch die Zugehörigkeitsfunktionen beurteilt wird.

Allgemein bestätigt der Vergleich der linguistischen Eingabevariablen für die Teil-Experten der unteren Urteilsebene vor und nach der Optimierung die in Abschnitt 354. getroffenen Entscheidungen hinsichtlich der Funktionstypen und der Nebenbedingungen. Konkret lassen sich folgende Ergebnisse festhalten:

- Die Entscheidung für die Funktionstypen Log-Z und Log-S mit zwei Parametern für die Lage c und die Steigung s hat sich gegenüber den Funktionstypen Normlog-Z und Normlog-S mit nur einem Parameter für die Steigung s als vorteilhaft erwiesen, da bei der Optimierung für fast jede linguistische Eingabevariable sowohl eine Adaptierung der Lage c als auch eine Adaptierung der Steigung s festgestellt werden konnte. Zudem wurden die Funktionstypen Normlog-Z und Normlog-S explizit in einem der zahlreichen Versuchsaufbauten getestet, es konnte jedoch keine Verbesserung hinsichtlich der Klassifikationsleistung festgestellt werden. Die Vermutung, dass Funktionstypen mit zwei Parametern aufgrund der unterschiedlichen Kennzahlverteilungen notwendig sind, hat sich damit bestätigt.
- Darüber hinaus zeigt der Vergleich, dass die Nebenbedingungen für die Optimierung sinnvoll festgelegt wurden. So weist einerseits keine der zwölf linguistischen Eingabevariablen Hypothesenverstöße auf. Andererseits war für die Optimierung der Zugehörigkeitsfunktionen genügend Spielraum durch die Nebenbedingungen gegeben, was sich durch die verbesserten Klassifikationsleistungen der optimierten Teil-Experten im Vergleich zur jeweiligen Anfangsinitialisierung bestätigt hat.

Die Zugehörigkeitsfunktionen der drei linguistischen Eingabevariablen des Gesamturteils-Experten der oberen Urteilsebene zur Beurteilung der Bestandsfestigkeit werden für jedes Teilurteil jeweils vor und nach der Optimierung in Übersicht 3-46 dargestellt. Dabei sind auf der linken Seite die anfangsinitialisierten linguistischen Eingabevariablen (graue, gestrichelte Linie) und auf der rechten Seite die optimierten linguistischen Eingabevariablen (schwarze, durchgezogene Linie) abgebildet. Auch hier wird auf die Beschriftung der Zugehörigkeitsfunktionen mit den drei linguistischen Termen ›*schlecht*‹, ›*durchschnittlich*‹ und ›*gut*‹ verzichtet. Aufgrund der Nebenbedingungen und der gewählten Funktionstypen ist festgelegt, dass der linguistische Term ›*schlecht*‹ durch eine monoton fallende logistische Funktion, der linguistische Term ›*durchschnittlich*‹ durch eine lokale gaußförmige Funktion und der linguistische Term ›*gut*‹ durch eine monoton steigende logistische Funktion abgebildet werden. Als Funktionstypen wurden für die Zugehörigkeitsfunktionen ›Normlog‹ und ›Zero‹ verwendet, sodass die Zugehörigkeitsfunktionen vom Lernalgorithmus des Neuro-Fuzzy-Systems nur hinsichtlich ihrer Steigung s bzw. Weite σ adaptiert werden konnten. Darüber hinaus gilt für alle linguistischen Eingabevariablen der gleiche Wertebereich, da die Ausgaben der Teil-Experten der unteren Urteilsebene, die die Eingaben für den Gesamturteils-Experten der oberen Urteilsebene bilden, auf das Intervall [-1,1] normiert sind.

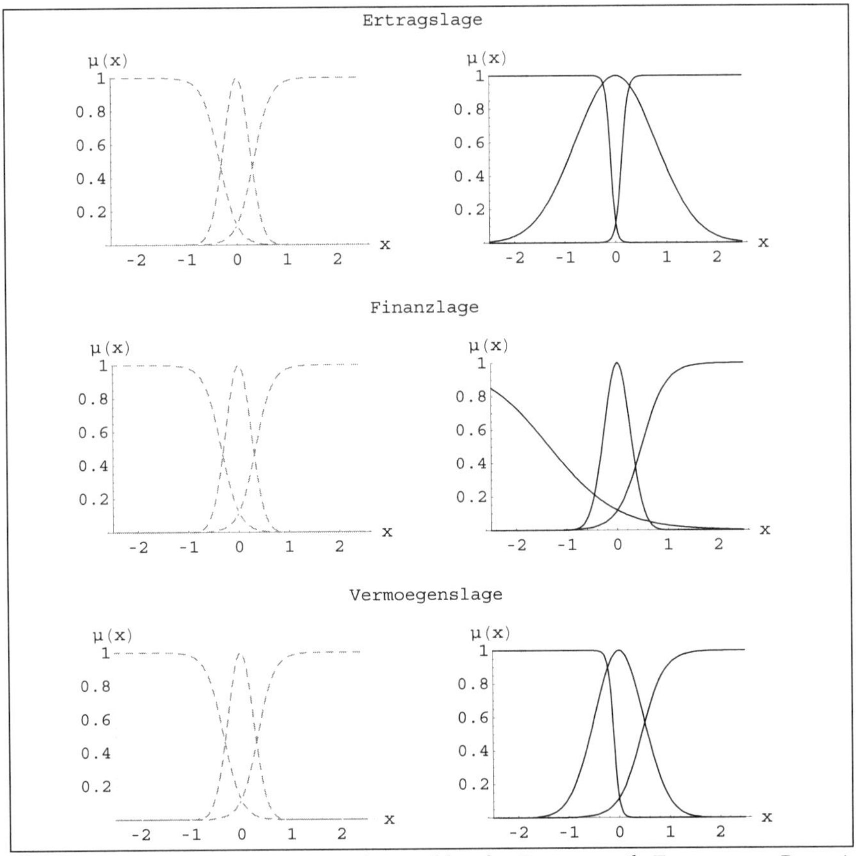

Übersicht 3-46: *Linguistische Eingabevariablen des Gesamturteils-Experten zur Beurteilung der Bestandsfestigkeit vor und nach der Optimierung*

Die linguistische Eingabevariable zur Fuzzyfizierung des Urteils über die Finanzlage wurde vom Neuro-Fuzzy-System optimal adaptiert. Die Zugehörigkeitsfunktionen weisen einerseits eine ausreichende Überlappung auf und andererseits ist jede der drei Zugehörigkeitsfunktionen in dem Abschnitt des Wertebereichs, den sie hinsichtlich der Urteilsausprägung als *›schlecht‹*, *›durchschnittlich‹* und *›gut‹* beurteilen soll, dominant. Anders ist dies bei den linguistischen Eingabevariablen zur Fuzzyfizierung der Urteile über die Vermögens- und Ertragslage zu beobachten. So weist die optimierte linguistische Variable zur Vermögenslage zwar eine gleichmäßige Partitionierung im rechten Teil des Wertebereichs auf, allerdings sind die Zugehörigkeitsfunktionen *›schlecht‹* und *›durchschnittlich‹* im linken Wertebereich sehr stark überlagert, sodass keine der beiden Funktionen in diesem Bereich dominant ist. Gleiches ist für die optimierte linguistische Variable zur Ertragslage zu beobachten. Hier sind die Zugehörigkeitsfunktionen für die linguistischen Terme *›schlecht‹* und *›gut‹* nicht nur sehr steil, sondern liegen auch durch den fixierten Lageparameter sehr nah beieinander und werden von der Zugehörigkeitsfunktion für den linguistischen Term *›durchschnittlich‹* überlagert.

Die Beobachtungen zeigen, dass das Urteil über die Finanzlage wesentlich differenzierter durch das Neuro-Fuzzy-System verarbeitet werden konnte als die Urteile über die Vermögens- und Ertragslage. Diese Vermutung wird zudem durch die unterschiedlichen Fehlerflächen auf der Teststichprobe zwischen der Finanzlage und der Vermögens- bzw. Ertragslage (vgl. Übersicht 3-42) unterstützt. Der Versuch, durch restriktivere Nebenbedingungen differenzierte linguistische Eingabevariablen für die Teilurteile zur Vermögens- und Ertragslage zu erhalten, hat zu keinen besseren Klassifikationsergebnissen geführt, sodass davon auszugehen ist, dass die starken Überlagerungen der Zugehörigkeitsfunktionen der linguistischen Variablen zur Vermögens- und Ertragslage für eine zuverlässige Klassifizierung des empirischen Datenmaterials notwendig sind.

374. Analyse der optimierten Regelbasis des entwickelten Neuro-Fuzzy-Lageindikators

Neben den Funktionsparametern für die linguistischen Eingabevariablen wurde mit dem Neuro-Fuzzy-System auch für jede Regel l das Regelgewicht $\varkappa_l$ adaptiert und die Response-Rate rs_l ermittelt. Im Folgenden werden die optimierten Regelbasen für jeden der vier Teil-Experten mit den adaptierten Regelgewichten $\varkappa_l$ und den ermittelten Response-Raten rs_l dargestellt. Dabei werden die Regelgewichte $\varkappa_l$ und Response-Raten rs_l sowohl für jede Regel absolut angegeben als auch für die Analyse der Regelbasis in einem Diagramm grafisch miteinander verglichen.[125]

Übersicht 3-47 stellt die optimierte Regelbasis für den Teil-Experten zur Beurteilung der Ertragslage dar.

Regel-Nr.	Prämisse				Konklusion	**Regel-gewicht $\varkappa_l$**	**Response-Rate rs_l**
	K11_02c (I<S)	**K12_03b** (I>S)	**K13_03c** (I<S)	**K13_06c** (I<S)	**Ertragslage** (I<S)		
1	hoch	niedrig	hoch	hoch	gut	1,0	0,1455
2	hoch	niedrig	hoch	niedrig	gut	1,0	0,0054
3	hoch	niedrig	niedrig	hoch	gut	1,0	0,1734
4	hoch	niedrig	niedrig	niedrig	durchschnittlich	1,0	0,0108
5	hoch	hoch	hoch	hoch	gut	1,0	0,0127
6	hoch	hoch	hoch	niedrig	durchschnittlich	1,0	0,0023
7	hoch	hoch	niedrig	hoch	durchschnittlich	1,0	0,0106
8	hoch	hoch	niedrig	niedrig	schlecht	1,0	0,0017
9	niedrig	niedrig	hoch	hoch	gut	1,0	0,3211
10	niedrig	niedrig	hoch	niedrig	durchschnittlich	1,0	0,1060
11	niedrig	niedrig	niedrig	hoch	durchschnittlich	1,0	0,4553
12	niedrig	niedrig	niedrig	niedrig	schlecht	1,0	0,2195
13	niedrig	hoch	hoch	hoch	durchschnittlich	1,0	0,1080
14	niedrig	hoch	hoch	niedrig	schlecht	1,0	0,1134
15	niedrig	hoch	niedrig	hoch	schlecht	1,0	0,1579
16	niedrig	hoch	niedrig	niedrig	schlecht	1,0	0,1924

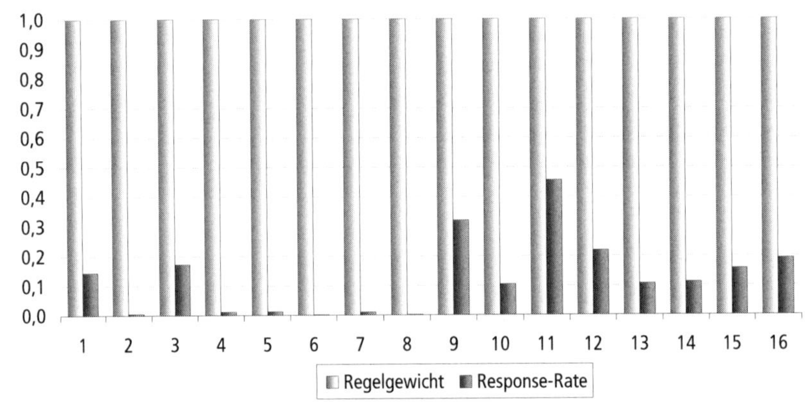

Übersicht 3-47: *Regelbasis des Teil-Experten zur Beurteilung der Ertragslage mit Response-Raten und optimierten Regelgewichten*

125 Für die Beurteilung einer Regel auf Basis des Regelgewichts $\varkappa_l$ und der Response-Rate rs_l vgl. Abschnitt 363.

Die Adaptierung der Regelgewichte mit Hilfe des Lernalgorithmus des Neuro-Fuzzy-Systems hat für den Teil-Experten zur Bildung des Urteils über die Ertragslage zu keiner Verbesserung geführt, sodass die Regeln nach wie vor zueinander gleichgewichtet sind. Die Veränderung der Regelgewichte von 0,5 auf 1,0 ist auf eine interne Umrechnung des Neuro-Fuzzy-Systems zurückzuführen und hat keine Auswirkung auf die Gleichgewichtung der Regeln. Daher lässt sich die Bedeutung einer Regel nur anhand der Response-Rate beurteilen. Das Diagramm in Übersicht 3-47 zeigt, dass die Regeln 9, 11 und 12 mit einer Response-Rate von $rs_l > 0{,}2$ am häufigsten erfüllt waren. Zudem ist festzustellen, dass die Response-Raten für Regeln mit den Konklusionen *›gut‹* und *›schlecht‹* im Durchschnitt höher sind als die Response-Raten für die Regeln mit der Konklusion *›durchschnittlich‹*. Diese Tatsache zeigt, dass durch die Regeln eine Differenzierung der Unternehmen in die Klassen *›solvent‹* und *›später insolvent‹* vorgenommen wird.

Die folgende Übersicht 3-48 zeigt die optimierte Regelbasis für den Teil-Experten zur Beurteilung der Finanzlage.

Regel-Nr.	Prämisse				Konklusion	Regel-gewicht $\varkappa_l$	Response-Rate rs_l
	K21_07c (I<S)	**K21_13a** (I<S)	**K21_22b** (I>S)	**K24_01c** (I<S)	**Finanzlage** (I<S)		
17	hoch	hoch	niedrig	hoch	gut	0,4343	0,2088
18	hoch	hoch	niedrig	niedrig	gut	0	0
19	hoch	hoch	hoch	hoch	gut	0,5577	0,0697
20	hoch	hoch	hoch	niedrig	durchschnittlich	0,5802	0,0637
21	hoch	niedrig	niedrig	hoch	gut	0,5034	0,0066
22	hoch	niedrig	niedrig	niedrig	durchschnittlich	0,4333	0,0167
23	hoch	niedrig	hoch	hoch	durchschnittlich	0,4223	0,0064
24	hoch	niedrig	hoch	niedrig	schlecht	0,5129	0,0183
25	niedrig	hoch	niedrig	hoch	gut	1	0,2573
26	niedrig	hoch	niedrig	niedrig	durchschnittlich	0,4249	0,3401
27	niedrig	hoch	hoch	hoch	durchschnittlich	0,4610	0,2145
28	niedrig	hoch	hoch	niedrig	schlecht	0,2832	0,3979
29	niedrig	niedrig	niedrig	hoch	durchschnittlich	0,1506	0,0401
30	niedrig	niedrig	niedrig	niedrig	schlecht	0,7828	0,1187

Übersicht 3-48: *Regelbasis des Teil-Experten zur Beurteilung der Finanzlage mit Response-Raten und optimierten Regelgewichten (Teil 1 von 2)*

Regel-Nr.	Prämisse				Konklusion	Regel-gewicht $\varkappa_l$	Response-Rate rs_l
	K21_07c (I<S)	**K21_13a** (I<S)	**K21_22b** (I>S)	**K24_01c** (I<S)	**Finanzlage** (I<S)		
31	niedrig	niedrig	hoch	hoch	schlecht	0,4183	0,0568
32	niedrig	niedrig	hoch	niedrig	schlecht	0,5304	0,1921

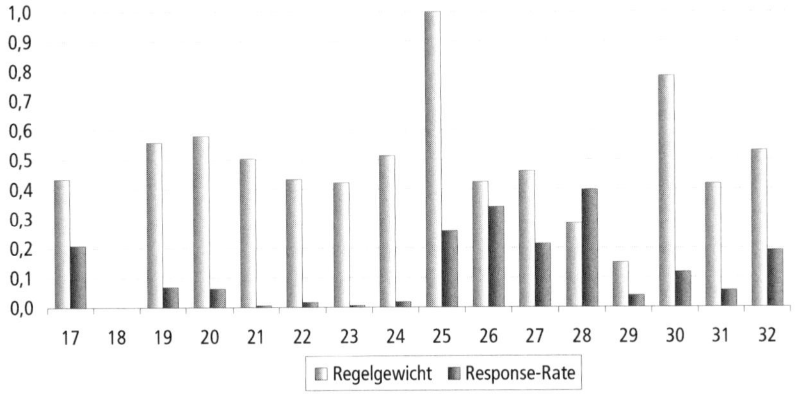

Übersicht 3-48: *Regelbasis des Teil-Experten zur Beurteilung der Finanzlage mit Response-Raten und optimierten Regelgewichten (Teil 2 von 2)*

Bei der Optimierung dieser Regelbasis wurde vom System die Regel 18 aus der Regelbasis entfernt. Zudem weisen die Regeln 25 und 30 im Vergleich zu den anderen Regeln die höchsten Regelgewichte auf, sodass diese Regeln einen großen Einfluss auf die Bildung des Urteils über die Finanzlage haben. Da die Regel 25 in der Konklusion den linguistischen Term *›gut‹* und die Regel 30 in der Konklusion den linguistischen Term *›schlecht‹* besitzen, wird auch hier wieder deutlich, dass die Regeln eine Trennung in die Klassen *›solvent‹* und *›später insolvent‹* vornehmen. Diese Tatsache zeigt sich auch bei Betrachtung der Response-Raten. Diese sind für Regeln mit dem linguistischen Term *›gut‹* bzw. *›schlecht‹* in der Konklusion im Durchschnitt höher ausgeprägt als für Regeln mit dem linguistischen Term *›durchschnittlich‹* in der Konklusion. Die Regelgewichte der restlichen Regeln liegen überwiegend im Intervall [0,4; 0,6], sodass diese Regeln weitgehend gleichgewichtet sind. Auffällig ist die Regel 28, die im Verhältnis zum sehr kleinen Regelgewicht eine hohe Response-Rate aufweist. Dies deutet darauf hin, dass diese Regel häufig zutrifft, also einen oft auftretenden Sachverhalt berücksichtigt, aber nur eine untergeordnete Bedeutung für die Urteilsbildung besitzt.

Übersicht 3-49 stellt die optimierte Regelbasis für den Teil-Experten zur Beurteilung der Vermögenslage dar.

Regel-Nr.	Prämisse				Konklusion	Regel-gewicht $\varkappa_l$	Response-Rate rs_l
	K22_14a (I>S)	**K22_17a** (I<S)	**K23_04a** (I<S)	**K32_05a** (I<S)	**Vermögenslage** (I<S)		
33	niedrig	hoch	hoch	hoch	gut	0,3069	0,1420
34	niedrig	hoch	hoch	niedrig	gut	0	0
35	niedrig	hoch	niedrig	hoch	gut	0,3124	0,0047
36	niedrig	hoch	niedrig	niedrig	durchschnittlich	0,4403	0,0025
37	niedrig	niedrig	hoch	hoch	gut	0,3651	0,1681
38	niedrig	niedrig	hoch	niedrig	durchschnittlich	0,4444	0,0469
39	niedrig	niedrig	niedrig	hoch	durchschnittlich	0,7348	0,0923
40	niedrig	niedrig	niedrig	niedrig	schlecht	0	0
41	hoch	hoch	hoch	hoch	gut	0,1935	0,0698
42	hoch	hoch	hoch	niedrig	durchschnittlich	0,4476	0,0142
43	hoch	hoch	niedrig	hoch	durchschnittlich	0,6407	0,0271
44	hoch	hoch	niedrig	niedrig	schlecht	0,1020	0,0037
45	hoch	niedrig	hoch	hoch	durchschnittlich	1	0,1422
46	hoch	niedrig	hoch	niedrig	schlecht	0,2355	0,0652
47	hoch	niedrig	niedrig	hoch	schlecht	0,1065	0,2331
48	hoch	niedrig	niedrig	niedrig	schlecht	0	0

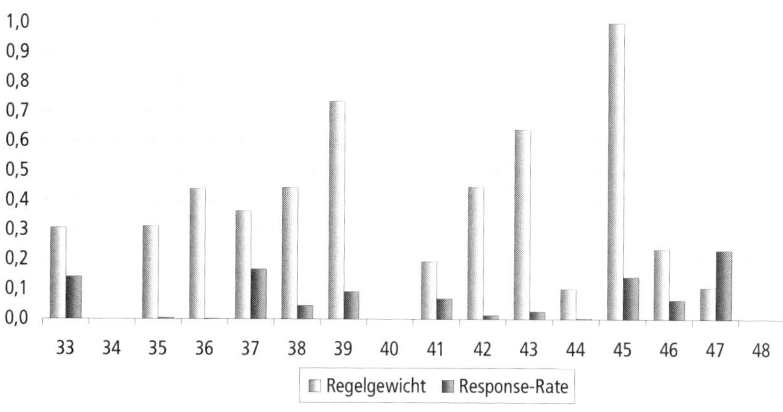

Übersicht 3-49: *Regelbasis des Teil-Experten zur Beurteilung der Vermögenslage mit Response-Raten und optimierten Regelgewichten*

Aus dieser Regelbasis wurden während der Optimierung vom System die drei Regeln 34, 40 und 48 entfernt. Auffallend ist, dass alle drei Regeln in der Konklusion entweder den linguistischen Term *›gut‹* bzw. *›schlecht‹* besitzen. Es wurden also solche Regeln entfernt, die eigentlich für die Trennung der Unternehmen in die Klassen *›solvent‹* und *›später insolvent‹* verantwortlich sind. Darüber hinaus weisen die Regeln 39, 43 und 45 die höchsten Regelgewichte auf, obwohl diese in der Konklusion den linguistischen Term *›durchschnittlich‹* aufweisen. Diese Tatsache zeigt, dass mit dieser Regelbasis nicht so eindeutige Trennungen vorgenommen werden wie mit der zuvor dargestellten Regelbasis für den Teil-Experten zur Finanzlage. Es ist also zu vermuten, dass auf Basis der Kennzahlen zur Vermögenslage nicht so trennscharfe Urteile getroffen werden können wie mit den Kennzahlen zur Finanzlage. Diese Vermutung wird darüber hinaus durch die vergleichsweise sehr kleinen Response-Raten bestätigt. Obwohl die Regelgewichte für die Regeln mit dem linguistischen Term *›durchschnittlich‹* in der Konklusion sehr hoch sind, sind die höchsten Response-Raten für die Regeln mit den linguistischen Termen *›gut‹* und *›schlecht‹* in den Konklusionen zu messen (vgl. Regeln 33, 37, 47). Dies bedeutet, dass diese Regeln sehr häufig zutreffen und mit ihnen ein entsprechender Beitrag zur Trennung der Unternehmen geleistet wird.

Die optimierte Regelbasis des Gesamturteils-Experten zur Bildung des Urteils über die Bestandsfestigkeit eines Unternehmens ist in Übersicht 3-50 dargestellt. Anhand dieser Regeln wird aus den Teilurteilen über die Vermögens-, Finanz- und Ertragslage das Urteil über die Bestandsfestigkeit gefällt. Von den 27 Regeln wurden bei der Optimierung durch den Lernalgorithmus des Neuro-Fuzzy-Systems die Regel 65 entfernt und die Regel 55 mit einem minimalen Gewicht von $\varkappa < 0{,}1$ belegt. Beide Regeln sind hinsichtlich des Aufbaus sehr ähnlich. So wird für diese Regeln angenommen, dass eine jeweils *schlechte* Finanzlage durch eine *gute* Vermögens- und Ertragslage bzw. durch eine *durchschnittliche* Vermögens- und Ertragslage kompensiert werden kann. Mit dem sehr kleinen Regelgewicht von Regel 55 und mit der Herausnahme von Regel 65 zeigt das Neuro-Fuzzy-System, dass diese Vermutung auf dem empirischen Datenbestand nicht bestätigt werden kann. Der Großteil der restlichen Regelgewichte ist in dem Intervall [0,4; 0,9] weitgehend gleichverteilt. Die höchsten Response-Raten sind vor allem für die Regeln mit dem linguistischen Term *›gut‹* (vgl. Regeln 49, 50, 58) bzw. *›schlecht‹* (vgl. Regeln 66, 74, 75) in der jeweiligen Regelkonklusion festzustellen. Damit wird auch in dieser Regelbasis der Trend bestätigt, dass die Regeln eine Trennung der Unternehmen in die Klassen *›solvent‹* und *›später insolvent‹* vornehmen.

Auffallend sind die Regeln 60, 69 und 73, die sehr hohe Regelgewichte aber nur sehr kleine Response-Raten aufweisen. Bei diesen Regeln ist davon auszugehen, dass sie spezielle Sachverhalte beurteilen, die nur selten vorkommen, aber dann einen großen Einfluss auf die Urteilsbildung haben. Am Beispiel der Regel 73 sei dies erläutert. Ein Unternehmen, welches eine schlechte Vermögens- und Finanzlage aufweist, wird selten eine exzellente Ertragslage zeigen. Dies ist aber betriebswirtschaftlich durchaus möglich, wenn es auch nur selten vorkommt. Wenn diese seltene Sachlage indes eintritt, hat die Regel einen signifikanten Einfluss auf die Beurteilung der Bestandsfestigkeit und ist entsprechend durch ein hohes Regelgewicht zu berücksichtigen.

Regel-Nr.	Prämisse			Konklusion	Regel-gewicht $\varkappa_l$	Response-Rate rs_l
	Vermögens-lage (I<S)	**Finanzlage** (I<S)	**Ertragslage** (I<S)	**Bestandsfes-tigkeit** (I<S)		
49	gut	gut	gut	gut	0,7118	0,2462
50	gut	gut	durchschnittlich	gut	0,6509	0,1855
51	gut	gut	schlecht	gut	0,3841	0,0139
52	gut	durchschnittlich	gut	gut	0,8187	0,0516
53	gut	durchschnittlich	durchschnittlich	durchschnittlich	0,3850	0,0923
54	gut	durchschnittlich	schlecht	durchschnittlich	0,9093	0,0462
55	gut	schlecht	gut	gut	0,0379	0,0250
56	gut	schlecht	durchschnittlich	durchschnittlich	0,7067	0,0507
57	gut	schlecht	schlecht	schlecht	0,3651	0,0378
58	durchschnittlich	gut	gut	gut	0,8991	0,1552
59	durchschnittlich	gut	durchschnittlich	durchschnittlich	0,7334	0,1482
60	durchschnittlich	gut	schlecht	durchschnittlich	0,8228	0,0227
61	durchschnittlich	durchschnittlich	gut	durchschnittlich	0,6133	0,0814
62	durchschnittlich	durchschnittlich	durchschnittlich	durchschnittlich	0,6792	0,2027
63	durchschnittlich	durchschnittlich	schlecht	durchschnittlich	1	0,1314
64	durchschnittlich	schlecht	gut	durchschnittlich	0,4112	0,0356
65	durchschnittlich	schlecht	durchschnittlich	durchschnittlich	0	0
66	durchschnittlich	schlecht	schlecht	schlecht	0,6535	0,1658
67	schlecht	gut	gut	gut	0,9523	0,0498
68	schlecht	gut	durchschnittlich	durchschnittlich	0,2111	0,05619
69	schlecht	gut	schlecht	schlecht	0,6655	0,01617
70	schlecht	durchschnittlich	gut	durchschnittlich	0,6315	0,0587
71	schlecht	durchschnittlich	durchschnittlich	durchschnittlich	0,5266	0,1599
72	schlecht	durchschnittlich	schlecht	schlecht	0,7579	0,1167
73	schlecht	schlecht	gut	schlecht	0,9458	0,0342

Übersicht 3-50: *Regelbasis des Gesamturteils-Experten zur Beurteilung der Bestandsfestigkeit mit Response-Raten und optimierten Regelgewichten (Teil 1 von 2)*

Regel-Nr.	Prämisse			Konklusion	Regel-gewicht $\varkappa_l$	Response-Rate rs_l
	Vermögens-lage (l<S)	**Finanzlage** (l<S)	**Ertragslage** (l<S)	**Bestandsfes-tigkeit** (l<S)		
74	schlecht	schlecht	durchschnittlich	schlecht	0,9176	0,2018
75	schlecht	schlecht	schlecht	schlecht	0,5450	0,2223

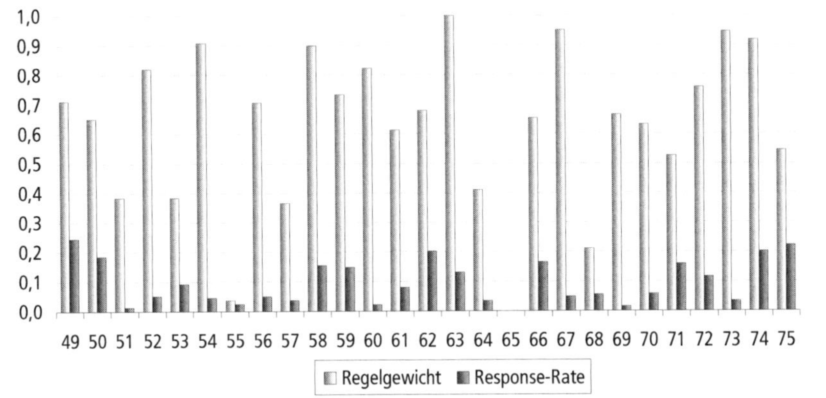

Übersicht 3-50: Regelbasis des Gesamturteils-Experten zur Beurteilung der Bestandsfestigkeit mit Response-Raten und optimierten Regelgewichten (Teil 2 von 2)

38 Validierung des entwickelten Neuro-Fuzzy-Lageindikators

381. Vorbemerkungen

Im letzten Schritt des Vorgehensmodells (vgl. Übersicht 3-51) ist der entwickelte Neuro-Fuzzy-Lageindikator NF 2-12-4-75 zu validieren, also bzgl. seiner Qualität zu beurteilen.

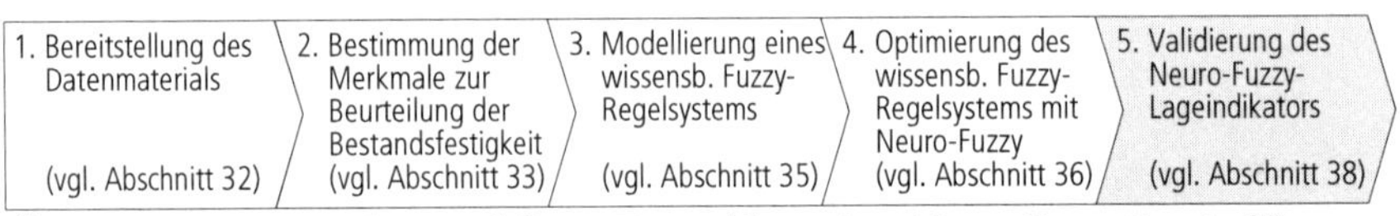

Übersicht 3-51: Vorgehensmodell zur Entwicklung eines Neuro-Fuzzy-Lageindikators

Hierzu werden die folgenden fünf Qualitätskriterien herangezogen, anhand derer sich die verschiedenen Eigenschaften des Neuro-Fuzzy-Lageindikators hinsichtlich

(1) der Klassifikationsleistung,

(2) des Früherkennungspotenzials,

(3) der Trennschärfe,

(4) der Robustheit und

(5) der Plausibilität

umfassend beurteilen lassen.[126]

Im Prozessmodell ›Validierung des Neuro-Fuzzy-Lageindikators‹ aus Übersicht 3-6 wird die Überprüfung der fünf Qualitätskriterien jeweils durch eine Funktion abgebildet. Im Folgenden wird jede dieser Funktionen des Prozessmodells in einem eigenen Unterabschnitt behandelt und die Qualität des entwickelten Neuro-Fuzzy-Lageindikators NF 2-12-4-75 anhand der fünf Qualitätskriterien umfassend analysiert und beurteilt.

382. Klassifikationsleistung des Neuro-Fuzzy-Lageindikators an der Validierungsstichprobe

Die an der Validierungsstichprobe gemessene Fehlerfläche gibt Auskunft darüber, **wie zuverlässig** der entwickelte Neuro-Fuzzy-Lageindikator NF 2-12-4-75 ihm nicht bekannte Unternehmen beurteilt, also solche Unternehmen, die ihm während des Trainings nicht präsentiert worden sind. Hierbei wird die Fehlerfläche für den gesamten Neuro-Fuzzy-Lageindikator an der Ausgabe des Gesamturteils-Experten der oberen Urteilsebene gemessen, welcher das Gesamturteil über die Höhe der Bestandsfestigkeit eines Unternehmens bildet. Übersicht 3-52 stellt die $\alpha\beta$-Fehlerkurve und die berechnete Fehlerfläche für das Gesamturteil von NF 2-12-4-75 dar.

126 Diese fünf Kriterien zur Beurteilung der Qualität von empirischen Bonitätsindikatoren wurden vorgeschlagen von JERSCHENSKY, A., Messung des Bonitätsrisikos von Unternehmen, S. 217-237. Ein Teil dieser Kriterien wurde auch verwendet von THUN, C., Entwicklung von Bilanzbonitätsklassifikatoren, S. 202-207.

Neuro-Fuzzy-Lageindikator:	**NF 2-12-4-75**
Teil-Experte:	**Bestandsfestigkeit**
Fehlerfläche gemessen an:	**Validierungsstichprobe**

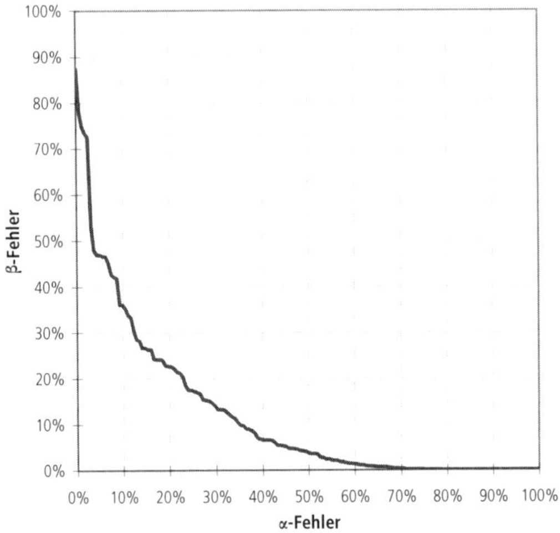

Fehlerfläche: 11,76 %

Übersicht 3-52: An der Validierungsstichprobe gemessene Fehlerfläche von NF 2-12-4-75 für den Gesamturteils-Experten zur Beurteilung der Bestandsfestigkeit

Mit dem entwickelten Neuro-Fuzzy-Lageindikator NF 2-12-4-75 wurde eine Fehlerfläche von 11,76 % erzielt. Diese Fehlerfläche bescheinigt NF 2-12-4-75 eine Klassifikationsleistung, die durchaus mit der Leistung von Klassifikatoren vergleichbar ist, die ausschließlich auf Basis Neuronaler Netze entwickelt wurden. So hat JERSCHENSKY auf demselben empirischen Datenmaterial ein Mixture-of-Experts-Netz MoE-31 entwickelt, welches eine Fehlerfläche an seiner Validierungsstichprobe von 10,76 % erreicht hat.[127] In das MoE-31 gehen insgesamt 31 Merkmale ein. Davon sind 26 Merkmale einfache Jahresabschlusskennzahlen, vier Merkmale sind Konjunkturindikatoren und ein Merkmal berücksichtigt die Größenklasse nach Umsatz.[128] Darüber hinaus wurde MoE-31 auf unterschiedlich gebildeten Stichproben entwickelt. Daher ist der kleine Unterschied in den Fehlerflächen von einem Prozentpunkt zwischen NF 2-12-4-75 und MoE-31 nicht nur allein auf die unterschiedlichen Ver-

127 Vgl. JERSCHENSKY, A., Messung des Bonitätsrisikos von Unternehmen, S. 219.
128 Vgl. JERSCHENSKY, A., Messung des Bonitätsrisikos von Unternehmen, S. 199.

fahren zurückzuführen. Neben dem MoE-31 hat JERSCHENSKY auch einen Benchmarkklassifikator BP-A entwickelt, der ein klassisches Multilayer Perceptron ist und wie NF 2-12-4-75 ausschließlich auf zwölf Jahresabschlusskennzahlen beruht, die aus demselben Kennzahlenkatalog stammen (vgl. Übersicht 3-16).[129] Mit einer Fehlerfläche von 12,49 % ist BP-A in der Klassifikationsleistung etwas schlechter als NF 2-12-4-75.[130] Der Vergleich zeigt also, dass die Klassifikationsleistung von NF 2-12-4-75 voll in dem Bereich der von Neuronalen Netzen erzielten Klassifikationsleistungen liegt.

Neuro-Fuzzy-Lageindikator:	**NF 2-12-4-75**
Teil-Experten:	**Vermögenslage** **Finanzlage** **Ertragslage**
Fehlerfläche gemessen an:	**Validierungsstichprobe**

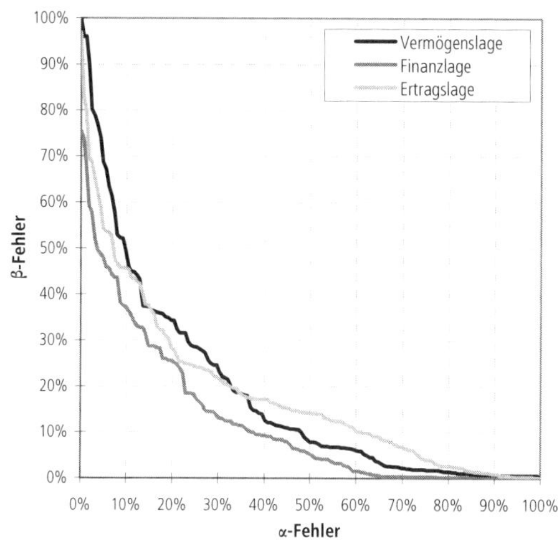

Fehlerflächen

Vermögenslage:	**18,19 %**
Finanzlage:	**12,25 %**
Ertragslage	**18,34 %**

Übersicht 3-53: *An der Validierungsstichprobe gemessene Fehlerfläche von NF 2-12-4-75 für die drei Teil-Experten der unteren Urteilsebene zur Beurteilung der Vermögens-, Finanz-, und Ertragslage*

129 Vgl. JERSCHENSKY, A., Messung des Bonitätsrisikos von Unternehmen, S. 217.
130 Vgl. JERSCHENSKY, A., Messung des Bonitätsrisikos von Unternehmen, S. 221.

Zur Beurteilung der Klassifikationsleistung von NF 2-12-4-75 in Bezug auf die Teilurteile über die Vermögens-, Finanz- und Ertragslage werden auf Basis der Ausgaben der drei Teil-Experten der unteren Urteilsebene die jeweiligen Fehlerflächen an der Validierungsstichprobe gemessen. In Übersicht 3-53 sind die drei αβ-Fehlerkurven für die drei Teil-Experten und die jeweils berechneten Fehlerflächen dargestellt.

Der Teil-Experte zur Beurteilung der Finanzlage zeigt mit 12,25 % die beste an der Validierungsstichprobe gemessene Fehlerfläche von den drei Teil-Experten der unteren Urteilsebene. In Übersicht 3-53 ist dies auch daran zu erkennen, dass die αβ-Fehlerkurve des Teil-Experten zur Beurteilung der Finanzlage unterhalb der anderen beiden αβ-Fehlerkurven verläuft. Für die Teil-Experten zur Beurteilung der Vermögens- und Ertragslage wurden fast gleiche Fehlerflächen von 18,19 % und 18,34 % an der Validierungsstichprobe gemessen. Dabei fällt auf, dass die αβ-Fehlerkurve für den Teil-Experten zur Beurteilung der Ertragslage bis zu einem α-Fehler von ca. 30 % fast immer unter der αβ-Fehlerkurve des Teil-Experten zur Beurteilung der Vermögenlage liegt und somit in diesem Bereich besser klassifiziert. Bei ca. 30 % schneiden sich die beiden αβ-Fehlerkurven und die Fehlerkurve des Teil-Experten zur Beurteilung der Vermögenslage nähert sich stark der Abszisse, sodass dieser Teil-Experte ab ca. 30 % α-Fehler besser klassifiziert als der Teil-Experte zur Beurteilung der Ertragslage.

Vergleicht man die Fehlerflächen dieser drei Teil-Experten zur Bildung der Urteile über die Vermögens-, Finanz- und Ertragslage mit der Fehlerfläche des Gesamturteils-Experten, so weist der Gesamturteils-Experte mit 11,76 % die beste an der Validierungsstichprobe gemessene Fehlerfläche auf. Das bedeutet, dass jeder der drei Teil-Experten der unteren Urteilsebene einen Trennbeitrag für die Bildung des Gesamturteils liefert, da die Fehlerfläche gemessen für das Gesamturteil kleiner ist als jede der für die drei Teilurteile gemessene Fehlerfläche. Die Vermutung aus Abschnitt 372., dass der Teil-Experte zur Beurteilung der Finanzlage besser als alle anderen Teil-Experten klassifiziert und damit allein zur Beurteilung der Bestandsfestigkeit ausreichen würde, hat sich also an der Validierungsstichprobe nicht bestätigt. Diese Erkenntnis bestätigt zudem auch das Ganzheitlichkeitsprinzip, welches besagt, dass für eine zuverlässige Urteilsbildung aus jedem Informationsbereich eines Jahresabschlusses Informationen zur Bildung des Gesamturteils zu verwenden sind.[131]

Die Feststellung aus Abschnitt 372., dass die an der Teststichprobe gemessenen Fehlerflächen für die Teil-Experten der Vermögens- und Ertragslage wesentlich höher sind als die Fehlerfläche des Teil-Experten zur Beurteilung der Finanzlage, bestätigt sich auch für Fehlerflächen gemessen an der Validierungsstichprobe. Es ist also davon auszugehen, dass das Neuro-Fuzzy-System die für die Finanzlage ausgewählten Kennzahlen mit dem verwendeten empirischen Datenmaterial besser verarbeiten kann als

131 Vgl. BAETGE, J., Bilanzanalyse, S. 36.

jene Kennzahlen, die für die Vermögens- und Ertragslage ausgewählt wurden. Diese Vermutung wird auch durch die Analyse der optimierten linguistischen Eingabevariablen (vgl. Abschnitt 373.) und der optimierten Regelbasen (vgl. Abschnitt 374.) bestätigt. So konnte durch das Training der Regelgewichte für den Teil-Experten zur Beurteilung der Ertragslage keine Verbesserung der Klassifikationsleistung erzielt werden, sodass alle Regeln weiterhin gleichgewichtet wurden (vgl. Übersicht 3-47). Auch weisen die linguistischen Eingabevariablen des Gesamturteils-Experten, die die Ausgaben der Teil-Experten zur Vermögens- und Ertragslage fuzzyfizieren, sehr starke Überlagerungen auf (vgl. Übersicht 3-46), die darauf hinweisen, dass sich die Unternehmen mit den ausgewählten Kennzahlen zur Vermögens- und Ertragslage nicht so gut trennen lassen wie mit den ausgewählten Kennzahlen zur Finanzlage.

Aus bilanzanalytischer Sicht könnte dieses Ergebnis wie folgt gedeutet werden. Die Kennzahlen der Finanzlage haben einen direkten Einfluss auf die Bestandsfestigkeit und somit auf die Solvenz bzw. drohende Insolvenz eines Unternehmens. Ein Unternehmen, welches nicht solide finanziert ist, weil es bspw. eine niedrige Eigenkapitalquote und/oder eine niedrige Tilgungskraft aufweist,[132] hat einerseits bei Liquiditätsengpässen einen geringen Spielraum, neue Kredite aufzunehmen und andererseits bei hohen Verlusten aufgrund des niedrigen Eigenkapitalanteils nur einen kleinen Puffer für den Verlustausgleich. Daher sind Unternehmen mit einer schlechten Finanzlage hoch bestandsgefährdet. Auch die Ertragslage hat einen starken Einfluss auf die Bestandsfestigkeit, denn lediglich Unternehmen, die langfristig Gewinne realisieren, sichern ihren Bestand. Allerdings ist die Affinität der Kennzahlen zur Ertragslage hinsichtlich der Trennung der Unternehmen in die beiden Klassen *›solvent‹* und *›später insolvent‹* nicht so stark wie bei den Kennzahlen der Finanzlage. Darüber hinaus lassen sich Kennzahlen der Ertragslage wesentlich besser in Verbindung mit Kennzahlen der Finanzlage interpretieren. Diese Verbindung wird jedoch erst durch den Gesamturteils-Experten der oberen Urteilsebene abgebildet. Auch die Kennzahlen zur Vermögenslage haben eine längerfristige und nicht so direkte Auswirkung auf die Bestandsfestigkeit eines Unternehmens wie die Kennzahlen der Finanzlage.

Obwohl sich mit den Teil-Experten zur Vermögens- und Ertragslage nicht so gute Klassifikationsleistungen erzielen lassen wie mit dem Teil-Experten zur Finanzlage, sind ihre Teilurteile für die Bildung des Gesamturteils wichtig. Denn nur durch die Zusammenfassung der Urteile der Teil-Experten der unteren Urteilsebene konnte die beste Klassifikationsleistung mit dem Gesamturteils-Experten der oberen Urteilsebene zur Bestandsfestigkeit erzielt werden. Diese Tatsache zeigt auch, dass der Gesamturteils-Experten mit Hilfe des Lernalgorithmus des Neuro-Fuzzy-Systems auf Basis des empirischen Datenmaterials so trainiert werden konnte, dass er einerseits die

132 Vgl. hierzu die ausgewählten Kennzahlen zur Finanzlage aus Übersicht 3-24.

Informationen aller drei Teil-Experten zur Vermögens-, Finanz- und Ertragslage effektiv nutzt und andererseits die Zusammenhänge zwischen den drei Teillagen richtig abbildet und somit seine Aufgabe, nämlich die Teilurteile zu einem zuverlässigen Gesamturteil über die Bestandsfestigkeit zusammenzuführen, sehr gut erfüllt. Darüber hinaus ist zu berücksichtigen, dass die Teilurteile primär zur Erklärung des Gesamturteils herangezogen werden sollen und nicht für die Trennung der Unternehmen in die Klassen ›*solvent*‹ und ›*später insolvent*‹ zuständig sind. Hierzu wird das Gesamturteil über die Bestandsfestigkeit herangezogen. Daher ist es nicht überraschend, dass ein Teilurteil schlechter klassifiziert als das zugehörige Gesamturteil, zumal eine Klassifikationsleistung auf Basis von vier Kennzahlen derselben Teillage mit etwas über 18 % an der Validierungsstichprobe wesentlich besser ist als eine zufällige Klassifikation von 50 %. Vergleicht man die Fehlerfläche der Teilurteile zudem mit einem in der Praxis verwendeten quasi-objektiven Kennzahlensystem, das mehr als vier Kennzahlen aus verschiedenen Teillagen verwendet und eine Fehlerfläche von über 22 % aufweist, so ist die Klassifikationsleistung eines Teilurteils von etwas über 18 % durchaus akzeptabel.[133]

383. Früherkennungspotenzial des Neuro-Fuzzy-Lageindikators

In diesem Abschnitt wird untersucht, wie frühzeitig der entwickelte Neuro-Fuzzy-Lageindikator NF 2-12-4-75 eine drohende Insolvenz erkennen kann. Dazu werden die Jahresabschlüsse der Validierungsstichprobe für die ›*später insolventen*‹ Unternehmen nach dem Abstand zum Insolvenzzeitpunkt (t-1, t-2 und t-3) in drei Teilstichproben eingeteilt und mit jeweils allen Jahresabschlüssen der ›*solventen*‹ Unternehmen aus der Validierungsstichprobe gemischt. Übersicht 3-54 zeigt die Aufteilung der Jahresabschlüsse auf die drei Teilstichproben T1, T2 und T3.[134]

Teilstichprobe	Jahresabschlüsse später insolventer Unternehmen	Jahresabschlüsse solventer Unternehmen
T1	59 aus t-1	jeweils 3.855
T2	64 aus t-2	
T3	39 aus t-3	

Übersicht 3-54: *Verteilung der Jahresabschlüsse der Validierungsstichprobe auf die Teilstichproben T1, T2 und T3 nach dem Abstand zum Insolvenzzeitpunkt*

133 Vgl. THUN, C., Entwicklung von Bilanzbonitätsklassifikatoren, S. 186 u. S. 189.

134 Vgl. auch JERSCHENSKY, A., Messung des Bonitätsrisikos von Unternehmen, S. 223; THUN, C., Entwicklung von Bilanzbonitätsklassifikatoren, S. 202 f.

Mit dem entwickelten Neuro-Fuzzy-Lageindikator NF 2-12-4-75 wurden für jede dieser drei Teilstichproben T1, T2 und T3 die αβ-Fehlerkurven und die Fehlerflächen ermittelt und in Übersicht 3-55 dargestellt.

Neuro-Fuzzy-Lageindikator: **NF 2-12-4-75**

Fehlerfläche gemessen an: **Teilstichprobe T1**
Teilstichprobe T2
Teilstichprobe T3

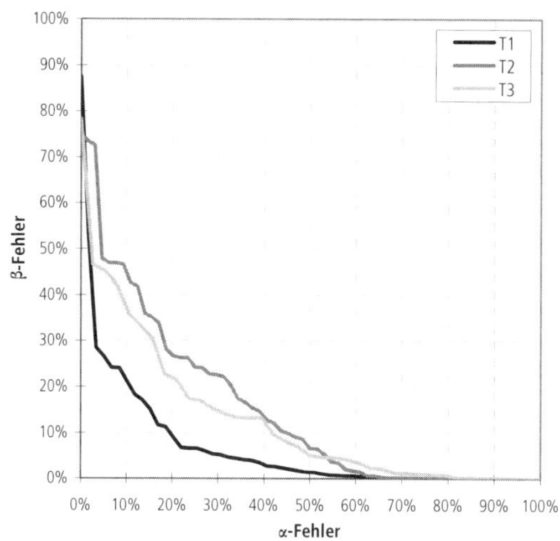

Fehlerflächen

Teilstichprobe T1:	**6,48 %**
Teilstichprobe T2:	**15,10 %**
Teilstichprobe T3	**12,60 %**

Übersicht 3-55: *Ermittelte Fehlerflächen zur Bestimmung des Früherkennungspotenzials für den Gesamturteils-Experten von NF 2-12-4-75 an den drei Teilstichproben T1, T2 und T3*

Die niedrigste Fehlerfläche von 6,48 % erzielt NF 2-12-4-75 an der Teilstichprobe T1. Das bedeutet, dass der entwickelte Neuro-Fuzzy-Lageindikator *insolvente* Unternehmen an den in t-1 aufgestellten Jahresabschlüssen (zwischen 6 und 18 Monaten vor dem Insolvenzzeitpunkt) sehr zuverlässig erkennt. Dieses Ergebnis war zu erwarten, da sich die drohende Insolvenz eines Unternehmens i.d.R. im letzen Jahresabschluss vor der Insolvenz am stärksten abzeichnet. Ein eher ungewöhnliches Ergebnis ist es, dass NF 2-12-4-75 an der Teilstichprobe T3 bessere Klassifikationsergebnisse erzielt (12,6 % Fehlerfläche) als an der Teilstichprobe T2 (15,1 % Fehlerfläche). Denn die drohende Insolvenz eines Unternehmens dürfte sich i. d. R. in einem in t-2 aufgestellten Jahresabschluss deutlicher abzeichnen als in einem in t-3 aufgestellten Jahresabschluss. Diese Vermutung wird auch in den Untersuchungen von JERSCHENSKY[135] und THUN[136] bestätigt. Der Unterschied von 2,5 Prozentpunkten zwischen den Fehlerflächen der Teilstichproben T2 und T3 ist aber auch nicht als besonders groß zu beurteilen. Eine mögliche Erklärung wäre in der Unregelmäßigkeit der Stichprobenaufteilung zu suchen. So kann es sein, dass sich die Insolvenz in den in t-2 aufgestellen Jahresabschlüssen sehr unterschiedlich abzeichnet und diese Jahresabschlüsse darüber hinaus nicht homogen über die Lern-, Test- und Validierungsstichprobe verteilt sind. Zudem ist der Anteil der Jahresabschlüsse *später insolventer* Unternehmen im Verhältnis zu den *solventen* Unternehmen in den drei Teilstichproben T1 (1,53 %), T2 (1,66 %) und T3 (0,99 %) sehr gering (vgl. Übersicht 3-54), sodass die Fehlerflächen ohnehin mit Vorsicht zu interpretieren sind.

384. Trennschärfe des Neuro-Fuzzy-Lageindikators

Mit dem Qualitätskriterium der Trennschärfe wird die **Genauigkeit** untersucht, mit der der entwickelte Neuro-Fuzzy-Lageindikator NF 2-12-4-75 die Bestandsfestigkeit der Unternehmen beurteilt.[137] Da das Zielkriterium für die Beurteilung der Bestandsfestigkeit der Unternehmen mit dem Wert 1 für die Klasse ›*solvent*‹ und mit dem Wert –1 für die Klasse ›*später insolvent*‹ kodiert ist, würde NF 2-12-4-75 die höchste Genauigkeit erreichen, wenn ein tatsächlich *solventes* Unternehmen mit dem NF-Wert 1 und ein tatsächlich *später insolventes* Unternehmen mit dem NF-Wert -1 beurteilt würde. Zur Beurteilung der Trennschärfe von NF 2-12-4-75 wird jeweils eine Häufigkeitsverteilung der Ausgaben (NF-Werte) des Gesamturteils-Experten zur Beurteilung der Bestandsfestigkeit für die *solventen* und für die *später insolventen* Unternehmen auf Basis der Validierungsstichprobe angefertigt und untersucht.

In Übersicht 3-56 ist die Häufigkeitsverteilung der NF-Werte des Gesamturteils-Experten für die Jahresabschlüsse der *später insolventen* Unternehmen dargestellt.

---

135 Vgl. JERSCHENSKY, A., Messung des Bonitätsrisikos von Unternehmen, S. 224 f.
136 Vgl. THUN, C., Entwicklung von Bilanzbonitätsklassifikatoren, S. 203 u. S. 206.
137 Vgl. hierzu auch JERSCHENSKY, A., Messung des Bonitätsrisikos von Unternehmen, S. 230 f.

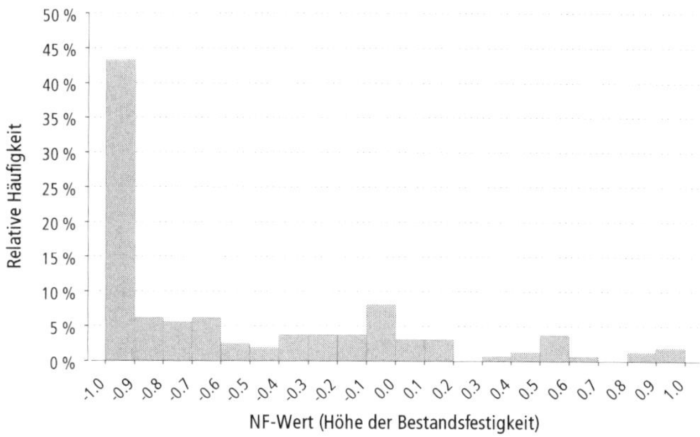

Übersicht 3-56: *Verteilung der Ausgaben des Gesamturteils-Experten von NF 2-12-4-75 zur Beurteilung der Bestandsfestigkeit für die Jahresabschlüsse später insolventer Unternehmen der Validierungsstichprobe*

Die Häufigkeitsverteilung zeigt, dass der entwickelte Neuro-Fuzzy-Lageindikator für ca. die Hälfte aller Jahresabschlüsse der *später insolventen* Unternehmen einen NF-Wert von kleiner -0,8 ermittelt. Einen NF-Wert von größer 0 wird nur für ca. 15 % der Jahresabschlüsse der *später insolventen* Unternehmen gemessen. Dabei ist zu vermuten, dass für Jahresabschlüsse aus t-1 sehr kleine NF-Werte nahe -1 und für Jahresabschlüsse aus t-2 und t-3 eher größere NF-Werte ermittelt werden. Um dies zu prüfen, wird in der folgenden Übersicht 3-57 jeweils nach dem Abstand zur Insolvenz die Verteilung der Ausgabe des Gesamturteils-Experten zur Beurteilung der Bestandsfestigkeit für die Jahresabschlüsse der *später insolventen* Unternehmen dargestellt. Die Aufteilung der Jahresabschlüsse *später insolventer* Unternehmen in t-1, t-2 und t-3 wurde bereits in Abschnitt 383. bei der Bestimmung des Früherkennungspotenzials vorgenommen und ist der Übersicht 3-54 zu entnehmen.

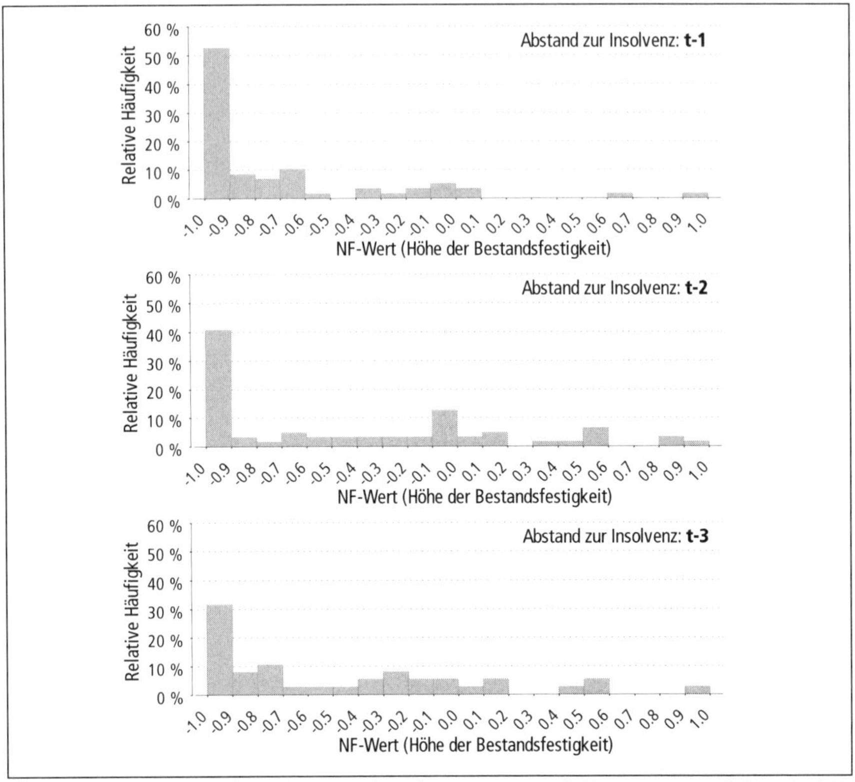

Übersicht 3-57: Verteilung der Ausgaben des Gesamturteils-Experten von NF 2-12-4-75 zur Beurteilung der Bestandsfestigkeit für die Jahresabschlüsse später insolventer Unternehmen der Validierungsstichprobe (aufgeteilt nach dem Abstand zur Insolvenz)

Wie vermutet, wird mit dem Neuro-Fuzzy-Lageindikator für über 60 % der Jahresabschlüsse aus t-1 ein NF-Wert von kleiner -0,8 ermittelt. Für weniger als 10 % dieser Jahresabschlüsse wird ein NF-Wert von größer 0 gemessen. Je weiter die Jahresabschlüsse vom Insolvenzzeitpunkt entfernt liegen, desto mehr verschiebt sich die Verteilung der NF-Werte nach rechts.

Auffällig ist der Anstieg der relativen Häufigkeit für einen NF-Wert von 0. Dies ist keine Besonderheit im vorliegenden Datenmaterial, sondern ein unerwünschter aber nicht zu vermeidender Nebeneffekt des angewendeten Neuro-Fuzzy-Verfahrens. Konkret ist dieser Anstieg auf die Konstruktion der linguistischen Ausgabevariablen und auf die Regelbasis des Gesamturteils-Experten zurückzuführen. Die linguistische

Ausgabevariable besitzt die drei Konklusionsgewichte {-1, 0, 1}, die jeweils die linguistischen Terme *›schlecht‹*, *›durchschnittlich‹* und *›gut‹* in den Konklusionen der Regelbasis des Gesamturteils-Experten abbilden.[138] Bei einem *später insolventen* Unternehmen, dessen schwache Bestandsfestigkeit sich eindeutig im Jahresabschluss abzeichnet, sind überwiegend die Regeln mit dem linguistischen Term *›schlecht‹* in der Konklusion zu einem hohen Grad erfüllt, sodass ein NF-Wert in der Nähe von -1 ermittelt wird. Zeigt sich die schwache Bestandsfestigkeit eines *später insolventen* Unternehmens indes nicht so deutlich im Jahresabschluss, so werden eher die Regeln mit dem linguistischen Term *›durchschnittlich‹* in der Konklusion zu einem hohen Grad erfüllt sein, sodass ein NF-Wert in der Nähe von 0 berechnet wird. Werden für *später insolvente* Unternehmen NF-Werte gemessen, die in der Nähe von 1 liegen, ist davon auszugehen, dass sich die Insolvenz für diese Unternehmen nicht im Jahresabschluss abzeichnet und somit auch nicht mit dem entwickelten Neuro-Fuzzy-Lageindikator zu erkennen ist.[139]

Die Häufigkeitsverteilung der NF-Werte für die *solventen* Unternehmen auf Basis der Validierungsstichprobe ist in Übersicht 3-58 dargestellt.

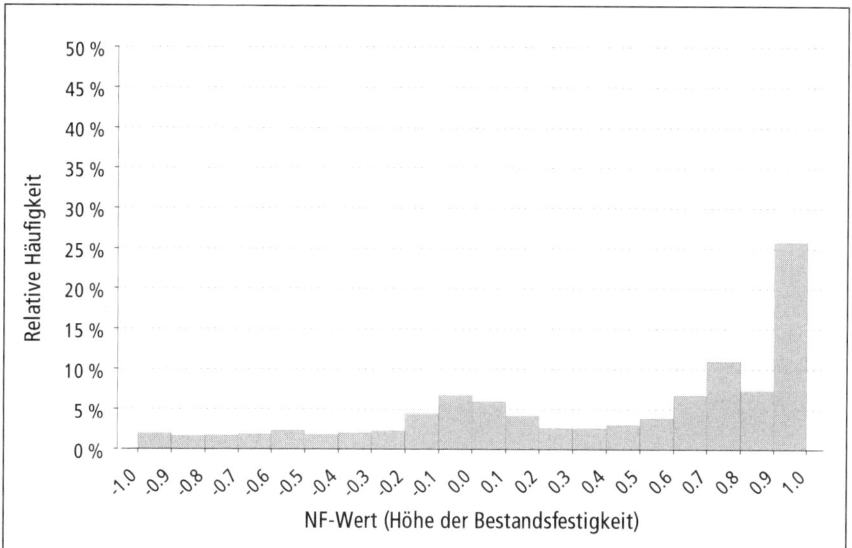

Übersicht 3-58: *Verteilung der Ausgaben des Gesamturteils-Experten von NF 2-12-4-75 zur Beurteilung der Bestandsfestigkeit für die Jahresabschlüsse der solventen Unternehmen der Validierungsstichprobe*

138 Zur Definition der linguistischen Ausgabevariablen vgl. Abschnitt 354.2.

139 Vgl. JERSCHENSKY, A., Messung des Bonitätsrisikos von Unternehmen, S. 232.

Hier ist die Trennschärfe nicht so stark ausgeprägt wie bei der Häufigkeitsverteilung der NF-Werte für die *später insolventen* Unternehmen aus Übersicht 3-56. So misst NF 2-12-4-75 für ca. 45 % der Jahresabschlüsse der *solventen* Unternehmen einen NF-Wert von größer 0,7. Etwa 20 % der Jahresabschlüsse der *solventen* Unternehmen ordnet NF 2-12-4-75 einen NF-Wert von kleiner 0 zu.

Auch hier ist wieder ein Anstieg der relativen Häufigkeit um einen NF-Wert von 0 zu beobachten, der, wie bereits erläutert, ein unvermeidbarer Nebeneffekt des verwendeten Neuro-Fuzzy-Systems ist. Entsprechend lässt sich der Anstieg der relativen Häufigkeit in Übersicht 3-56 in gleicher Weise mit der Konstruktion der linguistischen Ausgabevariablen und der Regelbasis des Gesamturteils-Experten begründen. Zeichnet sich die gute wirtschaftliche Lage eines Unternehmens deutlich im Jahresabschluss ab, so sind die Regeln mit dem linguistischen Term *›gut‹* in der Konklusion zu einem hohen Grad erfüllt, sodass aufgrund des Konklusionsgewichts von 1 des linguistischen Terms *›gut‹* der NF-Wert in der Nähe des Werts 1 liegt. Wenn sich die *gute* wirtschaftliche Lage eines Unternehmens nicht so deutlich im Jahresabschluss abzeichnet, werden eher die Regeln mit dem linguistischen Term *›durchschnittlich‹* in der Konklusion zu einem hohen Grad erfüllt sein, sodass ein NF-Wert in der Nähe des Werts 0 berechnet wird.

Auch im Vergleich zu den Studien von JERSCHENSKY und THUN ist die Trennschärfe des entwickelten Neuro-Fuzzy-Lageindikators NF 2-12-4-75 als sehr gut zu beurteilen.[140] Die Häufigkeitsverteilungen aus Übersicht 3-56 und Übersicht 3-58 zeigen eine deutliche Polarisierung der NF-Werte zu den Zielwerten der entsprechenden Klassenzugehörigkeit.

385. Robustheit des Neuro-Fuzzy-Lageindikators

In diesem Abschnitt wird der entwickelte Neuro-Fuzzy-Lageindikator NF 2-12-4-75 hinsichtlich seiner **Robustheit** beurteilt. Ein empirisch entwickelter Klassifikator wird als robust bezeichnet, wenn er auch bei Verletzung der Einsatzbedingungen, unter denen er entwickelt worden ist, gute Klassifikationsergebnisse zeitigt.[141] Eine der wesentlichen Einsatzbedingungen, unter der NF 2-12-4-75 entwickelt wurde, ist die Beschränkung des empirischen Datenmaterials auf Unternehmen und Jahresabschlüsse des verarbeitenden Gewerbes. Diese Beschränkung wird im Folgenden aufgehoben, um zu prüfen, welche Klassifikationsleistung der entwickelte Neuro-Fuzzy-Lageindikator NF 2-12-4-75 an Daten anderer Wirtschaftszweige erzielt. Dazu wird

140 Vgl. JERSCHENSKY, A., Messung des Bonitätsrisikos von Unternehmen, S. 232-234; THUN, C., Entwicklung von Bilanzbonitätsklassifikatoren, S. 204 u. S. 207.

141 Vgl. JERSCHENSKY, A., Messung des Bonitätsrisikos von Unternehmen, S. 225.

NF 2-12-4-75 an den Daten der drei in Übersicht 3-59 dargestellten Wirtschaftszweige Bau, Handel und Dienstleistung getestet.

Branche	**Solvent**		**Später insolvent**	
	Unternehmen	Jahresabschlüsse	Unternehmen	Jahresabschlüsse
Bauunternehmen	585	1.574	84	147
Handelsunternehmen	1.940	5.465	186	371
Dienstleistungsunternehmen	556	1.362	47	94

Übersicht 3-59: *Aufteilung der Unternehmen und Jahresabschlüsse der Wirtschaftszweige Bau, Handel und Dienstleistung zur Überprüfung der Robustheit von NF 2-12-4-75*

Für jeden dieser Jahresabschlüsse wird mit NF 2-12-4-75 die Bestandsfestigkeit gemessen und anschließend getrennt für jeden Wirtschaftszweig die Fehlerfläche berechnet. In Übersicht 3-60 sind die für die drei Wirtschaftszweige Bau, Handel und Dienstleistung gemessenen Fehlerflächen mit der für das verarbeitende Gewerbe an der Validierungsstichprobe gemessenen Fehlerfläche dargestellt.

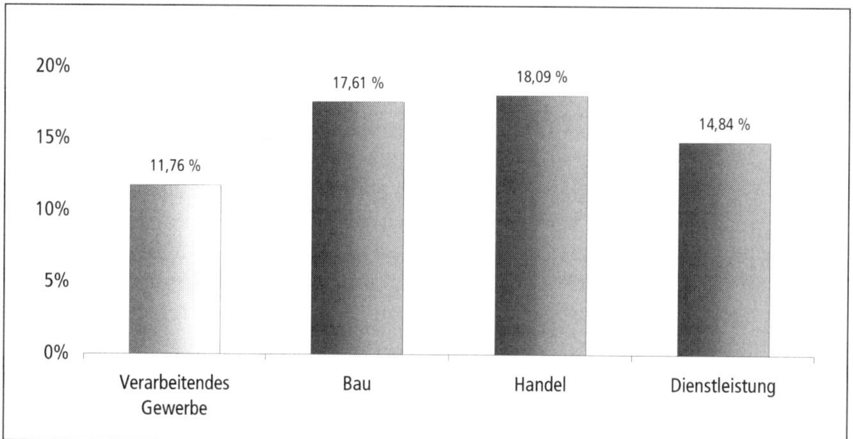

Übersicht 3-60: *Vergleich der für NF 2-12-4-75 gemessenen Fehlerflächen an Jahresabschlüssen der Wirtschaftszweige verarbeitendes Gewerbe, Bau, Handel und Dienstleistung*

Der Neuro-Fuzzy-Lageindikator NF 2-12-4-75 erreicht an den Jahresabschlüssen der Dienstleistungsunternehmen mit einer Fehlerfläche von 14,84 % die beste Klassifikationsleistung im Vergleich zu den zwei anderen Wirtschaftszweigen Bau und Handel. Allerdings ist dieser Wert mit Vorsicht zu interpretieren, da nur sehr wenige Unternehmen und Jahresabschlüsse für den Wirtschaftszweig vorliegen und somit die Aussagekraft der Fehlerfläche eingeschränkt ist. Für die Jahresabschlüsse der Bau- und Handelsunternehmen werden mit NF 2-12-4-75 jeweils Fehlerflächen von 17,61 % und 18,09 % erzielt. Der Unterschied dieser Fehlerflächen von ca. 6 % zu der an der Validierungsstichprobe für die Unternehmen des verarbeitenden Gewerbes gemessenen Fehlerfläche von 11,76 % zeigt, dass der entwickelte Neuro-Fuzzy-Lageindikator Unternehmen anderer Wirtschaftszweige wesentlich schlechter klassifiziert. Wird hingegen berücksichtigt, dass NF 2-12-4-75 ausschließlich an Jahresabschlüssen des verarbeitenden Gewerbes entwickelt wurde, sind die erzielten Fehlerflächen für die Jahresabschlüsse von Unternehmen anderer Wirtschaftszweige relativ gut. Der entwickelte Neuro-Fuzzy-Lageindikator kann also weitgehend als robust beurteilt werden.

Im Vergleich zur Untersuchung von JERSCHENSKY, der die Robustheit seines Mixture-of-Experts-Netzes MoE-31 an denselben Daten getestet hat, ist die Robustheit von NF 2-12-4-75 geringer. JERSCHENSKY erzielt mit dem MoE-31 für Bauunternehmen eine Fehlerfläche von 12,02 % und für Handelsunternehmen eine Fehlerfläche von 13,88 %.[142] Eine mögliche Erklärung für die geringere Robustheit von NF 2-12-4-75 im Vergleich zum MoE-31 ist in der besonderen Konstruktion eines Neuro-Fuzzy-Lageindikators zu sehen. Dies zeigen auch die Untersuchungsergebnisse von TROSZCZYNSKI[143], der mehrere Neuro-Fuzzy-Klassifikatoren mit einer etwas anderen als der hier verwendeten Neuro-Fuzzy-Architektur auf demselben empirischen Datenmaterial für Unternehmen und Jahresabschlüsse des verarbeitenden Gewerbes entwickelt hat. Auch er hat mit seinen Neuro-Fuzzy-Klassifikatoren an Unternehmen des verarbeitenden Gewerbes überdurchschnittlich gute Klassifikationsergebnisse erzielt. Bei der Überprüfung dieser Klassifikatoren an Unternehmen anderer Wirtschaftszweige hat TROSZCZYNSKI eine ähnlich geringe Robustheit seiner Klassifikatoren festgestellt. Eine Ursache ist darin zu sehen, dass ein Neuro-Fuzzy-Lageindikator die Verteilung und damit die Lage- und Streuungsparameter der Kennzahlenausprägungen auf Basis des empirischen Datenmaterials durch die Anpassung der Zugehörigkeitsfunktionen der jeweiligen linguistischen Eingabevariablen mit Hilfe des Lernalgorithmus speichert. Durch die Beschränkung des Datenmaterials auf Unternehmen des verarbeitenden Gewerbes werden sehr spezielle, wirtschaftszweigspezifische Kennzahlverteilungen in den jeweiligen linguistischen Eingabevariablen des Neuro-Fuzzy-Lageindikators hinterlegt, sodass Kennzahlenausprägungen von Unternehmen anderer Wirtschaftszweige vom Neuro-Fuzzy-Lageindikator zwar fuzzyfiziert, aber für den speziellen Wirtschaftszweig nicht korrekt beurteilt werden können. Dies erklärt die wesentlich höheren Fehlerflächen und damit die geringere Robustheit für die Wirtschaftszweige Bau, Handel und Dienstleistung im Vergleich zum Wirtschaftszweig des verarbeitenden Gewerbes.

142 Vgl. JERSCHENSKY, A., Messung des Bonitätsrisikos von Unternehmen, S. 230.

143 Vgl. TROSZCZYNSKI, L., Möglichkeiten des Einsatzes von Neuro-Fuzzy-Verfahren, S. 61.

386. Plausibilität des Neuro-Fuzzy-Lageindikators

Als letztes Qualitätskriterium wird die **Plausibilität** des entwickelten Neuro-Fuzzy-Lageindikators beurteilt. Ein Neuro-Fuzzy-Lageindikator wird in dieser Untersuchung als plausibel bezeichnet, wenn seine **Ergebnisse mit dem Erfahrungswissen eines Experten oder eines geschulten Anwenders übereinstimmen.**[144] Darüber hinaus können die Ergebnisse auch personenunabhängig anhand von durch die Presse oder die Wissenschaft publizierten Fakten und Tatsachen plausibilisiert werden. Zur Prüfung der Plausibilität von NF 2-12-4-75 werden die folgenden je zwei *solventen* und *später insolventen* Unternehmen ausgewählt, deren jeweilige wirtschaftliche Lage aus den publizierten Geschäftsberichten, aus Pressemitteilungen und aus wissenschaftlichen Publikationen hinreichend bekannt ist:[145]

- SAP AG,
- PORSCHE AG,
- PITTLER MASCHINENFABRIK AG (im Januar 1997 Konkurs angemeldet),
- TRAUB AG (im Februar 1997 Konkurs angemeldet).

Die Bestandsfestigkeit der vier Unternehmen wird mit dem entwickelten Neuro-Fuzzy-Lageindikator NF 2-12-4-75 jeweils anhand der **Konzernabschlüsse** für die Jahre 1989 bis 1995 beurteilt. Darüber hinaus werden die mit NF 2-12-4-75 für die vier Unternehmen ermittelten Ergebnisse zur Plausibilisierung mit den Ergebnissen zwei weiterer, anerkannter Verfahren verglichen, die es erlauben, auf Basis von Jahresabschlusskennzahlen die Bestandsfestigkeit von Unternehmen zuverlässig und objektiv zu beurteilen. Hierzu werden das von BAETGE & PARTNER in Zusammenarbeit mit dem Institut für Revisionswesen entwickelte **Baetge-Bilanz-Rating® BP-14**[146] und das von JERSCHENSKY entwickelte **Mixture-of-Experts-Netz MoE-31**[147] herangezogen. Mit BP-14 wird die Bestandsfestigkeit eines Unternehmens auf einer Skala zwischen 10 und -10 gemessen. Das Ergebnis von BP-14 wird als N-Wert bezeichnet; je höher der N-Wert ist, desto besser ist die Bestandsfestigkeit des Unternehmens zu

---

144 Vgl. zu den folgenden Ausführungen JERSCHENSKY, A., Messung des Bonitätsrisikos von Unternehmen, S. 234.

145 Für die Beurteilung der wirtschaftlichen Lage der ausgewählten Unternehmen vgl. auch BAETGE, J./ JERSCHENSKY, A., Beurteilung der wirtschaftlichen Lage von Unternehmen, S. 1584-1589; JERSCHENSKY, A., Messung des Bonitätsrisikos von Unternehmen, S. 234.

146 Für die Entwicklung und die Anwendung von BP-14 vgl. BAETGE, J./MANOLOPOULOS, P. R., Bilanz-Ratings zur Beurteilung der Unternehmensbonität. Die mit BP-14 berechneten N-Werte für die vier ausgewählten Unternehmen sind publiziert in BAETGE, J./JERSCHENSKY, A., Beurteilung der wirtschaftlichen Lage von Unternehmen, S. 1584 f.

147 Für die Entwicklung des MoE-31 vgl. JERSCHENSKY, A., Messung des Bonitätsrisikos von Unternehmen, S. 198-213. Die mit dem MoE-31 berechneten Insolvenzwahrscheinlichkeiten sind für drei der vier ausgewählten Unternehmen publiziert in JERSCHENSKY, A., Messung des Bonitätsrisikos von Unternehmen, S. 235.

beurteilen. Mit dem von JERSCHENSKY entwickelten MoE-31 wird im Gegensatz zu NF 2-12-4-75 und BP-14 nicht die Bestandsfestigkeit, sondern die Bestandsgefährdung eines Unternehmens gemessen, welche als Insolvenzwahrscheinlichkeit angegeben wird.

Übersicht 3-61 zeigt in der linken Bildhälfte den Verlauf der mit NF 2-12-4-75 ermittelten NF-Werte für die Bestandsfestigkeit des SAP KONZERNS und des PORSCHE KONZERNS. Zum Vergleich sind die mit BP-14 und MoE-31 ermittelten Werte für die beiden Unternehmen in der rechten Bildhälfte gegenübergestellt. Dabei ist die Skala für BP-14 am linken Rand und die Skala für MoE-31 am rechten Rand des jeweiligen Diagramms eingezeichnet.

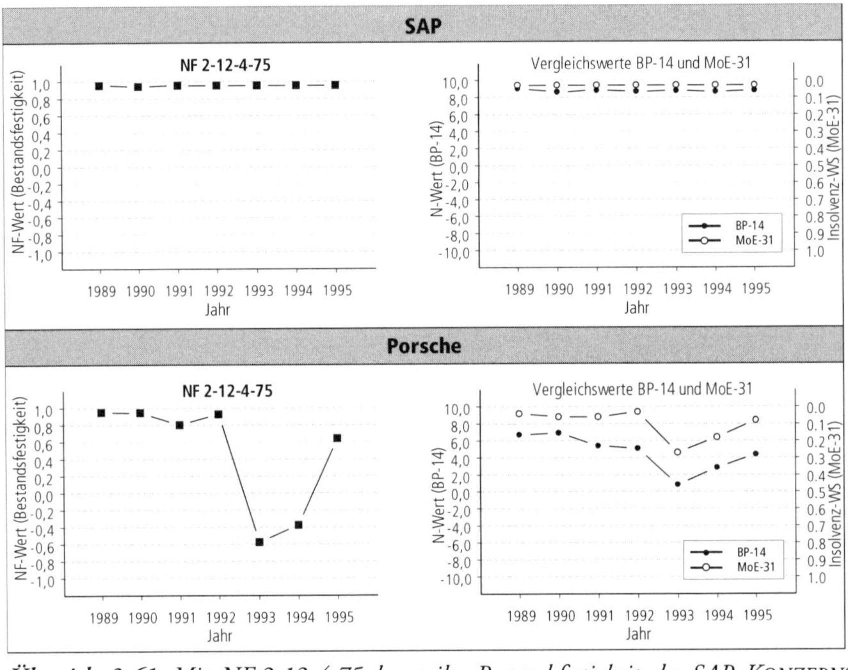

***Übersicht 3-61:** Mit NF 2-12-4-75 beurteilte Bestandsfestigkeit des SAP KONZERNS und des PORSCHE KONZERNS im Vergleich zu BP-14 und MoE-31*

Der SAP KONZERN zeichnete sich in den Jahren 1989 bis 1995 trotz seines starken Wachstums durch eine exzellente und auf hohem Niveau konstante wirtschaftliche Lage aus.[148] NF 2-12-4-75 beurteilt die Bestandsfestigkeit des SAP KONZERNS über

148 Vgl. BAETGE, J./JERSCHENSKY, A., Eine drohende Schieflage kann frühzeitig erkannt werden, S. 15-16; WILHELM, W., Wie gut sind Blue Chips?

diese Jahre konstant mit einem sehr hohen NF-Wert von fast konstant 0,95. Die Entwicklung der wirtschaftlichen Lage des PORSCHE KONZERNS war in den Jahren 1989 bis 1995 im Vergleich zum SAP KONZERN wesentlich turbulenter. Während der PORSCHE KONZERN in den Jahren von 1989 bis 1992 eine solide wirtschaftliche Lage aufwies, hatte er im Jahr 1993 aufgrund von sinkenden Umsätzen und hohen Verlusten einen starken Einbruch, konnte sich jedoch in den Folgejahren wieder erholen.[149] Die Höhe der Bestandsfestigkeit des PORSCHE KONZERNS wird von NF 2-12-4-75 in den Jahren von 1989 bis 1992 mit NF-Werten zwischen 0,8 und 0,9 entsprechend als sehr gut beurteilt. Den Ertragseinbruch im Jahr 1993 stellt NF 2-12-4-75 mit einem stark sinkenden NF-Wert von -0,58 fest. Die Erholungsphase des PORSCHE KONZERNS in den folgenden zwei Jahren wird von NF 2-12-4-75 mit steigenden NF-Werten erkannt.

Der Vergleich der mit NF 2-12-4-75 ermittelten Ergebnisse mit denen von BP-14 und MoE-31 zeigt, dass sich die Wertverläufe sehr ähneln. So ist der Verlauf der NF-Werte für den SAP KONZERN fast identisch mit den Wertverläufen von BP-14 und MoE-31. Auch für den PORSCHE KONZERN ist ein ähnlicher Verlauf der Werte zwischen NF 2-12-4-75, BP-14 und MoE-31 festzustellen. Allerdings reagiert NF 2-12-4-75 auf den Einbruch im Jahr 1993 wesentlich sensibler, welches an dem stärker abfallenden NF-Wert im Vergleich zum N-Wert von BP-14 und der Insolvenzwahrscheinlichkeit von MoE-31 zu erkennen ist.

Die folgende Übersicht 3-62 zeigt die Verläufe der mit NF 2-12-4-75 ermittelten NF-Werte im Vergleich zu den mit BP-14 und MoE-31 ermittelten Ergebnissen für die zwei ausgewählten *später insolventen* Unternehmen.

Sowohl die TRAUB AG als auch die PITTLER MASCHINENFABRIK AG haben Anfang 1997 Konkurs angemeldet. Der entwickelte Neuro-Fuzzy-Lageindikator NF 2-12-4-75 hat die drohende Insolvenz bei beiden Unternehmen durch sehr kleine NF-Werte im Jahr 1995 entsprechend angezeigt und erkannt. Für den TRAUB KONZERN wird im Jahr 1989 noch eine sehr hohe Bestandsfestigkeit gemessen, die sich in den folgenden drei Jahren rapide verschlechtert und auf einen Tiefstwert von -0,9 sinkt. Nach einer kurzen Erholung im Jahr 1993 fällt der NF-Wert wieder auf -0,8 ab. Eine ähnliche Entwicklung wurde mit NF 2-12-4-75 für die PITTLER MASCHINENFABRIK festgestellt. Der NF-Wert sinkt in den Jahren 1990 bis 1993 kontinuierlich bis auf einen Tiefstwert von -0,69. Im Jahr 1994 erholt sich das Unternehmen kurz und fällt dann 1995 wieder auf einen niedrigen NF-Wert von -0,59 ab.

149 Vgl. BAETGE, J./JERSCHENSKY, A., Vergleich der Bonität von Daimler Benz, VW, BMW und Porsche, S. 21-21.

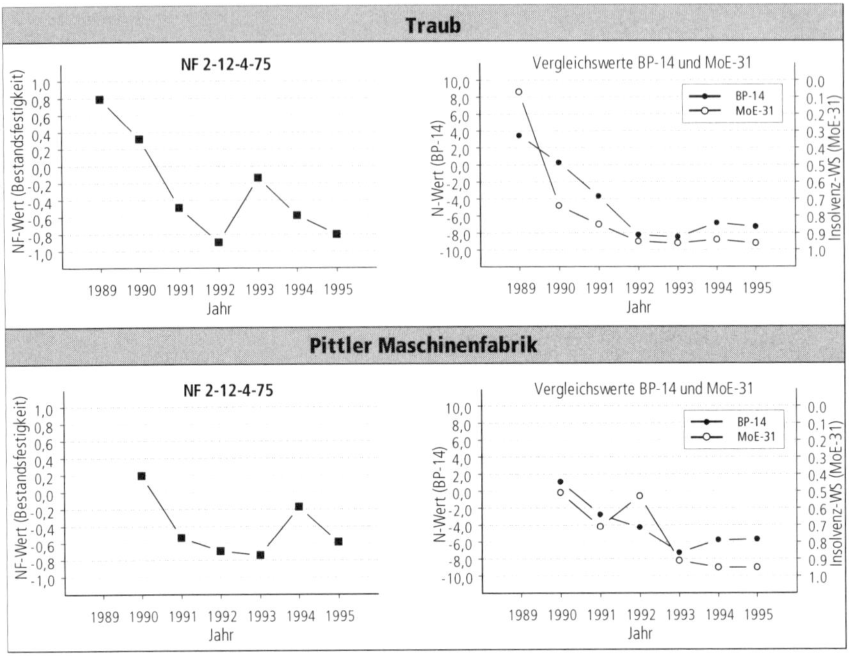

Übersicht 3-62: Mit NF 2-12-4-75 beurteilte Bestandsfestigkeit des TRAUB KONZERNS und des PITTLER MASCHINENFABRIK KONZERNS im Vergleich zu BP-14 und MoE-31

Wie bereits bei der Beurteilung der zwei *solventen* Unternehmen zeigt sich auch hier ein sehr ähnlicher NF-Wert-Verlauf von NF 2-12-4-75 im Vergleich zu den Wertverläufen von BP-14 und MoE-31. Für beide *später insolventen* Unternehmen wird mit NF 2-12-4-75 im Jahr 1995 ein Wert auf gleich niedrigem Niveau wie mit BP-14 und MoE-31 gemessen. Allerdings sind die positiven Ausschläge des NF-Werts für den TRAUB KONZERN im Jahr 1993 bzw. für den PITTLER MASCHINENFABRIK KONZERN im Jahr 1994 nicht bei den Wertverläufen von BP-14 und MoE-31 zu beobachten. Ein Grund hierfür kann einerseits sein, dass NF 2-12-4-75 auf Veränderungen wesentlich sensibler reagiert als BP-14 und MoE-31. Andererseits verwendet NF 2-12-4-75 z.T. andere Kennzahlen als die Vergleichssysteme, sodass die unterschiedlichen Kennzahlen die positiven Ausschläge verursachen.

Die Beurteilung der Bestandsfestigkeit der ausgewählten vier Unternehmen zeigt, dass die tatsächliche Entwicklung der wirtschaftlichen Lage der jeweiligen Unternehmen mit dem entwickelten Neuro-Fuzzy-Lageindikator NF 2-12-4-75 zutreffend erkannt wurde. Dies bestätigt auch der Vergleich mit den Ergebnissen von BP-14 und MoE-31. Die Anforderungen an das Qualitätskriterium der Plausibilität sind mit NF 2-12-4-75 also voll erfüllt.

4 Anwendung des entwickelten Neuro-Fuzzy-Lageindikators

41 Vorbemerkungen

Ein Ziel der vorliegenden Untersuchung ist es, einen zuverlässigen Neuro-Fuzzy-Lageindikator zu entwickeln, dessen Urteilsbildung über die Bestandsfestigkeit eines Unternehmens **für den Anwender nachvollziehbar und interpretierbar** ist.[1] Die Nachvollziehbarkeit und Interpretierbarkeit der Urteilsbildung wird durch verschiedene Bestandteile des entwickelten Neuro-Fuzzy-Lageindikators NF 2-12-4-75 gewährleistet:

- Das Gesamturteil über die Bestandsfestigkeit wird auf Basis von Teilurteilen über die Vermögens-, Finanz- und Ertragslage gebildet, die wiederum anhand der lagenspezifischen Jahresabschlusskennzahlen bestimmt werden. Mit Hilfe dieser Teilurteile lässt sich das gebildete Gesamturteil in Bezug auf die Teillagen und die Jahresabschlusskennzahlen differenziert betrachten und interpretieren. Diese **differenzierende Urteilsbildung** ist in NF 2-12-4-75 durch die zugrundegelegte Topologie (Urteilshierarchie) berücksichtigt.[2]
- Anhand der **Wenn-Dann-Regeln,** die integraler Bestandteil des Neuro-Fuzzy-Lageindikators sind, besteht die Möglichkeit, das gefällte Gesamturteil über die Bestandsfestigkeit i. S. einer fragengeleiteten Bilanzanalyse[3] nachzuvollziehen und so die betriebswirtschaftlichen Ursachen für eine *hohe* respektive *niedrige* Bestandsfestigkeit eines Unternehmens aufzudecken.
- Die Ausprägungen der Jahresabschlusskennzahlen auf der unteren Urteilsebene und die Höhe der drei Teilurteile über die Vermögens-, Finanz- und Ertragslage auf der oberen Urteilsebene werden jeweils auf Basis der zugehörigen **linguistischen Eingabevariablen** fuzzyfiziert. Für jeden linguistischen Term einer Eingabevariablen wird ein Zugehörigkeitsgrad errechnet, der angibt, zu welchem Grad der jeweilige linguistische Term erfüllt ist. Auf Basis dieser Zugehörigkeitsgrade lässt sich nachvollziehen, wie NF 2-12-4-75 die jeweiligen Ausprägungen der Jahresabschlusskennzahlen bzw. die Ausprägungen der Teilurteile über die Vermögens-, Finanz- und Ertragslage beurteilt. Die linguistischen Terme der jeweiligen Eingabevariablen gehen mit den errechneten Zugehörigkeitsgraden in die entsprechenden Regelprämissen ein.

---

1 Für die Zielsetzung dieser Arbeit vgl. Abschnitt 11.

2 Für die Topologie des entwickelten Neuro-Fuzzy-Lageindikators vgl. 353.

3 Vgl. BAETGE, J./DOSSMANN, C./KRUSE, A., Krisendiagnose mit Künstlichen Neuronalen Netzen, S. 202 f.; HAUSCHILDT, J., Unternehmenskrisen - Herausforderungen an die Bilanzanalyse, S. 17.

In Abschnitt 38 wurde die Qualität und die statistische Zuverlässigkeit von NF 2-12-4-75 mit den fünf Qualitätskriterien hinsichtlich der Klassifikationsleistung, des Früherkennungspotenzials, der Trennschärfe, der Robustheit und der Plausibilität für die Menge von Unternehmen und Jahresabschlüssen der Test- und Validierungsstichprobe untersucht und beurteilt. In diesem Abschnitt der Arbeit wird gezeigt, wie der entwickelte Neuro-Fuzzy-Lageindikator NF 2-12-4-75 konkret zur **Beurteilung der Bestandsfestigkeit *eines* Unternehmens** eingesetzt werden kann. Ferner wird gezeigt, wie der Anwender anhand der Teilurteile über die Vermögens-, Finanz- und Ertragslage, der Wenn-Dann-Regeln und der linguistischen Eingabevariablen das von NF 2-12-4-75 gefällte Urteil über die Bestandsfestigkeit nachvollziehen und interpretieren kann. Dazu wird exemplarisch der PORSCHE KONZERN ausgewählt, der als Unternehmen des verarbeitenden Gewerbes die Anwendungsvoraussetzungen von NF 2-12-4-75 erfüllt und bereits für die Untersuchung der Plausibilität herangezogen wurde.[4] Der PORSCHE KONZERN wird für die Jahre 1991 bis 1995 anhand der in den Geschäftsberichten veröffentlichten Jahresabschlüsse mit NF 2-12-4-75 hinsichtlich seiner Bestandsfestigkeit beurteilt und analysiert.[5]

Nachdem die Anwendung von NF 2-12-4-75 auf den PORSCHE KONZERN dargestellt wurde, wird im letzten Unterabschnitt 44 diskutiert, welche Voraussetzungen erfüllt sein müssen und welche Anpassungen noch gegebenenfalls vorzunehmen sind, damit ein solcher Neuro-Fuzzy-Lageindikator in der Praxis erfolgreich eingesetzt werden kann und den jeweiligen Anwender in seiner Arbeit optimal unterstützt.

42 Vorgehen zur Beurteilung der Bestandsfestigkeit eines Unternehmens mit NF 2-12-4-75

Für die Beurteilung der Bestandsfestigkeit eines Unternehmens benötigt der entwickelte Neuro-Fuzzy-Lageindikator NF 2-12-4-75 lediglich die zwölf auf Basis der zu beurteilenden Jahresabschlüsse gebildeten Kennzahlen.[6] Anhand dieser zwölf Kennzahlen erzeugt NF 2-12-4-75 eine Menge von Informationen, mit der die Bestandsfestigkeit des Unternehmens für das jeweilige Abschlussjahr beurteilt und analysiert werden kann. Im Einzelnen werden für jeden Jahresabschluss eines Unternehmens die folgenden Informationen von NF 2-12-4-75 erzeugt:

---

4 Vgl. Abschnitt 386.

5 Vgl. DR. H.C. F. PORSCHE AG (HRSG.), Geschäftsbericht 1990/91; DR. H.C. F. PORSCHE AG (HRSG.), Geschäftsbericht 1991/92; DR. H.C. F. PORSCHE AG (HRSG.), Geschäftsbericht 1992/93; DR. H.C. F. PORSCHE AG (HRSG.), Geschäftsbericht 1993/94; DR. H.C. F. PORSCHE AG (HRSG.), Geschäftsbericht 1994/95.

6 Für die in NF 2-12-4-75 eingehenden zwölf Kennzahlen vgl. Übersicht 3-24.

- Im Sinne einer hierarchischen Urteilsbildung berechnet NF 2-12-4-75 insgesamt **vier Urteile.** Die drei Teil-Experten der unteren Urteilsebene bilden die **Teilurteile über die Vermögens-, Finanz- und Ertragslage** und der Gesamturteils-Experte der oberen Urteilsebene aggregiert diese drei Teilurteile zu dem **Gesamturteil über die Bestandsfestigkeit.**
- Für jede der insgesamt 75 Regeln der vier Regelbasen wird mit NF 2-12-4-75 die jeweilige **Regelaktivierung** $ra_{lp} = \mu_l(\bar{x}(p))$ ermittelt, die den Erfüllungsgrad der Regel l für den Datensatz p aus dem Intervall [0; 1] angibt. Mit der Regelaktivierung ra_{lp} und dem Regelgewicht $\varkappa_l$ lässt sich die **gewichtete Regelaktivierung**

  (4-1) $$wra_{lp} = ra_{lp} \cdot \varkappa_l$$

  berechnen. Anhand dieser gewichteten Regelaktivierung wra_{lp} kann festgestellt werden, welche Regeln der Regelbasis des jeweiligen Teil-Experten verantwortlich für die Urteilsbildung bezogen auf die Kennzahlen eines Jahresabschlusses sind. Erfahrungen mit NF 2-12-4-75 zeigen, dass für die Bildung eines Urteils nur wenige Regeln der entsprechenden Regelbasis des Teil-Experten zu einem hohen Grad aktiviert sind, sodass sich die Regelbasen einfach auswerten lassen.
- Auf Basis der linguistischen Eingabevariablen berechnet NF 2-12-4-75 auf der unteren Urteilsebene für jede der zwölf Kennzahlen sowie auf der oberen Urteilsebene für die drei Teil-Urteile über die Vermögens-, Finanz- und Ertragslage die entsprechenden **Zugehörigkeitsgrade für die jeweiligen linguistischen Terme.** Hierdurch wird ersichtlich, wie NF 2-12-4-75 die Ausprägungen der Kennzahlen sowie die Höhe der Teilurteile beurteilt.

Die Beurteilung und anschließende Analyse der Bestandsfestigkeit eines Unternehmens mit Hilfe dieser von NF 2-12-4-75 erzeugten umfassenden Informationsbasis wird in mehreren Schritten vorgenommen. Übersicht 4-1 zeigt das im Folgenden angewendete Vorgehensmodell als EPK.

Bevor ein Unternehmen hinsichtlich seiner Bestandsfestigkeit beurteilt werden kann, sind dessen Jahresabschlüsse für die zu beurteilenden Geschäftsjahre mit einem standardisierten Erfassungsschema zu erfassen.[7] Anschließend werden die für NF 2-12-4-75 benötigten zwölf Kennzahlen anhand der erfassten Jahresabschlüsse berechnet. Damit liegen alle Informationen vor, die NF 2-12-4-75 benötigt, um das Gesamturteil über die Bestandsfestigkeit, die drei Teilurteile über die Vermögens-, Finanz- und Ertragslage sowie die weiteren Daten der umfassenden Informationsbasis zu berechnen. Ausgehend vom Gesamturteil wird die Bestandsfestigkeit des jeweiligen Unternehmens für jedes Geschäftsjahr schrittweise über die Teilurteile bis hin zu den Kennzahlen und den Jahresabschlussposten analysiert.

7 Vgl. BAETGE, J., Bilanzanalyse, S. 83-91.

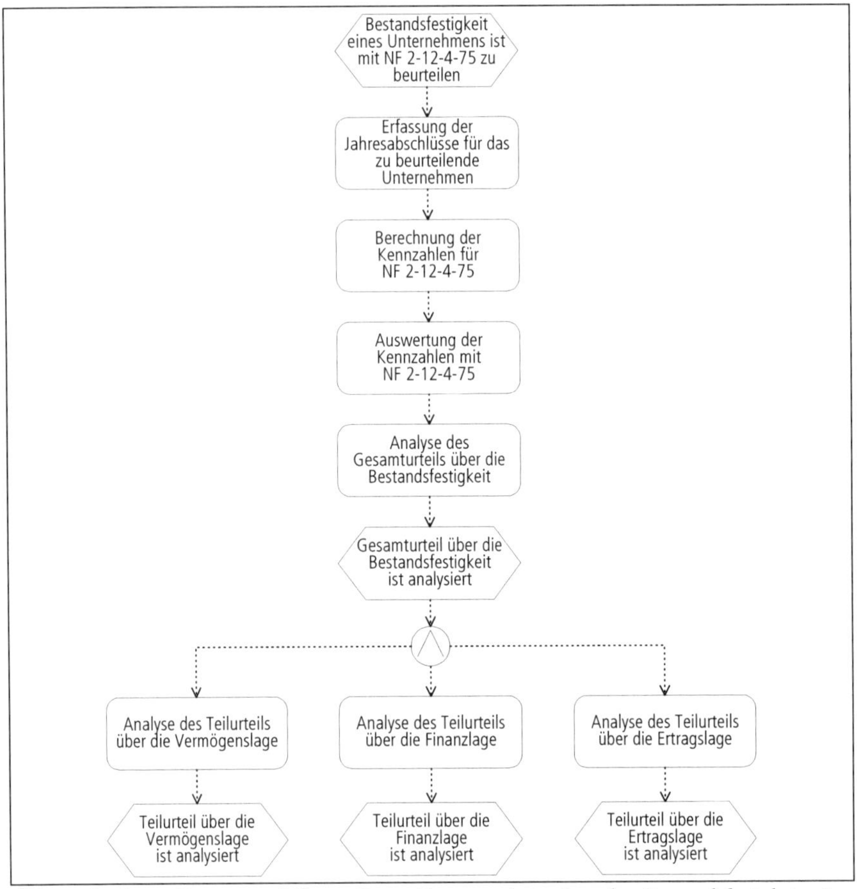

Übersicht 4-1: *Prozessmodell zur Beurteilung und Analyse der Bestandsfestigkeit eines Unternehmens mit NF 2-12-4-75*

Für die **Analyse des Gesamturteils über die Bestandsfestigkeit** wird die Urteilsbildung des Gesamturteils-Experten der oberen Urteilsebene in zwei Schritten untersucht:

(1) **Analyse der Regelbasis** des Gesamturteils-Experten anhand der (gewichteten) Regelaktivierungen.

(2) **Analyse der Beurteilung der Teilurteile** über die Vermögens-, Finanz- und Ertragslage durch NF 2-12-4-75 auf Basis der berechneten Zugehörigkeitsgrade zu den linguistischen Termen *›schlecht‹*, *›durchschnittlich‹* und *›gut‹*.

Nachdem das Gesamturteil zur Bestandsfestigkeit vom Gesamturteils-Experten analysiert wurde, folgt die **Analyse der Teilurteile über die Vermögens-, Finanz- und Ertragslage**, die von den Teil-Experten der unteren Urteilsebene gebildet werden. Jedes Teilurteil wird separat in drei Schritten untersucht:

(1) **Analyse der Regelbasis** des jeweiligen Teil-Experten der unteren Urteilsebene anhand der (gewichteten) Regelaktivierungen.

(2) **Analyse der Beurteilung der Kennzahlenausprägungen** durch NF 2-12-4-75 auf Basis der berechneten Zugehörigkeitsgrade zu den linguistischen Termen *›niedrig‹* und *›hoch‹*.

(3) **Untersuchung** der in die Kennzahlen **eingehenden Jahresabschlusspositionen** und **Analyse der betriebswirtschaftlichen Ursachen**, die zu den jeweiligen Kennzahlenausprägungen geführt haben.

Anhand dieses Vorgehensmodells wird im Folgenden gezeigt, wie die Bestandsfestigkeit eines einzelnen Unternehmens über mehrere Jahre mit der von NF 2-12-4-75 erzeugten Informationsbasis beurteilt und analysiert werden kann.

43 Anwendung von NF 2-12-4-75 auf den PORSCHE KONZERN

431. Der PORSCHE KONZERN

Die Anwendung des entwickelten Neuro-Fuzzy-Lageindikators NF 2-12-4-75 wird exemplarisch an den Jahresabschlüssen des PORSCHE KONZERNS gezeigt. Bereits bei der Untersuchung der Plausibilität von NF 2-12-4-75 in Abschnitt 386. wurde das Gesamturteil über die Bestandsfestigkeit des PORSCHE KONZERNS im Zeitvergleich dargestellt (vgl. Übersicht 3-61). Danach war für den PORSCHE KONZERN im Geschäftsjahr 1993 ein starker Einbruch der Bestandsfestigkeit festzustellen. Dieser Einbruch soll mit NF 2-12-4-75 näher untersucht werden.

Der PORSCHE KONZERN ist ein traditionsreicher deutscher Automobilhersteller, der mit seinen exklusiven und hochpreisigen Sportwagen eine Nische im weltweiten Automobilmarkt bedient. Die Hauptabsatzgebiete sind vor allem Deutschland und Nordamerika sowie Japan, Großbritannien, Italien und Frankreich. Für die im Folgenden untersuchten Geschäftsjahre von 1991 bis 1995 kann PORSCHE fast als Einproduktunternehmen charakterisiert werden. Aushängeschild ist die Modellreihe »911«. Neben dieser Modellreihe existieren zwar noch die zwei Modellreihen »944/968« und »928«, die allerdings in Anbetracht der Produktions- und Absatzzahlen eine eher untergeordnete Rolle spielen und zudem seit Ende der Geschäftsjahre 1995 (»944/968«) bzw. 1996 (»928«) nicht mehr produziert werden. Erst nach dem hier untersuchten Zeitraum hat sich PORSCHE im Geschäftsjahr 1996 mit der neuen Modellreihe »Boxter« ein zweites Standbein geschaffen. Darüber hinaus hat PORSCHE in den Jahren

1991 bis 1995 zudem Großserienderivate für AUDI (Audi-Porsche Avant RS2) und MERCEDES BENZ (Mercedes E500) in kleinen Stückzahlen im Auftrag gefertigt.

Die Analyse der Bestandsfestigkeit des PORSCHE KONZERNS ist vor dem Hintergrund der gesamtwirtschaftlichen Situation zu sehen, die sich im untersuchten Zeitraum sowohl in Deutschland als auch weltweit in einer Depression befand. In Deutschland wurde im Jahr 1993 der Tiefpunkt der Depression erreicht. Besonders ein Unternehmen wie PORSCHE, welches hochpreisige Luxusgüter weltweit anbietet, ist stark von der allgemeinen Wirtschaftssituation im In- und Ausland abhängig. Dies ist auch ein Grund für den starken Absatzeinbruch, den der PORSCHE KONZERN im Jahr 1993 zu verzeichnen hatte. Dieser Absatzeinbruch wurde darüber hinaus dadurch verstärkt, dass für 1994 ein neuer Modelljahrgang des 911er angekündigt war und damit weniger potenzielle Kunden bereit waren, ein »Auslaufmodell« zu kaufen.

Das Geschäftsjahr des PORSCHE KONZERNS erstreckt sich jeweils auf den Zeitraum vom 1. August bis 31. Juli des Folgejahres. Zur Vereinfachung wird im Folgenden das Geschäftsjahr mit dem Jahr bezeichnet, in dem der Jahresabschluss vorgelegt wurde. So wird das Geschäftsjahr vom 1. August 1992 bis zum 31. Juli 1993 mit dem Jahr 1993 bezeichnet.

	Bezeichnung	1991	1992	1993	1994	1995
Absatzzahlen	Absatz Porsche Inland[in Stück]	9.077	7.307	3.544	5.574	5.276
	Absatz Porsche Ausland[in Stück]	15.734	11.656	8.219	10.269	11.992
	Absatz Porsche Modell 911[in Stück]	19.123	12.636	7.702	13.010	16.594
	Absatz Porsche gesamt[in Stück]	24.811	18.963	11.763	15.843	17.268
	Fremdfertigung[in Stück]	1.368	4.097	2.599	2.559	2.712
Bilanzzahlen	Bilanzsumme[in Mio DM]	2.155,1	1.905,5	1.505,5	1.556,1	1.636,4
	Eigenkapital[in Mio DM]	725,7	633,8	385,6	426,8	411,8
	Anlagevermögen[in Mio DM]	812,4	755,5	748,6	687,3	690,8
	Investitionen[in Mio DM]	254,0	155,2	177,2	123,2	164,1
	Cash Flow[in Mio DM]	272,8	173,8	-35,0	34,4	185,5
Erfolgszahlen	Umsatz[in Mio DM]	3.102,2	2.684,6	1.912,9	2.335,7	2.606,9
	Jahresergebnis[in Mio DM]	17,1	-65,8	-238,8	-150,2	2,1
	Ergebnis der gewöhnlichen Geschäftstätigkeit[in Mio DM]	60,4	-35,5	-239,2	-144,5	11,4
	Beteiligungsergebnis[in Mio DM]	-5,6	1,2	12,2	8,0	23,7

Übersicht 4-2: *Ausgewählte absolute Kennzahlen des PORSCHE KONZERNS für die Jahre 1991 bis 1995*[8]

8 Die angegebenen Zahlen sind entnommen aus DR. H.C. F. PORSCHE AG (HRSG.), Geschäftsbericht 1990/91; DR. H.C. F. PORSCHE AG (HRSG.), Geschäftsbericht 1991/92; DR. H.C. F. PORSCHE AG (HRSG.), Geschäftsbericht 1992/93; DR. H.C. F. PORSCHE AG (HRSG.), Geschäftsbericht 1993/94; DR. H.C. F. PORSCHE AG (HRSG.), Geschäftsbericht 1994/95.

In Übersicht 4-2 werden ausgewählte absolute Kennzahlen aus den Jahresabschlüssen des PORSCHE KONZERNS für die Jahre 1991 bis 1995 angegeben, um sich vorab ein erstes Bild von der wirtschaftlichen Lage des PORSCHE KONZERNS für die untersuchten Geschäftsjahre machen zu können.

Zur Beurteilung und Analyse der Bestandsfestigkeit des PORSCHE KONZERNS wurden nach dem Vorgehensmodell aus Übersicht 4-1 zunächst die Jahresabschlüsse für die Jahre 1991 bis 1995 erfasst. Anschließend wurden die benötigten zwölf Kennzahlen für jedes zu untersuchende Geschäftsjahr anhand der Jahresabschlussposten berechnet und mit NF 2-12-4-75 ausgewertet. Anhand der dabei erzeugten Informationsbasis wird der PORSCHE KONZERN im Folgenden zunächst hinsichtlich des Gesamturteils über die Bestandsfestigkeit und anschließend hinsichtlich der drei Teilurteile über die Vermögens-, Finanz- und Ertragslage separat analysiert.

432. Analyse des Gesamturteils über die Bestandsfestigkeit

Der NF-Wert-Verlauf für die Bestandsfestigkeit des PORSCHE KONZERNS ist in Übersicht 4-3 für die Jahre 1991 bis 1995 dargestellt.

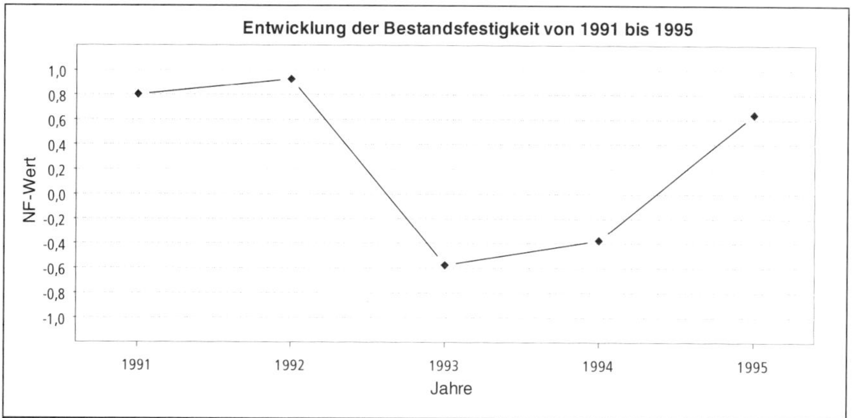

Gesamturteil	1991	1992	1993	1994	1995
Bestandsfestigkeit	0,80	0,93	-0,58	-0,38	0,64

Übersicht 4-3: *NF-Wert-Verlauf des Gesamturteils über die Bestandsfestigkeit des PORSCHE KONZERNS für die Jahre 1991 bis 1995*

Während der PORSCHE KONZERN für die Jahre 1991 und 1992 eine *hohe* Bestandsfestigkeit mit einem NF-Wert von über 0,8 aufweist, ist für das Jahr 1993 ein starker Einbruch auf einen NF-Wert von -0,58 zu beobachten. Der PORSCHE KONZERN hat es jedoch geschafft, in den folgenden zwei Jahren seine Bestandsfestigkeit wieder zu steigern. So ist bereits für das Jahr 1994 eine leichte Verbesserung der Bestandsfestigkeit auf einen NF-Wert von -0,38 festzustellen. Im Jahr 1995 verbessert sich die Bestandsfestigkeit des PORSCHE KONZERNS erheblich und erreicht einen NF-Wert von 0,64 und kehrt damit fast auf das Niveau von 1991 zurück. Mit Hilfe der vom entwickelten Neuro-Fuzzy-Lageindikator erzeugten Informationsbasis wird nun untersucht, auf welche Ursachen der Verlauf der Bestandsfestigkeit zurückzuführen ist.

Hierzu werden als erstes die **Regelaktivierungen ra_l** der Regeln l der Regelbasis zur Beurteilung der Bestandsfestigkeit betrachtet. In Übersicht 4-4 sind alle Regeln l des Gesamturteils-Experten der oberen Urteilsebene dargestellt, die im Zeitraum von 1991 bis 1995 einen Erfüllungsgrad von $ra_l \geq 0{,}2$ aufweisen. Zur Veranschaulichung wird das Jahr, in dem eine Regel mit einem Erfüllungsgrad von $ra_l \geq 0{,}2$ aktiviert ist, grau hinterlegt. Die in Klammern dargestellten Zahlen geben jeweils die mit dem Regelgewicht κ_l multiplizierte Regelaktivierung ra_l an. Diese **gewichtete Regelaktivierung wra_l** gibt an, mit welchem Erfüllungsgrad die jeweilige Regel l tatsächlich in die Urteilsbildung eingeht.

Im Jahr 1991 wird die Bestandsfestigkeit maßgeblich von den Regeln 58, 49, 50 und 59 beurteilt. Die Regeln 58 und 49 haben den größten Einfluss auf das Urteil und beurteilen die Bestandsfestigkeit beide mit hohen gewichteten Erfüllungsgraden als *gut*. Bei Betrachtung der Regelprämissen dieser Regeln lässt sich das Urteil auf eine durchweg *gute* Finanz- und Ertragslage und auf eine *gute* bis *durchschnittliche* Vermögenslage zurückführen. Die Regeln 50 und 59 gehen zwar aufgrund der niedrigeren gewichteten Erfüllungsgrade nicht so stark in das Urteil ein wie die anderen beiden Regeln, trotzdem deuten sie darauf hin, dass die Vermögens- und Ertragslage nicht eindeutig als *gut*, sondern auch als *durchschnittlich* beurteilt werden. Damit haben diese beiden Teillagen im Vergleich zur Finanzlage einen geringen negativen Einfluss auf das Gesamturteil.

1992 hat sich die hohe Bestandsfestigkeit des PORSCHE KONZERNS noch einmal verbessert und wurde von den Regeln 49 und 50 eindeutig als *gut* beurteilt. Dies ist mit einer durchweg *guten* Vermögens- und Finanzlage sowie einer *guten* bis *durchschnittlichen* Ertragslage zu begründen. Anhand der Verschiebung der gewichteten Regelaktivierungen im Vergleich zum Vorjahr ist zu erkennen, dass sich die Vermögenslage verbessert hat.

Im Jahr 1993 wird der Einbruch der Bestandsfestigkeit maßgeblich durch die Regel 72 bestimmt. Mit einem gewichteten Erfüllungsgrad von 0,76 hat diese Regel mit Abstand den größten Einfluss auf die Urteilsbildung, gefolgt von den Regeln 71, 63 und 69. Bei Betrachtung der Regelprämissen wird deutlich, dass die *schlechte* Bestandsfestigkeit auf eine *schlechte* Vermögens- und Ertragslage zurückzuführen ist. Die Finanzlage geht überwiegend als *durchschnittlich* in das Gesamturteil ein.

Regel-Nr.	1991	1992	1993	1994	1995
49	1,00 (0,71)	1,00 (0,71)	0,00 (0,00)	0,00 (0,00)	0,04 (0,03)
50	0,67 (0,44)	0,85 (0,55)	0,00 (0,00)	0,02 (0,01)	0,04 (0,02)
58	0,90 (0,81)	0,13 (0,11)	0,00 (0,00)	0,00 (0,00)	0,93 (0,83)
59	0,60 (0,44)	0,11 (0,08)	0,04 (0,03)	0,65 (0,48)	0,79 (0,58)
60	0,00 (0,00)	0,00 (0,00)	0,07 (0,06)	0,71 (0,58)	0,00 (0,00)
62	0,00 (0,00)	0,00 (0,00)	0,15 (0,10)	0,28 (0,19)	0,01 (0,01)
63	0,00 (0,00)	0,00 (0,00)	0,27 (0,27)	0,31 (0,31)	0,00 (0,00)
67	0,00 (0,00)	0,00 (0,00)	0,00 (0,00)	0,00 (0,00)	1,00 (0,95)
68	0,00 (0,00)	0,00 (0,00)	0,16 (0,03)	0,92 (0,19)	0,85 (0,18)
69	0,00 (0,00)	0,00 (0,00)	0,27 (0,18)	1,00 (0,67)	0,00 (0,00)
71	0,00 (0,00)	0,00 (0,00)	0,57 (0,30)	0,40 (0,21)	0,01 (0,01)
72	0,00 (0,00)	0,00 (0,00)	1,00 (0,76)	0,44 (0,33)	0,00 (0,00)

Legende:

Regel-Nr.	Prämisse			Konklusion	Regelgewicht $\varkappa_l$
	Vermögenslage (I<S)	**Finanzlage** (I<S)	**Ertragslage** (I<S)	**Bestandsfestigkeit** (I<S)	
49	gut	gut	gut	gut	0,7118
50	gut	gut	durchschnittlich	gut	0,6509
58	durchschnittlich	gut	gut	gut	0,8991
59	durchschnittlich	gut	durchschnittlich	durchschnittlich	0,7334
60	durchschnittlich	gut	schlecht	durchschnittlich	0,8228
62	durchschnittlich	durchschnittlich	durchschnittlich	durchschnittlich	0,6792
63	durchschnittlich	durchschnittlich	schlecht	durchschnittlich	1
67	schlecht	gut	gut	gut	0,9523
68	schlecht	gut	durchschnittlich	durchschnittlich	0,2111
69	schlecht	gut	schlecht	schlecht	0,6655
71	schlecht	durchschnittlich	durchschnittlich	durchschnittlich	0,5266
72	schlecht	durchschnittlich	schlecht	schlecht	0,7579

Übersicht 4-4: *Aktivierung der Regeln zur Bildung des Urteils über die Bestandsfestigkeit des PORSCHE KONZERNS für die Jahre 1991 bis 1995 (vgl. zur Definition der gesamten Regelbasis Übersicht 3-50)*

Die Verbesserung der Bestandsfestigkeit des PORSCHE KONZERNS im Jahr 1994 von -0,58 auf -0,38 ist auch in der Regelbasis an den vielen aktivierten Regeln, die die Bestandsfestigkeit nicht nur als *schlecht*, sondern auch als *durchschnittlich* beurteilen, zu erkennen. Trotzdem beurteilen die Regeln mit den höchsten gewichteten Zugehörigkeitsgraden (Regeln 69 und 60) die Bestandsfestigkeit weiterhin als *schlecht*, was die minimale Verbesserung von 0,2 NF-Wert-Punkten begründet. Betrachtet man die

Prämissen der beiden Regeln, so ist das Urteil auf eine *gute* Finanzlage, eine *schlechte* bzw. *durchschnittliche* Vermögenslage sowie eine *schlechte* Ertragslage zurückzuführen.

Im Jahr 1995 erholt sich die Bestandsfestigkeit des PORSCHE KONZERNS deutlich. Dies ist auch an den Regelaktiverungen zu erkennen. So wird die Bestandsfestigkeit wieder überwiegend von den aktivierten Regeln als *gut* beurteilt. Die Regeln 67 und 58 weisen mit Abstand die höchsten gewichteten Regelaktivierungen auf und führen das Urteil auf eine *gute* Finanz- und Ertragslage zurück. Die Vermögenslage geht weiterhin als *schlecht* bzw. *durchschnittlich* in das Urteil ein und hat daher einen negativen Einfluss auf die Urteilsbildung.

Wie sich die Teilurteile über die Vermögens-, Finanz- und Ertragslage zur Bildung des Urteils über die Bestandsfestigkeit im Einzelnen entwickelt haben, wird in Übersicht 4-5 anhand der NF-Wert-Verläufe für die Jahre 1991 bis 1995 dargestellt.

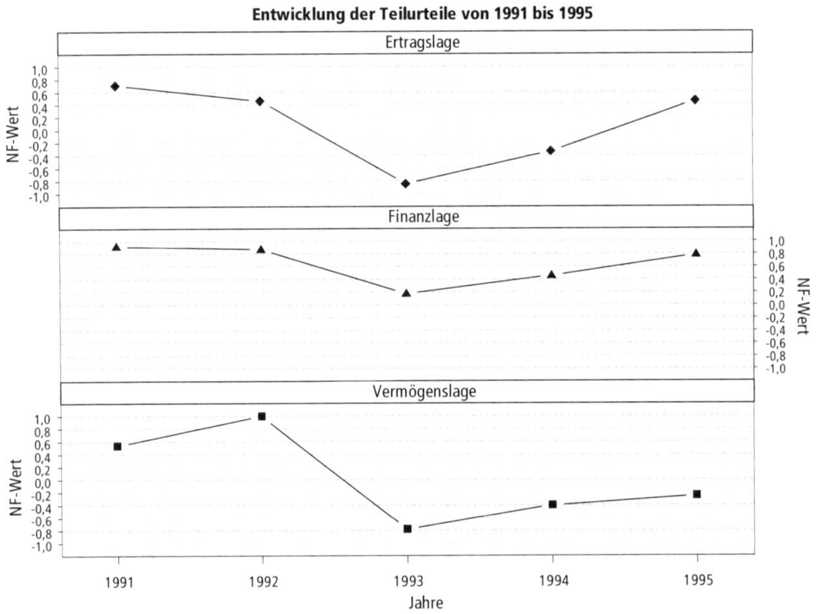

Teilurteil	1991	1992	1993	1994	1995
Ertragslage	0,71	0,46	-0,84	-0,34	0,46
Finanzlage	0,92	0,87	0,17	0,46	0,79
Vermögenslage	0,54	1,00	-0,78	-0,40	-0,25

Übersicht 4-5: *NF-Wert-Verläufe der Teilurteile über die Vermögens-, Finanz- und Ertragslage des PORSCHE KONZERNS für die Jahre 1991 bis 1995*

Wie bereits bei der Analyse der Regelbasis festgestellt wurde, hat sich der Einbruch der Bestandsfestigkeit des PORSCHE KONZERNS bereits 1992 durch einen sinkenden NF-Wert der Ertragslage angedeutet, während der NF-Wert der Vermögenslage in diesem Jahr auf einen Höchstwert gestiegen ist. Im Krisenjahr 1993 weisen beide Teillagen einen stark gefallenen negativen NF-Wert auf. So wurde für die Vermögenslage ein NF-Wert von -0,78 und für die Ertragslage ein NF-Wert von -0,84 gemessen. Die Finanzlage weist zwar auch einen Rückgang des NF-Werts für das Jahr 1993 auf, allerdings bleibt dieser mit einem Wert von 0,17 im positiven Bereich. Die Finanzlage des PORSCHE KONZERNS war also über die Jahre wesentlich stabiler als die Vermögens- und Ertragslage. Darüber hinaus ist zu beobachten, dass sich die Ertragslage in den Jahren 1994 und 1995 wesentlich schneller erholt als die Vermögenslage.

Wie die Teilurteile über die Vermögens-, Finanz- und Ertragslage konkret vom Neuro-Fuzzy-Lageindikator beurteilt werden, lässt sich mit Hilfe der Zugehörigkeitsgrade für die linguistischen Terme *›schlecht‹*, *›durchschnittlich‹* und *›gut‹*, die auf Basis der jeweiligen linguistischen Eingabevariablen berechnet wurden, zeigen. Die folgende Übersicht 4-6 stellt die berechneten Zugehörigkeitsgrade für die drei Teilurteile des PORSCHE KONZERNS für die Jahre 1991 bis 1995 dar.

Teilurteile	linguistischer Term	1991	1992	1993	1994	1995
Ertragslage	schlecht	0,00	0,00	1,00	0,99	0,00
	durchschnittlich	0,67	0,84	0,57	0,91	0,85
	gut	1,00	1,00	0,00	0,00	1,00
Finanzlage	schlecht	0,03	0,04	0,09	0,06	0,04
	durchschnittlich	0,00	0,00	0,80	0,21	0,01
	gut	0,87	0,84	0,22	0,48	0,79
Vermögenslage	schlecht	0,00	0,00	1,00	1,00	0,94
	durchschnittlich	0,54	0,12	0,27	0,70	0,87
	gut	0,60	0,92	0,00	0,02	0,04

Übersicht 4-6: *Zugehörigkeitsgrade der Teilurteile über die Vermögens-, Finanz- und Ertragslage zu den linguistischen Termen ›schlecht‹, ›durchschnittlich‹ und ›gut‹ des PORSCHE KONZERNS für die Jahre 1991 bis 1995*

Auch anhand der Zugehörigkeitsgrade wird die Vermutung bestätigt, dass die *niedrige* Bestandsfestigkeit des PORSCHE KONZERNS im Jahr 1993 überwiegend auf die Vermögens- und Ertragslage zurückzuführen ist. Die Ertragslage wurde von NF 2-12-4-75 in den Jahren 1991 und 1992 als *gut* bis *durchschnittlich* beurteilt. Dies ist an den hohen Zugehörigkeitsgraden für die linguistischen Terme *›gut‹* und *›durchschnittlich‹* zur erkennen. Im Jahr 1993 zeigt sich eine Umkehrung der Beurteilung und die Ertragslage wird mit sehr hohen Zugehörigkeitsgraden als *schlecht* bis *durchschnittlich* beurteilt. Für die Jahre 1994 wird die Ertragslage wieder stärker als *durch-*

schnittlich und im Jahr 1995 wieder als *gut* bis *durchschnittlich* von NF 2-12-4-75 eingestuft.

Eine ähnliche Beurteilung ist für die Jahre 1991 bis 1993 auch für die Vermögenslage festzustellen. Während in den ersten zwei Jahren hohe Zugehörigkeitsgrade für den linguistischen Term ›*gut*‹ festzustellen sind, wird im Jahr 1993 ein Zugehörigkeitsgrad von 1 für den linguistischen Term ›*schlecht*‹ gemessen. Dieses Niveau bleibt auch für die folgenden zwei Jahre 1994 und 1995 bestehen. Allerdings wird durch den steigenden Zugehörigkeitsgrad für den linguistischen Term ›*durchschnittlich*‹ deutlich, dass sich die Vermögenslage langsam verbessert.

Die Finanzlage weist bis auf das Jahr 1993 durchgängig hohe Zugehörigkeitsgrade für den linguistischen Term ›*gut*‹ auf. Für das Jahr 1993 wird ein hoher Zugehörigkeitsgrad für den linguistischen Term ›*durchschnittlich*‹ gemessen. Dies bestätigt die Vermutung, dass die Finanzlage für die untersuchten Jahre weitgehend stabil geblieben ist.

Als Zwischenergebnis kann festgehalten werden, dass die *schlechte* Bestandsfestigkeit des PORSCHE KONZERNS im Jahr 1993 auf eine *schlechte* Vermögens- und Ertragslage zurückzuführen ist. Die Finanzlage hat zwar auch im Jahr 1993 nachgegeben, allerdings nicht so stark wie die anderen beiden Teillagen. Die Ursachen für die festgestellte Entwicklung des PORSCHE KONZERNS werden im Folgenden für jede der drei Teillagen in separaten Abschnitten untersucht. Hierbei wird die Analyse der Teillagen auf die Betrachtung des Krisenjahres 1993 fokussiert. Die mit dem entwickelten Neuro-Fuzzy-Lageindikator NF 2-12-4-75 erzeugte Informationsbasis wird jedoch weiterhin für die Jahre 1991 bis 1995 dargestellt, sodass der interessierte Leser die Möglichkeit hat, auch für die anderen vier Jahre die Bildung der Teilurteile nachzuvollziehen.

433. Analyse der Teilurteile über die Vermögens-, Finanz- und Ertragslage

433.1 Analyse der Vermögenslage

Zur Analyse des sehr niedrigen NF-Werts des PORSCHE KONZERNS im Jahr 1993 für die Vermögenslage von -0,78 werden nach dem Vorgehensmodell aus Abschnitt 42 im ersten Teilschritt die gewichteten und ungewichteten Regelaktivierungen wra_l und ra_l untersucht. Dazu sind alle Regeln *l* der Regelbasis des Teil-Experten der unteren Urteilsebene zur Beurteilung der Vermögenslage in Übersicht 4-7 eingetragen, die für den PORSCHE KONZERN in den Jahren 1991 bis 1995 einen Erfüllungsgrad von

$ra_l \geq 0{,}2$ aufweisen. Die in Klammern angegebenen Erfüllungsgrade geben jeweils die gewichtete Regelaktivierung wra_l an.

Regel-Nr.	1991	1992	1993	1994	1995
37	1,00 (0,37)	1,00 (0,37)	0,00 (0,00)	0,04 (0,02)	0,01 (0,00)
38	0,68 (0,30)	0,00 (0,00)	0,04 (0,02)	0,46 (0,20)	1,00 (0,44)
46	0,01 (0,00)	0,00 (0,00)	1,00 (0,24)	1,00 (0,24)	0,66 (0,15)

Legende:

Regel-Nr.	Prämisse				Konklusion	Regelgewicht $\varkappa_l$
	KBD (l>S)	WCQ (l<S)	LIQ (l<S)	InvQ (l<S)	Vermögenslage (l<S)	
37	niedrig	niedrig	hoch	hoch	gut	0,3651
38	niedrig	niedrig	hoch	niedrig	durchschnittlich	0,4444
46	hoch	niedrig	hoch	niedrig	schlecht	0,2355

Übersicht 4-7: *Aktivierung der Regeln zur Bildung des Teilurteils über die Vermögenslage des PORSCHE KONZERNS für die Jahre 1991 bis 1995 (vgl. zur Definition der gesamten Regelbasis Übersicht 3-49)*

Im Jahr 1993 wurde das von NF 2-12-4-75 getroffene Urteil über die Vermögenslage fast ausschließlich durch die Regel 46 gebildet. Diese Regel weist eine maximale Aktivierung von $ra_l = 1{,}0$ sowie die höchste gewichtete Aktivierung von $wra_l = 0{,}24$ auf und beurteilt die Vermögenslage als *schlecht.* Bei Betrachtung der Regelprämissen wird das Urteil auf eine *hohe* Kapitalbindungsdauer (KBD), auf eine *niedrige* Working-Capital-Quote (WCQ), auf eine *hohe* Liquidität (LIQ) sowie auf eine *niedrige* Investitionsquote (InvQ) zurückgeführt. Unter Berücksichtigung der Arbeitshypothesen der Kennzahlen ist zu konstatieren, dass bis auf die Liquidität alle Kennzahlen einen negativen Einfluss auf die Bildung des Urteils über die Vermögenslage des PORSCHE KONZERNS im Jahr 1993 haben.

Um festzustellen, wie hoch der positive bzw. negative Einfluss der jeweiligen Kennzahl auf die Urteilsbildung ist, werden im nächsten Teilschritt des Vorgehensmodells die den jeweiligen Kennzahlenausprägungen zugeordneten Zugehörigkeitsgrade für die linguistischen Terme ›*niedrig*‹ und ›*hoch*‹ untersucht. Hierzu werden die Verläufe der Kennzahlenausprägungen für die Jahre 1991 bis 1995 in Übersicht 4-8 dargestellt. Zudem sind in Übersicht 4-9 für die fünf Jahre die Zugehörigkeitsgrade zu den linguistischen Termen ›*niedrig*‹ und ›*hoch*‹ dargestellt, die für jede Kennzahl mit Hilfe der entsprechenden linguistischen Eingabevariablen berechnet wurden.

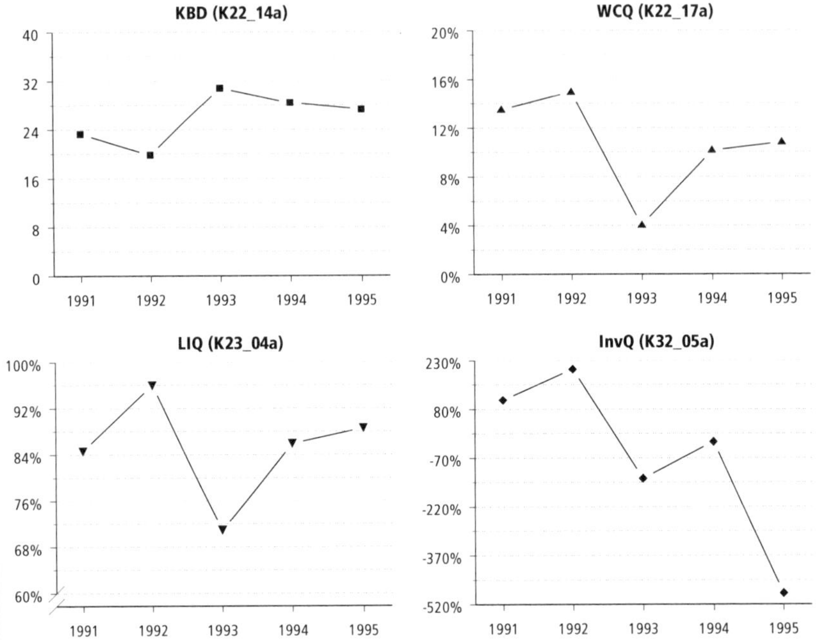

Teil-lage	Aussage (Kürzel)	Signum	1991	1992	1993	1994	1995
Vermögens lage	Kapitalbindungsdauer (KBD)	K22_14A	23,28	19,79	30,80	28,40	27,26
	Working-Capital-Quote (WCQ)	K22_17A	13,51%	14,96%	4,02%	10,15%	10,80%
	Liquidität (LIQ)	K23_04A	84,55%	95,96%	70,91%	85,90%	88,55%
	Investitionsquote (InvQ)	K32_05A	107,97%	203,20%	-132,30%	-19,97%	-485,54%

Übersicht 4-8: Kennzahlen der Vermögenslage des PORSCHE KONZERNS für die Jahre 1991 bis 1995 (vgl. zur Definition der Kennzahlen Übersicht 3-24)

Kennzahl	Linguistischer Term	1991	1992	1993	1994	1995
KBD	niedrig	0,02	0,24	0,00	0,00	0,00
(K22_14A)	hoch	0,00	0,00	0,00	0,00	0,00
WCQ	niedrig	0,25	0,24	0,37	0,29	0,28
(K22_17A)	hoch	0,00	0,00	0,00	0,00	0,00
LIQ	niedrig	0,00	0,00	0,00	0,00	0,00
(K23_04A)	hoch	0,16	0,72	0,01	0,21	0,33
InvQ	niedrig	0,12	0,00	1,00	1,00	1,00
(K32_05A)	hoch	0,18	0,29	0,05	0,09	0,01

Übersicht 4-9: Zugehörigkeitsgrade der Vermögenslage-Kennzahlen zu den linguistischen Termen ›hoch‹ und ›niedrig‹ des PORSCHE KONZERNS für die Jahre 1991 bis 1995

Obwohl die KBD im Jahr 1993 mit einer Ausprägung von 30 Tagen sprunghaft im Vergleich zum Vorjahr gestiegen ist, wird sie von NF 2-12-4-75 noch nicht als *hoch* beurteilt. Dies ist daran zu erkennen, dass die Zugehörigkeitsgrade für die beiden linguistischen Terme *›niedrig‹* und *›hoch‹* den Wert 0 aufweisen. Das ist ein Zeichen dafür, dass die Höhe der KBD von NF 2-12-4-75 als *mittel* eingestuft wird und für das Jahr 1993 weder einen positiven noch einen negativen Einfluss auf die Beurteilung der Vermögenslage hat. Der sprunghafte Anstieg der KBD im Jahr 1993 ist mit einem leichten Anstieg der Verbindlichkeiten aus Lieferungen und Leistungen und den starken Umsatzeinbußen des PORSCHE KONZERNS von fast 30 % zu begründen.[9] Dieser Umsatzeinbruch kennzeichnet das Geschäftjahr 1993 wesentlich und ist die Folge eines starken Absatzrückgangs von Neufahrzeugen sowohl im In- als auch im Ausland. Wie bereits im Abschnitt 431. erläutert, war der Umsatzeinbruch im Jahr 1993 einerseits mit der schlechten Konjunkturlage und andererseits mit der Ankündigung des neuen 911er für das Jahr 1994 zu begründen.

Die WCQ fällt im Jahr 1993 auf einen Tiefststand von 4,02 %. Diese Entwicklung ist damit zu begründen, dass das Umlaufvermögen im Vergleich zum kurzfristigen Fremdkapital und zur Bilanzsumme überproportional gesunken ist. Neben der Reduzierung der Vorräte und der Forderungen ist die Verringerung des Umlaufvermögens im Wesentlichen auf den Verbrauch der liquiden Mittel von 307 Mio. DM im Jahr 1992 auf 66 Mio. DM im Jahr 1993 zurückzuführen. Aufgrund des negativen Cash-Flows, der auch eine Folge des Umsatzeinbruchs im Jahr 1993 war, standen nicht genügend flüssige Mittel aus dem laufenden operativen Geschäft zur Verfügung, sodass für die Inanspruchnahme von Rückstellungen und für die Finanzierung der umfangreichen Investitionen von 177,2 Mio. DM ein Großteil der flüssigen Mittel verwendet wurde.[10] NF 2-12-4-75 beurteilt die gesunkene WCQ entsprechend mit einem

9 Vgl. DR. H.C. F. PORSCHE AG (HRSG.), Geschäftsbericht 1992/93, S. 11 u. S. 52 f.

gestiegenen Zugehörigkeitsgrad für den linguistischen Term *›niedrig‹* von 0,37, der damit das Urteil über die Vermögenslage negativ beeinflusst.

Aufgrund des hohen Verbrauchs an flüssigen Mitteln fällt auch die LIQ im Geschäftsjahr 1993 auf einen Tiefstwert von 70,91 %. Diese Ausprägung wird allerdings von NF 2-12-4-75 noch nicht als *niedrig* beurteilt. Vielmehr werden beide linguistischen Terme *›niedrig‹* und *›hoch‹* mit einem Zugehörigkeitsgrad von fast 0 beurteilt. Das bedeutet in Analogie zur KBD, dass diese Kennzahl im Jahr 1993 keinen Einfluss auf das Urteil über die Vermögenslage hat.

Die InvQ fällt 1993 im Vergleich zum Vorjahr um 335,5 Prozentpunkte auf den Wert -132,3 %. Obwohl diese Kennzahl eine sehr hohe Varianz über alle Ausprägungen des in der Untersuchung verwendeten Datenbestands aufweist, ist dieser Unterschied als signifikant zu beurteilen. Entsprechend wird die InvQ von NF 2-12-4-75 mit einem Zugehörigkeitsgrad für den linguistischen Term *›niedrig‹* von 1,0 beurteilt und hat damit im Vergleich zu den anderen drei Kennzahlen den höchsten Einfluss auf die Bildung des Urteils über die Vermögenslage. Die negative Ausprägung der InvQ ist auf den negativen Cash-Flow des PORSCHE KONZERNS im Jahr 1993 zurückzuführen. Das bedeutet, dass die Investitionen aus bereits vorhandenen liquiden Mitteln oder durch die Aufnahme von Fremdkapital zu finanzieren sind, da aus dem operativen Geschäft nicht genügend finanzielle Mittel erwirtschaftet werden konnten. Wie bereits bei der Kennzahl WCQ erläutert, hat der PORSCHE KONZERN 1993 alle Investitionen im Wert von 177,2 Mio. DM aus den vorhandenen liquiden Mitteln finanziert, ohne Fremdkapital aufzunehmen.

Die Analyse der Informationsbasis zur Vermögenlage hat gezeigt, dass vor allem die InvQ und die WCQ das Urteil über die Vermögenslage negativ beeinflusst haben. Die KBD und die LIQ haben aufgrund ihrer niedrigen Zugehörigkeitsgrade zu den linguistischen Termen keinen Einfluss auf das gebildete Urteil. Darüber hinaus konnten die betriebswirtschaftlichen Ursachen durch die Untersuchung der in die Kennzahlen eingehenden Jahresabschlussposten identifiziert werden.

433.2 Analyse der Finanzlage

Für die Finanzlage weist der PORSCHE KONZERN im Jahr 1993 einen NF-Wert von 0,17 auf. Zur Analyse dieses Urteils werden zunächst wieder die Regelaktivierungen ra_l untersucht. Dazu werden in Übersicht 4-10 alle Regeln l des Teil-Experten zur Beurteilung der Finanzlage dargestellt, die in den Jahren von 1991 bis 1995 für den

10 Vgl. DR. H.C. F. PORSCHE AG (HRSG.), Geschäftsbericht 1992/93, S. 14 f.

PORSCHE KONZERN die höchsten Regelaktivierungen ra_l aufweisen. Die gewichteten Regelaktivierungen wra_l sind jeweils in Klammern angegeben.

Regel-Nr.	1991	1992	1993	1994	1995
17	1,00 (0,43)	0,41 (0,18)	0,01 (0,01)	0,07 (0,03)	0,27 (0,12)
20	0,01 (0,01)	0,01 (0,00)	0,01 (0,01)	0,01 (0,01)	0,01 (0,01)
25	0,09 (0,09)	0,02 (0,02)	0,00 (0,00)	0,01 (0,01)	0,02 (0,02)
26	0,09 (0,04)	0,06 (0,02)	0,07 (0,03)	0,08 (0,03)	0,07 (0,03)

Legende:

Regel-Nr.	Prämisse				Konklusion	Regelgewicht $\varkappa_l$
	EKQ (I<S)	**VK** (I<S)	**FKS** (I>S)	**TK** (I<S)	**Finanzlage** (I<S)	
17	hoch	hoch	niedrig	hoch	gut	0,4343
20	hoch	hoch	hoch	niedrig	durchschnittlich	0,5802
25	niedrig	hoch	niedrig	hoch	gut	1
26	niedrig	hoch	niedrig	niedrig	durchschnittlich	0,4249

Übersicht 4-10: *Aktivierung der Regeln zur Bildung des Teilurteils über die Finanzlage des* PORSCHE KONZERNS *für die Jahre 1991 bis 1995 (vgl. zur Definition der gesamten Regelbasis Übersicht 3-48)*

Anders als bei der Regelbasis zur Bildung des Teilurteils über die Vermögenslage werden für die Finanzlage in den Jahren 1993 und 1994 nur sehr kleine Regelaktivierungen gemessen. So ist die Regel 26 mit einem Erfüllungsgrad von $ra_l = 0,07$ sowie einem gewichteten Erfüllungsgrad von $wra_l = 0,03$ die am stärksten aktivierte Regel im Jahr 1993. Aufgrund dieser Regel wird die Finanzlage als *durchschnittlich* beurteilt. Dieses Urteil führt die Regel 26 auf eine *niedrige* Eigenkapitalquote (EKQ), auf einen *hohen* Verschuldungskoeffizienten (VK), auf eine *niedrige* Fremdkapitalstruktur (FKS) und auf eine *niedrige* Tilgungskraft (TK) zurück. Welche Zugehörigkeitsgrade die vier Kennzahlen für die genannten linguistischen Terme aufweisen und welchen Einfluss die Kennzahlen damit auf die Urteilsbildung haben, wird im Folgenden für jede Kennzahl anhand der Verläufe der Kennzahlenausprägungen (vgl. Übersicht 4-11) und der von NF 2-12-4-75 berechneten Zugehörigkeitsgrade für die linguistischen Terme (vgl. Übersicht 4-12) untersucht.

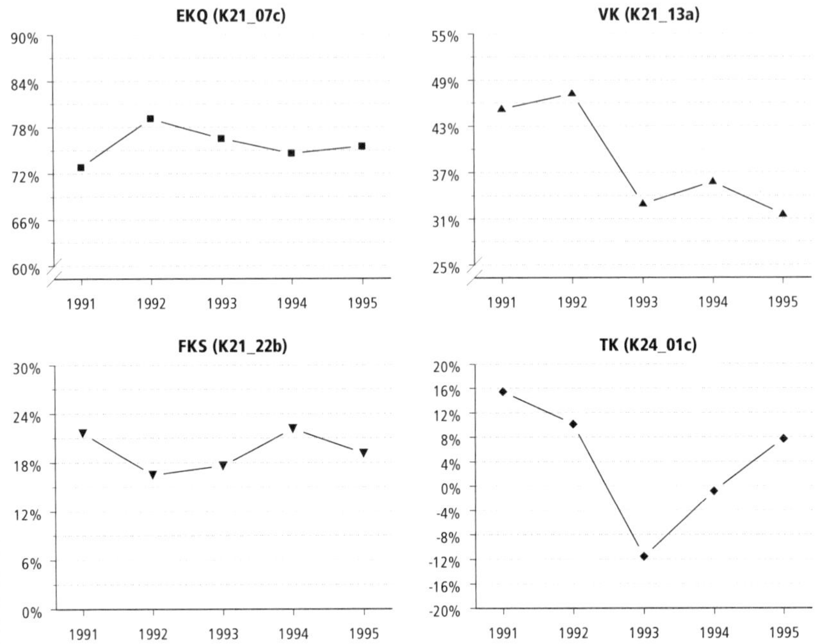

Teil-lage	Aussage (Kürzel)	Signum	1991	1992	1993	1994	1995
Finanzlage	Eigenkapitalquote (EKQ)	K21_07C	72,82%	79,10%	76,51%	74,60%	75,48%
	Verschuldungskoeffizient (VK)	K21_13A	45,19%	47,20%	32,93%	35,77%	31,54%
	Fremdkapitalstruktur (FKS)	K21_22B	21,63%	16,50%	17,60%	22,13%	19,12%
	Tilgungskraft (TK)	K24_01C	15,47%	10,14%	-11,55%	-0,84%	7,73%

Übersicht 4-11: *Kennzahlen der Finanzlage des PORSCHE KONZERNS für die Jahre 1991 bis 1995 (vgl. zur Definition der Kennzahlen Übersicht 3-24)*

Kennzahl	Linguistischer Term	1991	1992	1993	1994	1995
EKQ	niedrig	0,07	0,05	0,06	0,06	0,06
(K21_07C)	hoch	0,80	0,87	0,85	0,82	0,83
VK	niedrig	0,00	0,00	0,00	0,00	0,00
(K21_13A)	hoch	0,95	0,96	0,81	0,85	0,78
FKS	niedrig	0,74	0,78	0,77	0,74	0,76
(K21_22B)	hoch	0,01	0,01	0,01	0,01	0,01
TK	niedrig	0,20	0,29	0,78	0,55	0,34
(K24_01C)	hoch	0,20	0,12	0,01	0,04	0,09

Übersicht 4-12: *Zugehörigkeitsgrade der Finanzlage-Kennzahlen zu den linguistischen Termen ›hoch‹ und ›niedrig‹ des PORSCHE KONZERNS für die Jahre 1991 bis 1995*

Die EKQ ist im Jahr 1993 im Vergleich zum Vorjahr von 79,10 % auf 76,51 % leicht gesunken. Die im Vergleich zur traditionell definierten Eigenkapitalquote hohen Werte sind auf die spezielle Definition der EKQ als Bilanzpolitik konterkarierende Kennzahl zurückzuführen.[11] Der leichte Rückgang der EKQ ist mit dem hohen negativen Jahresergebnis von -259 Mio. DM des PORSCHE KONZERNS im Jahr 1993 zu begründen.[12] Dies ist als eine weitere Folge des starken Umsatzrückgangs zu sehen. NF 2-12-4-75 beurteilt die EKQ über die Jahre 1991 bis 1995 durchweg als *hoch* mit Zugehörigkeitsgraden von über 0,8. Der leichte Rückgang der EKQ wird 1993 mit einer minimalen Verringerung des Zugehörigkeitsgrads um 0,02 von NF 2-12-4-75 bewertet. Da die EKQ aber in der Prämisse von Regel 26 nicht mit dem linguistischen Term *›hoch‹*, sondern mit dem linguistischen Term *›niedrig‹* berücksichtigt wird, der aufgrund der *hohen* Ausprägung der Kennzahl mit einem Zugehörigkeitsgrad von lediglich 0,06 beurteilt wird, hat die EKQ nur einen geringen Einfluss auf die Bildung des Urteils zur Finanzlage.

Der VK ist von 1992 nach 1993 um 14,27 Prozentpunkte auf 32,93 % gefallen. Dieser Rückgang ist mit dem stark gesunkenen Eigenkapital bei einem leichten Rückgang des Fremdkapitals zu begründen. Der Neuro-Fuzzy-Lageindikator beurteilt den VK im Jahr 1993 mit einem Zugehörigkeitsgrad von 0,81 für den linguistischen Term *›hoch‹*. Da diese Kennzahl auch mit diesem linguistischen Term in die Regel 26 eingeht, hat sie einen entsprechend hohen positiven Einfluss auf die Beurteilung der Finanzlage.

Für die FKS ist 1993 im Vergleich zum Vorjahr ein leichter Anstieg von 1,1 Prozentpunkten auf 17,60 % zu verzeichnen. Obwohl die Bankverbindlichkeiten des POR-

11 EKQ = (WEK-IMMVG+RSTG)/(BISU-IMMVG).

12 Vgl. DR. H.C. F. PORSCHE AG (HRSG.), Geschäftsbericht 1992/93, S. 13 f. u. S. 52 f.

SCHE KONZERNS abgebaut wurden, sind die Verbindlichkeiten aus Lieferungen und Leistungen überproportional gestiegen, sodass die FKS insgesamt gestiegen ist.[13] Der Zugehörigkeitsgrad für den linguistischen Term ›*niedrig*‹ von 0,77 ist entsprechend im Vergleich zum Vorjahr minimal um 0,01 reduziert worden. Die FKS wird also von NF 2-12-4-75 deutlich als *niedrig* beurteilt und hat damit auch einen starken positiven Einfluss auf die Beurteilung der Finanzlage.

Für die TK ist eine deutliche Veränderung der Kennzahlenausprägung aus dem positiven in den negativen Bereich für das Jahr 1993 festzustellen. Während im Jahr 1992 noch eine TK von 10,14 % vorlag, weist der PORSCHE KONZERN im Jahr 1993 eine TK von -11,55 % auf. Dies ist auf den negativen Cash-Flow zurückzuführen. Der PORSCHE KONZERN erwirtschaftete in diesem Jahr also aus dem operativen Geschäft keine finanziellen Mittel, die er zur Tilgung seiner Schulden verwenden konnte. Während die TK in den Jahren 1991 und 1992 von NF 2-12-4-75 mit ähnlich kleinen Zugehörigkeitsgraden als *niedrig* und *hoch* beurteilt wird, erhöht sich der Zugehörigkeitsgrad für das Jahr 1993 deutlich für den linguistischen Term ›*niedrig*‹ auf 0,78. Der Zugehörigkeitsgrad für den linguistischen Term ›*hoch*‹ sinkt entsprechend auf einen Wert von 0,01. Damit hat die TK einen starken negativen Einfluss auf die Beurteilung der Finanzlage.

Die Analyse der Kennzahlen zeigt, dass die Finanzlage von dem VK und der FKS stark positiv und von der TK stark negativ beeinflusst wird und somit insgesamt von NF 2-12-4-75 als *durchschnittlich* beurteilt wird.

433.3 Analyse der Ertragslage

Der PORSCHE KONZERN weist im Jahr 1993 für die Ertragslage einen sehr niedrigen NF-Wert von -0,84 auf. Die Ursachen werden zunächst wieder anhand der Regelaktivierungen ra_l untersucht. Dazu werden alle Regeln l des Teil-Experten zur Beurteilung der Ertragslage, die mit einem Erfüllungsgrad von $ra_l \geq 0{,}2$ aktiviert sind, in Übersicht 4-13 dargestellt. Da alle Regeln ein Regelgewicht von $\varkappa = 1$ aufweisen, sind die Regelaktivierungen ra_l und die in Klammern angegebenen gewichteten Regelaktivierung wra_l identisch.

13 Vgl. DR. H.C. F. PORSCHE AG (HRSG.), Geschäftsbericht 1992/93, S. 65.

Regel-Nr.	1991	1992	1993	1994	1995
1	0,17 (0,17)	0,06 (0,06)	0,00 (0,00)	0,00 (0,00)	0,03 (0,03)
9	1,00 (1,00)	1,00 (1,00)	0,00 (0,00)	0,25 (0,25)	1,00 (1,00)
10	0,16 (0,16)	0,36 (0,36)	0,02 (0,02)	0,46 (0,46)	0,46 (0,46)
13	0,23 (0,23)	0,42 (0,42)	0,15 (0,15)	0,55 (0,55)	0,32 (0,32)
14	0,04 (0,04)	0,15 (0,15)	1,00 (1,00)	1,00 (1,00)	0,15 (0,15)

Legende:

Regel-Nr.	Prämisse				Konklusion	Regelgewicht $\varkappa_l$
	CF-UR (I<S)	**MPAQ** (I>S)	**FuV-GKR** (I<S)	**CF-ROI** (I<S)	**Ertragslage** (I<S)	
1	hoch	niedrig	hoch	hoch	gut	1,0
9	niedrig	niedrig	hoch	hoch	gut	1,0
10	niedrig	niedrig	hoch	niedrig	durchschnittlich	1,0
13	niedrig	hoch	hoch	hoch	durchschnittlich	1,0
14	niedrig	hoch	hoch	niedrig	schlecht	1,0

Übersicht 4-13: *Aktivierung der Regeln zur Bildung des Teilurteils über die Ertragslage des PORSCHE KONZERNS für die Jahre 1991 bis 1995 (vgl. zur Definition der gesamten Regelbasis Übersicht 3-47)*

Für das Jahr 1993 ist die Regel 14 mit einem maximalen Erfüllungsgrad von 1,0 aktiviert und bestimmt daher maßgeblich das Urteil über die Ertragslage. Aufgrund dieser Regel wird die Ertragslage trotz der *hohen* Gesamtkapitalrentabilität auf Basis des Finanz- und Verbunde rfolgs (FuV-GKR) als *schlecht* beurteilt und ist bei Betrachtung der Regelprämisse auf eine *niedrige* Cash-Flow-Umsatzrentabilität (CF-U), eine *hohe* Material-Personal-Aufwandsquote (MPAQ) sowie auf einen *niedrigen* Cash-Flow-Return on Investment (CF-ROI) zurückzuführen. Zu welchem Grad die linguistischen Terme der vier Kennzahlen erfüllt sind und wie *hoch* deren Einfluss dadurch auf die Urteilsbildung ist, wird auf Basis der Kennzahlenausprägungen (vgl. Übersicht 4-14) und der von NF 2-12-4-75 berechneten Zugehörigkeitsgrade zu den linguistischen Variablen (vgl. Übersicht 4-15) im Folgenden untersucht.

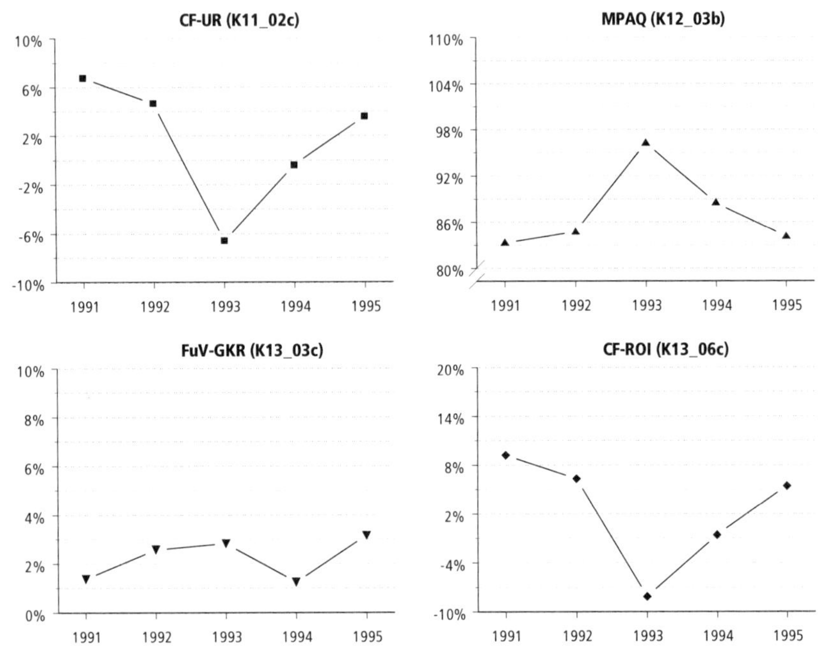

Teil-lage	Aussage (Kürzel)	Signum	1991	1992	1993	1994	1995
Ertragslage	CF-Umsatzrentabilität (CF-UR)	K11_02C	6,76%	4,67%	-6,59%	-0,40%	3,57%
	Material-Personal-Aufwands-quote (MPAQ)	K12_03B	83,31%	84,76%	96,23%	88,50%	84,11%
	GK-Rentabilität auf Basis des Finanz- u. Verbundergebnisses (FuV-GKR)	K13_03C	1,38%	2,58%	2,82%	1,25%	3,14%
	CF-Return on Investment (CF-ROI)	K13_06C	9,25%	6,35%	-8,12%	-0,57%	5,43%

Übersicht 4-14: Kennzahlen der Ertragslage des PORSCHE KONZERNS für die Jahre 1991 bis 1995 (vgl. zur Definition der Kennzahlen Übersicht 3-24)

Kennzahl	Linguistischer Term	1991	1992	1993	1994	1995
CF-UR	niedrig	0,77	0,87	1,00	0,97	0,91
(K11_02C)	hoch	0,13	0,05	0,00	0,00	0,03
MPAQ	niedrig	0,54	0,43	0,02	0,19	0,48
(K12_03B)	hoch	0,12	0,18	0,89	0,42	0,15
FuV-GKR	niedrig	0,02	0,00	0,00	0,02	0,00
(K13_03C)	hoch	0,97	0,99	0,99	0,97	0,99
CF-ROI	niedrig	0,12	0,24	0,95	0,69	0,29
(K13_06C)	hoch	0,77	0,67	0,14	0,38	0,63

Übersicht 4-15: *Zugehörigkeitsgrade der Ertragslage-Kennzahlen zu den linguistischen Termen ›hoch‹ und ›niedrig‹ des PORSCHE KONZERNS für die Jahre 1991 bis 1995*

Die CF-UR fällt von 4,67 % im Jahr 1992 auf einen negativen Wert von -6,59 % im Jahr 1993. Dies ist im Wesentlichen durch den negativen Cash-Flow zu begründen. Entsprechend wird die CF-UR im Jahr 1993 von NF 2-12-4-75 mit einem maximalen Zugehörigkeitsgrad von 1,0 als *niedrig* und mit einem Zugehörigkeitsgrad von 0,0 als *hoch* beurteilt. Diese Kennzahl hat also einen hohen negativen Einfluss auf die Urteilsbildung.

Die bereits auf einem sehr hohen Niveau liegende MPAQ steigt im Jahr 1993 erneut auf einen Höchstwert von 96,23 %, obwohl der Materialaufwand durch eine zurückgefahrene Produktion sowie der Personalaufwand aufgrund von Kurzarbeit reduziert wurden.[14] Der Umsatz ist im Jahr 1993 überproportional gesunken und hat damit zu der gestiegenen MPAQ geführt. Während die MPAQ in den Jahren 1991 und 1992 von NF 2-12-4-75 mit Zugehörigkeitsgraden von 0,54 und 0,43 noch als *niedrig* beurteilt wurde, entwickelt sich diese Beurteilung für das Jahr 1993 gegensätzlich. In diesem Jahr wird für den linguistischen Term *›hoch‹* ein Zugehörigkeitsgrad von 0,89 gemessen. Damit hat auch die MPAQ einen deutlich negativen Einfluss auf die Beurteilung der Ertragslage.

Die FuV-GKR hat sich im Jahr 1993 als einzige der vier Kennzahlen positiv entwickelt und steigt im Vergleich zum Vorjahr um 0,24 Prozentpunkte auf einen Wert von 2,82 %. Diese Entwicklung ist im Wesentlichen auf das gestiegene Beteiligungsergebnis der assoziierten Tochtergesellschaft PORSCHE CARS NORTH AMERICA, INC. zurückzuführen, die aufgrund der etwas besseren Wirtschaftslage in den USA im Gegensatz zu Deutschland Gewinne im Hochpreissegment realisieren konnte.[15] Durch den Neuro-Fuzzy-Lageindikator wird dieses Ergebnis mit einem Zugehörigkeitsgrad

14 Vgl. DR. H.C. F. PORSCHE AG (HRSG.), Geschäftsbericht 1992/93, S. 65.

15 Vgl. DR. H.C. F. PORSCHE AG (HRSG.), Geschäftsbericht 1992/93, S. 22 f. u. S. 68.

von 0,99 als *hoch* beurteilt. Damit hat die FuV-GKR als einzige Kennzahl einen starken positiven Einfluss auf die Beurteilung der Ertragslage.

Als letzte Kennzahl wird der CF-ROI analysiert. Wie der CF-UR weist diese Kennzahl für das Jahr 1993 einen starken Einbruch im Vergleich zum Vorjahr auf und sinkt um 14,47 Prozentpunkte auf einen Tiefstwert von -8,12 %. Auch hier ist der negative Cash-Flow der Grund für den stark gesunkenen Kennzahlenwert, was zudem durch das gesunkene Gesamtkapital verstärkt wird. Während NF 2-12-4-75 den CF-ROI in den Jahren 1991 und 1992 eher als *hoch* beurteilt, misst er für 1993 einen hohen Zugehörigkeitsgrad von 0,95 für den linguistischen Term ›*niedrig*‹. Das bedeutet, dass der CF-ROI einen starken negativen Einfluss auf die Beurteilung der Ertragslage hat.

Die Analyseergebnisse zeigen, dass die drei Kennzahlen in der Reihenfolge CF-UR, CF-ROI und MPAQ aufgrund der hohen Zugehörigkeitsgrade zu den linguistischen Termen, die in Regel 14 eingehen, einen sehr starken negativen Einfluss auf die Bildung des Urteils zur Ertragslage haben. Lediglich die Kennzahl FuV-GKR hat einen positiven Einfluss auf das Teilurteil zur Ertragslage.

434. Fazit

Die exemplarische Anwendung des entwickelten Neuro-Fuzzy-Lageindikators NF 2-12-4-75 auf den PORSCHE KONZERN hat gezeigt, wie die Bestandsfestigkeit eines einzelnen Unternehmens anhand der von NF 2-12-4-75 erzeugten Informationsbasis umfassend beurteilt und analysiert werden kann. So wurden i. S. einer fragengeleiteten Bilanzanalyse die Ursachen der niedrigen Bestandsfestigkeit des PORSCHE KONZERNS im Jahre 1993 ausgehend vom Gesamturteil, über die Teilurteile bis hin zu den Jahresabschlusskennzahlen und die darin eingehenden Jahresabschlussposten schrittweise identifiziert. Die Teilurteile über die Vermögens-, Finanz- und Ertragslage verschaffen dem Anwender schnell einen ersten differenzierten Eindruck über die Bestandsfestigkeit eines Unternehmens und helfen dabei, die Ursachen für eine *gute* bzw. *schlechte* Bestandsfestigkeit fokussiert zu untersuchen. Die (gewichteten) Regelaktivierungen und die Zugehörigkeitsgrade zu den linguistischen Termen der linguistischen Eingabevariablen unterstützen den Anwender ferner, die von NF 2-12-4-75 gebildeten Urteile detailliert nachzuvollziehen und zu interpretieren. Die in der Problemstellung formulierte Anforderung an eine nachvollziehbare Urteilsbildung ist damit voll erfüllt.

Bei der Überprüfung der Plausibilität in Abschnitt 386. wurde für vier ausgewählte Unternehmen bereits festgestellt, dass das von NF 2-12-4-75 erzeugte Gesamturteil über die Bestandsfestigkeit betriebswirtschaftlich plausibel abgebildet wird. Die exemplarische Anwendung zeigt ferner, dass der entwickelte Neuro-Fuzzy-Lageindikator die Bestandsfestigkeit auch im Detail zu beurteilen erlaubt. Denn die mit NF 2-12-4-75 für den PORSCHE KONZERN identifizierten Ursachen für das Krisenjahr 1993 stimmen mit den in den Geschäftsberichten erläuterten betriebswirtschaftlichen Sachverhalten überein.

44 Voraussetzungen für den Einsatz von NF 2-12-4-75 in der Praxis

In diesem Abschnitt werden verschiedene Anwendungsvoraussetzungen diskutiert, die erfüllt sein müssen, damit der entwickelte Neuro-Fuzzy-Lageindikator NF 2-12-4-75 in der Praxis erfolgreich eingesetzt werden kann.

NF 2-12-4-75 wurde auf vergangenheitsorientierten Daten von Unternehmen, i.e. Jahresabschlüssen, aus den Jahren 1989 bis 1995 entwickelt. Damit NF 2-12-4-75 auch zur Beurteilung der Bestandsfestigkeit von Unternehmen anhand von Jahresabschlüssen, die nach 1995 aufgestellt wurden, angewendet werden darf, müssen die **Rahmenbedingungen**, unter denen NF 2-12-4-75 entwickelt wurde, **auch weiterhin erfüllt sein.**[16] Dies bezieht sich vor allem auf die zugrundegelegten Rechnungslegungsvorschriften, die Bilanzierungspraktiken sowie auf weitere Faktoren, die sich auf Unternehmen und Jahresabschlüsse des verwendeten Datenmaterials ausgewirkt haben.

Ein weiterer Aspekt für den Einsatz des entwickelten Neuro-Fuzzy-Lageindikators ist die Aufbereitung des mit NF 2-12-4-75 erzeugten umfassenden Datenmaterials. So ist die Ausgabe für das Gesamturteil über die Bestandsfestigkeit aufgrund der Konklusionsgewichte für die linguistischen Ausgabevariablen auf das Intervall [-1,1] normiert. Diese Skala ist allerdings nicht zwingend, sondern sie kann leicht auf eine **andere Skala transformiert** werden, um bspw. die Unterschiede in der Beurteilung der Bestandsfestigkeit deutlicher herausstellen zu können. Häufig wird eine Transformation der Ausgabewerte auf eine Skala mit dem Intervall [-10,10] vorgeschlagen.[17] Ferner kann der Anwender dadurch unterstützt werden, dass die Skala in **Güte- und Risikoklassen** unterteilt wird. So kann der Anwender das Gesamturteil anhand der Güte- und Risikoklassen direkt bewerten. Zudem lassen sich für jede Güte- und Risikoklasse **mit Hilfe des Bayes-Theorems a-posteriori Insolvenzwahrscheinlichkeiten** ermitteln, die angeben, wie hoch die Wahrscheinlichkeit dafür ist, dass ein Unternehmen aus einer bestimmten Güte- bzw. Risikoklasse *insolvent* wird.[18]

---

16 Vgl. JERSCHENSKY, A., Messung des Bonitätsrisikos von Unternehmen, S. 236.

17 Vgl. BAETGE, J./HUSS, M./NIEHAUS, H.-J., Statistische Auswertung von Jahresabschlüssen, S. 611; NIEHAUS, H.-J., Früherkennung von Unternehmenskrisen, S. 178 f.

Neben dem Gesamturteil über die Bestandsfestigkeit sind auch die anderen Daten der umfassenden Informationsbasis, wie die Teilurteile über die Vermögens-, Finanz- und Ertragslage, die Regelaktivierungen, die Zugehörigkeitsgrade zu den linguistischen Termen der linguistischen Eingabevariablen sowie die Kennzahlenausprägungen, für den Anwender in einer geeigneten Form aufzubereiten. Hierzu bedarf es einer **Software**, die die Aufgabe hat, diese **Daten für den Anwender interaktiv zur Verfügung** zu stellen. Eine solche Software bildet die Schnittstelle zwischen dem Neuro-Fuzzy-Lageindikator und dem Anwender und wird bei Expertensystemen auch als Erklärungskomponente bezeichnet.[19] Genauso wie die Informationsbasis zur exemplarischen Analyse der Bestandsfestigkeit des PORSCHE KONZERNS in Abschnitt 43 strukturiert und aufbereitet wurde, sollte die Software die unterschiedlichen Daten unternehmensbezogen in einem Zeitvergleich sowohl tabellarisch als auch in Form von Diagrammen interaktiv zur Verfügung stellen. Dann hat der Anwender die Möglichkeit, die Regelbasis angefangen beim Gesamturteil über die Teilurteile bis hin zu den Kennzahlen und den jeweiligen Jahresabschlussposten zurückzuverfolgen. Ein solches Regeltracing kann auf Basis einer grafischen Benutzeroberfläche so implementiert werden, dass sich der Anwender selbstständig durch die Regelbasis navigiert. Je nachdem welches Objekt der Anwender in der grafischen Benutzeroberfläche aktiviert, werden ihm die Urteile, die Regelaktivierungen, die Erfüllungsgrade der linguistischen Terme der Regelprämissen oder die Kennzahlenausprägungen grafisch oder tabellarisch angezeigt. Somit kann er gezielt Informationen i.S. einer fragengeleiteten Bilanzanalyse abrufen und die Urteilsbildung in allen Facetten Schritt für Schritt nachvollziehen. Mit einer solchen Software kann der Prototyp NF 2-12-4-75 zu einem leistungsfähigen Entscheidungsunterstützungssystem fortentwickelt werden.

---

18 Vgl. ALBRECHT, J. ET AL., Risikomanagement; THUN, C., Entwicklung von Bilanzbonitätsklassifikatoren, S. 221-226.

19 Vgl. KURBEL, K., Expertensysteme, S. 29; PUPPE, F., Einführung in Expertensysteme, S. 12 f.

5 Schlussbetrachtung und Ausblick

Ziel der vorliegenden Untersuchung war es, einen Lageindikator zu entwickeln, der es erlaubt,

(1) die Bestandsfestigkeit

(2) einer großen Zahl von Unternehmen

(3) zuverlässig und objektiv,

(4) nachvollziehbar und

(5) unter der Verwendung von externem Wissen

zu beurteilen. Als Verfahren zur Entwicklung eines solchen Lageindikators wurde ein Neuro-Fuzzy-System verwendet, welches als hybrides Verfahren der Künstlichen Intelligenz wissensbasierte Fuzzy-Regelsysteme und Künstliche Neuronale Netze integriert. Ziel dieser Verfahrensintegration ist es, die positiven Eigenschaften beider Verfahren in einem System zu vereinen und gleichzeitig die nicht gewünschten Eigenschaften, wie die Subjektivität wissensbasierter Fuzzy-Regelsysteme, zu kompensieren.

Neuro-Fuzzy-Systeme bilden eine der neueren Technologien der Künstlichen Intelligenz, die Ende der 80er Jahre überwiegend im wissenschaftlichen Bereich entwickelt wurden und erst seit Mitte der 90er Jahre vermehrt in der Praxis erfolgreich eingesetzt werden. Für den Forschungsbereich der empirischen Bilanzanalyse wurden Neuro-Fuzzy-Systeme schon häufiger als vielversprechendes Instrument mit großen Erwartungen vorgeschlagen. Allerdings gibt es bis heute keine umfassende empirische Studie, die die Eignung von Neuro-Fuzzy-Systemen zur Entwicklung von Indikatoren zur Beurteilung der Bestandsfestigkeit von Unternehmen an einem großen empirischen Datenbestand überprüft hat. Daher war es **ein weiteres Ziel dieser Untersuchung**, zu prüfen, ob Neuro-Fuzzy-Systeme für die Entwicklung eines Indikators zur Beurteilung der Bestandsfestigkeit, der die oben beschriebenen Anforderungen erfüllt, geeignet sind.

Um die gesetzten Ziele zu verwirklichen, wurden der vorliegenden Untersuchung drei Fragestellungen zugrunde gelegt. Im Hinblick auf diese Fragestellungen können die gewonnenen Ergebnisse wie folgt zusammengefasst werden:

Sind Neuro-Fuzzy-Systeme prinzipiell zur Beurteilung der Bestandsfestigkeit von Unternehmen geeignet?

(1) Neuro-Fuzzy-Systeme **integrieren erstmals heuristische und empirisch-induktive Verfahren zur Bilanzanalyse**. Dadurch wird versucht, die jeweiligen Vorzüge der beiden Verfahrensklassen in einem System zu vereinen und gleichzeitig die jeweiligen Nachteile weitgehend zu kompensieren.

(2) Die Fuzzy-Set-Theorie ist ein wesentlicher Bestandteil von Neuro-Fuzzy-Systemen. Mit ihr lässt sich das **sprachlich unscharfe Wissen eines Experten**, welches bspw. in Form von Meinungen und Einschätzungen vorliegt, mathematisch abbilden und quantifizieren. Es lassen sich generell **drei Typen von Unschärfe** durch die Fuzzy-Set-Theorie in betriebswirtschaftlichen Modellen berücksichtigen: Die linguistische Unschärfe, die informationale Unschärfe und unscharfe Relationen. Dadurch eröffnet die Fuzzy-Set-Theorie die Möglichkeit, neben der eigentlichen Merkmalsausprägung auch deren **operationalisierte Beurteilung auf Basis von Expertenwissen** zu verarbeiten.

(3) **Wissensbasierte Fuzzy-Regelsysteme** erweitern klassische Expertensysteme um die Eigenschaften der Fuzzy-Set-Theorie. Sie eignen sich vor allem zur **Nachbildung betriebswirtschaftlicher Entscheidungsprozesse**. Voraussetzung hierfür ist, dass der Entscheidungsprozess von einem Experten oder aus Erfahrung vollständig beschrieben werden kann.

(4) Zur Abbildung des Expertenwissens verwenden wissensbasierte Fuzzy-Regelsysteme **Wenn-Dann-Regeln** und **linguistische Variablen**. Diese Bestandteile erlauben die **Bildung einer Urteilshierarchie** mit Hilfe von Teilurteilen. Zudem kann anhand der Wenn-Dann-Regeln und der linguistischen Variablen das vom System **gefällte Urteil** schrittweise vom Anwender **nachvollzogen und interpretiert** werden. An einem Beispiel wurde gezeigt, dass die Beurteilung der Bestandsfestigkeit von Unternehmen als betriebswirtschaftlicher Entscheidungsprozess prinzipiell mit einem wissensbasierten Fuzzy-Regelsystem abgebildet werden kann.

(5) Ein wesentlicher Nachteil wissensbasierter Fuzzy-Regelsysteme ist, dass sie **nicht lernfähig** sind. Daher ist die Urteilsgüte bzw. die Klassifikationsleistung eines solchen Systems i. d. R. schlechter als die von empirisch-induktiven Verfahren. Darüber hinaus ist die Urteilsbildung von wissensbasierten Fuzzy-Regelsystemen aufgrund des verwendeten Expertenwissens sehr subjektiv. Aus diesem Grunde wurden in dieser Arbeit **wissensbasierte Fuzzy-Regelsysteme um Künstliche Neuronale Netze zu Neuro-Fuzzy-Systemen erweitert**. Hierdurch konnte die Urteilsbildung eines bestehenden wissensbasierten Fuzzy-Regelsystems **auf Basis von empirischen Daten objektiviert und hinsichtlich der Klassifikationsleistung optimiert** werden.

(6) Generell lassen sich nach Art der Kombination **kooperative und hybride Neuro-Fuzzy-Systeme** unterscheiden. Um zu entscheiden, welche Art von Neuro-Fuzzy-Systemen für die vorliegende Untersuchung zu verwenden war, wurde ein Kriterienkatalog entwickelt, anhand dessen die beiden Verfahrensarten beurteilt wurden. Die Ergebnisse haben gezeigt, dass ein hybrides Neuro-Fuzzy-System die Anforderungen an den zu entwickelnden Neuro-Fuzzy-Lageindikator besser erfüllt als ein kooperatives System. Daher wurde in der vorliegenden Untersuchung

ein **hybrides Neuro-Fuzzy-System zur Entwicklung eines Neuro-Fuzzy-Lageindikators gewählt.**

Wie kann mit einem ausgewählten Neuro-Fuzzy-System ein Lageindikator zur Beurteilung der Bestandsfestigkeit von Unternehmen auf Basis eines großen empirischen Datenbestands entwickelt werden, der die formulierten Anforderungen erfüllt?

(7) Zur Entwicklung eines Neuro-Fuzzy-Lageindikators wurde ein Vorgehensmodell entwickelt, welches den Entwicklungsprozess in fünf Schritten beschreibt. Jeder einzelne Entwicklungsschritt wurde anhand eines Prozessmodells detailliert dargestellt. Dieses Vorgehensmodell bildete den **allgemeinen Rahmen** für die Entwicklung des Neuro-Fuzzy-Lageindikators zur Beurteilung der Bestandsfestigkeit von Unternehmen.

(8) Für die Entwicklung des Neuro-Fuzzy-Lageindikators wurde in einem **ersten Schritt** ein wissensbasiertes Fuzzy-Regelsystem spezifiziert, welches als betriebswirtschaftlich **sinnvolle Anfangsinitialisierung** den Ausgangspunkt für die spätere Optimierung mit dem Neuro-Fuzzy-System darstellte. Für die Spezifizierung des wissensbasierten Fuzzy-Regelsystems waren eine Vielzahl von Parametern festzulegen. Diese Parameter wurden einerseits mit Hilfe mathematisch-statistischer Verfahren und andererseits durch den Entwickler bestimmt. So wurden die Kennzahlen mit Hilfe eines Künstlichen Neuronalen Netzes ausgewählt und die Funktionsparameter der Zugehörigkeitsfunktionen zu den jeweiligen linguistischen Variablen auf Basis von Kennzahlenhäufigkeitsverteilungen festgelegt. Die verbleibenden Parameter wurden vom Entwickler subjektiv gesetzt. Um diesen subjektiven Einfluss auf das System im Vorfeld zu begrenzen, wurden die Auswirkungen der unterschiedlichen Parameterwahl jeweils mit der Lern- und Teststichprobe des ausgewählten empirischen Datenmaterials hinsichtlich der Klassifikationsleistung geprüft. Aufgrund der verschiedenen Parameterkonstellationen wurden ca. 20 verschiedene Modelle entwickelt und getestet. Die Parametereinstellungen, mit denen die besten Ergebnisse hinsichtlich der Klassifikationsleistung erzielt wurden, sind jeweils für die endgültige Anfangsinitialisierung des wissensbasierten Fuzzy-Regelsystems gewählt worden.

(9) Das endgültig spezifizierte und anfangsinitialisierte wissensbasierte Fuzzy-Regelsystem wurde im **zweiten Schritt** in das Neuro-Fuzzy-System SENN überführt und auf Basis der Lern- und Teststichprobe optimiert. Durch diese **Optimierung** wurden einerseits die vom Entwickler subjektiv festgelegten Parameter objektiviert und andererseits wurde das gesamte wissensbasierte Fuzzy-Regelsystem hinsichtlich der Klassifikationsleistung verbessert. Dieses optimierte wissensbasierte Fuzzy-Regelsystem stellt den zu entwickelnden Neuro-Fuzzy-Lageindikator dar.

(10) Der entwickelte Neuro-Fuzzy-Lageindikator basiert auf einer **zweistufigen Urteilshierarchie**. Jeweils vier der **zwölf eingehenden Kennzahlen** werden auf der ersten Urteilsebene zu den Teilurteilen über die Vermögens-, Finanz- und Ertragslage verdichtet. Die drei Teilurteile werden auf der zweiten Urteilsebene zum Gesamturteil über die Bestandsfestigkeit zusammengefasst. Der Neuro-Fuzzy-Lageindikator besitzt damit **vier Urteile**. Die Ausprägungen der Urteile sind auf das Intervall [-1, 1] normiert. Für die Bildung der drei Teilurteile werden jeweils 16 Regeln und für die Bildung des Gesamturteils 27 Regeln verwendet. Die Regelbasis besteht damit insgesamt aus **75 Regeln**. Aufgrund dieser Strukturmerkmale wird der entwickelte Neuro-Fuzzy-Lageindikator mit dem Kürzel **NF 2-12-4-75** (2 Urteilsebenen, 12 Kennzahlen, 4 Urteile, 75 Regeln) bezeichnet.

(11) Für das **Gesamturteil über die Bestandsfestigkeit** weist NF 2-12-4-75 an der Validierungsstichprobe eine **Fehlerfläche von 11,76 %** auf. Verglichen mit den Fehlerflächen, die in Untersuchungen mit dem alleinigen Einsatz von Künstlichen Neuronalen Netzen für die vorliegende Problemstellung an denselben Daten erzielt wurden, liegt die mit NF 2-12-4-75 erzielte Klassifikationsleistung auf demselben Niveau wie die mit den Künstlichen Neuronalen Netzen erzielte Klassifikationsleistung. Damit erfüllt NF 2-12-4-75 die Anforderungen an eine zuverlässige Urteilsbildung.

(12) Die **Teilurteile über die Vermögens-, Finanz- und Ertragslage** weisen an der Validierungsstichprobe jeweils eine schlechtere Klassifikationsleistung auf als das Gesamturteil über die Bestandsfestigkeit. Dieses Ergebnis zeigt indes, dass **jedes Teilurteil einen gewissen Beitrag zur Trennfähigkeit des Neuro-Fuzzy-Lageindikators in Bezug auf das Gesamturteil leistet**. Hervorzuheben ist, dass das Teilurteil über die Finanzlage mit 12,25 % die kleinste Fehlerfläche der drei Teilurteile aufweist.

(13) Hinsichtlich des **Früherkennungspotenzials** ist festzustellen, dass NF 2-12-4-75 erwartungsgemäß *später insolvente* Unternehmen an Jahresabschlüssen, die in t-1 (also zwischen 6 und 18 Monaten) vor der Insolvenz aufgestellt wurden, am zuverlässigsten mit einer Fehlerfläche von 6,48 % klassifiziert. Auffällig ist, dass *später insolvente* Unternehmen anhand von Jahresabschlüssen aus t-3 mit einer Fehlerfläche von 12,60 % besser klassifiziert werden als anhand von Jahresabschlüssen aus t-2 (15,1 %). Dies wird auf eine Anomalie in der Stichprobenaufteilung zurückgeführt.

(14) Mit dem Qualitätskriterium der **Trennschärfe** wurde untersucht, wie genau NF 2-12-4-75 die Bestandsfestigkeit der Unternehmen beurteilt. So wurde für über 50 % der *später insolventen* Unternehmen der Validierungsstichprobe ein NF-Wert ≤ -0,8 und für ca. 45 % der *solventen* Unternehmen der Validierungs-

stichprobe ein NF-Wert ≥ 0,7 gemessen. Diese Trennschärfe ist auch im Vergleich zu anderen Verfahren als sehr genau zu beurteilen.

(15) Ein Klassifikator wird als robust bezeichnet, wenn er auch bei Verletzung der Einsatzbedingungen, unter denen er entwickelt worden ist, gute Klassifikationsergebnisse zeigt. Eine der wesentlichen Einsatzbedingungen, unter der NF 2-12-4-75 entwickelt wurde, war die Beschränkung auf Jahresabschlüsse von Unternehmen des verarbeitenden Gewerbes. Für die **Beurteilung der Robustheit** wurde diese Beschränkung aufgehoben, um NF 2-12-4-75 auch an Jahresabschlüssen von Unternehmen der Wirtschaftszweige Bau, Handel und Dienstleistung zu testen. Für diese drei Wirtschaftszweige zeitigt NF 2-12-4-75 mit Fehlerflächen von z. T. über 17 % wesentlich schlechtere Klassifikationsleistungen als für das verarbeitende Gewerbe. Wird hingegen berücksichtigt, dass NF 2-12-4-75 ausschließlich an Jahresabschlüssen des verarbeitenden Gewerbes entwickelt wurde, sind die erzielten Fehlerflächen für die Jahresabschlüsse von Unternehmen anderer Wirtschaftszweige relativ gut. Der entwickelte Neuro-Fuzzy-Lageindikator kann also als weitgehend robust beurteilt werden.

(16) Mit dem Qualitätskriterium der **Plausibilität** wurde untersucht, ob die Ergebnisse von NF 2-12-4-75 auch mit dem Erfahrungswissen eines Experten bzw. eines geschulten Anwenders sowie mit den in Presse und Wissenschaft publizierten Fakten und Tatsachen übereinstimmen. Hierzu wurde mit NF 2-12-4-75 die Bestandsfestigkeit für zwei *solvente* (SAP AG, PORSCHE AG) und zwei *später insolvente* (PITTLER MASCHINENFABRIK AG, TRAUB AG) Unternehmen in den Jahren 1989 bis 1995 gemessen. Das von NF 2-12-4-75 gebildete Urteil über die Bestandsfestigkeit dieser vier Unternehmen wurde mit bereits publizierten Beurteilungen über die wirtschaftliche Lage der vier Unternehmen sowie mit den Ergebnissen von zwei weiteren zuverlässigen und objektiven Systemen zur Beurteilung der Bestandsfestigkeit (BP-14 und MoE-31) verglichen. Hierbei war festzustellen, dass die von NF 2-12-4-75 gemessene Bestandsfestigkeit sowohl für die beiden *solventen* Unternehmen als auch für die beiden *später insolventen* Unternehmen plausibel war.

Wie lässt sich ein Neuro-Fuzzy-Lageindikator für die Beurteilung der Bestandsfestigkeit einzelner Unternehmen praktisch anwenden?

(17) Für die praktische Anwendung von NF 2-12-4-75 auf *einzelne* Unternehmen wurde ein Prozessmodell aufgestellt, welches die einzelnen Schritte zur Beurteilung der Bestandsfestigkeit *eines* Unternehmens vorgibt.

(18) Am Beispiel des PORSCHE KONZERNS wurde für die Geschäftsjahre 1991 bis 1995 die umfassende Informationsbasis erläutert, die NF 2-12-4-75 auf Basis der zwölf eingehenden Kennzahlen pro Jahresabschluss zur Beurteilung der Be-

standsfestigkeit eines Unternehmens zur Verfügung stellt. Ferner wurde detailliert erläutert, wie die verschiedenen Informationen einerseits zur Beurteilung und Interpretation der Bestandsfestigkeit vom Anwender verwendet werden können und wie sie andererseits dem Anwender helfen, die Urteilsbildung von NF 2-12-4-75 nachzuvollziehen.

(19) Da sich der entwickelte Neuro-Fuzzy-Lageindikator NF 2-12-4-75 noch im Stadium eines Prototyps befindet, wurden abschließend Anwendungsvoraussetzungen sowie mögliche notwendige Anpassungen diskutiert, die für einen erfolgreichen Einsatz von NF 2-12-4-75 in der Praxis erfüllt sein müssen.

Die dargestellten Ergebnisse der Untersuchung zeigen, dass mit dem ausgewählten Neuro-Fuzzy-System SENN ein zuverlässiger, objektiver und nachvollziehbarer Lageindikator zur Beurteilung der Bestandsfestigkeit einer großen Zahl von Unternehmen entwickelt werden konnte, der neben dem empirischen Datenmaterial auch explizit externes Wissen in Form von Wenn-Dann-Regeln berücksichtigt. Damit erfüllt der entwickelte Neuro-Fuzzy-Lageindikator alle formulierten Anforderungen der Untersuchung. Zudem bestätigen die Ergebnisse in Bezug auf die geprüften Qualitätskriterien, dass das gewählte Neuro-Fuzzy-System für die Entwicklung von Lageindikatoren geeignet ist. Die praktischen Einsatzmöglichkeiten des entwickelten Neuro-Fuzzy-Lageindikators NF 2-12-4-75 wurden mit der exemplarischen Anwendung auf den PORSCHE KONZERN ausführlich dargestellt.

Die erzielten Ergebnisse zeigen auch, dass weitere Untersuchungen von Neuro-Fuzzy-Systemen für die Entwicklung von Lageindikatoren zur Beurteilung der Bestandsfestigkeit von Unternehmen sehr vielversprechend sind. Da in dieser Untersuchung primär das Verfahren selbst, seine prinzipielle Eignung sowie die Entwicklung eines ersten Prototyps im Vordergrund standen, konnten nicht alle Möglichkeiten, die Neuro-Fuzzy-Systeme bieten, getestet werden. Daher sollten auf Basis der gewonnenen Erkenntnisse weiterführende Forschungsvorhaben aufgenommen werden, um noch vorhandene Verbesserungspotenziale zu erschließen. Im Folgenden werden zwei weitere mögliche Untersuchungsschwerpunkte herausgestellt:

- In dieser Untersuchung wurden die Wenn-Dann-Regeln auf Basis der Arbeitshypothesen der ausgewählten Jahresabschlusskennzahlen und anhand des betriebswirtschaftlich plausiblen Vorgehens vom Entwickler subjektiv bestimmt. Eine andere Möglichkeit besteht darin, die **Wenn-Dann-Regeln auf Basis des vorliegenden empirischen Datenmaterials mit sog. genetischen Algorithmen automatisch zu generieren.**[1] Dies hätte den Vorteil, dass die Regeln nicht subjektiv bestimmt und erst durch die Optimierung der Regelgewichte durch das Neuro-Fuzzy-Sys-

1 Vgl. HOFFMANN, F., Entwurf von Fuzzy-Reglern mit Genetischen Algorithmen; SURMANN, H., Automatisierter Entwurf von Fuzzy Systemen.

tem objektiviert würden, sondern bereits bei der Initialisierung des wissensbasierten Fuzzy-Regelsystems in Bezug auf das Zielkriterium problemspezifisch generiert werden könnten.

- Weiteres Verbesserungspotenzial könnte in der Verwendung von **qualitativen Merkmalen** liegen. Die Fuzzy-Set-Theorie bietet sich in idealer Weise an, qualitative Merkmale, deren Ausprägungen größtenteils in sprachlich unscharfer Form vorliegen, adäquat zu verarbeiten. Bei dem alleinigen Einsatz von Künstlichen Neuronalen Netzen konnten bereits durch die Verwendung von qualitativen Merkmalen in Kombination mit quantitativen Merkmalen die Klassifikationsleistungen verbessert werden.[2] Dies wäre auch für Neuro-Fuzzy-Systeme zu untersuchen.

2 Vgl. dazu das Vorgehen von UTHOFF, der quantitative Daten aus Jahresabschlüssen und qualitative Daten aus Auskünften für die Bonitätsbeurteilung herangezogen hat. Vgl. UTHOFF, C., Erfolgsoptimale Kreditwürdigkeitsprüfung, S. 285 f.

6 Anhang

61 Symbole für Ereignisgesteuerte Prozessketten

Ereignis		Zusstand, der Funktionen auslösen kann oder durch Funktionen erzeugt wird.
Funktion		Transformation eines Inputs in einen Output, hat sachlogischen Bezug zur Aufgabenstellung
XOR-Konnektor		Prozessverzweigung: exklusives ODER
Oder-Konnektor		Prozessverzweigung: inklusives ODER
UND-Konnektor		Prozessverzweigung: logisches UND
Kontrollfluss		Repräsentiert den zeitlich-sachlogischen Ablauf von Ereignissen und Funktionen

Übersicht 6-1: Symbole für Ereignisgesteuerte Prozessketten (EPK)[1]

1 Vgl. BECKER, J./SCHÜTTE, R., Handelsinformationssysteme, S. 87.

62 Teilgrößen der verwendeten Kennzahlen

Die Teilgrößen der Kennzahlen werden in die Bereiche

- Aktiva,
- Passiva,
- Bilanzsumme und Haftungsverhältnisse,
- Anlagengitter und sonstige Angaben,
- Ergebnisbestandteile und
- Ergebnisarten

eingeteilt.

Kürzel	Bezeichnung
Aktiva	
ANL	Anlagen, Maschinen, Betriebs- und Geschäftsausstattung, Anlagen im Bau, sonstiges SAV
ANZ	Geleistete Anzahlungen
AV	Anlagevermögen
FA	Finanzanlagen
FE	Fertige Erzeugnisse und Waren
FLL	Forderungen aus Lieferung und Leistung
FM	Flüssige Mittel
FO	Forderungen
FOSO	Sonstige kurzfristigen Forderungen
FOVU	Forderungen gegen verb. Unternehmen
GB	Grundstücke und Bauten
IMMVG	Immaterielle Güter des Anlagevermögens
KF	Kurzfristige Forderungen
LF	Mittel- und langfristige Forderungen
RHB	Roh-, Hilfs- und Betriebsstoffe
SA	Sonstige Aktiva
SAV	Sachanlagevermögen
SOAV	Sonstiges Anlagevermögen
UFE	Unfertige Erzeugnisse
UV	Umlaufvermögen
VOR	Vorräte
Passiva	
AKZ	Akzeptverbindlichkeiten
BANK	Verbindlichkeiten gegen Kreditinstitute
EANZ	Erhaltene Anzahlungen

Übersicht 6-2: Teilgrößen der verwendeten Kennzahlen (Teil 1 von 3)

Kürzel	Bezeichnung
FK	Fremdkapital
GEVER	Gesamtverschuldung
GUTH	Guthaben von Gesellschaftern
HEK	Haftendes Eigenkapital
KBANK	Kurzfristige Verbindlichkeiten gegen Kreditinstitute
KFK	Kurzfristiges Fremdkapital
KFKE	Fremdkapital, das kurzfristig extern abfließt
KFKI	Fremdkapital, das interne Verpflichtungen bzw. Verpflichtungen zur Leistung darstellt
KRST	Kurzfristige Rückstellungen
LFK	Mittel- und langfristiges Fremdkapital
LVB	Sonstige langfristige Verbindlichkeiten
MBANK	Verbindlichkeiten gegen Kredit-institute, mittelfristig
RAPP	RAP, passiv
PRST	Pensionsrückstellungen
RST	Langfristige Rückstellungen
RSTG	Gesamte Rückstellungen
SOLRST	Sonstige langfristige Rückstellungen
SOPO	Sonderposten mit Rücklageanteil
SVK	Sonstige kurzfristige Verbindlichkeiten
VB	(Geld-)Verbindlichkeiten
VLL	Verbindlichkeiten aus Lieferung und Leistung
VSO	Sonstige Verbindlichkeiten
VVK	Verb. gegen verbundene Unternehmen, kurzfristig
VVU	Verb. gegen verbundene Unternehmen
WEK	Wirtschaftliches Eigenkapital
Bilanzsumme und Haftungsverhältnisse	
BISU	Bilanzsumme
HAFTV	Teil der Haftungsver-hältnisse
HAFTVG	Haftungsverhältnisse gesamt
Anlagengitter und sonstige Angaben	
ABG	Sachanlagen Abgänge
ABS	Abschr. Berichtsjahr auf SAV und immaterielle Vermögensgegenstände
AFAT	Abschreibungen auf technische Anlagen und Maschinen
AFAKT	Kumulierte Abschreibungen auf technische Anlagen und Maschinen
AKT	Anschaffungskosten technische Anlagen und Maschinen
INV	Nettoinvestition (SAV ohne immaterielle Vermögensgegenstände)
INVT	Nettoinvestition (technische Anlagen und Maschinen)
MA	Zahl der Mitarbeiter
ZUG	Zugang Sachanlagevermögen

Übersicht 6-2: *Teilgrößen der verwendeten Kennzahlen (Teil 2 von 3)*

Kürzel	Bezeichnung
Ergebnisbestandteile	
AFA	Abschreibungen
AFAF	Abschreibungen auf Finanzanlagen
AFAUV	Sonderabschr. UV
AOAUF	A. o. Aufwendungen
AOERT	A. o. Erträge
APAFA	Sonderabschreibungen AV
BAUF	Betriebliche Aufwendungen
EAA	Erträge aus Anlagenabgängen
FAUF	Finanzaufwendungen
GL	Gesamtleistung
GVAB	Gewinnabführung/Verlustübernahme
MAUF	Materialaufwand
MIETE	Miet- und Leasingaufwand
PERSA	Personalaufwand
PRSTZ	Zuführung zu PRST
SAO	Sonstige außerordentlichen Aufwendungen
SAUF	Sonstiger betrieblicher Aufwand
SERT	Sonstige betriebliche Erträge
SST	Sonstige Steuern
ST	Steuern vom Einkommen und Ertrag
U	Umsatz
VKOR	Korrektur der Vorräte
ZAUFW	Zinsaufwendungen
ZERTR	Zinserträge
Ergebnisarten	
BETERG	Beteiligungsergebnis
BILE	Bilanzergebnis
CF	Finanzwirtschaftlicher Cash-flow
EAT	Ordentliches Ergebnis nach Steuern (earnings after taxes)
EBDIT	Teilbetriebsergebnis (earnings before depreciation, interests and taxes)
EBIT	Betriebsergebnis (earnings before interests and taxes)
EBT	Ordentliches Ergebnis vor Steuern (earnings before taxes)
FVERG	Finanz- und Verbundergebnis
JE	Jahresergebnis
ROHE	Rohergebnis
ZERG	Zinsergebnis

Übersicht 6-2: Teilgrößen der verwendeten Kennzahlen (Teil 3 von 3)

Literaturverzeichnis

ADAM, DIETRICH, Planung und Entscheidung: Modelle - Ziele - Methoden, 4. Aufl., Wiesbaden 1996 (Planung und Entscheidung).

ALBRECHT, JÖRG/BAETGE, JÖRG/JERSCHENSKY, ANDREAS/ROEDER, KLAUS-HENDRIK, Risikomanagement auf der Basis von Insolvenzwahrscheinlichkeiten, in: Die Bank 1999, Heft 7, S. 494-499 (Risikomanagement).

ALMEIDA, FERNANDO C. DE/DUMONTIER, PASCAL, Neural Networks, accounting numbers and bankruptcy prediction, in: Congrès de Association Francaise de Comptabilité - Congrès de Toulouse, 1993, S. 269-286 (Neural Networks, accounting numbers and bankruptcy prediction).

ALTMAN, EDWARD, Financial Ratios, Discriminant Analysis and the Prediction of Corporate Bankruptcy, in: The Journal of Finance 1968, Heft 4, S. 589-609 (Prediction of Corporate Bankruptcy).

ALTROCK, CONSTANTIN V., Fuzzy Logic, Band 1: Technologie, 2. Aufl., München/ Wien 1995 (Fuzzy Logic - Technologie).

ALTROCK, CONSTANTIN V., Fuzzy Logic and NeuroFuzzy Applications in Business and Finance, Upper Saddle River 1996 (Fuzzy Logic and NeuroFuzzy Applications in Business and Finance).

ALTROCK, CONSTANTIN V. (HRSG.), Fuzzy Logic, Band 3: Werkzeuge, München/ Wien 1995 (Fuzzy Logic - Werkzeuge).

BACKHAUS, KLAUS ET AL., Multivariate Analysemethoden: Eine anwendungsorientierte Einführung, 9. Aufl., Berlin u. a. 1996 (Multivariate Analysemethoden).

BAETGE, JÖRG, Möglichkeiten der Objektivierung des Jahreserfolges, in: Schriftenreihe des Instituts für Revisionswesen der Westfälischen Wilhelms-Universität Münster, hrsg. v. Leffson, Ulrich, Düsseldorf 1970 (Möglichkeiten der Objektivierung des Jahreserfolges).

BAETGE, JÖRG, Betriebswirtschaftliche Systemtheorie: Regelungstheoretische Planungs-Überwachungsmodelle für Produktion, Lagerung und Absatz, Opladen 1974 (Betriebswirtschaftliche Systemtheorie).

BAETGE, JÖRG, Früherkennung negativer Entwicklungen der zu prüfenden Unternehmung mit Hilfe von Kennzahlen, in: WPg 1980, Heft 22/23, S. 651-665 (Früherkennung negativer Entwicklungen).

BAETGE, JÖRG, Möglichkeiten der Früherkennung negativer Unternehmensentwicklungen mit Hilfe statistischer Jahresabschlußanalysen, in: ZfbF 1989, Heft 9, S. 792-811 (Früherkennung negativer Unternehmensentwicklungen).

BAETGE, JÖRG, Rating von Unternehmen anhand von Bilanzen, in: WPg 1994, Heft 4, S. 1-10 (Rating von Unternehmen).

BAETGE, JÖRG, Stabilität eines Bilanzbonitätsindikators und seine Einsatzmöglichkeiten im Kreditgeschäft, 1. Teil: Künstliches Neuronales Netz als Grundlage eines solchen Indikators, in: Der Schweizer Treuhänder 1998, Heft 6-7, S. 605-612 (Stabilität eines Bilanzbonitätsindikators und seine Einsatzmöglichkeiten (Teil 1)).

BAETGE, JÖRG, Bilanzanalyse, Düsseldorf 1998 (Bilanzanalyse).

BAETGE, JÖRG, Bilanzen, 5. Aufl., Düsseldorf 2001 (Bilanzen).

BAETGE, JÖRG/BAETGE, KAI/KRUSE, ARIANE, Grundlagen moderner Verfahren der Jahresabschlußanalyse, in: DStR 1999, Heft 33, S. 1371-1376 (Verfahren der Jahresabschlußanalyse).

BAETGE, JÖRG/DOSSMANN, CHRISTIANE/KRUSE, ARIANE, Krisendiagnose mit Künstlichen Neuronalen Netzen, in: Krisendiagnose durch Bilanzanalyse, hrsg. v. Hauschildt, Jürgen/Leker, Jens, 2. Aufl., Köln 2000, S. 179-220 (Krisendiagnose mit Künstlichen Neuronalen Netzen).

BAETGE, JÖRG/HEITMANN, CHRISTIAN, Creating a Fuzzy Rule-Based Indicator for the Review of Credit Standing, in: sbr 2000, Heft 4, S. 318-343 (Fuzzy Rule-Based Indicator for the Review of Credit Standing).

BAETGE, JÖRG/HEITMANN, CHRISTIAN, Kennzahlen, in: Lexikon der internen Revision, hrsg. v. Lück, Wolfgang, München 2001, S. 170-172 (Kennzahlen).

BAETGE, JÖRG/HÜLS, DAGMAR/UTHOFF, CARSTEN, Früherkennung der Unternehmenskrise: Neuronale Netze als Hilfsmittel für Kreditprüfer, in: Forschungsjournal der Westfälischen Wilhelms-Universität Münster 1995, Heft 2, S. 21-29 (Früherkennung der Unternehmenskrise).

BAETGE, JÖRG/HUSS, MICHAEL/NIEHAUS, HANS-JÜRGEN, Die statistische Auswertung von Jahresabschlüssen zur Informationsgewinnung bei der Abschlußprüfung, in: WPg 1986, S. 605-613 (Statistische Auswertung von Jahresabschlüssen).

BAETGE, JÖRG/JERSCHENSKY, ANDREAS, Beurteilung der wirtschaftlichen Lage von Unternehmen mit Hilfe von modernen Verfahren der Jahresabschlußanalyse: Bilanzbonitäts-Rating von Unternehmen mit Künstlichen Neuronalen Netzen, in: DB 1996, S. 1581-1591 (Beurteilung der wirtschaftlichen Lage von Unternehmen).

BAETGE, JÖRG/JERSCHENSKY, Andreas, Abschlußbericht Projekt Diskriminanzanalyse 1994-1996, Münster 1996 (Abschlußbericht Projekt Diskriminanzanalyse).

BAETGE, JÖRG/JERSCHENSKY, ANDREAS, Eine drohende Schieflage kann frühzeitig erkannt werden: Bewertung auf Basis der Künstlichen Neuronalen Netzanalyse, in: Handelsblatt, vom 06.08.1996, Nr. 150, S. 14-15 (Eine drohende Schieflage kann frühzeitig erkannt werden).

BAETGE, JÖRG/JERSCHENSKY, ANDREAS, Die vier Konzerne verfügen über ein beträchtliches Ertragspotential: Vergleich der Bonität von Daimler Benz, VW, BMW und Porsche, in: Handelsblatt, vom 11./12.10.1996, Nr. 197, S. 20-21 (Vergleich der Bonität von Daimler Benz, VW, BMW und Porsche).

BAETGE, JÖRG/KRAUSE, CLEMENS, Kreditmanagement mit Neuronalen Netzen, in: Technologie-Management und Technologien für das Management, hrsg. v. Zahn, Erich, Stuttgart 1994, S. 383-409 (Kreditmanagement mit Neuronalen Netzen).

BAETGE, JÖRG/KRUSE, ARIANE/UTHOFF, CARSTEN, Bonitätsklassifikationen von Unternehmen mit Neuronalen Netzen, in: Wirtschaftsinformatik 1996, Heft 3, S. 273-281 (Bonitätsklassifikationen von Unternehmen).

BAETGE, JÖRG/LINSSEN, THOMAS, Beurteilung der wirtschaftlichen Lage durch den Abschlußprüfer und Darstellung des Urteils im Prüfungsbericht, in: BFuP 1999, Heft 4, S. 369-389 (Beurteilung der wirtschaftlichen Lage durch den Abschlußprüfer).

BAETGE, JÖRG/MANOLOPOULOS, PETER RÜDIGER, Bilanz-Ratings zur Beurteilung der Unternehmensbonität - Entwicklung und Einsatz des BBR Baetge-Bilanz-Rating im Rahmen des Benchmarking, in: Die Unernehmung, Schweizerische Zeitschrift für betriebswirtschaftliche Forschung und Praxis, 1999, Heft 5, S. 351-371 (Bilanz-Ratings zur Beurteilung der Unternehmensbonität).

BAETGE, JÖRG/NIEHAUS, HANS-JÜRGEN, Prognosefähigkeit von Vermögens-, Finanz- und Ertragskennzahlen im empirischen Test, in: Bilanzanalyse nach neuem Recht, hrsg. v. Coenenberg, Adolf G., Landsberg/Lech 1989, S. 69-89 (Prognosefähigkeit von Vermögens-, Finanz- und Ertragskennzahlen).

BAETGE, JÖRG/SCHMEDT, ULRICH/HÜLS, DAGMAR/KRAUSE, CLEMENS/UTHOFF, CARSTEN, Bonitätsbeurteilung von Jahresabschlüssen nach neuem Recht (HGB 1985) mit Künstlichen Neuronalen Netzen auf der Basis von Clusteranalysen, in: DB 1994, S. 337-343 (Bonitätsbeurteilung von Jahresabschlüssen mit Künstlichen Neuronalen Netzen).

BAETGE, JÖRG/THIELE, STEFAN, Bilanzanalyse, in: Handwörterbuch des Bank- und Finanzwesens, hrsg. v. Gerke, Wolfgang/Steiner, Manfred, 2. Aufl., Stuttgart 1995, Sp. 251-262 (Bilanzanalyse).

BAETGE, JÖRG/THUN, CHRISTIAN, Bilanzbonitäts-Rating eines technologieorientierten Unternehmens, in: Technology-Rating: Neue Entscheidungshilfen für Hightech-Investoren, hrsg. v. Everling, Oliver/Riedel, Sven-Matthias/Weimerskirch, Pierre, Wiesbaden 2000, S. 159-186 (Bilanzbonitäts-Rating).

BAGUS, THOMAS, Wissensbasierte Bonitätsanalyse im Firmenkundengeschäft der Kreditinstitute, Frankfurt a. M. u. a. 1992 (Wissensbasierte Bonitätsanalyse).

BAMBERG, GÜNTER/COENENBERG, ADOLF GERHARD, Betriebswirtschaftliche Entscheidungslehre, 10. Aufl., München 1996 (Betriebswirtschaftliche Entscheidungslehre).

BANDEMER, HANS/NÄTHER, WOLFGANG, Fuzzy Data Analysis, Dordrecht 1992 (Fuzzy Data Analysis).

BARCZEWSKI, T./RUST, H. J./WEBER, R./ZYGAN, H., A Fuzzy System for Credit Analysis in a German Credit Insurance Company, in: EUFIT '96 - Fourth European Congress on Intelligent Techniques and Soft Computing 1996, Vol. 3, hrsg. v. ELITE Foundation, Aachen, S. 2215-2218 (A Fuzzy System for Credit Analysis).

BEAVER, WILLIAM H., Financial Ratios, in: Empirical Research in Accounting. Selected Studies, Supplement to Journal of Accounting Research 1966, S. 71-111 (Financial Ratios).

BECKER, JÖRG/PRISCHMANN, MARTIN, Konnektionistische Modelle: Grundlagen und Konzepte, Arbeitsbericht Nr. 5 des Instituts für Wirtschaftsinformatik, Münster 1991 (Konnektionistische Modelle).

BECKER, JÖRG/PRISCHMANN, MARTIN, Anwendungen konnektionistischer Systeme, Arbeitsbericht Nr. 9 des Instituts für Wirtschaftsinformatik, Münster 1992 (Anwendungen konnektionistischer Systeme).

BECKER, JÖRG/SCHÜTTE, REINHARD, Handelsinformationssyteme, Landsberg/Lech 1996 (Handelsinformationssysteme).

BEERMANN, KLAUS, Prognosemöglichkeiten von Kapitalverlusten mit Hilfe von Jahresabschlüssen, in: Schriften des Instituts für Revisionswesen der Westfälischen Wilhelms-Universität Münster, hrsg. v. Leffson, Ulrich, Düsseldorf 1976 (Prognosemöglichkeiten von Kapitalverlusten).

BELLMAN, RICHARD/GIERTZ, MAGNUS, On the Analytic Formalism of the Theory of Fuzzy Sets, in: Information Sciences 1973, Heft 5, S. 149-156 (On the Analytic Formalism of the Theory of Fuzzy Sets).

BELLMAN, RICHARD/ZADEH, LOFTI A., Decision-Making in a Fuzzy Environment, in: Management Science 1970, Heft 4, S. B-141 - B-165 (Decision-Making in a Fuzzy Enviroment).

BERENS, WOLFGANG, Beurteilung von Heuristiken: Neuorientierung und Vertiefung am Beispiel logistischer Probleme, Wiesbaden 1991 (Beurteilung von Heuristiken).

BETRIEBSWIRTSCHAFTLICHER AUSSCHUß DES ZENTRALVERBANDES DER ELEKTROTECHNISCHEN INDUSTRIE E. V. (HRSG.), ZVEI Kennzahlensystem: Ein Instrument zur Unternehmenssteuerung, 2. Aufl., Frankfurt a. M. 1971 (ZVEI Kennzahlensystem).

BISCHOFF, RAINER/BLEILE, CLEMENS/GRAALFS, JÜRGEN, Der Einsatz Neuronaler Netze zur betriebswirtschaftlichen Kennzahlenanalyse, in: Wirtschaftsinformatik 1991, Heft 5, S. 375-385 (Neuronale Netze).

BISHOP, CHRISTOPHER M., Neural Networks for Pattern Recognition, New York 1995 (Neural Networks for Pattern Recognition).

BLEYMÜLLER, JOSEF/GEHLERT, GÜNTHER/GÜLICHER, HERBERT, Statistik für Wirtschaftswissenschaftler, 11. Aufl., München 1998 (Statistik).

BLOCHWITZ, STEFAN/EIGERMANN, JUDITH, Unternehmensbeurteilung durch Diskriminanzanalyse mit qualitativen Merkmalen, in: ZfbF 2000, Heft 2, S. 58-73 (Unternehmensbeurteilung).

BOLT, URS, Risikomanagement als Herausforderung für kleinere und mittlere Banken: Netzwerklösung als Antwort, in: Der Schweitzer Treuhänder 1997, Heft 4, S. 321-324 (Risikomanagement als Herausforderung für kleinere und mittlere Banken).

BOSCH, HARALD, Entscheidung und Unschärfe: eine entscheidungstheoretische Analyse der Fuzzy-Set-Theorie, Bergisch Gladbach/Köln 1993 (Entscheidung und Unschärfe).

BOTHE, HANS-HEINRICH, Fuzzy Logic: Einführung in Theorie und Anwendungen, Berlin u. a. 1993 (Fuzzy Logic).

BOTHE, HANS-HEINRICH, Neuro-Fuzzy-Methoden: Einführung in Theorie und Anwendungen, Berlin u. a. 1998 (Neuro-Fuzzy-Methoden).

BRAUSE, RÜDIGER, Neuronale Netze: Eine Einführung in die Neuroinformatik, Stuttgart 1991 (Neuronale Netze).

BRETZKE, WOLF-RÜDIGER, Wann ist ein Unternehmen insolvent?, in: DBW 1985, Heft 4, S. 405-413 (Wann ist ein Unternehmen insolvent?).

BRÜNING, ANN-GELA/HÖNERLOH, ALBRECHT, Ausgewählte Fuzzy-Ansätze für betriebswirtschaftliche Probleme, in: AFN-Jahrbuch 1995, hrsg. v. Arbeitsgemeinschaft Fuzzy-Logik und Softcomputing Norddeutschland, Wolfenbüttel 1995, S. 75-89 (Fuzzy-Ansätze für betriebswirtschaftliche Probleme).

BUCKLEY, JAMES J., Sugeno type controllers are universal controllers, in: Fuzzy Sets and Systems 53, 1993, S. 299-303 (Sugeno type controllers are universal controllers).

BÜSCHGEN, HANS E., Bankbetriebslehre: Bankgeschäfte und Bankmanagement, 5. Aufl., Wiesbaden 1998 (Bankbetriebslehre).

BÜTTNER, UWE, ET. AL., Expertensysteme zur Jahresabschlußanalyse für mittlere und kleine Unternehmen, in: ZfB 1988, S. 229-251 (Expertensysteme zur Jahresabschlußanalyse).

CHEN, SHU-JEN/HWANG, CHING-LAI, Fuzzy Multiple Attribute Decision Making: Methods and Applications, Berlin u. a. 1992 (Fuzzy Multiple Attribute Decision Making).

CHEN, YOUNG-JENG/TENG, CHING-CHENG, Rule combination in a fuzzy neural network, in: Fuzzy Sets and Systems 82, 1996, S. 161-166 (Rule combination in a fuzzy neural network).

COATS, PAMELA K./FANT, L FRANKLIN, A Neural Network Approach to Forecasting Financial Distress, in: The Journal of Business Forecasting 1991, Heft 10, S. 9-12 (A Neural Network Approach to Forecasting Financial Distress).

COENENBERG, ADOLF GERHARD, Jahresabschluß und Jahresabschlußanalyse: Betriebswirtschaftliche, handelsrechtliche, steuerrechtliche und internationale Grundlagen - HGB, IAS, US-GAAP, 17. Aufl., Landsberg/Lech 2000 (Jahresabschluß und Jahresabschlußanalyse).

CORSTEN, HANS/MAY, CONSTANTIN, Anwendungsfelder Neuronaler Netze und ihre Umsetzung, in: Neuronale Netze in der Betriebswirtschaft: Anwendung in Prognose, Klassifikation und Optimierung - Ein Reader, hrsg. v. Corsten, Hans/ May, Constantin, Wiesbaden 1996, S. 1-11 (Anwendungsfelder Neuronaler Netze).

DE FRIES, DIETRICH/SEIDL, JÖRG/WINDHEUSER, ULRICH, Unterschätzter Erfolgsfaktor Datenqualität, in: B.Bl. 1999, Heft 11, S. 513-517 (Unterschätzter Erfolgsfaktor Datenqualität).

DORFFNER, GEORG, Konnektionismus: Von neuronalen Netzwerken zu einer „natürlichen" KI, Stuttgart 1991 (Konnektionismus).

DR. H.C. F. PORSCHE AG (HRSG.), Geschäftsbericht 1990/91, Stuttgart 1991 (Geschäftsbericht 1990/91).

DR. H.C. F. PORSCHE AG (HRSG.), Geschäftsbericht 1991/92, Stuttgart 1992 (Geschäftsbericht 1991/92).

DR. H.C. F. PORSCHE AG (HRSG.), Geschäftsbericht 1992/93, Stuttgart 1993 (Geschäftsbericht 1992/93).

DR. H.C. F. PORSCHE AG (HRSG.), Geschäftsbericht 1993/94, Stuttgart 1994 (Geschäftsbericht 1993/94).

DR. H.C. F. PORSCHE AG (HRSG.), Geschäftsbericht 1994/95, Stuttgart 1995 (Geschäftsbericht 1994/95).

DRÄGER, UWE/KRUG, PETER/RAUH, NORBERT/WITTMANN, STEFAN, Expertensysteme und Jahresabschlußanalyse, in: DSWR 1986, Heft 11, S. 239-244 (Expertensysteme und Jahresabschlußanalyse).

DUBOIS, DIDIER/PRADE, HENRI, A Review of Fuzzy Set Aggregation Connectives, in: Information Sciences 36, 1985, S. 85-121 (Fuzzy Set Aggregation Connectives).

DUBOIS, DIDIER/PRADE, HENRI, Fuzzy Sets and Systems: Theory and Applications, Boston u. a. 1978 (Fuzzy Sets and Systems).

DYCK, KLAUS HERMANN, Ein Expertensystem zur Unterstützung der Bilanzpolitik: Theoretische Grundlagen, Problemanalyse und Modellkonzeption, Bergisch-Gladbach/Köln 1991 (Expertensystem zur Unterstützung der Bilanzpolitik).

ERXLEBEN, KARSTEN/BAETGE, JÖRG/FEIDICKER, MARKUS/KOCH, HEIDI/KRAUSE, CLEMENS/MERTENS, PETER, Klassifikation von Unternehmen: Ein Vergleich von Neuronalen Netzen und Diskriminanzanalyse, in: ZfB 1992, S. 1237-1262 (Klassifikation von Unternehmen).

FAHRMEIR, LUDWIG/HAMERLE, ALFRED/TUTZ, GERHARD (HRSG.), Multivariate statistische Verfahren, Berlin/New York 1996 (Multivariate statistische Verfahren).

FEIDICKER, MARKUS, Kreditwürdigkeitsprüfung: Entwicklung eines Bonitätsindikators, in: Schriften des Instituts für Revisionswesen der Westfälischen Wilhelms-Universität Münster, hrsg. v. Baetge, Jörg, Düsseldorf 1992 (Kreditwürdigkeitsprüfung).

FEULNER, WALDEMAR, Moderne Verfahren bei der Kreditwürdigkeitsprüfung im Konsumentenkreditgeschäft, Frankfurt a. M. 1980 (Moderne Verfahren bei der Kreditwürdigkeitsprüfung).

FISCHER, JÜRGEN H., Computergestützte Analyse der Kreditwürdigkeit auf Basis der Mustererkennung, in: Betriebswirtschaftliche Schriften zur Unternehmensführung, Band 23: Kreditwesen, Düsseldorf 1981 (Computergestützte Analyse der Kreditwürdigkeit).

FITZPATRICK, PAUL J., A Comparison of the Ratios of Successful Industrial Enterprises with those of Failed Companies, in: The Certified Public Accountant 1932, S. 598-605, 656-662 u. 727-731 (A Comparison of the Ratios of Successful Industrial Enterprises with those of Failed Companies).

FLACH, JOCHEN, Ermittlung typisierter Fuzzy-Zugehörigkeitsfunktionen auf der Grundlage von Branchendaten als Komponente eines wissensbasierten Systems zur Unternehmensbeurteilung. Diplomarbeit am Institut für Statistik und Mathematik der J.W. Goethe-Universität, Frankfurt am Main 1995 (Ermittlung typisierter Fuzzy-Zugehörigkeitsfunktionen).

FRANK, ULRICH, Expertensysteme: Neue Automatisierungspotentiale im Büro- und Verwaltungsbereich?, Wiesbaden 1988 (Expertensysteme: Neue Automatisierungspotentiale).

FRANK, ULRICH, Expertensysteme: Konzepte, Probleme und Potentiale. Ein kritischer Überblick, in: Praxis der Expertensysteme, hrsg. v. Kruse, Hans-Günther/ Frank, Ulrich, München/Wien 1989, S. 1-36 (Expertensysteme: Konzepte, Probleme und Potentiale).

FREIDANK, CARL-CHRISTIAN, Anforderungen an bilanzpolitische Expertensysteme als Instrumente der Unternehmensführung, in: WPg 1993, Heft 10, S. 312-323 (Bilanzpolitische Expertensysteme).

FULLER, ROBERT, Introduction to Neuro-Fuzzy Systems, Heidelberg 2000 (Neuro-Fuzzy Systems).

FÜSER, KARSTEN, Zukunftstechnologien mit Zukunftstechnologie bewerten, in: Technology-Rating: Neue Entscheidungshilfen für Hightech-Investoren, hrsg. v. Everling, Oliver/Riedel, Sven-Matthias/Weimerskirch, Pierre, Wiesbaden 2000, S. 279-294 (Zukunftstechnologien mit Zukunftstechnologie bewerten).

GABRIEL, ROLAND, Wissensbasierte Systeme in der betrieblichen Praxis, Hamburg/ New York 1990 (Wissensbasierte Systeme in der betrieblichen Praxis).

GABRIEL, ROLAND/FRICK, DETLEV, Expertensysteme zur Lösung betriebswirtschaftlicher Problemstellungen, in: ZfbF 1991, Heft 6, S. 544-565 (Expertensysteme zur Lösung betriebswirtschaftlicher Problemstellungen).

GEBHARDT, GÜNTHER, Insolvenzprognosen aus aktienrechtlichen Jahresabschlüssen - Eine Beurteilung der Reform der Rechnungslegung durch das Aktiengesetz 1965 aus der Sicht unternehmensexterner Adressaten, 2. Aufl., Wiesbaden 1980 (Insolvenzprognosen).

GEYER-SCHULZ, ANDREAS, Fuzzy Rule-Based Expert Systems and Genetic Machine Learning, in: Studies in Fuzziness, hrsg. v. Kacprzyk, Janusz, Heidelberg 1995 (Fuzzy Rule-Based Expert Systems).

GLORMANN, FRANK, Bilanzrating von US-GAAP Abschlüssen, Dissertation an der Westf. Wilhelms-Universität Münster, Münster 2000 (Bilanzrating von US-GAAP Abschlüssen).

GOEDE, KLAUS/WEINRICH, GÜNTER, Bessere Kreditentscheidung durch neuronale Netze?, in: Die Bank 1996, Heft 7, S. 420-423 (Bessere Kreditentscheidung durch neuronale Netze?).

GRABOWSKI, MARIUSZ, Application of Self-Organizing Maps to Outlier Identification and Estimation of Missing Data, in: Advances in Data Science and Classification, Proceedings of the 6th Conference of the International Federation of Classification Societies (IFCS-98), hrsg. v. Rizzi, Alfredo/Vichi, Maurizio/Bock, Hans-Hermann, Berlin u. a. 1998, S. 279-285 (Outlier Identification and Estimation of Missing Data).

GRÄFER, HORST, Bilanzanalyse: Eine Einführung mit Aufgaben und Lösungen, 7. Aufl., Herne/Berlin 1997 (Bilanzanalyse).

GÜLLICH, HANS-PETER, Fuzzy-Expertensysteme zur Beurteilung von Kreditrisiken, Wiesbaden 1997 (Fuzzy-Expertensysteme).

HAASE, MICHAEL/KREHL, HARALD/HEIDECKER, PETER/MERTENS, PETER, Unternehmensreport II: Ein umfassender Ansatz zur wissensbasierten Unternehmensanalyse, in: KI 1995, Heft 5, S. 56-62 (Wissensbasierte Unternehmensanalyse).

HARMON, PAUL/KING, DAVID, Expertensysteme in der Praxis: Perspektiven, Werkzeuge, Erfahrungen, 3. Aufl., München/Wien 1989 (Expertensysteme).

HARMON, PAUL/MAUS, REX/MORISSEY, WILLIAM, Expertensysteme: Werkzeuge und Anwendungen, München/Wien 1989 (Expertensysteme).

HARS, ALEXANDER, Referenzdatenmodelle: Grundlagen effizienter Datenmodellierung, Wiesbaden 1994 (Referenzdatenmodelle).

HARTUNG, JOACHIM, Statistik: Lehr- und Handbuch der angewandten Statistik, 12. Aufl., München/Wien/Oldenburg 1999 (Statistik).

HAUKE, WOLFGANG, Fuzzy-Modelle in der Unternehmensplanung, Heidelberg 1998 (Fuzzy-Modelle in der Unternehmensplanung).

HAUSCHILDT, JÜRGEN, Entwicklungslinien der Bilanzanalyse, in: ZfbF 1971, S. 335-351 (Entwicklungslinien der Bilanzanalyse).

HAUSCHILDT, JÜRGEN, Methodische Anforderungen an die Ermittlung der Wissensbasis von Expertensystemen, in: DBW 1990, Heft 4, S. 525-537 (Ermittlung der Wissensbasis von Expertensystemen).

HAUSCHILDT, JÜRGEN, Unternehmenskrisen - Herausforderungen an die Bilanzanalyse, in: Krisendiagnose durch Bilanzanalyse, hrsg. v. Hauschildt, Jürgen/Leker, Jens, 2. Aufl., Köln 2000, S. 1-17 (Unternehmenskrisen - Herausforderungen an die Bilanzanalyse).

HAUSCHILDT, JÜRGEN, Vorgehensweise der statistischen Insolvenzdiagnose, in: Krisendiagnose durch Bilanzanalyse, hrsg. v. Hauschildt, Jürgen/Leker, Jens, 2. Aufl., Köln 2000, S. 119-143 (Vorgehensweise der statistischen Insolvenzdiagnose).

HAUSCHILDT, JÜRGEN/LEKER, JENS, Kreditwürdigkeitsprüfung, inkl. automatisierte, in: Handwörterbuch des Bank- und Finanzwesens, hrsg. v. Gerke, Wolfgang/Steiner, Manfred, 2. Aufl., Stuttgart 1995, Sp. 251-262 (Kreditwürdigkeitsprüfung).

HAUSKNECHT, JÖRG/ZÜNDORF, HORST, Expertensysteme im Finanz- und Rechnungswesen, Stuttgart 1989 (Expertensysteme).

HEBB, D. O., The Organization of Behavior, New York 1949 (The Organization of Behavior).

HECHT-NIELSEN, ROBERT, Neurocomputing, Reading u. a. 1989 (Neurocomputing).

HIELSCHER, UDO, Instrumente der Kreditwürdigkeitsprüfung, in: Wirtschaftwissenschaftliches Studium 1979, S. 308-315 (Instrumente der Kreditwürdigkeitsprüfung).

HOFFMANN, FRANK, Entwurf von Fuzzy-Reglern mit Genetischen Algorithmen, Wiesbaden 1997 (Entwurf von Fuzzy-Reglern mit Genetischen Algorithmen).

HOLLATZ, JÜRGEN/TRESP, VOLKER, Integrating Rule-Based Knowledge into Neural Computing, in: Mustererkennung, 14. DAGM-Symposium Dresden vom 14. - 16.09.1992, hrsg. v. Fuchs, S./Hoffmann, R., S. 88-95 (Integrating Rule-Based Knowledge into Neural Computing).

HÖNERLOH, ALBRECHT, Unscharfe Simulation in der Betriebswirtschaft: Modellbildung und Simulation auf der Basis der Fuzzy Set-Theorie, Bovenden 1997 (Unscharfe Simulation in der Betriebswirtschaft).

HORNIK, KURT, Approximation Capabilities of Multilayer Feedforward Networks, in: Neural Networks 4, 1991, S. 251-257 (Approximation Capabilities of Multilayer Feedforward Networks).

HORNIK, KURT/STINCHCOMBE, MAXWELL/WHITE, HALBERT, Multilayer Feedforward Networks are Universal Approximators, in: Neural Networks 2, 1989, S. 359-366 (Multilayer Feedforward Networks are Universal Approximators).

HÜLS, DAGMAR, Früherkennung insolvenzgefährdeter Unternehmen, in: Schriften des Instituts für Revisionswesen der Westfälischen Wilhelms-Universität Münster, hrsg. v. Baetge, Jörg, Düsseldorf 1995 (Früherkennung insolvenzgefährdeter Unternehmen).

ICHIHASHI, H./MIYOSHI, T./NAGASAKA, K./TOKUNAGA, M./WAKAMATSU, T., A Neurofuzzy Approach to Variational Problems by Using Gaussian Membership Functions, in: International Journal of Approximate Reasoning 1995, Vol. 13, Heft 4, S. 287-302 (A Neurofuzzy Approach to Variational Problems by Using Gaussian Membership Functions).

JACOBS, OTTO H., Konzeption und Implementierung von Expertensystemen: Dargestellt anhand der Erfahrungen bei der Kontruktion eines Expertensystems zur Bilanzpolitik, in: ZfB 1990, Heft 3, S. 227-246 (Konzeption und Implementierung von Expertensystemen).

JACOBS, OTTO H., Bilanzanalyse: EDV-gestützte Jahresabschlussanalyse als Planungs- und Entscheidungsrechnung, 2. Aufl., München 1994 (Bilanzanalyse).

JACOBS, OTTO H./OESTREICHER, ANDREAS/PIOTROWSKI-ALLERT, SUSANNE, Die Einstufung des Fehlerrisikos im handelsrechtlichen Jahresabschluß anhand von Regressionen aus empirisch bedeutsamen Erfolgsfaktoren, in: ZfbF 1999, Heft 6, S. 523-549 (Die Einstufung des Fehlerrisikos im handelsrechtlichen Jahresabschluß).

JERSCHENSKY, ANDREAS, Messung des Bonitätsrisikos von Unternehmen: Krisendiagnose mit Künstlichen Neuronalen Netzen, in: Schriften des Instituts für Revisionswesen der Westfälischen Wilhelms-Universität Münster, hrsg. v. Baetge, Jörg, Düsseldorf 1998 (Messung des Bonitätsrisikos von Unternehmen).

KEITZ, ISABELL VON, Immaterielle Güter in der internationalen Rechnungslegung, in: Schriften des Instituts für Revisionswesen der Westfälischen Wilhelms-Universität Münster, hrsg. v. Baetge, Jörg, Düsseldorf 1996 (Immaterielle Güter).

KELLER, GERHARD/NÜTTGENS, MARKUS/SCHEER, AUGUST-WILHELM, Semantische Prozeßmodellierung auf der Grundlage „Ereignisgesteuerter Prozeßketten" (EPK), in: Veröffentlichung des Instituts für Wirtschaftsinformatik (IWi), Heft 89, hrsg. v. Scheer, A.-W., Saarbrücken 1992 (Semantische Prozeßmodellierung auf der Grundlage „Ereignisgesteuerter Prozeßketten" (EPK)).

KELLER, JAMES M./YAGER, RONALD R./TAHANI, HOSSEIN, Neural Network Implementation of Fuzzy Logic, in: Fuzzy Sets and Systems 45, 1992, S. 1-12 (Neural Network Implementation of Fuzzy Logic).

KEMKE, CHRISTEL, Die Darstellung von ungenauem Wissen in taxonomischen Wissensbanken, in: KI 1991, Heft 2, S. 12-19 (Die Darstellung von ungenauem Wissen).

KERLING, MATTHIAS/PODDIG, THORSTEN, Klassifikation von Unternehmen mittels KNN, in: Neuronale Netze in der Ökonomie: Grundlagen und finanzwirtschaftliche Anwendungen, hrsg. v. Rehkugler, Heinz/Zimmermann, Hans-Georg, München 1994 (Klassifikation von Unternehmen mittels KNN).

KOCH, HEIDI, Expertise-System zur Abschlußanalyse: Expertensystem zur Beratung von mittleren und kleinen Unternehmen, in: Bilanz & Buchhaltung 1990, Heft 9, S. 333-340 (Expertise-System zur Abschlußanalyse).

KOOTHS, STEFAN, Erfahrungsregeln und Konjunkturdynamik: Makromodelle mit Neuro-Fuzzy-generierten Erwartungen, in: Europäische Hochschulschriften, Reihe V, Volks- und Betriebswirtschaft, Band 2337, Frankfurt a. M. u. a. 1998 (Erfahrungsregeln und Konjunkturdynamik).

KOSIOL, ERICH, Modellanalyse als Grundlage unternehmerischer Entscheidungen, in: ZfhF 1961, Heft 13, S. 318-334 (Modellanalyse als Grundlage unternehmerischer Entscheidungen).

KOSKO, BART, Fuzzy Systems are Universal Approximators, in: First IEEE International Conference on Fuzzy Systems, 8.-12.3.1992, San Diego 1992, S. 1153-1162 (Fuzzy Systems are Universal Approximators).

KRAKL, JOHANN/NOLTE-HELLWIG, K. ULF, Computergestützte Bonitätsbeurteilung mit dem Expertensystem „CODEX", in: Die Bank 1990, Heft 11, S. 625-634 (Expertensystem „CODEX").

KRAUSE, CLEMENS, Kreditwürdigkeitsprüfung mit Neuronalen Netzen, in: Schriften des Instituts für Revisionswesen der Westfälischen Wilhelms-Universität Münster, hrsg. v. Baetge, Jörg, Düsseldorf 1993 (Kreditwürdigkeitsprüfung mit Neuronalen Netzen).

KREBS, MATHIAS, UNEX: Ein Expertensystem für quantitative und qualitative Unternehmensanalysen, Frankfurt a. M., u. a. 1991 (Expertensystem für Unternehmensanalysen).

KRUSE, ARIANE, Antragsprüfung und Kartenüberwachung von privaten Kreditkartenkunden mit Künstlichen Neuronalen Netzen, Hamburg 2000 (Antragsprüfung und Kartenüberwachung von privaten Kreditkartenkunden).

KRUSE, RUDOLF/GEBHARDT, JÖRG/KLAWONN, FRANK, Modellierung von Vagheit und Unsicherheit, in: KI 1991, Heft 4, S. 13-17 (Modellierung von Vagheit und Unsicherheit).

KUGELER, MARTIN, Informationsmodellbasierte Organisationsgestaltung: Modellierungskonventionen und Referenzvorgehensmodell zur prozessorientierten Reorganisation, Berlin 2000 (Informationsmodellbasierte Organisationsgestaltung).

KUHL, JOCHEN, Angepaßte Fuzzy-Regelungssysteme: Entwicklung und Einsatz bei ausgewählten betriebswirtschaftlichen Problemstellungen, Göttingen 1996 (Angepaßte Fuzzy-Regelungssysteme).

KURBEL, KARL, Entwicklung und Einsatz von Expertensystemen: Eine anwendungsorientierte Einführung in wissensbasierte Systeme, 2. Aufl., Berlin u. a. 1992 (Expertensysteme).

KÜTING, KARLHEINZ/WEBER, CLAUS-PETER, Die Bilanzanalyse: Lehrbuch zur Beurteilung von Einzel- und Konzernabschlüssen, 6. Aufl., Stuttgart 2001 (Bilanzanalyse).

LACHNIT, LAURENZ, Kennzahlensysteme als Instrument der Unternehmensanalyse, dargestellt an einem Zahlenbeispiel, in: WPg 1975, Heft 1/2, S. 39-51 (Kennzahlensysteme als Instrument der Unternehmensanalyse).

LACHNIT, LAURENZ, Zur Weiterentwicklung betriebswirtschaftlicher Kennzahlensysteme, in: ZfbF 1976, S. 216-230 (Zur Weiterentwicklung betriebswirtschaftlicher Kennzahlensysteme).

LACHNIT, LAURENZ, Systemorientierte Jahresabschlußanalyse: Weiterentwicklung der externen Jahresabschlußanalyse mit Kennzahlensystemen, EDV und mathematisch-statistischen Methoden, Wiesbaden 1979 (Systemorientierte Jahresabschlußanalyse).

LEE, KEON-MYUNG/KWAK, DONG-HOON/LEEKWANG, HYUNG, Tuning of fuzzy models by fuzzy neural networks, in: Fuzzy Sets and Systems 76, 1995, S. 47-61 (Tuning of fuzzy models).

LEFFSON, ULRICH, Bilanzanalyse, 3. Aufl., Stuttgart 1984 (Bilanzanalyse).

LEFFSON, ULRICH/BÖNKHOFF, FRANZ JOSEF, Prüfungsverfahren und Prüfungstechnik: Ein systematisierter Leitfaden aus dem Handwörterbuch der Revision, in: Handbuch der Abschlußprüfung, hrsg. v. Coenenberg, Adolf Gerhard/Wysocki, Klaus von, Stuttgart 1985, Sp. 717-723 (Prüfungsverfahren und Prüfungstechnik).

LEISEWITZ, MARIE-CLAIRE, Das Problem der Unschärfe in der Unternehmensbewertung: Ein Fuzzy-Expertensystem zur Findung des Grenzpreises bei Unternehmenskäufen, Göttingen 1999 (Unschärfe in der Unternehmensbewertung).

LEKER, JENS, Fraktionierende Frühdiagnose von Unternehmenskrisen: Bilanzanalyse in unterschiedlichen Krisenstadien, Köln 1993 (Fraktionierende Frühdiagnose von Unternehmenskrisen).

LEKER, JENS/SCHEWE, GERHARD, Beurteilung des Kreditausfallrisikos im Firmenkundengeschäft der Banken, in: ZfbF 1998, Heft 10, S. 877-891 (Beurteilung des Kreditausfallrisikos).

LIN, CHIN TENG/LEE, C. S. GEORGE, Neural-Network-Based Fuzzy Logic Control and Decision System, in: IEEE Transactions on Computers, Vol. 40, No. 12, December 1991, S. 1320-1336 (Neural-Network-Based Fuzzy Logic Control and Decision System).

LINSSEN, THOMAS, Anforderungen an eine branchenbezogene Jahresabschlußanalyse zur Früherkennung von Unternehmenskrisen: Diplomarbeit am Institut für Revisionswesen der Westfälischen Wilhelms-Universität Münster, Münster 1996 (Anforderungen an eine branchenbezogene Jahresabschlußanalyse).

LIPPE, W.-M./FEURING, TH./MISCHKE, L., Supervised Learning in Fuzzy Neural Networks, in: Bericht Nr. 12/95-I des Instituts für Numerische und instrumentelle Mathematik/Informatik der Westfälischen Wilhelms-Universität Münster, Münster 1995 (Supervised Learning in Fuzzy Neural Networks).

MACIEJEWSKI, PAUL G., Expertensysteme: Wann und wo ist der Einsatz sinnvoll?, in: Bilanz & Buchhaltung 1989, Heft 11, S. 419-422 (Expertensysteme).

MAMDANI, E. H., Applications of Fuzzy Algorithms for Control of Simple Dynamic Plant, in: Proceedings IEEE 121 (12), 1974, S. 1585-1588 (Fuzzy Algorithms for Control).

MAMDANI, E.H./ASSILIAN, S., An experiment in linguistic synthesis with a fuzzy logic controller, in: Journal Man-Machine Studies 1975, Heft 7, S. 1-13 (An experiment in linguistic synthesis with a fuzzy logic controller).

MÄRZ, THOMAS, Interdependenzen in einem Kennzahlensystem: Eine empirische Untersuchung zur Aussagefähigkeit von Kennzahlen bei der Unternehmensanalyse, München 1983 (Interdependenzen in einem Kennzahlensystem).

MARZEN, VENETA, Expertensysteme für die Bonitätsprüfung und Beratung im Firmenkundengeschäft, in: Die Bank 1989, Heft 4, S. 214-218 (Expertensysteme für die Bonitätsprüfung).

MAYER, A./MECHLER, BERNHARD/SCHLINDWEIN, A./WOLKE, R., Fuzzy Logic: Einführung und Leitfaden zur praktischen Anwendung, Bonn u. a. 1993 (Fuzzy Logic).

MCCULLOCH, WARREN S./PITTS, WALTER, A Logical Calculus of the Ideas Immanent in Nervous Activity, in: Bulletin of Mathematical Biophysics 5, 1943, S. 115-133 (A Logical Calculus of the Ideas Immanent in Nervous Activity).

MECHLER, BERNHARD, Lernfähige, rechnergestüzte Entscheidungsunterstützungssysteme, Mannheim 1994 (Entscheidungsunterstützungssysteme).

MECHLER, BERNHARD, Intelligente Informationssysteme, Bonn u. a. 1995 (Intelligente Informationssysteme).

MEDSKER, LARRY R., Hybrid Intelligent Systems, Boston/Dordrecht/London 1995 (Hybrid Intelligent Systems).

MERTENS, PETER, Künstliche Intelligenz und Expertensysteme, in: WiSt 1983, Heft 12, S. 628-631 (Künstliche Intelligenz und Expertensysteme).

MERTENS, PETER/ALLGEYER, KARLHEINZ, Künstliche Intelligenz in der Betriebswirtschaft, in: ZfB 1983, Heft 7, S. 686-709 (Künstliche Intelligenz in der Betriebswirtschaft).

MERTENS, PETER/BORKOWSKI, VOLKER/GEIS, WOLFGANG, Betriebliche Expertensystem-Anwendungen, 3. Aufl., Berlin/Heidelberg 1993 (Betriebliche Expertensystem-Anwendungen).

MILLING, PETER, Entscheidungen bei unscharfen Prämissen: Betriebswirtschaftliche Aspekte der Theorie unscharfer Mengen, in: ZfB 1982, Heft 8, S. 716-734 (Entscheidungen bei unscharfen Prämissen).

MILLING, PETER, Expertensysteme zur Unterstützung betrieblicher Entscheidungsprozesse, in: WiSt 1989, Heft 9, S. 385-390 (Expertensysteme zur Unterstützung betrieblicher Entscheidungsprozesse).

MOODY, JOHN/DARKEN, CHRISTIAN J., Fast Learning in Networks of Locally-Tuned Processing Units, in: Neural Computation 1, 1989, S. 281-294 (Fast Learning in Networks of Locally-Tuned Processing Units).

MÜLLER, CHRISTIAN, Entwicklung eines wissensbasierten Systems zur Unterstützung analytischer Prüfungshandlungen im Rahmen der Jahresabschlußprüfung, Frankfurt a. M. u. a. 1996 (Entwicklung eines wissensbasierten Systems).

NÄGER, LORENZ, Jahresabschlußanalyse mit Expertensystemen: Anspruch, Möglichkeiten und Grenzen, in: WiSt 1991, Heft 12, S. 628-631 (Jahresabschlußanalyse mit Expertensystemen).

NASIR, M. L./JOHN, R. I./BENNETT, S. C., Predicting Corporate Bankruptcy using Inter-Connected Artificial Neural Networks, in: EUFIT '99 - 7th European Congress on Intelligent Techniques & Soft Computing, 1999, Aachen (Predicting Corporate Bankruptcy).

NAUCK, DETLEF/KLAWONN, FRANK/KRUSE, RUDOLF, Neuronale Netze und Fuzzy-Systeme: Grundlagen des Konnektionismus, Neuronale Fuzzy-Systeme und der Kopplung mit wissensbasierten Methoden, 2. Aufl., Braunschweig 1996 (Neuronale Netze und Fuzzy-Systeme).

NAUCK, DETLEF/KLAWONN, FRANK/KRUSE, RUDOLF, Foundations of Neuro-Fuzzy Systems, Chichester u. a. 1997 (Foundations of Neuro-Fuzzy Systems).

NAUCK, DETLEF/KRUSE, RUDOLF, Fuzzy-Systeme und Soft Computing, in: Fuzzy Set-Theorie in betriebswirtschaftlichen Anwendungen, hrsg. v. Biethahn, Jörg et al., München 1997, S. 3-21 (Fuzzy-Systeme und Soft Computing).

NEIBECKER, BRUNO, Jahresabschlußanalyse mit Expertensystemen, in: WiSt 1990, Heft 11, S. 550-555 (Jahresabschlußanalyse mit Expertensystemen).

NEUNEIER, RALPH/TRESP, VOLKER, Radiale Basisfunktionen, Dichteschätzungen und Neuro-Fuzzy, in: Neuronale Netze in der Ökonomie: Grundlagen und finanzwirtschaftliche Anwendungen, hrsg. v. Rehkugler, Heinz/Zimmermann, Hans-Georg, München 1994, S. 89-130 (Radiale Basisfunktionen, Dichteschätzungen und Neuro-Fuzzy).

NEUNEIER, RALPH/ZIMMERMANN, HANS GEORG, How to Train Neural Networks, in: Neural Networks: Tricks of the Trade, hrsg. v. Orr, Genevieve B./Müller, Klaus-Robert, Berlin u. a. 1998, S. 373-423 (How to Train Neural Networks).

NIEDEREICHHOLZ, JOACHIM/KRUSE, HILGER/MECHLER, BERNHARD, Kombination symbolischer und subsymbolischer Systeme in Entscheidungsunterstützungssystemen, in: Wirtschaftinformatik - Beiträge zur modernen Unternehmensführung; Festschrift zum 60. Geburtstag von Franz Steffens, hrsg. v. Niedereichholz, Joachim/Steffens, Franz, Frankfurt a. M. u. a. 1993, S. 99-130 (Kombination symbolischer und subsymbolischer Systeme).

NIEHAUS, HANS-JÜRGEN, Früherkennung von Unternehmenskrisen: Die statistische Jahresabschlußanalyse als Instrument der Abschlußprüfung, in: Schriften des Instituts für Revisionswesen der Westfälischen Wilhelms-Universität Münster, hrsg. v. Baetge, Jörg, Düsseldorf 1987 (Früherkennung von Unternehmenskrisen).

ODOM, MARCUS/SHARDA, RAMESH, A Neural Network Model for Bankruptcy Prediction, in: International Joint Conference on Neural Networks, Band 2, hrsg. v. IEEE, San Diego 1990, S. 163-168 (Bankruptcy Prediction).

PACHECO, ROBERTO/MARTINS, ALEJANDRO/BARCIA, RICARDO M./KAHTOR, SURESH, Financial Diagnosis Through a Hybrid Intelligent System, in: EUFIT '96 - Fourth European Congress on Intelligent Techniques and Soft Computing 1996, Vol. 3, Aachen, S. 2227-2231 (Financial Diagnosis Through a Hybrid Intelligent System).

PATTERSON, DAN W., Artificial Neural Networks: Theory and Applications, London, u. a. 1995 (Artificial Neural Networks).

PEDRYCZ, WITOLD, Fuzzy Control and Fuzzy Systems, 2. Aufl., New York u. a. 1993 (Fuzzy Control and Fuzzy Systems).

PERRIDON, LOUIS/STEINER, MANFRED, Finanzwirtschaft der Unternehmung, 10. Aufl., München 1999 (Finanzwirtschaft der Unternehmenung).

PFLEGER, GÜNTER, Die neue Praxis der Bilanzpolitik: Strategien und Gestaltungsmöglichkeiten im handels- und steuerrechtlichen Jahresabschluß, 4. Aufl., Freiburg i. Br. 1991 (Die neue Praxis der Bilanzpolitik).

PIRAMUTHU, SELWYN, Financial credit-risk evaluation with neural and neurofuzzy systems, in: European Journal of Operation Research 112, 1999, S. 310-321 (Financial credit-risk evaluation with neural and neurofuzzy systems).

PODDIG, THORSTEN, Künstliche Intelligenz und Entscheidungstheorie, Wiesbaden 1991 (Künstliche Intelligenz und Entscheidungstheorie).

POPP, HERIBERT, Anwendungen der Fuzzy-Set-Theorie in Industrie- und Handelsbetrieben, in: Wirtschaftsinformatik 36, 1994, S. 268-385 (Anwendungen der Fuzzy-Set-Theorie).

POPP, HERIBERT, Einsatz der Fuzzy-Technik in Industrie und Dienstleistungsbereich: Ein Überblick, in: Betriebliche Anwendungen von Fuzzy Technologien - Tagungsband zum 2. Göttinger Symposium Softcomputing, hrsg. v. Biethahn, J. et al., Göttingen 1996, S. 1-15 (Fuzzy-Technik).

POPPER, KARL R., Logik der Forschung, 10. Aufl., Tübingen 1994 (Logik der Forschung).

PREUss, HANS-PETER/TRESP, VOLKER, Neuro-Fuzzy: Ein Übersichtsbeitrag zur atp-Serie „Anwendungsstand Künstlicher Neuronaler Netze in der Automatisierungstechnik" des GMA-Fachausschusses 4.5 „Neuronale Netze", in: atp - Atuomatisierungstechnische Praxis 36, 1994, Heft 5, S. 10-24 (Neuro-Fuzzy).

PUPPE, FRANK, Einführung in Expertensysteme, 2. Aufl., Berlin u. a. 1991 (Einführung in Expertensysteme).

PYTLIK, MARTIN, Diskriminanzanalyse und Künstliche Neuronale Netze zur Klassifizierung von Jahresabschlüssen: Ein empirischer Vergleich, in: Europäische Hochschulschriften, Reihe 5, Volks- und Betriebswirtschaft, Bd. 1688, Frankfurt a. M. u. a. 1995 (Diskriminanzanalyse und Künstliche Neuronale Netze zur Klassifizierung von Jahresabschlüssen).

REHBORN, JÖRG, Die Berücksichtigung eines externen Ratings innerhalb eines Risikomanagementsystems nach § 91 Abs. 2 AktG, Diplomarbeit am Institut für Revisionswesen der Westfälischen Wilhelms-Universität Münster 2000 (Berücksichtigung eines externen Ratings innerhalb eines Risikomanagementsystems).

REHKUGLER, HEINZ/PODDIG, THORSTEN, Anwendungsperspektiven und Anwendungsprobleme von Künstlichen Neuronalen Netzwerken, in: Information Management 1992, Heft 2, S. 50-58 (Künstliche Neuronale Netzwerke).

REHKUGLER, HEINZ/PODDIG, THORSTEN, Klassifikation von Jahresabschlüssen mittels Multilayer-Perceptrons: Erste Ergebnisse und weiterführende Fragestellungen, in: Bamberger Betriebswirtschaftliche Beiträge, Nr. 87, Bamberg 1992 (Klassifikation von Jahresabschlüssen).

REHKUGLER, HEINZ, Neuronale Netze in der Ökonomie: Verführung zum theorielosen Data Mining oder leistungsfähiges Forschungsinstrument, in: WiSt 1996, Heft 11 (Neuronale Netze in der Ökonomie).

REHKUGLER, HEINZ/PODDIG, THORSTEN, Bilanzanalyse, 4. Aufl., München/Wien 1998 (Bilanzanalyse).

REICHMANN, THOMAS, Controlling mit Kennzahlen und Managementberichten: Grundlagen einer systemgestützten Controlling-Konzeption, 5. Aufl., München 1997 (Controlling mit Kennzahlen und Managementberichten).

ROJAS, RAUL, Theorie der neuronalen Netze: Eine systematische Einführung, Berlin/Heidelberg/New York 1993 (Theorie der neuronalen Netze).

ROMANIUK, STEVE G./HALL, LAWRENCE O., Decision making on creditworthiness, using a fuzzy connectionist model, in: Fuzzy Sets and Systems 48, 1992, S. 15-22 (Decision making on creditworthiness).

ROMMELFANGER, HEINRICH/UNTERHARNSCHEIDT, DIETER, Entwicklung einer Hierarchie gewichteter Bonitätskriterien für mittelständische Unternehmungen, in: Österreichisches Bankarchiv 12, 1985, S. 419-437 (Entwicklung einer Hierarchie gewichteter Bonitätskriterien).

ROMMELFANGER, HEINRICH/UNTERHARNSCHEIDT, DIETER, Modelle zur Aggregation von Bonitätsrisiken: Eine empirische Untersuchung zur Konpensation divergierender Kennzahlenausprägungen bei der Kreditvergabe an mittelständische Unternehmen, in: ZfbF 1988, S. 471-503 (Modelle zur Aggregation von Bonitätsrisiken).

ROMMELFANGER, HEINRICH, Fuzzy-Logik basierte Verarbeitung von Expertenregeln, in: OR Spektrum 15, 1993, S. 31-42 (Fuzzy-Logik basierte Verarbeitung von Expertenregeln).

ROMMELFANGER, HEINRICH, Fuzzy Decision Support-Systeme - Entscheiden bei Unschärfe, 2. Aufl., Berlin u. a. 1994 (Fuzzy Decision Support-Systeme).

ROSEMANN, MICHAEL, Vorbereitung der Prozessmodellierung, in: Prozessmanagement: Ein Leitfaden zur prozessorientierten Organisationsplanung, hrsg. v. Bekker, Jörg/Kugeler, Martin/Rosemann, Michael, Berlin u. a. 2000, S. 45-90 (Vorbereitung der Prozessmodellierung).

ROSENBLATT, FRANK, The Perceptron: A Probablistic Model for Information Storage and Oragnization in the Brain, in: Psychological Review 65, 1958, S. 386-408 (The Perceptron).

RUMELHART, G. E./HINTON, G. E./WILLIAMS, R. J., Learning Representations by Back-Propagating Errors, in: Nature 323, S. 533-536 (Learning Representations by Back-Propagating Errors).

SACHS, LOTHAR, Angewandte Statistik: Anwendungen statistischer Methoden, 9. Aufl., Berlin u. a. 1999 (Angewandte Statistik).

SALOMO, SÖREN/KÖGEL, KLAUS, Krisendiagnose mit wissensbasierten Systemen, in: Krisendiagnose durch Bilanzanalyse, hrsg. v. Hauschildt, Jürgen/Leker, Jens, 2. Aufl., Köln 2000, S. 221-239 (Krisendiagnose mit wissensbasierten Systemen).

SCHANZ, GÜNTHER, Methodologie für Betriebswirte, 2. Aufl., Stuttgart 1988 (Methodologie für Betriebswirte).

SCHEER, AUGUST-WILHELM, Wirtschaftsinformatik: Referenzmodelle für industrielle Geschäftsprozesse, 6. Aufl., Berlin u. a. 1996 (Wirtschaftsinformatik).

SCHEFFELS, ROLF, Fuzzy-Logik in der Jahresabschlußprüfung: Entwicklung eines wissensbasierten Systems zur Analyse der Vermögens-, Finanz- und Ertragslage, Wiesbaden 1996 (Fuzzy-Logik in der Jahresabschlußprüfung).

SCHMIDT, REINHARD, Quantitative Ansätze zur Beurteilung der wirtschaftlichen Lage von Unternehmen, in: BFuP 1980, Heft 6, S. 544-555 (Quantitative Ansätze zur Beurteilung der wirtschaftlichen Lage von Unternehmen).

SCHMIDT-VON RHEIN, ANDREAS/REHKUGLER, HEINZ, KNN zur Kreditwürdigkeitsprüfung bei Privatkundenkrediten, in: Neuronale Netze in der Ökonomie: Grundlagen und finanzwirtschaftliche Anwendungen, hrsg. v. Rehkugler, Heinz/Zimmermann, Hans-Georg, München 1994, S. 491-545 (KNN zur Kreditwürdigkeitsprüfung).

SCHNEIDER, DIETER, Erste Schritte zu einer Theorie der Bilanzanalyse, in: WPg 1989, Heft 22, S. 633-642 (Erste Schritte zu einer Theorie der Bilanzanalyse).

SCHNETTLER, ALBRECHT, Betriebsvergleich: Grundlagen und Praxis zwischenbetrieblicher Vergleiche, Stuttgart 3. (Betriebsvergleich).

SCHNURR, CHRISTOPH, Kreditwürdigkeitsprüfung mit Künstlichen Neuronalen Netzen: Anwendung im Konsumentenkreditgeschäft, Wiesbaden 1997 (Kreditwürdigkeitsprüfung mit Künstlichen Neuronalen Netzen).

SCHÖNEBURG, EBERHARD/HANSEN, NIKOLAUS/GAWELCZYK, ANDREAS, Neuronale Netzwerke: Einführung, Überblick und Anwendungsmöglichkeiten, Haar bei München 1990 (Neuronale Netzwerke).

SCHOTT, GERHARD, Kennzahlen: Instrument der Unternehmensführung, 3. Aufl., Stuttgart 1970 (Kennzahlen).

SCHULT, EBERHARD, Bilanzanalyse: Möglichkeiten und Grenzen externer Unternehmensbeurteilung, 10. Aufl., Berlin 1999 (Bilanzanalyse).

SCHULTZ, JENS/MERTENS, PETER, Expertensysteme im Finanzdienstleistungssektor: Zahlen aus einer Datensammlung, in: KI 1996, Heft 4, S. 45-48 (Expertensysteme im Finanzdienstleistungssektor).

SCHWAB, GEORG, Fehlende Werte in der angewandten Statistik, Wiesbaden 1991 (Fehlende Werte in der angewandten Statistik).

SCHWAB, KARL-DIETER, Ein auf dem Konzept der unscharfen Mengen basierendes Entscheidungsmodell bei mehrfacher Zielsetzung, Frankfurt a. M./Bern/New York 1983 (Entscheidungsmodell).

SCHWARZE, JOCHEN/ROSENHAGEN, KLAUS, Expertensysteme in der Kreditwürdigkeitsprüfung (Teil I), in: WiSt 1993, Heft 6, S. 291-295 (Expertensysteme in der Kreditwürdigkeitsprüfung (Teil I)).

SCHWARZE, JOCHEN/ROSENHAGEN, KLAUS, Expertensysteme in der Kreditwürdigkeitsprüfung (Teil II), in: WiSt 1993, Heft 6, S. 306-310 (Expertensysteme in der Kreditwürdigkeitsprüfung (Teil II)).

SELCHERT, FRIEDRICH W., Windowdressing - Grenzbereich der Jahresabschlußgestaltung, in: DB 1996, Heft 39, S. 1933-1940 (Windowdressing).

SERAPHIN, MARCO, Neuronale Netze und Fuzzy-Logik: Verbindungen der Verfahren, Anwendungen, Vor- und Nachteile, Simulationsprogramm, München 1994 (Neuronale Netze und Fuzzy-Logik).

SIBBEL, RAINER, Fuzzy-Logik in der Fertigungssteuerung am Beispiel der Retrograden Terminierung, Münster 1998 (Fuzzy-Logik in der Fertigungssteuerung).

SIEKMANN, STEFAN, Fusion von Expertenwissen und Daten mit Neuro-Fuzzy-Methoden zur Prognose von Finanzzeitreihen, München 1999 (Fusion von Expertenwissen und Daten mit Neuro-Fuzzy-Methoden).

SIEKMANN, STEFAN/NEUNEIER, RALPH/ZIMMERMANN, HANS GEORG/KRUSE, RUDOLF, Neuro-Fuzzy Methods Applied to the German Stock Indes DAX, in: Soft Computing in Financial Engineering, hrsg. v. Ribeiro, R. A./Zimmermann, H.-J./Yager, R. R./Kacprzyk, J., Heidelberg 1999, S. 188-203 (Neuro-Fuzzy Methods).

SIEMENS BUSINESS SERVICES (HRSG.), SENN Benutzerhandbuch: Version 3.0, München 1998 (SENN Benutzerhandbuch).

STAEHLE, WOLGANG H., Kennzahlen und Kennzahlensysteme als Mittel der Organisation und Führung von Unternehmen, Wiesbaden 1969 (Kennzahlen und Kennzahlensysteme).

STATISTISCHES BUNDESAMT (HRSG.), Klassifikation der Wirtschaftszweige, Ausgabe 1993 (WZ 93), Wiesbaden 1999 (Klassifikation der Wirtschaftszweige (WZ 93)).

STEINMÜLLER, WILHELM, Eine sozialwissenschaftliche Konzeption der Informationswissenschaft (Informationstechnologie und Informationsrecht I), in: NfD 1981, Heft 2, S. 69-77 (Sozialwissenschaftliche Konzeption der Informationswissenschaft).

STIBI, BERND, Statistische Jahresabschlußanalyse als Instrument der steuerlichen Betriebsprüfung: Entwicklung eines Indikators für die Auswahl prüfungsbedürftiger Betriebe, in: Schriften des Instituts für Revisionswesen der Westfälischen Wilhelms-Universität Münster, hrsg. v. Baetge, Jörg, Düsseldorf 1994 (Statistische Jahresabschlußanalyse als Instrument der steuerlichen Betriebsprüfung).

SÜCHTING, JOACHIM/PAUL, STEPHAN, Bankmanagement, 4. Aufl., Stuttgart 1998 (Bankmanagement).

SURMANN, HARTMUT, Automatisierter Entwurf von Fuzzy Systemen, Düsseldorf 1995 (Automatisierter Entwurf von Fuzzy Systemen).

TAKAGI, HIDEYUKI/HAYASHI, ISAO, NN-Driven Fuzzy Reasoning, in: International Journal of Approximate Reasoning 1991, Heft 5, S. 191-212 (NN-Driven Fuzzy Reasoning).

TAKAGI, T./SUGENO, M., Fuzzy identification of systems and its applications to modelling and control, in: IEEE Transactions on Systems, Man and Cybernetics 1, Vol. 15, 1985 (Fuzzy identification of systems and its applications to modelling and control).

THIELE, STEFAN, Das Eigenkapital im handelsrechtlichen Jahresabschluß, in: Schriften des Instituts für Revisionswesen der Westfälischen Wilhelms-Universität Münster, hrsg. v. Baetge, Jörg, Düsseldorf 1998 (Das Eigenkapital im handelsrechtlichen Jahresabschluß).

THUN, CHRISTIAN, Entwicklung von Bilanzbonitätsklassifikatoren auf der Basis schweizerischer Jahresabschlüsse, Hamburg 2000 (Entwicklung von Bilanzbonitätsklassifikatoren).

TILLI, THOMAS, Fuzzy-Logik: Grundlagen, Anwendungen, Hard- und Software, 2. Aufl., München 1992 (Fuzzy-Logik).

TRESP, VOLKER/AHMAD, SUBUTAI/HOLLATZ, JÜRGEN, Network Structuring and Training using Rule-Based Knowledge, in: Advances in Neural Information Processing Systems 1993, Heft 5, S. 871-878 (Network Structuring and Training using Rule-Based Knowledge).

TROSZCZYNSKI, LUKAS, Möglichkeiten des Einsatzes von Neuro-Fuzzy-Verfahren bei der mathematisch-statistischen Analyse von Jahresabschlüssen, Diplomarbeit am Institut für Revisionswesen der Westfälischen Wilhelms-Universität Münster, Münster 2000 (Möglichkeiten des Einsatzes von Neuro-Fuzzy-Verfahren).

UTHOFF, CARSTEN, Erfolgsoptimale Kreditwürdigkeitsprüfung auf der Basis von Jahresabschlüssen und Wirtschaftsauskünften mit Künstlichen Neuronalen Netzen, Stuttgart 1997 (Erfolgsoptimale Kreditwürdigkeitsprüfung).

VAMPLEW, PETER/ADAMS, ANTHONY, Missing Values in a Backpropagation Neural Net, in: Australian Conference on Neural Networks (ACNN) 1992, S. 64-67 (Missing Values in a Backpropagation Neural Net).

WANG, LI-XIN, Fuzzy Systems are Universal Approximators, in: First IEEE International Conference on Fuzzy Systems, 8.-12.3.1992, San Diego 1992, S. 1163-1170 (Fuzzy Systems are Universal Approximators).

WANG, LI-XIN/MENDEL, JERRY M., Generating Fuzzy Rules by Learning from Examples, in: IEEE International Symposium on Intelligent Control: Proceedings 1991, S. 263-268 (Generating Fuzzy Rules by Learning from Examples).

WEBER, MARTIN/KRAHNEN, JAN/WEBER, ADELHEID, Scoring-Verfahren - häufige Anwendungsfehler und ihre Vermeidung, in: DB 1995, Heft 33, S. 1621-1626 (Scoring-Verfahren).

WEINRICH, GÜNTER, Kreditwürdigkeitsprognosen: Steuerung des Kreditgeschäfts durch Risikoklassen, in: Schriftenreihe des Instituts für Kredit- und Finanzwirtschaft, hrsg. v. Süchting, Joachim, Wiesbaden 1978 (Kreditwürdigkeitsprognosen).

WERNERS, BRIGITTE, Unterstützung der strategischen Technologieplanung durch wissensbasierte Systeme, Aachen 1993 (Unterstützung der strategischen Technologieplanung durch wissensbasierte Systeme).

WERNERS, BRIGITTE, Approximative Inferenz mit linguistischen Variablen, in: Operations Research: Reflexionen aus Theorie und Praxis; Festschrift zum 60. Geburtstag von Hans-Jürgen Zimmermann, hrsg. v. Gabriel, Roland/Werners, Brigitte, Berlin u.a. 1994, S. 243-274 (Approximative Inferenz mit linguistischen Variablen).

WILBERT, RÜDIGER, Kreditwürdigkeitsanalyse im Konsumentenkreditgeschäft auf der Basis Neuronaler Netze, in: ZfB 1991, Heft 12, S. 1377-1393 (Kreditwürdigkeitsanalyse im Konsumentenkreditgeschäft).

WILHELM, WINFRIED, Wie gut sind Blue Chips? Von der Börse werden sie hochgejubelt - aber wie solide sind die Dax-Konzerne wirklich? Ein Professor seziert die Bilanzen, in: Manager Magazin 1997, Heft 9, S. 102-106 (Wie gut sind Blue Chips?).

WOLZ, MATTHIAS, Die Krisenwarnfunktion des Abschlußprüfers, Wiesbaden 1996 (Krisenwarnfunktion des Abschlußprüfers).

YAGER, RONALD R., Implementing Fuzzy Logic Controllers using a Neural Network Framework, in: Fuzzy Sets and Systems 48, 1992, S. 53-64 (Implementing Fuzzy Logic Controllers using a Neural Network Framework).

ZADEH, LOFTI A., Fuzzy Sets, in: Information and Control 8, 1965, S. 338-353 (Fuzzy Sets).

ZADEH, LOFTI A., Outline of a New Approach to the Analysis of Complex Systems and Decision Process, in: IEEE Trans. SMC 3, 1973, S. 28-44 (Analysis of Complex Systems and Decision Process).

ZADEH, LOFTI A., The Concept of a Linguistic Variable and its Application to Approximate Reasoning - I, in: Information Sciences 8, 1975, S. 199-249 (The Concept of a Linguistic Variable I).

ZADEH, LOFTI A., The Concept of a Linguistic Variable and its Application to Approximate Reasoning - II, in: Information Sciences 8, 1975, S. 301-357 (The Concept of a Linguistic Variable II).

ZADEH, LOFTI A., The Concept of a Linguistic Variable and its Application to Approximate Reasoning - III, in: Information Sciences 9, 1975, S. 43-80 (The Concept of a Linguistic Variable III).

ZADEH, LOFTI A., The Role of Fuzzy Logic in the Management of Uncertainty in Expert Systems, in: Fuzzy Sets and Applications: Selected Papers by L. A. Zadeh, hrsg. v. Yager, R. R./Ovchinnikov, S./Tong, R. M./Nguyen, H. T., New York u. a. 1987, S. 413-441 (The Role of Fuzzy Logic in the Management of Uncertainty in Expert Systems).

ZADEH, LOFTI A., The Calculus of Fuzzy If/Then Rules, in: Fuzzy Logic - Theorie und Praxis, hrsg. v. Reusch, Bernd, Berlin u. a. 1992, S. 84-94 (Calculus of Fuzzy If/Then Rules).

ZELEWSKI, STEPHAN, Kritische Faktoren beim Einsatz von Expertensystemen, in: ZfB 1991, Heft 2, S. 237-258 (Kritische Faktoren beim Einsatz von Expertensystemen).

ZELL, ANDREAS, Simulation Neuronaler Netze, München u. a. 1997 (Simulation Neuronaler Netze).

ZELL, ANDREAS, Einführung in Künstliche Neuronale Netze, in: Betriebswirtschaftliche Anwendungen des Soft Computing, hrsg. v. Biethahn, J./Hönerloh, A./ Kuhl, J./Leisewitz, M.-C./Nissen, V./Tietze, M., Braunschweig/Wiesbaden 1998, S. 3-34 (Künstliche Neuronale Netze).

ZIMMERMANN, HANS GEORG, Neuronale Netze als Entscheidungskalkül: Grundlagen und ihre ökonomische Realisierung, in: Neuronale Netze in der Ökonomie: Grundlagen und finanzwirtschaftliche Anwendungen, hrsg. v. Rehkugler, Heinz/ Zimmermann, Hans-Georg, München 1994, S. 3-87 (Neuronale Netze als Entscheidungskalkül).

ZIMMERMANN, HANS GEORG/NEUNEIER, RALPH, Neuro-Fuzzy Methoden in der Finanzanalyse, in: KI 1996, Heft 4, S. 55-58 (Neuro-Fuzzy Methoden in der Finanzanalyse).

ZIMMERMANN, HANS-JÜRGEN, Optimale Entscheidungen bei unscharfen Problembeschreibungen, in: ZfbF 1975, S. 785-795 (Optimale Entscheidungen bei unscharfen Problembeschreibungen).

ZIMMERMANN, HANS-JÜRGEN, Prinzipien der Fuzzy Logic, in: Spektrum der Wissenschaft 1993, Heft 3, S. 90-94 (Prinzipien der Fuzzy Logic).

ZIMMERMANN, HANS-JÜRGEN, Fuzzy Sets, Decision Making and Expert Systems, 3. Aufl., Boston/Dordrecht/Lancaster 1993 (Decision Making, Expert Systems).

ZIMMERMANN, HANS-JÜRGEN, Planung, Entscheidung und Linguistische Approximation, in: Ergebnisse empirischer betriebswirtschaftlicher Forschung, hrsg. v. Hauschildt, Jürgen/Grün, Oskar, Stuttgart 1993, S. 797-812 (Planung, Entscheidung und Linguistische Approximation).

ZIMMERMANN, HANS-JÜRGEN, Fuzzy Technologien: Prinzipien, Werkzeuge, Potentiale, Düsseldorf 1993 (Fuzzy Technologien).

ZIMMERMANN, HANS-JÜRGEN (HRSG.), Datenanalyse: Anwendung von DataEngine mit Fuzzy Technologien und Neuronalen Netzen, Düsseldorf 1995 (Datenanalyse).

ZIMMERMANN, HANS-JÜRGEN, Fuzzy Set Theory and its Applications, 3. Aufl., Boston/Dordrecht/Lancaster 1996 (Fuzzy Set Theory).

ZIMMERMANN, HANS-JÜRGEN/ALTROCK, CONSTANTIN V., Prinzipien und Anwendungspotential der Fuzzy Mengentheorie, in: KI 1991, Heft 4, S. 6-12 (Prinzipien und Anwendungspotential der Fuzzy Mengentheorie).

ZIMMERMANN, HANS-JÜRGEN/ALTROCK, CONSTANTIN V. (HRSG.), Fuzzy Logic, Band 2: Anwendungen, 2. Aufl., München/Wien 1995 (Fuzzy Logic - Anwendungen).

ZIMMERMANN, HANS-JÜRGEN/ZYSNO, PETER, Latent Connectives in Human Decision Making, in: Fuzzy Sets and Systems 4, 1980, S. 37-51 (Latent Connectives in Human Decision Making).

ZIMMERMANN, HANS-JÜRGEN/ZYSNO, PETER, Ein hierarchisches Bewertungssystem für die Kreditwürdigkeitsprüfung im Konsumentenkreditgeschäft, in: DBW 1982, Heft 3, S. 403-417 (Hierarchisches Bewertungssystem für die Kreditwürdigkeitsprüfung im Konsumentenkreditgeschäft).

ZIMMERMANN, HANS-JÜRGEN/ZYSNO, PETER, Decisions and Evaluations by Hierarchical Aggregation of Information, in: Fuzzy Sets and Systems 10, 1983, S. 243-260 (Decisions and Evaluations by Hierarchical Aggregation of Information).

ZÜNDORF, HORST, Bilanzanalyse mit Expertensystemen (Teil I), in: DStR 1992, S. 553-556 (Bilanzanalyse mit Expertensystemen (Teil I)).

ZÜNDORF, HORST, Bilanzanalyse mit Expertensystemen (Teil II), in: DStR 1992, S. 593-596 (Bilanzanalyse mit Expertensystemen (Teil II)).

Stichwortverzeichnis

V

W

Z

BETRIEBSWIRTSCHAFTLICHE STUDIEN
RECHNUNGS- UND FINANZWESEN, ORGANISATION UND INSTITUTION

Die Herausgeber wollen in dieser Schriftenreihe Forschungsarbeiten aus dem Rechnungswesen, dem Finanzwesen, der Organisation und der institutionellen Betriebswirtschaftslehre zusammenfassen. Über den Kreis der eigenen Schüler hinaus soll originellen betriebswirtschaftlichen Arbeiten auf diesem Gebiet eine größere Verbreitung ermöglicht werden. Jüngere Wissenschaftler werden gebeten, ihre Arbeiten, insbesondere auch Dissertationen, an die Herausgeber einzusenden.

Band 1 Joachim Hartle: Möglichkeiten der Entobjektivierung der Bilanz - Eine ökonomische Analyse. 1984.

Band 2 Peter Wachendorff: Alternative Vertragsgestaltung bei öffentlichen Aufträgen - Eine ökonomische Analyse. 1984.

Band 3 Doris Zimmermann: Schmalenbachs Aktivierungsgrundsätze. 1985.

Band 4 Elke Michaelis: Organisation unternehmerischer Aufgaben - Transaktionskosten als Beurteilungskriterium. 1985.

Band 5 Arno Schuppert: Die Überwachung betrieblicher Routinetätigkeiten. Ein Erklärungs-Entscheidungsmodell. 1985.

Band 6 Bonaventura Lehertshuber: Unternehmensvertragsrecht und Konzernhandelsbilanz. 1986.

Band 7 Joachim Schindler: Kapitalkonsolidierung nach dem Bilanzrichtlinien-Gesetz. 1986.

Band 8 Gerhard R. Schell: Die Ertragsermittlung für Bankbewertungen. 1988.

Band 9 Ulrich Hein: Analyse der Neubewertungsverfahren im belgischen und französischen Bilanzrecht. 1988.

Band 10 Rainer Leuthier: Das Interdependenzproblem bei der Unternehmensbewertung. 1988.

Band 11 Dieter Pfaff: Gewinnverwendungsregelungen als Instrument zur Lösung von Agency-Problemen. Ein Beitrag zur Diskussion um die Reformierung der Ausschüttungskompetenz in Aktiengesellschaften. 1989.

Band 12 Christian Debus: Haftungsregelungen im Konzernrecht. Eine ökonomische Analyse. 1990.

Band 13 Ralph Otte: Konzernabschlüsse im öffentlichen Bereich. Notwendigkeit und Zwecke konsolidierter Jahresabschlüsse von Gebietskörperschaften dargestellt am Beispiel der Bundesverwaltung der Bundesrepublik Deutschland. 1990.

Band 14 Rüdiger Zaczyk: Interdisziplinarität im Bilanzrecht. Rechtsfindung im Spannungsfeld zwischen Betriebswirtschaftslehre und dogmatischer Rechtswissenschaft. 1991.

Band 15 Oliver Fliess: Konzernabschluß in Großbritannien – Grundlagen, Stufenkonzeption und Kapitalkonsolidierung. 1991.

Band 16 Joachim Faß: Konzernierung und konsolidierte Rechnungslegung. Eine Analyse der Eignung des Konzernabschlusses als Informationsinstrument und als Grundlage der Ausschüttungsbemessung konzernverbundener Unternehmen. 1992.

Band 17 Michael Feldhoff: Die Regulierung der Rechnungslegung. Eine systematische Darstellung der Grundlagen mit einer Anwendung auf die Frage der Publizität. 1992.

Band 18 Uwe Jüttner: GoB-System, Einzelbewertungsgrundsatz und Imparitätsprinzip. 1993.

Band 19 Ralf Häger: Das Publizitätsverhalten mittelgroßer Kapitalgesellschaften. 1993.

Band 20 Jutta Menninger: Financial Futures und deren bilanzielle Behandlung. 1993.

Band 21 Stefan Lange: Die Kompatibilität von Abschlußprüfung und Beratung. Eine ökonomische Analyse. 1994.

Band 22 Hans Klaus: Gesellschafterfremdfinanzierung und Eigenkapitalersatzrecht bei der Aktiengesellschaft und der GmbH. 1994.

Band 23 Vera Marcelle Krisement: Ansätze zur Messung des Harmonisierungs- und Standardisierungsgrades der externen Rechnungslegung. 1994.

Band 24 Helmut Schmid: Leveraged Management Buy-Out. Begriff, Gestaltungen, optimale Kapitalstruktur und ökonomische Bewertung. 1994.

Band 25 Carsten Carstensen: Vermögensverwaltung, Vermögenserhaltung und Rechnungslegung gemeinnütziger Stiftungen. 1994. 2., unveränderte Auflage 1996.

Band 26 Dirk Hachmeister: Der Discounted Cash Flow als Maß der Unternehmenswertsteigerung. 1995. 2., durchgesehene Auflage 1998. 3., korrigierte Auflage 1999. 4., durchgesehene Auflage 2000.

Band 27 Christine E. Lauer: Interdependenzen zwischen Gewinnermittlungsverfahren, Risiken sowie Aktivitätsniveau und Berichtsverhalten des Managers. Eine ökonomische Analyse. 1995.

Band 28 Ulrich Becker: Das Überleben multinationaler Unternehmungen. Generierung und Transfer von Wissen im internationalen Wettbewerb. 1996.

Band 29 Torsten Ganske: Mitbestimmung, Property-Rights-Ansatz und Transaktionskostentheorie. Eine ökonomische Analyse. 1996.

Band 30 Angelika Thies: Rückstellungen als Problem der wirtschaftlichen Betrachtungsweise. 1996.

Band 31 Hans Peter Willert: Das französische Konzernbilanzrecht. Vergleichende Analyse zum deutschen Recht im Hinblick auf die Konzernbilanzzwecke und deren Grundkonzeption. 1996.

Band 32 Christian Leuz: Rechnungslegung und Kreditfinanzierung. Zum Zusammenhang von Ausschüttungsbegrenzung, bilanzieller Gewinnermittlung und vorsichtiger Rechnungslegung. 1996.

Band 33 Gerald Schenk: Konzernbildung, Interessenkonflikte und ökonomische Effizienz. Ansätze zur Theorie des Konzerns und ihre Relevanz für rechtspolitische Schlußfolgerungen. 1997.

Band 34 Johannes G. Schmidt: Unternehmensbewertung mit Hilfe strategischer Erfolgsfaktoren. 1997.

Band 35 Cornelia Ballwießer: Die handelsrechtliche Konzernrechnungslegung als Informationsinstrument. Eine Zweckmäßigkeitsanalyse. 1997.

Band 36 Bert Böttcher: Eigenkapitalausstattung und Rechnungslegung. US-amerikanische und deutsche Unternehmen im Vergleich. 1997.

Band 37 Andreas-Markus Kuhlewind: Grundlagen einer Bilanzrechtstheorie in den USA. 1997.

Band 38 Maximilian Jung: Zum Konzept der Wesentlichkeit bei Jahresabschlußerstellung und -prüfung. Eine theoretische Untersuchung. 1997.

Band 39 Mathias Babel: Ansatz und Bewertung von Nutzungsrechten. 1997.

Band 40 Georg Hax: Informationsintermediation durch Finanzanalysten. Eine ökonomische Analyse. 1998.

Band 41 Georg Schultze: Der spin-off als Konzernspaltungsform. 1998.

Band 42 Christian Aders: Unternehmensbewertung bei Preisinstabilität und Inflation. 1998.

Band 43 Thomas Schröer: Das Realisationsprinzip in Deutschland und Großbritannien. Eine systematische Untersuchung und ihre Anwendung auf langfristige Auftragsfertigung und Währungsumrechnung. 1998.

Band 44 Anne d'Arcy: Gibt es eine anglo-amerikanische oder eine kontinentaleuropäische Rechnungslegung? Klassen nationaler Rechnungslegungssysteme zwischen Politik und statistischer Überprüfbarkeit. 1999.

Band 45 Christian Back: Richtlinienkonforme Interpretation des Handelsbilanzrechts. Abstrakte Vorgehensweise und konkrete Anwendung am Beispiel des EuGH-Urteils vom 27. Juni 1996. 1999.

Band 46 Cornelia Flury: Gewinnerläuterungsprinzipien. 1999.

Band 47 Hanne Böckem: Die Durchsetzung von Rechnungslegungsstandards. Eine kapitalmarktorientierte Untersuchung. 2000.

Band 48 Jens Kengelbach: Unternehmensbewertung bei internationalen Transaktionen. 2000.

Band 49 Ursula Schäffeler: Latente Steuern nach US-GAAP für deutsche Unternehmen. 2000.

Band 50 Rainer Doll: Wahrnehmung und Signalisierung von Prüfungsqualität. 2000.

Band 51 Brigitte Strasser: Informationsasymmetrien bei Unternehmensakquisitionen. 2000.

Band 52 Lars Franken: Gläubigerschutz durch Rechnungslegung nach US-GAAP. Eine ökonomische Analyse. 2001.

Band 53 Oliver Bärtl: Wertorientierte Unternehmenssteuerung. Zum Zusammenhang von Kapitalmarkt, externer und interner Rechnungslegung. 2001.

Band 54 Gabi Ebbers: A Comparative Analysis of Regulatory Strategies in Accounting and their Impact on Corporate Compliance. 2001.

Band 55 Mark Währisch: The Evolution of International Accounting Systems. Accounting System Adoptions by Firms from a Network Perspective. 2001.

Band 56 Jakob Schröder: F&E-Bilanzierung als Einflußfaktor der F&E-Freudigkeit. 2001.

Band 57 Martin Hebertinger: Wertsteigerungsmaße – Eine kritische Analyse. 2002.

Band 58 Rainer Zensen: Die Bewertung von deutschen Universalbanken unter Berücksichtigung rechtsformspezifischer Besonderheiten. 2002.

Band 59 Oliver Beyhs: Impairment of Assets nach International Accounting Standards. Anwendungshinweise und Zweckmäßigkeitsanalyse. 2002.

Band 60 Britta Leippe: Die Bilanzierung von Leasinggeschäften nach deutschem Handelsrecht und US-GAAP. Darstellung und Zweckmäßigkeitsanalyse. 2002.

Band 61 Christian Heitmann: Beurteilung der Bestandsfestigkeit von Unternehmen mit Neuro-Fuzzy. 2002.